Im Angesicht der Anderen

Im Angesicht der Anderen

Levinas' Philosophie des Politischen

Herausgegeben von
Pascal Delhom und Alfred Hirsch

diaphanes

Herausgegeben mit Unterstützung der
Fritz-Thyssen-Stiftung

1. Auflage; ISBN 3-935300-70-0
© diaphanes, Zürich-Berlin 2005
www.diaphanes.net
Alle Rechte vorbehalten

Umschlagzeichnung: Nikolai Franke
Layout: iograu, www.iograu.de
Druckvorstufe: 2edit Zürich / www.2edit.ch
Druck: Stückle, Ettenheim

Inhalt

Vorwort   7

Pascal Delhom
Einleitung   11

I   *Das Ethische und das Politische*

Werner Stegmaier
Die Bindung des Bindenden. Levinas' Konzeption des Politischen   25

Miguel Abensour
Der Staat der Gerechtigkeit   45

Simon Critchley
Fünf Probleme in Levinas' Sicht der Politik
und die Skizze ihrer Lösung   61

Fabio Ciaramelli
Die ungedachte Vermittlung   75

II   *Gerechtigkeit und Globalisierung*

Burkhard Liebsch
Sinn für Ungerechtigkeit als Form menschlicher Sensibilität
Zwischen Ethik und Politik   89

Robert Bernasconi
Globalisierung und Hunger　　　　　　　　　　　　　　　　115

Dorothee C. von Tippelskirch
»Nicht mit leeren Händen…« (Ex 23,15) – Von der maßlosen
Verantwortung und der Begrenzung meiner Pflichten　　　　131

III　Angesichts von Gewalt

Antje Kapust
»Die Auslöschung hat bereits begonnen«
Auschwitz und die Frage der Gerechtigkeit　　　　　　　　　151

Katharina Schmidt
»Unterweisung ins Eingedenken« und das Antworten
im Raum der Vielen　　　　　　　　　　　　　　　　　　175

Klaus-M. Kodalle
Levinas' Beitrag zu einer philosophischen Theorie der Verzeihung　191

IV　Humanität und Frieden

Catherine Chalier
Irreduzible Brüderlichkeit　　　　　　　　　　　　　　　　215

Alfred Hirsch
Vom Menschenrecht zum ewigen Frieden
Grenzgänge zwischen Kant und Levinas　　　　　　　　　　229

Die Autoren　　　　　　　　　　　　　　　　　　　　　　245

Vorwort

Vehementer noch als vor einigen Jahren drängt sich heute eine neue Beschreibung und eine veränderte Bestimmung des Politischen auf. Die epochalen Umwälzungen, die sich mit dem Ende des Kalten Krieges zwischen Ost und West ergeben haben, erschweren die Orientierung im politischen Raum. Die zuvor scheinbar eindeutige duale Machtverteilung ist einer Pluralität von Machtkonstellationen in der Welt gewichen. Einige Machtknotenpunkte wie China, Russland und Europa befinden sich in einem Übergangsprozess mit äußerst ungewissem Ausgang. Die Vereinigten Staaten von Amerika sind aufgrund einer neuen Sicherheitsdoktrin, die sich als Antwort, und zwar als einzige denkbare Antwort auf die Herausforderungen des Terrorismus versteht, im Begriff, grundlegende Koordinaten ihrer Demokratie zu verschieben. Sowohl im zwischenstaatlichen als auch im innerstaatlichen Bereich lassen sich Modifizierungsprozesse nachzeichnen, die ein neues Instrumentarium der theoretischen Erschließung zu erfordern scheinen. Die idealtypischen Diskurse der politischen Ideologien, Marxismus versus liberale oder soziale Marktwirtschaft, greifen nur noch in Teilen und meist äußerst unpräzise. Die politiktheoretische Zentrierung auf die Dublette Politik und Ökonomie ist einem Netz mit fünf wechselweise dominierenden Konstellationen gewichen. Neben das Politische und das Ökonomische sind die Kultur, die Gesellschaft und die Ökologie getreten. Insbesondere das Verhältnis des Politischen zur Kultur und zur Gesellschaft nötigt diesem eine Neuverortung und -bestimmung ab, die sich nicht mehr allein im Rahmen bekannter Theorieansätze zu halten vermag. Die Frage nach Struktur und Wesen des Politischen stellt sich eindringlich neu, wenn wir nach langen Jahren der demokratischen Entwicklung in vielen Staaten der Erde und ihren jeweiligen Kulturen auf unterschiedliche Demokratiekonzepte und -verfasstheiten treffen. Welche Rolle spielt in diesen unterschiedlichen demokratischen Ordnungen die

traditionale habitualisierte Kultur? Wie vollziehen sich die jeweils besonderen Einflüsse des Sozialen auf das Politische? Auf welche determinierende Gewichtung treffen wir in dieser so entscheidenden Beziehung? Vermag das Soziale auch fundamentale Funktionsweisen des Politischen zu beeinflussen, und wenn ja, wie weit reichend ist dies auch für den eigentlichen Begriff des Politischen? Insbesondere die normative Feineinstimmung des Sozialen angesichts ethischer Ansprüche, wie sie sich in Zusammenhang von Freiheit, Gerechtigkeit und Frieden vollziehen, übt weit reichenden Einfluss auf die Strukturmerkmale des Politischen aus. Dabei vermag das Soziale und seine hybriden Sphären steter Veränderung durchaus in ein Konkurrenzverhältnis zum Politischen zu treten. Es gibt genuin soziale Prozesse und Ereignisformen, die sich weder in die Sphäre noch in die Begriffe des Politischen übertragen lassen. Der außergewöhnliche Ansatz des Levinas'schen Denkens – das zumeist innerhalb der Grenzen einer ›Ethik des anderen Menschen‹ rezipiert wird – kreist um dieses besondere Ereignis des Sozialen. Dort, wo Selbst und Anderer einander begegnen, entsteht in der stets vorgängigen Achtung des Anderen und im konkreten Ausdruck dieser Achtung in der Gabe des eigenen Brotes ein neues soziales Gefüge. Unvorhersehbar und unüberschaubar ist dieses Ereignis, weil die radikale Andersheit des Anderen sich keinen bekannten Einsichten und Kenntnissen öffnet. Eine Vergleichbarkeit des sozialen Ereignisses der Begegnung von Selbst und Anderem stellt sich allerdings durch die Anwesenheit eines Dritten ein, der die Asymmetrie zwischen Selbst und Anderem auszugleichen und in eine Symmetrie der Darstellung und des Wissens zu überführen vermag, ohne jedoch diese Asymmetrie rückstandslos aufzuheben. Nicht bereits an dieser Stelle haben wir es mit einem Übergang des Sozialen ins Politische zu tun – eher mit einem Übergang des Ethischen in Vorformen sozialen Ordnungsgeschehens, die Übergänge zu politischen Institutionen fordern und prägen und in Bezug auf die das Politische neu definiert und beurteilt werden muss.
Von besonderem Gewicht innerhalb des Levinas'schen Denkens ist die andersartige und neue Beschreibung der Voraussetzungen dieses Übergangs vom sozialen Ereignis ins Politische. Entgegen einer langen und dominanten Tradition des abendländischen Denkens kappt Levinas in seiner Beschreibung die innige Verbindung des Politischen mit dem Krieg. Weder die Clausewitzsche Formel vom Krieg als »Fortsetzung der Politik mit anderen Mitteln« noch die Foucaultsche Umkehrung dieser Paradigmen bildenden Denkfigur können als konstitutiv für das Politische verstanden werden. Politik nicht als einen mit anderen Mitteln fortgesetzten Krieg zu denken, scheint in Zeiten tiefen Misstrauens gegen das Politische überhaupt das scheinbar Undenkbare. Levinas weist darauf hin, dass Politik in freien, offenen und gerechten Gesellschaften weitaus mehr ist und auf mehr verweist, als auf puren Machtkampf und Gewalt. Denn der Staat, das Politische und die Politik sind auch Eröffnung und Entfaltung von Institutionen, die das Recht tragen und

ohne dieses nicht zu denken wären. Sie und das Recht stehen für die Ermöglichung dessen, was wir Gerechtigkeit nennen. Und sie können nur frei und gerecht genannt werden, wenn sie für den Anspruch der Gerechtigkeit offen sind.
In der Ethik Levinas' finden wir eine Hindeutung auf das Politische, die das traditionelle Denken des Politischen umstürzt. Es vollzieht sich in seinem Denken eine Erfahrung des Politischen, die uns das Politische als Resultat der Verantwortung für den Anderen begreifen lässt.

Hamburg/Aachen, 24. Januar 2005
Pascal Delhom und Alfred Hirsch

Pascal Delhom

Einleitung

Angesichts der Anderen, angesichts ihrer Pluralität in der Welt muss die Frage des Politischen gestellt werden. Doch diese Notwendigkeit rührt nicht von der Welt her, in der die Menschen wohnen, sondern von der Verantwortung für den Anderen, die der Welt vorangeht.
Levinas' Denken des Politischen geht von dieser Spannung aus zwischen der Welt, in der wir leben und die von der Spur des Anderen heimgesucht wird, und dem Wort des Anderen, das sich nur in dieser Spur zu hören gibt. Es ist entsprechend ein unruhiges und beunruhigendes Denken und keine ausformulierte politische Philosophie, kein Entwurf einer gesellschaftlichen Ordnung, keine materiell bestimmte politische Moral, und auch keine formelle Normativität im Sinn eines (politischen) kategorischen Imperativs.
Levinas' Denken des Politischen gehorcht einer doppelten Bewegung. Es sucht einerseits in der politischen und sozialen Ordnung nach ihrer Quelle, die außerhalb von ihr liegt. Es verfolgt andererseits die eigentümlichen Wege der Entstehung des Politischen aus dieser Quelle. Diese Entstehung führt zur Notwendigkeit des Politischen, kann allerdings nicht auf es reduziert werden. Sie verbindet den Bereich des Politischen mit allen Bereichen des menschlichen Lebens und der zwischenmenschlichen Beziehungen. Anders gesagt, sie unterstreicht die politische Dimension alles menschlichen Tuns und Denkens. Oder wie Jacques Derrida einst schrieb: »Levinas schleppt also alle klassischen Gedanken, die er befragt, zur *agora*, wo sie aufgefordert werden, sich in einer ethisch-politischen Sprache zu erklären«.[1]

Das heißt, dass die politische Dimension nicht nur ein Anhang zur Philosophie Levinas' ist, die auch ohne sie bestehen könnte, sondern dass sie konstitutiv für sein Denken ist. Und sie äußert sich in Fragestellungen, die in anderen Ansätzen und in den aktuellen Diskussionen der politischen Philosophie sehr oft zu kurz kommen, u.a. in der Frage der ethischen Quelle unseres Verlangens nach Gerechtigkeit sowie in dem Verweis des Politischen auf ein Jenseits seiner selbst.

Doch die Bekräftigung dieser politischen Dimension des Levinas'schen Denkens ist alles Andere als selbstverständlich. In Deutschland und teilweise auch in Frankreich wird Emmanuel Levinas hauptsächlich als der Philosoph einer Ethik der unbedingten Verantwortung für den Anderen rezipiert. Das Wort des Anderen, der mich in der zweiten Person Singular angesprochen hat, ist ein Appell und ein Gebot, dem ich mich nicht entziehen kann. Ich bin Geisel dieses Wortes und meine Antwort als Verantwortung öffnet die Unendlichkeit meines Begehrens und gleichzeitig meiner Schuld. Denn die Verantwortung gibt sich nicht mit der Erfüllung der mit ihr verbundenen Pflicht zufrieden. Im Gegenteil wächst die Verantwortung aus der Unmöglichkeit ihrer Erfüllung.

Diese unbedingte Verantwortung ist in der Tat ein zentrales Element der Philosophie Levinas', das besonders in seinem zweiten Hauptwerk, *Jenseits des Seins*,[2] in seiner ganzen Radikalität zur Sprache kommt. Allerdings darf es nicht dabei bleiben. Die Radikalität der ethischen Sprache darf nicht die Welt, das Leben der anderen Menschen in der Welt und unter den Bedingungen der Welt vergessen lassen. In diesem Sinne betont Fabio Ciaramelli in seinem Beitrag zu diesem Band die Unmöglichkeit einer unmittelbaren Beziehung zwischen den Menschen in der Welt und entsprechend die Notwendigkeit einer Vermittlung zwischen der Welt und der ethischen Beziehung, die selber als ursprüngliche Vermittlung in der Sprache verstanden werden kann. Umgekehrt betont auch Levinas im Vorwort von *Jenseits des Seins*, dass »die in der Welt immanente *Praxis* und das der Welt immanente Wissen«[3] aus der Ethik der Verantwortung und im Sinne der Verantwortung abgeleitet werden müssen, und zwar nicht aufgrund der Notwendigkeiten der Welt, sondern aufgrund des Verlangens der Ethik selbst.

Das Wort des Anderen verlangt nicht von mir, dass ich die Welt verlasse, sondern dass ich in der Welt auf das Leiden des anderen Menschen aufmerksam bin und dass ich für ihn oder sie handle. »Aufmerksamkeit und Handlung«, schreibt Levi-

---

1 Jacques Derrida: »Gewalt und Metaphysik. Essay über das Denken von Emmanuel Levinas.« In: Jacques Derrida: *Die Schrift und die Differenz*. Übers. R. Gasché. Frankfurt a. M. 1972. 150.
2 Emmanuel Levinas: *Jenseits des Seins oder anders als Sein geschieht*. Übers. T. Wiemer. Freiburg, München 1992. Die Werke Levinas' werden in der deutschen Übersetzung angegeben, wenn diese vorliegt. Wird nur die französische Ausgabe angegeben, dann ist die Übersetzung diejenige des Verfassers oder des Übersetzers des jeweiligen Textes.
3 Emmanuel Levinas: *Jenseits des Seins*. A.a.O. 19.

nas, »die den Menschen – ihrem Ich – so gebieterisch und direkt obliegen, dass es ihnen ohne Verfall nicht möglich ist, sie von einem allmächtigen Gott zu erwarten.«[4] Sogar ein allmächtiger Gott könnte die Menschen von ihrer Pflicht nicht befreien, in der Welt für die anderen Menschen zu handeln. Das heißt, dass die Verantwortung die Konkretheit des leidenden Leibes und des Hungers des anderen Menschen nicht vergessen darf, und auch nicht die Materialität des Brotes, das ich dem Anderen gebe und der Bleibe, in der ich ihn empfange.
Dazu kommt, dass ich in der Welt nie allein mit dem anderen Menschen bin. Die Pluralität der Menschen, das heißt für Levinas die Anwesenheit des Dritten, stört die Einfachheit und Eindeutigkeit der ethischen Beziehung. Wem soll ich meine Aufmerksamkeit schenken oder zuerst schenken? Für wen soll ich handeln? Aber auch: Was ist die Beziehung zwischen meinem Nächsten und dem Dritten? Und soll ich den einen vor dem anderen schützen?
Die Tatsache der Pluralität der Menschen verwandelt meine Verantwortung in ein Verlangen nach Gerechtigkeit. Vor dem Anderen allein gäbe es im Sinne meiner Verantwortung nur die Möglichkeit eines Handelns für den Anderen als Antwort auf seinen Ruf. Aber der Dritte, der auch ein Anderer ist, mein Nächster oder der Nächste meines Nächsten, lässt die Notwendigkeit einer Frage nach Gerechtigkeit entstehen. Für Levinas ist die erste Frage der Philosophie: »Was habe ich gerechterweise zu tun?«[5]
Dazu kommt, dass die Gerechtigkeit in der Welt nicht nur aus der ethischen Unendlichkeit meiner Verantwortung für die anderen durchgesetzt werden kann. Denn ich bin für den Anderen und den Dritten verantwortlich, nicht aber für die Beziehung meines Nächsten zum Dritten und des Dritten zu meinem Nächsten, die ich immer nur von außen, als dritter, erfahren kann. Deswegen muss mein Verlangen nach Gerechtigkeit auch ein Verlangen nach Institutionen sein, nach geschriebenen Gesetzen und nach einem Staat, die die Gerechtigkeit gewähren sollen.[6]
Hiermit wird eine der zentralen Fragen der Philosophie Levinas' gestellt: Was ist Gerechtigkeit? Anders als die meisten Teilnehmer an der philosophischen Debatte über Gerechtigkeit seit dem Erscheinen der *Theorie der Gerechtigkeit*[7] von John Rawls, fragt Levinas nicht primär, wie Gerechtigkeit erreicht werden kann, sondern was sie ist, welche Bereiche des menschlichen Lebens sie berührt und wo die Quelle des Verlangens nach ihr zu suchen ist. Die Antworten sind vielschichtig und betref-

---

[4] Emmanuel Levinas: »La souffrance inutile.« In: Jacques Rolland (Hrsg.): *Les Cahiers de La nuit surveillée. Emmanuel Lévinas.* Lagrasse 1984. 332.
[5] Emmanuel Levinas: *Jenseits des Seins.* A.a.O. 343.
[6] Vgl. Emmanuel Levinas: »Philosophie, Gerechtigkeit und Liebe.« In: Emmanuel Levinas: *Zwischen uns. Versuch über das Denken an den Anderen.* Übers. F. Miething. München, Wien 1995. 134 f.
[7] John Rawls: *Eine Theorie der Gerechtigkeit.* Übers. H. Vetter. Frankfurt a. M. 1975.

fen, wie das Politische selbst, grundsätzliche Dimensionen des menschlichen Zusammenlebens.

Zuerst ist die Frage der Gerechtigkeit eine ökonomische. Sie begrenzt sich nicht auf eine Frage der Verteilung von Gütern, sondern betrifft eine elementare Kategorie des Lebens: das Genießen. Das Genießen ist als solches kein Besitz von Gegenständen, von Gütern oder von Reichtum. Es ist ein Bezug zum Sein: ein Bezug zu dem Sein, das das Ich nicht ist, aber von dem es lebt, indem es sich es einverleibt. In anderen Worten, das Genießen ist einerseits ein Bezug des Ich zu dem, was Levinas das Element nennt: zu dem undifferenzierten, unbestimmten, neutralen Sein, von dem wir leben und von dem wir uns in der Konstitution unseres Ichs trennen, ohne es je vollständig verlassen zu können. Es ist andererseits ein Bezug des Ich zum eigenen Sein, das genießt, das aber in diesem Genießen von dem abhängig ist, was es nicht ist, und das sich entsprechend um das eigene Sein sorgt.

Die Ökonomie ist der Bereich der Organisation des Genießens. Sie findet an zwei unterschiedlichen Orten statt. Der erste ist das Haus oder die Bleibe *(oikos)*, in der das Ich, getrennt und geschützt vom Element, von der Welt und von den anderen Menschen, seine Abhängigkeit von dem, was es nicht ist, aber wovon es lebt, vertagen und beherrschen kann. Die Bleibe ist der Ort der Sicherheit durch die Trennung von der Welt und durch den Besitz von Gütern und Werken, Produkte der Arbeit, die das zukünftige Genießen sichern sollen.

Der zweite Ort der Ökonomie ist der Markt, auf dem Werke und Güter verkauft und gekauft werden. Der Markt ist in ausgeprägter Weise der Ort der Mittelbarkeit des Genießens, der Ort, wo das individuelle Genießen nur über die Kommunikation mit anderen Menschen möglich ist. Auf dem Markt treffen sich die Menschen. Aber der Markt ist auch der Ort, an dem ich den anderen Menschen nicht unmittelbar anspreche, sondern über seine Werke erreiche. In seinen Werken, Produkte seiner Arbeit und Möglichkeit eines zukünftigen Genießens, ist der andere Mensch greifbar und angreifbar. Auf dem Markt schätzt man die Personen nach ihren Werken und wie ihre Werke, in der dritten Person. Als Dritter und nicht mehr als Anderer tritt der andere Mensch in die Totalität der Welt ein. Levinas schreibt: »Der Dritte, der durch sein Werk greifbar ist – zugleich an- und abwesend –, seine Anwesenheit in der dritten Person bezeichnet genau die Gleichzeitigkeit dieser Anwesenheit und dieser Abwesenheit. Er ist meiner Macht ausgeliefert als jemand, der für mich außer Reichweite ist. Er ist erreichbar in der Ungerechtigkeit. Und eben deshalb ist die Ungerechtigkeit – Anerkennung und Verkennung zugleich – möglich durch das Gold, das zwingt und lockt, Werkzeug der List. Die Ungerechtigkeit, durch die das Ich in einer Totalität lebt, ist immer ökonomisch.«[8]

---

8   Emmanuel Levinas: »Ich und Totalität.« In: Emmanuel Levinas: *Zwischen uns*. A.a.O. 45 (veränderte Übersetzung).

Dies bedeutet nicht, dass die Ökonomie immer ungerecht ist, sondern dass sie ein Bereich ist, in dem es Sinn macht, von Gerechtigkeit und Ungerechtigkeit zu sprechen. Es macht erstens Sinn, weil sie ein Bereich der zwischenmenschlichen Beziehungen ist, in dem sich die Menschen auf ein Drittes zwischen ihnen beziehen, auf ihre Werke, die »zwischen ihnen stehen«, und weil sie sich entsprechend selber nicht nur als Gesprächspartner, sondern als Dritte, als Produzenten und Besitzer von Werken durch diese Werke begegnen. Dadurch wird ihre Andersheit, die jede Beziehung voraussetzt, in dieser Beziehung missachtet.
Es macht zweitens Sinn, von Gerechtigkeit und Ungerechtigkeit zu sprechen, weil sich die Ökonomie auf die Grunddimension des Genießens bezieht, die auch eine Dimension der Abhängigkeit vom Element ist, eine Dimension also, die die Möglichkeit des Hungers und der Verletzung im Allgemeinen beinhaltet. Ungerecht ist nicht primär das, was gegen Gesetze der Verteilung verstößt, sondern das, was Menschen anderen Menschen aufgrund der Abhängigkeit ihres Genießens antun können, wenn sie den Anspruch ihrer Andersheit missachten. Wie Burkhard Liebsch in seinem Beitrag betont, fängt die Frage der Gerechtigkeit mit der Erfahrung der erlittenen Ungerechtigkeit an. Er schlägt entsprechend vor, die Wichtigkeit eines Sinnes für Ungerechtigkeit zu erkennen.
Dabei wird ein fundamentaler Unterschied in Levinas' Auffassung des Ökonomischen sichtbar: der Unterschied zwischen jeweils meinem Genießen und demjenigen der anderen Menschen, meinem Hunger und ihrem. Es gibt eine doppelte Asymmetrie der ökonomischen Beziehungen: Sie finden einerseits ihren Ursprung beim jeweiligen Ich, in seiner Bleibe und in seiner Sorge um das eigene Sein. Sie setzen andererseits das Wort des Anderen voraus, ohne das keine Beziehung möglich wäre und in dem der ethische Vorrang des Anderen hörbar wird. Das Wort des Anderen hebt die Ursprünglichkeit des Ich nicht auf, aber sie verweist auf eine andere, noch grundsätzlichere Priorität des Anderen über sich selbst. So wird der Selbstbezug des Ich auf sein Genießen nicht mehr nur als Ursprung der ökonomischen Beziehungen verstanden, sondern auch als Möglichkeit des Unrechts gegenüber den Anderen, deren Ansprüche dabei vergessen werden.
Schon in der Bleibe ist das Genießen mit der Möglichkeit der Ungerechtigkeit insofern verbunden, als das genießende Ich dem Wort des Anderen ausgesetzt ist. Das Wort des Anderen stört das Genießen und die Sorge des Menschen um das eigene Sein. Es stört sie nicht wie ein Hindernis oder in der Form eines Kampfes um das Sein. Es stellt vielmehr jeweils das gute Recht des Ich auf sein Genießen in Frage, wenn dieses Genießen den Hunger des anderen Menschen verursacht oder auch nur vergisst. Die Bleibe ist der Ort des möglichen Empfangs der anderen Menschen, Gabe der eigenen Sicherheit und des eigenen Brotes. Sie ist aber auch der Ort ihres möglichen Ausschlusses, obwohl sie vielleicht hungern, während das Ich

genießt. Sie ist der erste Ort der Gewalt in der Form der ökonomischen Ungerechtigkeit.

Was ist unter diesen Prämissen eine gerechte Ökonomie oder zumindest eine Ökonomie, die sich der Frage der Gerechtigkeit stellt? Auf diese Frage gibt Levinas keine konkrete Antwort. Und doch geben zum Beispiel seine Überlegungen über das Geld oder über die Festsetzung der Arbeitszeit eine Richtung vor, auf die Dorothee von Tippelskirch in ihrem Beitrag eingeht und die sie vorschlägt, weiterzudenken. Grundlegend für solche Überlegungen ist und bleibt die Erfahrung des Hungers der anderen Menschen. Robert Bernasconi geht von dieser Erfahrung aus, um die Bewegung der Globalisierung als Raumbesetzung zu kritisieren, die sich aller Mittel einer politisch-militärischen Strategie bedient bis hin zur Legitimierung eines präventiven Krieges gegen diejenigen, die den Zugang zu diesem Raum gefährden könnten.[9] Hier verbindet sich die ökonomische Dimension der Gerechtigkeit oder der Ungerechtigkeit mit der politischen im Sinne der Errichtung und Rechtfertigung von Staaten und Institutionen sowie der Beziehung zwischen politischer Macht und Gewalt.

Hiermit sind wir bei der zweiten Seite der Frage nach Gerechtigkeit angelangt. Levinas verbindet sie ausdrücklich mit der Frage nach der Einrichtung und der Bewahrung einer Instanz, die in der Welt, in der es Kriege gibt, in der die Menschen noch keine Menschheit im Sinne der Brüderlichkeit bilden (ich komme später darauf zurück), die Gerechtigkeit durchsetzt und garantiert, zur Not mit Gewalt. Er spricht in diesem Bezug von den »Notwendigkeiten der Stunde«, die nicht ignoriert werden dürfen. An mancher Stelle klingt es sogar so, als ob er sich nicht wesentlich von den Thesen der modernen politischen Philosophie und des Gesellschaftsvertrages im Sinne Hobbes' unterscheiden würde. So schreibt er in »L'Etat de César et l'Etat de David«: »Schon die Stadt, welche auch immer ihre Ordnung sei, sichert das Recht von Menschen gegen ihresgleichen, von denen angenommen wird, sie seien im Naturzustand, Wölfe für die Menschen, wie es Hobbes gewollt hat. Obwohl sich Israel als Resultat einer unreduzierbaren Brüderlichkeit entwirft, vergisst es nicht, in sich selbst und um sich herum, die Versuchung des Krieges aller gegen alle.«[10]

Und doch unterscheidet sich Levinas in einem wesentlichen Punkt von Hobbes. Denn es geht ihm nicht primär um die Begründung der Notwendigkeit eines Staates in der Welt und unter den Bedingungen der Welt, auch wenn er diese Notwen-

---

9 Wie die meisten Beiträge dieses Bandes geht der Text von Robert Bernasconi auf einen Vortrag zurück, den er im Rahmen eines Kolloquiums über Levinas' Philosophie des Politischen in Goslar (Niedersachsen) in März 2003 gehalten hat, kurz nach dem Anfang der militärischen Intervention der USA in Irak. Bernasconi bezog sich ausdrücklich auf die neue Verteidigungsdoktrin der Vereinigten Staaten, die die Möglichkeit eines Präventivkrieges einschließt.
10 Emmanuel Levinas: »L'Etat de César et l'Etat de David.« In: Emmanuel Levinas: *L'au-delà du verset. Lectures et discours talmudiques*. Paris 1982. 216.

digkeit anerkennt. Es geht ihm um die Gerechtigkeit dieses Staates, der die Gerechtigkeit in der Welt nur garantieren kann, wenn er selbst gerecht ist und sich am Kriterium der Gerechtigkeit messen lässt. Und es geht Levinas um die Quelle dieser Gerechtigkeit. Dies ist der Sinn einer Bemerkung, die er an unterschiedlichen Stellen seines Werkes mit leichten Abweichungen mehrmals wiederholt. Die einfachste Fassung dieser Bemerkung findet sich im sechsten Kapitel von *Ethik und Unendliches*, der Niederschrift eines Gesprächs mit Philippe Nemo für France Culture 1981: »Es ist äußerst wichtig zu erkennen, ob die Gesellschaft im üblichen Sinn das Ergebnis einer Beschränkung des Prinzips, dass der Mensch des Menschen Wolf ist, darstellt oder ob sie im Gegensatz dazu aus der Beschränkung des Prinzips, dass der Mensch *für* den Menschen da ist, hervorgeht.«[11]
Hier drückt sich am eindeutigsten die Stellungnahme Levinas' gegen Hobbes und gegen eine wesentliche Tradition der westlichen Philosophie aus: gegen die Tradition des Gesellschaftsvertrags als Begrenzung einer ursprünglichen Gewalt zwischen den Menschen. Für Levinas ist der Staat zwar notwendig, aber nicht aufgrund dieser Gewalt, sondern unter der Bedingung dieser Gewalt aufgrund jeweils meiner Verantwortung für die anderen Menschen und meines Verlangens nach Gerechtigkeit. In seinem Beitrag spricht Miguel Abensour mehrere Aspekte dessen an, was er den »Gegen-Hobbes« von Levinas nennt, und er erläutert dessen Folgen für unser Verständnis der Politik, der Demokratie und des liberalen Staates, wie Levinas sagt.
Jenseits der Auseinandersetzung mit Hobbes und der von ihm beeinflussten politischen Philosophie, jenseits einer ähnlichen Auseinandersetzung mit Hegel, die noch zu erläutern wäre, bekräftigt Levinas in der bereits zitierten Bemerkung die Wichtigkeit eines Wissens. Auch im ersten Satz von *Totalität und Unendlichkeit* hatte er geschrieben: »Jeder wird uns ohne weiteres darin zustimmen, dass es höchst wichtig ist zu wissen, ob wir nicht von der Moral zum Narren gehalten werden«.[12] Dieses Wissen, so Levinas, ist in Bezug auf die Fragen der Gerechtigkeit und des Politischen wichtig, weil die Gerechtigkeit eines Wissens über die Menschen und über ihre Beziehungen bedarf, um ihren Ansprüchen in dem Maße gerecht werden zu können, in dem dies überhaupt möglich ist. Die gerechte Handlung und der gerechte Staat setzen dieses Wissen in der Form eines Vergleichs der Unvergleichlichen voraus. »Dem Ignoranten ist Gerechtigkeit unmöglich«, schreibt Levinas am Anfang von *Schwierige Freiheit*.[13]

---

11 Emmanuel Levinas: *Ethik und Unendliches. Gespräche mit Philippe Nemo*. Übers. D. Schmidt. Graz, Wien 1986. 62.
12 Emmanuel Levinas: *Totalität und Unendlichkeit. Versuch über die Exteriorität*. Übers. W. N. Krewani. Freiburg, München 1987. 19.
13 Emmanuel Levinas: »Ethik und Geist.« In: Emmanuel Levinas: *Schwierige Freiheit. Versuch über das Judentum*. Übers. E. Moldenhauer. Frankfurt a. M. 1992. 14.

Doch muss gefragt werden, um welches Wissen es sich hierbei handelt. Es ist nicht nur ein objektivierendes Wissen über die Menschen, sondern ein Wissen, das die Einzigartigkeit dieser Menschen nicht vergisst. Es ist ein Vergleich der Unvergleichlichen, die auch im Vergleich unvergleichlich bleiben. Es ist also ein Wissen, das um der Gerechtigkeit willen entsteht und seine Quelle im Verlangen nach Gerechtigkeit nicht vergisst. Gleicherweise darf der Staat, der um der Gerechtigkeit willen eingerichtet wird, seine Quelle im Verlangen nach Gerechtigkeit nicht vergessen. Sonst ist seine Autorität nur noch diejenige seiner Kraft und nicht diejenige seiner Gerechtigkeit. Und sonst gilt das Gesetz nur, weil es Gesetz ist, nach dem traurig berühmten Leitwort »Gesetz ist Gesetz«, und nicht, weil es gerecht ist.

Das Wissen und der Staat werden totalitär, wenn sie die Einzigartigkeit jedes Menschen vergessen. Dies gilt für den Staat wie für das Wissen, dies gilt auch für den Staat aufgrund eines bestimmten Verhältnisses zum Wissen: Für Levinas beruht der totalitäre Staat auf einer Vernunft mit totalisierendem, das heißt totalitärem Anspruch. Deswegen hat die Vernunftkritik, wie bereits am Anfang dieser Einleitung erwähnt, immer schon eine politische Dimension.

Das Wissen um der Gerechtigkeit willen ist eine notwendige Voraussetzung und eine störende Begleitung der gerechten Politik. Wenn Levinas dieses besondere, auf dem Verlangen nach Gerechtigkeit gründende Wissen erwähnt, denkt er ausdrücklich an das Studium der Thora und des Talmuds, aber auch, und dies mag als Aufforderung an alle verstanden werden, die sich von seinem Denken angestachelt fühlen, er denkt an die Aufgabe der Philosophie, denn sie ist das »Maß, das dem Unendlichen des Seins-für-den-Anderen der Nähe beigebracht wurde, und ist gleichsam die Weisheit der Liebe«.[14]

Hiermit wird hier die eigentliche Beziehung zwischen Philosophie und Politik angesprochen: Das Studium der Philosophie und der Thora können als ein Zögern vor der Gewalt der politischen Handlung aufgefasst werden, trotz ihrer Notwendigkeit, und entsprechend als ein Verzögern dieser Handlung. Der Gerechte entzieht sich dabei nicht den Notwendigkeiten der Zeit, sondern stellt das Denken der Effizienz, das ihnen zugrunde liegt, um der Gerechtigkeit willen in Frage: »Die moderne Welt hat die Tugenden der Geduld vergessen. Die rasche und wirkungsvolle Handlung, in der alles auf einmal eingesetzt wird, hat den unscheinbaren Glanz des Vermögens zu warten und zu erleiden getrübt. Aber die glorreiche Entfaltung der Energie ist mörderisch. Es soll an diese Tugenden der Geduld erinnert werden, nicht um die Resignation gegen den revolutionären Geist zu predigen, sondern um das wesentliche Band fühlen zu lassen, die mit dem Geist der Geduld – die echte Revolution verbindet. Sie rührt von einem großen Erbarmen her. Die Hand, die zur

---

14 Emmanuel Levinas: *Jenseits des Seins*. A.a.O. 351.

Waffe greift, soll wegen der Gewalt selbst dieser Geste leiden. Die Betäubung dieses Schmerzes führt den Revolutionär an die Grenzen des Faschismus.«[15]

Die politische Handlung darf entsprechend die eigene Gewalt nicht vergessen. Sie darf ihre Quelle in einem Verlangen nach Gerechtigkeit nicht vergessen, das die Unmöglichkeit der eigenen Erfüllung in der Welt kennt und entsprechend die Unvermeidbarkeit der eigenen Gewalt. Auch die gerechte Politik ist eine solche, die ihre Quelle im Verlangen nach Gerechtigkeit nicht vergisst und vor der eigenen Gewalt erschrickt, auch wenn diese notwendig ist. Sie ist eine Politik, die sich durch das besondere Wissen des Studiums und der Philosophie beunruhigen lässt. Sie mag an Sokrates erinnern, der einerseits das Gesetz so respektierte, dass er lieber gestorben ist, als dass er es verletzt hätte, der sich aber andererseits sein Leben lang und bis hin zu seinem Prozess als Störfaktor eben dieser Ordnung und dieses Gesetzes verstand. Sie mag auch an Hannah Arendt erinnern, für die in Zeiten der Krise das Denken zu einer politischen Kategorie wird.[16]

In diesem Sinne schreibt Levinas in *Jenseits des Seins*: »Es ist [...] nicht ganz unwichtig zu wissen, ob der egalitäre und gerechte Staat, in dem der Mensch seine Erfüllung findet (und den es einzurichten und vor allem durchzuhalten gilt), aus einem Krieg aller gegen alle hervorgeht oder aus der irreduziblen Verantwortung des einen für alle und ob er auf Freundschaften und Gesichter verzichten kann. Es ist nicht ganz unwichtig, dies zu wissen, damit nicht der Krieg zur Einrichtung des Krieges mit gutem Gewissen wird.«[17]

Noch eindeutiger als im Gespräch mit Philippe Nemo geht es hier nach Levinas um die Alternative zwischen der Einrichtung eines gerechten Staates, den es einzurichten und vor allem durchzuhalten gilt, und der Einrichtung des Krieges mit gutem Gewissen, das heißt ohne Gewissen. Dass dies auch eine Form der Politik sein kann, hatte Levinas schon am Anfang von *Totalität und Unendlichkeit* behauptet, wo er die Politik als die »Kunst, den Krieg vorherzusehen und mit allen Mitteln zu gewinnen«[18] definiert hatte. Mit ganz leichten Abweichungen stellt er noch einmal diese Alternative in dem kleinen Text »Paix et Proximité« dar: »Es ist nicht unwichtig zu wissen – und dies ist vielleicht die europäische Erfahrung des zwanzigsten Jahrhunderts –, ob der egalitäre und gerechte Staat, in dem sich der Europäer vollendet – und den es einzurichten und vor allem zu bewahren gilt – aus einem Krieg

---

15 Emmanuel Levinas: »Les vertus de patience« In: Emmanuel Levinas: *Difficile Liberté. Essais sur le judaïsme*. Paris 1988. 218 f.
16 Vgl. u.a. Hannah Arendt: »Über den Zusammenhang von Politik und Moral.« In: Hannah Arendt: *Zwischen Vergangenheit und Zukunft. Übungen im politischen Denken I*. München 1994. 154 f.
17 Emmanuel Levinas: *Jenseits des Seins*. A.a.O. 347 f. Diese Passage bildet wahrscheinlich die Grundlage für das bereits angeführte und kommentierte Zitat aus *Ethik und Unendliches*.
18 Emmanuel Levinas: *Totalität und Unendlichkeit*. A.a.O. 19.

aller gegen alle hervorgeht – oder aus der irreduziblen Verantwortung des einen für den anderen, und ob er die Einzigartigkeit des Antlitzes und der Liebe ignorieren kann. Es ist nicht unwichtig, dies zu wissen, damit der Krieg nicht zur Einrichtung eines Krieges mit gutem Gewissen im Namen der historischen Notwendigkeiten wird.«[19]
Der hier hinzugefügte Verweis auf die europäische Erfahrung des zwanzigsten Jahrhunderts ist grundlegend für Levinas' Philosophie, und vielleicht noch mehr für sein Denken des Politischen. Sie ist die Erfahrung der Einrichtung des Krieges mit gutem Gewissen im Namen des Blutes, im Namen des Gesetzes oder im Namen der Vernunft.

Für Levinas war Europa vor dieser Erfahrung die Verbindung des Griechischen mit dem Jüdischen, des griechischen Logos und des griechischen Gesetzes mit der jüdischen Gerechtigkeit. Vielleicht ist die hier angesprochene Erfahrung des zwanzigsten Jahrhunderts der grundsätzliche Versuch, das Element der Gerechtigkeit und ihre Quelle in der Beunruhigung durch den Anderen zu vergessen und, wo dies nicht möglich war, zu vertreiben und zu vernichten. Diese Erfahrung verlangt, dass neben dem Wissen um die Quelle der Gerechtigkeit noch ein anderes Wissen das Denken des Politischen prägt. Es ist das in keine Erinnerung aufgehende Wissen um die erlittene Verfolgung der anderen Menschen. Es ist ein Wissen in der Form eines Gedenkens, das besonders in *Jenseits des Seins* seinen philosophischen Ausdruck findet. Levinas widmet das Buch »dem Gedenken der nächsten Angehörigen unter den sechs Millionen der von den Nationalsozialisten Ermordeten, neben den Millionen und Abermillionen von Menschen aller Konfessionen und aller Nationen, Opfer desselben Hasses auf den anderen Menschen, desselben Antisemitismus«.

In ihren Beiträgen stellen Klaus Kodalle, Katharina Schmidt und Antje Kapust in sehr unterschiedlicher Weise die Frage des Umgangs mit diesem Wissen. Ist eine Verzeihung der Täter eine ethische und politische Antwort auf die erlittene Verfolgung, und ist sie möglich? Kodalle zeigt, nicht nur bei Levinas, eine Diskrepanz zwischen der philosophischen Antwort auf diese Frage und der persönlichen Haltung der Betroffenen. Schmidt überlegt, wie die Frage im Raum der Vielen, An- und Abwesenden, in der konkreten Situation des Unterrichts gestellt werden kann. Kapust stellt in Anschluss an Levinas' Talmud-Lektüre über »die durch das Feuer verursachten Schäden« die schwierige Frage einer Ambiguität des Feuers in seinem Bezug einerseits zur Auslöschung, andererseits zur Möglichkeit eines Zeugnisses der Priorität des Guten sogar und gerade in der absoluten Ungerechtigkeit der Auslöschung.

---

19 Emmanuel Levinas: »Paix et proximité.« In: Jacques Rolland (Hrsg.): *Les Cahiers de La nuit surveillée. Emmanuel Lévinas.* Lagrasse 1984. 346.

Hier muss daran erinnert werden, dass Levinas als Überlebender der Shoah sprach. Für ihn, am Ende des zwanzigsten Jahrhunderts, war Europa vielleicht wieder der Ort der Verbindung des griechischen Logos und des griechischen Gesetzes mit der jüdischen Gerechtigkeit. Aber er verband den Sinn dieses Ortes in besonderer Weise mit der Gründung Israels. Damit meinte er allerdings nicht nur den Staat Israel, sondern in diesem Staat die Erfindung einer neuen Politik und eines neuen Sinnes der Politik. Er dachte an die Erfindung einer Politik, die im Staat das Jenseits des Staates, das Wissen der Gerechtigkeit, hören lässt.

Dieses Jenseits des Staates kann zuerst in Bezug auf die Menschenrechte verstanden werden, die »legitimer als alle Gesetzgebung, gerechter als alle Rechtfertigung [sind]. Es handelt sich wahrscheinlich [...] um das Maß alles Rechts und zweifellos um seine Ethik«.[20] Alfred Hirsch verbindet in seinem Beitrag diesen Gedanke mit dem Hospitalitätsrecht in Kants Traktat *Zum ewigen Frieden*[21] und unterstreicht somit das Recht des Fremden, Rechte zu haben, sowie die Folgen dieses Ansatzes für eine Politik des Friedens.

Ein anderer Verweis auf ein Jenseits des Staates im Staat ist die eschatologische oder messianische Dimension der Politik, die Levinas unter anderem am Anfang von *Totalität und Unendlichkeit* anspricht. Sie besteht nicht darin, der Geschichte eine Richtung zu geben oder sie zu verlassen, sondern sie »stellt eine Beziehung zum Unendlichen des Seins her, das die Totalität überschreitet«.[22] Das Eschatologische ist für Levinas mit der Idee der Brüderlichkeit aller Menschen verbunden, die nicht als Einheit der Gattung, sondern des Vaters in einem nicht biologischen Sinne verstanden werden soll. Die Menschen sind insofern Brüder und Schwestern, als sie vom Anderen angesprochen werden und füreinander verantwortlich sind: messianische Öffnung einer Gesellschaft, in der die Menschen noch keine Menschheit bilden.[23] Die so verstandene Brüderlichkeit wäre für Catherine Chalier die Quelle der im Leitwort der französischen Republik angemahnten Gleichheit und Freiheit. Sie ist die Quelle des Naturrechts und einer auf den Rechten des Fremden gegründeten Politik. Sie öffnet auch eine Perspektive des Friedens als Beunruhigung durch das Leiden der anderen Menschen.

Überhaupt ist der Frieden ein Gedanke, den Levinas mit einem Jenseits der Politik verbindet. Am Ende eines kurzen Textes, »Politique après!«, spricht Levinas vom Besuch Anwar el Sadats in Israel: »Wir haben es gesagt, Sadats Reise hat den einzi-

---

20 Emmanuel Levinas: »Les droits de l'homme et les droits d'autrui.« In: Emmanuel Levinas: *Hors sujet*. Montpellier 1987. 175.
21 Immanuel Kant: *Zum ewigen Frieden. Ein philosophischer Entwurf*. In: Immanuel Kant: *Schriften zur Anthropologie, Geschichtsphilosophie, Politik und Pädagogik 1*. Werkausgabe Band XI. Hrsg. W. Weischedel. Frankfurt a. M. 1977. 191-251.
22 Emmanuel Levinas: *Totalität und Unendlichkeit*. A.a.O. 23.
23 Vgl. Emmanuel Levinas: *Vier Talmud-Lesungen*. Übers. F. Miething. Frankfurt a. M. 1993. 44

gen Weg des Friedens im Nahen Osten geöffnet, wenn dieser Frieden möglich sein soll: was in ihm ›politisch‹ schwach ist, ist vermutlich der Ausdruck dessen, was in ihm kühn und letztendlich stark ist. Und es ich vielleicht das, was [dieser Frieden] überall und für alle der Idee selbst des Friedens bringt: das Nahelegen, dass der Frieden ein Begriff ist, der über das rein politische Denken hinausgeht.«[24]
Die gleichzeitige Entstehung und Störung der politischen Ordnung durch das Wort des Anderen und durch das mit ihm verbundene Verlangen nach Gerechtigkeit ist vielleicht der wesentliche Beitrag Levinas' zu einem zeitgenössischen Denken des Politischen. Allerdings werden manche Leser auch von bestimmten Aspekten dieses Denkens gestört, die eher an eine sehr traditionelle, männlich geprägte Denkweise über die gesellschaftliche Ordnung erinnert als dass sie von einer Beunruhigung dieser Ordnung zeugen. So kritisiert Simon Critchley fünf zentrale Begriffe der Levinas'schen Philosophie: Die Brüderlichkeit, die er als eine klassische Figur der politischen Freundschaft zwischen gleichen Männern sieht, den mit ihr verbundenen Monotheismus, den Androzentrismus, die Familie und zuletzt die Verbindung zwischen dem politischen Schicksal der Ethik und dem Staat Israel oder dem republikanischen Frankreich. Critchley möchte dagegen bei Levinas die Möglichkeit der Erfindung einer politischen Entscheidung als Antwort auf das *Faktum* des Anderen unterstreichen.
Werner Stegmaier scheint in seiner Analyse der paradoxen Beziehung zwischen Ethik und Politik eine ähnliche Interpretation zu vertreten. Für ihn ist das Spezifische des Ansatzes Levinas', der mit seinem Begriff des Dritten verbunden ist, dass er ein Oszillieren zwischen der allgemeinen Verpflichtung des Politischen und einem gewissen Spielraum der individuellen Handlung und des individuellen Urteils ermöglicht, die das Allgemeine transzendieren und zugleich von ihm abhängen.
Zwischen den verschiedenen Interpretationen soll hier nicht entschieden werden. Viel eher möchte der vorliegende Band zu einer vielfältigen und fruchtbaren Auseinandersetzung mit dem Denken eines Philosophen einladen, der kein Verfechter der Orthodoxie und der ewigen Gültigkeit des geschriebenen Wortes ist, sondern für den das Gesagte immer wieder zurückgenommen und neu gesagt werden soll, um das in es nie aufgehende Sagen der Beziehung zwischen Menschen und der Verantwortung hören zu lassen. Dies erfordert allerdings die höchste Genauigkeit im Umgang mit dem Gesagten.

---

24 Emmanuel Levinas: »Politique, après!«. In: Emmanuel Levinas: *L'au-delà du verset*. A.a.O. 228.

Das Ethische und das Politische

Werner Stegmaier

Die Bindung des Bindenden
Levinas' Konzeption des Politischen

1 Unzeitgemäßheit von Levinas' Ethik?

Levinas' Philosophie führt auf das Ethische als Erstes hin, das Ethische in Gestalt der Nötigung durch die Not eines Andern, die eine Verantwortung aufzwingt, die man nicht weitergeben kann.[1] Der, der in einer bestimmten Situation der Letzte ist, um der Not eines Andern abzuhelfen, der sich darin von niemandem mehr vertreten lassen kann, ist der Nächste.[2] Die Nähe zum Andern ist unmittelbare Verpflich-

---

1   Vgl. Werner Stegmaier: »Das Ethische denken. Über das Denken des Ethischen und das Denken des Denkens«. In: T. Borsche (Hrsg.): *Denkformen – Lebensformen. Tagung des Engeren Kreises der Allgemeinen Gesellschaft für Philosophie in Deutschland*, Hildesheim 3.-6. Oktober 2000. Hildesheim, Zürich, New York 2003. 199-201.
2   Vgl. NT, Lk 10, 36 (das Gleichnis vom barmherzigen Samariter). Dort ist der Nächste nicht der, dem geholfen wird (der von Straßenräubern halbtot Geschlagene), sondern der, der vorbehaltlos hilft, nachdem die anderen, der Priester und der Levit, die aufgrund religiöser Gesetze daran gehindert sind, nicht geholfen haben. ›Der Nächste‹ ist hier nicht substantivisch, sondern adverbial bestimmt: *ho plaesion*, etwa ›der nahe dran‹. Levinas schließt der Sache nach an diesen Sinn des Nächsten an. Er gebraucht den Ausdruck jedoch auch so, dass der Nächste der ist, dem geholfen wird und der geliebt werden soll, im Sinn des Gebots der Nächstenliebe (Mk 12, 31; vgl. für die Hebräische Bibel Hermann Cohen: *Religion der Vernunft aus den Quellen des Judentums* [1919]. Wiesbaden 1995. 147 f. Und Hermann Cohen: *Der Nächste. Vier Abhandlungen über das Verhalten von Mensch zu Mensch nach der Lehre des Judentums*. Berlin 1935; zu Cohen vgl. Ze'ev Levy, »Hermann Cohen und Emmanuel Levinas« in: S. Mosès and H. Wiedebach [Hrsg.]: *Hermann Cohen's*

tung, die sich nicht verallgemeinern, nicht in Begriffe fassen, nicht in einer Theorie formulieren lässt. Sie theoretisch in allgemeine Begriffe zu fassen, würde schon die Möglichkeit der Vertretung, des Weitergebens der Verantwortung, eröffnen. Das Theoretische bedeutet eine Entlastung vom Ethischen.[3] Das Politische aber, sofern es dabei um gemeinsame Belange einer Vielzahl von Menschen geht, schließt nach Levinas an das Theoretische an. Danach haben sich in der griechischen Philosophie und ihren europäischen Erbinnen das Theoretische und das Politische so verbunden,[4] dass sie sich gegenüber dem ursprünglich Ethischen, der Verpflichtung des Nächsten für den Nächsten, verselbständigten mit der Folge, dass das Von-Angesicht-zu-Angesicht, die stärkste Erfahrung unter Menschen, in ihr keine Rolle mehr spielte.[5]

Levinas' Philosophie scheint so der Politik, in allen Nuancen ihres Begriffs, denkbar fern. Verglichen etwa mit dem philosophischen Werk Sartres, seines Zeitgenossen, dessen Werk das seine so lange überstrahlte,[6] ist sein Werk unpolitisch, in manchem sogar anti-politisch. Levinas hat politische Parteinahmen und eine explizite, affirmative politische Philosophie vermieden.[7] Er folgt darin deutlich der Spur

---

Philosophy of Religion. International Conference in Jerusalem 1996. Hildesheim, Zürich, New York 1997. 133-143; bei Levinas vgl. etwa Emmanuel Levinas: *Entre nous. Essais sur le penser-à-l'autre.* Paris 1991. 74. Dt.: Emmanuel Levinas: *Zwischen uns. Versuche über das Denken an den Anderen.* Übers. F. Miething. München 1995. 85 f.) Hier ist der Ausdruck substantivisch gebraucht (*ton plaesion*, Mk 12, 31). Nach der adverbialen Formulierung kann am Ort nur *einer* sein, unter den substantivischen Begriff dagegen können viele fallen. Mit dem Übergang der Bezeichnung des Nächsten auf die Seite dessen, dem geholfen wird, geht eine Verallgemeinerung einher, die für den Übergang vom Ethischen zum Politischen relevant ist (s.u.). Zu beiden Bezeichnungen des ›Nächsten‹ gehört die Not. Denn auch die Liebe zu *den* Nächsten kann in Not bringen, nämlich dann, wenn diese Nächsten Fremde sind, wie in der hebräischen Bibel (vgl. etwa Gen. 19: Lot, der Fremde in Sodom, schützt die Fremden, die bei ihm einkehren, vor Übergriffen der Sodomiten), oder Feinde, wie es das NT zuspitzt (*tous echtrous*, Mt. 5, 44). Die Not, aus der geholfen werden muss, nötigt zu der Not, hier helfen zu müssen; sie lässt nach Levinas das Ethische entspringen.

3 Hierin steht Levinas Nietzsche nahe. Vgl. Werner Stegmaier: »Levinas' Humanismus des anderen Menschen – ein Anti-Nietzscheanismus oder Nietzscheanismus?« In: W. Stegmaier, D. Krochmalnik (Hrsg.): *Jüdischer Nietzscheanismus.* Berlin, New York 1997. 303-323.

4 Vgl. Jean-Pierre Vernant: *Die Entstehung des griechischen Denkens* (1962). Übers. E. Jacoby. Frankfurt a. M. 1982. Und Christian Meier: *Die Entstehung des Politischen bei den Griechen.* Frankfurt a. M. 1980.

5 Vgl. insbes. Emmanuel Levinas: »La tentation de la tentation«. In: Emmanuel Levinas: *Quatres lectures talmudiques.* Paris 1968. 65-109. Dt.: Emmanuel Levinas: »Die Versuchung der Versuchung«. In: Emmanuel Levinas: *Vier Talmud-Lesungen.* Übers. F. Miething. Frankfurt a. M. 1993. 57-95. Und dazu Werner Stegmaier: *Levinas.* Freiburg, Basel, Wien 2002. passim, bes. 198 ff.

6 Bis Sartre, vermittelt durch Benny Lévy, sich zuletzt Levinas' Werk zuwandte und von ihm aus noch einmal neu beginnen wollte. Vgl. Bernard-Henri Lévy: *Sartre. Der Philosoph des 20. Jahrhunderts.* Übers. P. Wilhelm. München 2002. 591-617.

7 Vgl. Robert Bernasconi: »Wer ist der Dritte? Überkreuzung von Ethik und Politik bei Levinas«. In: B. Waldenfels, I. Därmann (Hrsg.): *Der Anspruch des Anderen. Perspektiven phänomenologischer Ethik.* München 1998. 87-110.

Rosenzweigs.⁸ Sein Humanismus geht bis zum Anarchischen.⁹ Nun hat er, so scheint es zumindest in der französischen Philosophie, selbst eine Wendung von der Politik zur Ethik herbeigeführt.¹⁰

---

8   Vgl. Stéphane Mosès: *System und Offenbarung. Die Philosophie Franz Rosenzweigs*. Mit einem Vorwort von Emmanuel Levinas. Übers. R. Rochlitz. München 1985. 159-173. Rosenzweig, nach dem ein Volk »anders als politisch existieren« kann (zit. 161), hat, so Mosès, die »zutiefst unstaatliche Existenz des jüdischen Volkes« (172) herausgearbeitet und sich gegen eine politische Vereinnahmung seines Werkes gewehrt: »[Ich habe erlebt], wie gefährlich meine Theorie ist, wenn man unmittelbar eine Politik daraus machen will und nicht nur die Einschränkung jeder (aber trotzdem zu machenden) Politik.« (Rosenzweig, *Briefe*, 500 f./969. Zitiert nach Stéphane Mosès: *System und Offenbarung*. A.a.O. 166). Levinas löst sich jedoch von Rosenzweigs Fixierung auf Hegels Konzeption des Politischen, seine »révolte du Sujet« gegen das System Hegels reicht ihm nicht aus (Pierre Bouretz: »Politique et après: une éthique d'adultes.« In: J. Halpérin, N. Hansson (Hrsg.): *Difficile justice. Dans la trace d'Emmanuel Lévinas. Actes du XXXVIe Colloque des intellectuels juifs de langue française*. Paris 1998. 134-149, hier 144). – Zu Levinas und Rosenzweig vgl. auch Hans Martin Dober: »Lévinas und Rosenzweig. Die Verschärfung der Totalitätskritik aus den Quellen des Judentums«. In: M. Mayer u. M. Hentschel (Hrsg.): *Parabel. Lévinas. Zur Möglichkeit einer prophetischen Philosophie*. Gießen 1990. 144-162; Richard A. Cohen: *Elevations. The Height of the Good in Rosenzweig and Levinas*. Chicago, London 1994; Robert Gibbs: *Correlations in Rosenzweig and Levinas*. Princeton 1994.
9   Vgl. Emmanuel Levinas: *Du sacré au saint. Cinq nouvelles lectures talmudiques*. Paris 1977. Dt.: Emmanuel Levinas: *Vom Sakralen zum Heiligen. Fünf neue Talmud-Lesungen*. Übers. F. Miething. Frankfurt a. M. 1998. 1. Lektion (»Judentum und Revolution«). Levinas plädiert dort für eine unablässige Revolution im Sinne einer ständigen Erneuerung der staatlichen Ordnung und der Befreiung vom Determinismus des Ökonomischen um der Gerechtigkeit willen: »Revolution gibt es dort, wo man den Menschen befreit, das heißt, da, wo man ihn vom ökonomischen Determinismus befreit.« (»Il y a révolution là où on libère l'homme, c'est-à-dire là où on l'arrache au déterminisme économique«, 24/24). – Zu Levinas' »an-archischem« Sprechen, seinem Begriff der Anarchie und dessen Bezug zur Politik vgl. Werner Stegmaier: *Levinas*. A.a.O. 126-128.
10 Vgl. Alain Finkielkraut in seiner Eröffnungsansprache zum Bereich »Éthique et Politique« während des Colloquiums »Difficile justice. Dans la trace d'Emmanuel Lévinas. XXXVIe Colloque des intellectuels juifs de langue française.« In: J. Halpérin, N. Hansson (Hrsg.): *Difficile justice*. A.a.O. 110: »les années 1960-1970 ont été celles de la politique; les années 1980 viennent d'être celles du droit ou du retour vers le droit; les années 1990 sont visiblement celles de la morale.« Finkielkraut zitiert seinerseits »un essai récent de Sylvie Mesure et d'Alain Renault, intitulé *La Guerre des dieux*: ›Et c'est parce que les années 1990 sont celles de la morale, est-on parfois tenté d'ajouter qu'elles ne sont pas seulement les années Comte-Sponville, mais aussi les années Lévinas.‹« Zur Wendung von der Politik zur Ethik, wenn es sie gab, hat sicher auch Jacques Derrida beigetragen, der zum genannten Colloquium keinen Beitrag beisteuerte. Derrida hat Levinas in politischer Hinsicht wohl am intensivsten und konsequentesten weitergedacht. Vgl. v.a. Jacques Derrida: »Le mot d'acceuil«. In: Jacques Derrida: *Adieu à Emmanuel Lévinas*. Paris 1997. 37-211. Dt.: Jacques Derrida: »Das Wort zum Empfang«. In: Jacques Derrida: *Adieu. Nachruf auf Emmanuel Lévinas*. Übers. R. Werner. München 1999. 31-170. Er folgt dort dem »désir de fidelité« gegenüber Levinas (198) und fragt nach »les rapports entre une éthique de l'hospitalité (une éthique comme hospitalité) et un droit ou une politique de l'hospitalité« (45). Er verfolgt »le passage de la responsabilité éthique à la responsabilité juridique, politique – et philosophique« (64) in laufender Auseinandersetzung mit Kants Schrift *Zum ewigen Frieden* und in ständigem Blick auf Israel, das Judentum, den Zionismus. Einer seiner Leitfäden ist jedoch der Messianismus, der wieder zurückführt zu Levinas' Pro-

Gleichwohl hat sich Levinas insbesondere durch die von ihm mitorganisierten *Colloques des intellectuels juifs de langue française* veranlasst gesehen, sich mit Politik zu befassen – im Hinblick auf das Volk Israel und den Staat Israel. Leitender Gesichtspunkt seiner diesbezüglichen *Lectures talmudiques* sind die Möglichkeiten des Messianischen in der Gegenwart. Sein hoher ethischer Begriff vom Volk Israel hat es ihm schwer gemacht, die Politik des Staates Israel als moralisch-politisches Vorbild plausibel zu machen, und inzwischen ist dies noch schwerer geworden.[11] Sich selbst sah Levinas als Angehöriger des französischen Volkes, dem man, wie er schrieb, »sich durch Geist und Herz ebenso stark verbunden fühlen kann wie durch Abstammung«.[12] Er war vollkommen aufgeschlossen für die politischen Errungenschaften des modernen liberalen Staates, pflegte Vorbehalte weder gegen die Demokratie (wie Nietzsche) noch gegen die Wissenschaften (wie Husserl) noch gegen die Technik (wie Heidegger).[13] Wir fragen darum hier nicht, was sein Ansatz beim Ethischen für den Staat Israel im besonderen, sondern für den modernen liberalen Staat im allgemeinen bedeutet. Im real existierenden modernen liberalen Staat, der Marktwirtschaft mit sozialer Verpflichtung verbindet, ist die Sorge um die unmittelbare Lebensnot seiner Bürger inzwischen weitgehend an soziale und politische Institutionen übergegangen, und so ist auch die Ethik weitgehend schon zu einer Ethik der Politik geworden, zu einer Ethik, die versucht, sei es in der Tradition Rousseaus, sei es in der Tradition Marx', die Politik moralischen Prinzipien zu un-

---

gramm eines »grand discours messianique sur la paix eschatologique et sur un accueil hospitalier que rien ne précède« (167). Vgl. auch Jacques Derrida: *Politiques de l'amitié*. Paris 1994. Dt.: Jacques Derrida: *Politik[en] der Freundschaft*. Übers. S. Lorenzer. Frankfurt a. M. 2000, und Jacques Derrida: *Voyous. Deux essais sur la raison*. Paris 2003, die ebenfalls stark Levinas verpflichtet sind, in denen die ausdrückliche Berufung auf ihn aber zurücktritt. – Zu systematischen Bezügen zwischen dem ethischen Denken von Levinas und Derrida vgl. Simon Critchley: *The Ethics of Deconstruction. Derrida and Levinas*. Oxford UK, Cambridge USA 1992. 2. Aufl. Edinburgh 1999.

11 Vgl. insbes. Emmanuel Levinas: »Textes messianiques«. In: Emmanuel Levinas: *Difficile liberté. Essais sur le Judaïsme*. 2., erw. u. veränd. Aufl. Paris 1976. 136 f. Dt.: Emmanuel Levinas: »Messianische Texte«. In: Emmanuel Levinas: *Schwierige Freiheit. Versuch [!] über das Judentum*. Übers. Eva Moldenhauer. Frankfurt a. M. 1992. 101 (Israel bemisst seine Moral nicht nach der Politik), und Emmanuel Levinas: *L'au-delà du verset. Lectures et discours talmudiques*. Paris 1982. 12. Dt.: Emmanuel Levinas: *Jenseits des Buchstabens. Bd. 1: Talmud-Lesungen*. Übers. F. Miething. Frankfurt a. M. 1996. 14 (von der Eschatologie Israels können keine Kriege ausgehen).

12 Emmanuel Levinas: »Signature«. Zuerst unter dem Titel: »Emmanuel Levinas (né en 1906)«. In: G. Deledalle, D. Huisman (Hrsg.): *Les Philosophes français d'aujourd'hui par eux-mêmes. Autobiographies de la philosophie française contemporaine*. Paris 1963. 325-328, wiederabgedruckt in: Emmanuel Levinas: *Difficile liberté. Essais sur le Judaïsme*. 2., erw. u. veränd. Aufl. Paris 1976, 405. Dt.: Emmanuel Levinas: »Unterschrift«. In: Emmanuel Levinas: *Eigennamen. Meditationen über Sprache und Literatur*. Textauswahl und Nachwort von Felix Philipp Ingold. Übers. F. Miething, München 1988. 107.

13 Vgl. Emmanuel Levinas: »Heidegger, Gagarine et nous«. In: Emmanuel Levinas: *Difficile liberté*. A.a.O. 323-327. Dt.: Emmanuel Levinas: *Schwierige Freiheit*. A.a.O. 173-176.

terwerfen. Sie hat zu der aporetischen Situation geführt, dass sich gegnerische Seiten in der Regel gleichermaßen mit moralischen Prinzipien wappnen können.[14] Da Levinas' Philosophie hinter solche Prinzipien zurückgeht, könnte sie andere Philosophien und Theorien des Politischen anstoßen.[15]
Sofern sich Levinas durch die Einladungen zu den *Colloques des intellectuels juifs de langue française* genötigt sah, sich auf Politik einzulassen, befand er sich in der Situation, in die schon Platon seinen Sokrates gebracht hatte. Er ließ ihn sonst alles affirmative Reden tunlichst vermeiden und in der *Politeia* nur auf Drängen anderer, seiner eigenen Brüder, ein affirmatives Modell einer gerechten Polis entwerfen.[16] Levinas hat auch außerhalb der *Colloques* über Politik vorwiegend in Interviews gesprochen, eingeladen, aufgefordert, genötigt von andern, und er sagte dort gerade nur so viel, wie er philosophisch, in philosophischer Verantwortung sagen konnte.[17] Er zielte vor allem auf die Kategorie der Gerechtigkeit, um sie neu zu orten. Die Bestimmung der Politik selbst hielt er offen. Statt dessen bediente er sich, wie Carl Schmitt, des Begriffs ›des Politischen‹ (frz. *le politique*) als eines semantischen Platzhalters: als Name für etwas, das es fraglos gibt, das zu identifizieren und zu definieren jedoch selbst schon eine politische Entscheidung bedeutet. Er folgte darin Kierkegaard, der so schon vom ›Ästhetischen‹, ›Ethischen‹ und ›Religiösen‹ gesprochen hatte.

---

14 Besonders eindrücklich geschah das an dem Tag, an dem ich dies schrieb, dem 18. März 2003, an dem der Präsident der Vereinigten Staaten den Krieg gegen den Diktator des Irak ankündigte, den er am 20. März eröffnete.
15 Wertvolle Beiträge dazu von Alain Finkielkraut, Catherine Chalier, Miguel Abensour und Pierre Bouretz sind bereits in: J. Halpérin, N. Hansson (Hrsg.): *Difficile justice*. A.a.O. 109-156, erschienen.
16 Vgl. Wolfgang Wieland: *Platon und die Formen des Wissens*. Göttingen 1982, und Hans Blumenberg: *Höhlenausgänge*. Frankfurt a. M. 1989.
17 In Emmanuel Levinas: *Totalité et Infini. Essai sur l'extériorité*. La Haye 1961. Dt.: Emmanuel Levinas: *Totalität und Unendlichkeit. Versuch über die Exteriorität*. Übers. W. N. Krewani. Freiburg, München 1987, finden sich nur zwei kurze Abschnitte zu Staat und Politik, der eine im Zusammenhang mit der »vérité du vouloir / Wahrheit des Wollens« und der Wirklichkeit der Freiheit (218-220/354-358), der andere unter den »Conclusions / Schlussfolgerungen« (276-278/435-437).

2 Der Ursprung des Politischen im Ethischen: Der/das Dritte

Der Ursprung des Politischen liegt für Levinas nicht in der Macht, sondern in der Zahl. Sofern das Ethische in seinem Sinn bis zur ›Geiselschaft‹ *[otage]* geht, schließt es selbst schon Macht ein.[18] Levinas' Philosophie des Politischen, wenn es sie gibt, ist darum auch keine Philosophie der Machtverteilung und der Machtkontrolle.[19] Stattdessen sucht er den Ursprung des Politischen im Ethischen und findet ihn im Übergang vom Anderen zum Dritten, von einem Anderen zu einem oder mehreren weiteren Anderen, also in der zahlenmäßigen Vermehrung des Anderen.[20] Der Übergang *durch* zahlenmäßige Vermehrung ist zugleich ein Übergang *zur* Zahl, zum Zählbaren, zum Kalkulierbaren: Sobald das Ethische sich auf Zählung einlässt, wird es berechenbar, wird die inter-individuelle, unmittelbare, unkalkulierbare Verpflichtung auch zu einer allgemeinen, mittelbaren, kalkulierbaren Verpflichtung. *Der* Dritte geht in *das* Dritte über.[21]

Durch die bloße Zählung ist der Umschlagspunkt vom Ethischen ins Politische einfach und genau markiert. Er kam in der traditionellen Philosophie des Politischen seit Platon nicht in den Blick, weil sie schon vom Gegensatz des Einzelnen und Allgemeinen ausging und dem Allgemeinen darin den Vorrang gab. Dabei hat Platon das Umschlagen des Individuellen ins Allgemeine in seinen Dialogen unablässig vorgeführt. Indem er stets Individuen sich von Angesicht zu Angesicht über Allgemeines auseinandersetzen ließ, band er sichtlich das Allgemeine an Individuen, und wenn er das Gesprächsthema wechselte, wechselte er oft auch die Gesprächspartner. In der Gestalt des Sokrates stellte er zudem ein Individuum in den Mittelpunkt, das einen stets überraschenden Umgang mit dem Allgemeinen pflegte. Ihn ließ er auch die Idee von Ideen auf immer wieder andere Weise einführen, so dass sich bis heute keine kohärente ›Ideenlehre‹ formulieren lässt.[22] Dabei war der Sinn

---

18 Damit ist Levinas' Ethik nicht von Nietzsches Kritik der Moral betroffen, nach der die Moral die Macht, gegen die sie antritt, selbst anstrebt.
19 Die Frage der Machtverteilung und der Machtkontrolle ist auch in der Politischen Theorie zurückgetreten. Vgl. M. Th. Greven (Hrsg.): *Macht in der Demokratie. Denkanstöße zur Wiederbelebung einer klassischen Frage in der zeitgenössischen Politischen Theorie.* Baden-Baden 1991, insbesondere die Beiträge von Michael Th. Greven (»Macht in der Demokratie« – Anathema in Politikwissenschaft als Demokratiewissenschaft und empirischer Politikforschung«, 107-140) und von Theo Schiller (»Machtprobleme in einigen Ansätzen der neueren Demokratietheorie«, 141-174).
20 Derrida folgt ihm darin in seiner Dekonstruktion der Freundschaft. Vgl. Jacques Derrida: *Politiques de l'amitié.* A.a.O. 17 ff. Dt.: Jacques Derrida: *Politik[en] der Freundschaft.* A.a.O. 17 ff.
21 Vgl. dazu Bernhard Waldenfels: *Antwortregister.* Frankfurt a. M. 1994. Abschn. 13: »Das Forum des Dritten«, 293-301, und Pascal Delhom: *Der Dritte. Lévinas' Philosophie zwischen Verantwortung und Gerechtigkeit.* München 2000.
22 Vgl. den Forschungsbericht von Mischa von Perger und Michael Hoffmann: »Ideen, Wissen und Wahrheit nach Platon. Neuere Monographien«. In: *Philosophische Rundschau* 44.2 (1997). 113-

von Ideen überhaupt deutlich: Sie sollten *als Drittes* Gegebenes, Erfahrenes vergleichbar und damit zum Fall eines Allgemeinen, einer Regel machen. Im Verhalten der Menschen zueinander wurde so das Gute zum Guten nach Regeln, das heißt: zum Gerechten, und damit das Ethische zum Politischen. So wurde eine Polis denkbar, die auf Gesetzen beruhte. Aber die Ideen im einzelnen standen nicht fest. *Durch* sie wurde etwas festgestellt, *sie selbst* aber ließen sich nicht einfach feststellen, sondern konnten, so zeigte es Platon, immer wieder anders ins Spiel gebracht werden. Wie das geschah, hing von der Situation unter den Gesprächspartnern ab, war also zuletzt wieder eine ethische Frage,[23] und die Idee der Ideen muss darum eine Idee des Guten, eine Idee des guten Gebrauchs von Ideen sein. Der gute Gebrauch von Ideen aber ist ein ›Gutes jenseits des Seins‹, jenseits des Feststellbaren. Indem er die Formel vom ›Guten jenseits des Seins‹ zu einem Leitbegriff seines Philosophierens machte, schloss Levinas darin an Platon an, dass das regelbare, berechenbare Gute, das Gerechte, das Politische, an ein unberechenbares Gutes gebunden ist, das für ihn das Ethische ist.

Es war nicht Platon, sondern der Platonismus, der, beginnend mit Aristoteles, das Allgemeine den Individuen gegenüber verselbständigt hat. Levinas vermeidet den Platonismus dadurch, dass er *das* Dritte explizit im Blick auf *den* Dritten einführt, den weiteren Anderen. Es ist dieser weitere Andere, der durch *seine* Lebensnot zum Vergleichen und damit zum Allgemeinen nötigt; die Einführung des Allgemeinen wird so selbst aus einem theoretischen Spiel zur ethischen Verpflichtung. Sie hält das Allgemeine aber nun zugleich in Suspension und in Bewegung: Ein weiterer Anderer kann anderes Allgemeines erforderlich machen.

Damit ist die Ausgangsposition von Levinas' Konzeption des Politischen bezeichnet. Die Termini des Übergangs vom Einzelnen zum Allgemeinen, vom Guten zum Gerechten, vom Ethischen zum Politischen bezeichnet er als Barmherzigkeit *[miséricorde]* und Gerechtigkeit *[justice]*. Danach bleibt die Gerechtigkeit ethisch an die Barmherzigkeit gebunden, aus der sie entspringt, und sie kann in jeder neuen Situation, in der ich einer neuen Not begegne, eine andere sein. Im Gespräch mit Elisabeth Weber sagte Levinas: »In meinem Denken gibt es einen genau bestimmten Sinn des Politischen. Er besteht in der Tatsache, daß wir nicht zu zweit, sondern mindestens zu dritt sind. Sofort kommen zur anfänglichen Barmherzigkeit – denn die Beziehung zu zweit ist eine der Barmherzigkeit – das ›Kalkül‹ und der Vergleich hinzu. In der Vielheit zählt jedes Antlitz, und alle Antlitze negieren sich gegensei-

---

151. Die Autoren schließen mit der Feststellung: »Eine verbindliche Darstellung der ›Ideenlehre‹, oder auch nur eine wohlbestimmte Anzahl von diskutierbaren Rekonstruktionen einer solchen Lehre, ist nicht auszumachen. Dies mag man bedauern; aber […] dieser Befund [liegt] in der Sache, in einer Eigenart von Platons Œuvre, begründet.«

23 So wird etwa Sokrates gelegentlich von seinen Gesprächspartnern ermahnt, er solle sich schämen, so zu reden, wie er rede.

tig. Jeder wurde wie durch Gottes Wort erwählt, jeder hat ein Recht. Und jedes Antlitz bedeutet Verantwortlichkeit. Sobald es aber einen Dritten gibt, muß ich vergleichen. Die Gerechtigkeit des Vergleichens kommt notwendigerweise nach der Barmherzigkeit. Sie verdankt der Barmherzigkeit alles, aber sie verneint sie ständig. Darin liegt schon das Politische.«[24]

Der Dritte, darauf ist oft hingewiesen worden, kommt nicht erst zum Anderen hinzu, er ist immer schon da. Der Übergang vom Ethischen zum Politischen ist so lediglich ein Wechsel des Horizonts. Ein Horizont ist eine Beschränkung des Gesichtsfelds. Vor einem Horizont wird etwas sichtbar und feststellbar, ohne dass er selbst sichtbar und feststellbar wäre.[25] Er ist das Unbegrenzte, Unabgrenzbare einer Begrenzung. Levinas grenzt das Ethische und das Politische als Unabgrenzbare voneinander ab – irritierend für die traditionelle Logik und Theorie. In einem Gespräch mit Philippe Nemo formuliert er zwei alternative Möglichkeiten der Beschränkung *[limitation]*, einerseits eine Limitation, die vom Politischen ausgeht und zum Sozialen, jedoch nicht zum Ethischen in seinem Sinn führt, andererseits eine Limitation des Ethischen (in seinem Sinn) zum Politischen: »Es ist äußerst wichtig zu erkennen, ob die Gesellschaft im üblichen Sinn das Ergebnis einer Beschränkung des Prinzips, daß der Mensch des Menschen Wolf ist, darstellt oder ob sie im Gegensatz dazu aus der Beschränkung des Prinzips, daß der Mensch für den Menschen da ist, hervorgeht. Stammt das Soziale mit seinen Institutionen, seinen universellen Formen, seinen Gesetzen daher, daß man die Folgen des Krieges zwischen den Menschen limitiert hat oder daß man die Unendlichkeit limitiert hat, die sich in der ethischen Beziehung zwischen Mensch und Mensch eröffnet?«[26] Wir gehen von der ersten Alternative aus und dann zur zweiten über.

---

24 Elisabeth Weber: *Jüdisches Denken in Frankreich. Gespräche*. Frankfurt a. M. 1994. 121.
25 Der Horizontbegriff war Levinas durch seine Auseinandersetzung mit Husserl sehr präsent. Vgl. insbesondere seine Abhandlungen: Emmanuel Levinas: »La ruine de la représentation«. In: Emmanuel Levinas: *Découvrant l'existence avec Husserl et Heidegger*. 3. Aufl. Paris 1974. 125-144. Und Emmanuel Levinas: »Intentionalité et métaphysique«. In: Emmanuel Levinas: *Découvrant l'existence*. A.a.O. Dt.: Emmanuel Levinas: »Der Untergang der Vorstellung«. In: Emmanuel Levinas: *Die Spur des Anderen. Untersuchungen zur Phänomenologie und Sozialphilosophie*. Übers., hg. u. eingel. W. N. Krewani. Freiburg, München 1983. 120-153. Und: Emmanuel Levinas: »Intentionalität und Metaphysik«. In: Emmanuel Levinas: *Die Spur des Anderen*. A.a.O. Zum Horizontbegriff in der Geschichte der Philosophie vgl. N. Hinske, H.-J. Engfer, P. Janssen u. M. Scherner: »Art. Horizont«. In: *Historisches Wörterbuch der Philosophie*, Bd. 3. Basel, Darmstadt 1974. Sp. 1187-1206, und R. Elm (Hrsg.): *Horizonte des Horizontbegriffs. Hermeneutische, phänomenologische und interkulturelle Studien*, Sankt Augustin 2004.
26 Emmanuel Levinas: *Éthique et Infini. Dialogues avec Philippe Nemo*. Paris 1982. 74 f. Dt.: Emmanuel Levinas: *Ethik und Unendliches. Gespräche mit Philippe Nemo*. Übers. D. Schmidt. Wien 1996. 62 f.

3 Politische Neutralisierung des Ethischen

Das Denken, das seiner traditionellen Bestimmung nach Allgemeines denkt,[27] denkt *den* Dritten unvermeidlich durch *ein* Drittes. Es *neutralisiert*, so Levinas, den Dritten.[28] Sofern es sich als theoretisches versteht, verselbständigt, *ontologisiert* es zugleich das Dritte zu einem Allgemeinen, *das es gibt*, in welcher Weise auch immer, und verschafft damit dem Politischen, sofern es die Sache aller ist, einen eigenen und scheinbar festen Boden. Und sofern das theoretische Allgemeine alle möglichen Einzelnen als seine Fälle umfasst, ohne dass es dann noch auf bestimmte Einzelne ankäme, *totalisiert* es zugleich. Levinas greift das neutralisierende, ontologisierende und totalisierende Denken eben darum an, weil es dem politischen Totalitarismus einen Boden bereitet.[29] Was die ethische Beziehung nach Levinas ausschließt oder doch wenigstens aufhält, das Töten, wird im Staat legitim. Der Staat darf töten, durch Krieg, Todesstrafe, Biopolitik, im Extrem durch Völkervernichtung.[30] Sofern das neutralisierende, ontologisierende und totalisie-

---

27 Vgl. jedoch Werner Stegmaier: »›Denken‹. Interpretationen des Denkens in der Philosophie der Moderne«. In: E. Angehrn, B. Baertschi (Hrsg.): *Studia Philosophica 57* (1998). 209-228, und Werner Stegmaier: »Art. Denken.« In: *Enzyklopädie Philosophie,* unter Mitwirkung von D. Pätzold, A. Regenbogen und P. Stekeler-Weithofer, hg. H. J. Sandkühler, 2 Bde. Hamburg 1999. Bd. 1, 225-229.
28 Vgl. Werner Stegmaier: *Levinas.* A.a.O. 64 ff.
29 Vgl. Emmanuel Levinas: »Textes messianiques«. A.a.O. 135. Dt.: Emmanuel Levinas: »Messianische Texte«. A.a.O. 100: »es ist ja gerade das Schicksal der abendländischen Philosophie und ihrer Logik, eine politische Bedingung anzuerkennen, so daß der volle Ausdruck der Wahrheit mit der Konstituierung des universalen Staates (durch Kriege und Revolutionen) zusammenfällt.« Das jüdische Volk dagegen habe die »Gefahren der Politisierung der Wahrheit und der Moral« erkannt: »Der jüdische Universalismus ist derjenige des in der ganzen Höhe, die den Himmel von der Erde trennt, aufgerichteten Menschen. Er bedeutet vor allem, daß Israel seine Moral nicht nach der Politik bemißt, daß seine Universalität der Messianismus selbst ist.« (136/101) Vgl. auch Emmanuel Levinas: *L'au-delà du verset.* A.a.O. 98. Dt.: Emmanuel Levinas: *Jenseits des Buchstabens.* A.a.O. 117: »es kommt vor – und darin liegt die große Weisheit, deren Bewußtsein den Talmud beseelt – daß die generellen, generösen Prinzipien *[les principes généraux et généreux]* in der Anwendung sich verkehren *[s'invertir]* können. Jedem generösen Denken droht sein Stalinismus *[Toute pensée généreuse est menacée par son stalinisme].* Die große Stärke der talmudistischen Kasuistik liegt darin, diejenige Spezialdisziplin zu sein, die im Besonderen nach dem genauen Moment forscht, wo das allgemeine Prinzip Gefahr läuft, in sein Gegenteil verkehrt zu werden; die das Allgemeine durch das Besondere kontrolliert. Das ist unser Schutz vor Ideologie. Ideologie heißt Großzügigkeit und Klarheit des Prinzips ohne Beachtung der Gefahr der Umkehrung des generösen Prinzips in der Anwendung«.
30 In der Zuspitzung Carl Schmitts zeigt sich der Staat gerade darin als Staat, dass er gesetzlich – legal und legitim – töten kann. Vgl. dazu Jacques Derrida: *Politik[en] der Freundschaft.* A.a.O. 181. Zugleich aber schützt der Staat durch sein Gewaltmonopol auch vor Todesgefahren. In beiden Hinsichten lässt sich der Staat, gerade bei Levinas, im Hinblick auf den Tod, das Getötet-werden-Können und das Töten-Können, bestimmen. Vgl. Miguel Abensour: »Le contre-Hobbes d'Emmanuel Lévinas«. In: J. Halpérin, N. Hansson (Hrsg.): *Difficile justice.* A.a.O. 120-133. In: Jacques Der-

rende Denken dazu legitimiert, muss es selbst neu gedacht und ethisch gebunden werden. Levinas' Denken ist nicht erst politisch, sondern schon philosophisch antitotalitär. Es macht denkbar, dass die Shoah auch eine Folge des Platonismus war. Die Frage ist dann, wie das Politische, das im Zusammenleben unvermeidlich ist, und das Allgemein-Verbindliche, das dafür unverzichtbar ist, ethisch gebunden werden kann, ohne dass sich das Ethische dabei selbst in ein politisches Allgemeines verkehrt. Regeln sind notwendig, sobald die Nähe, die Beziehung zum einzigen Anderen, zahlenmäßig überschritten wird. Das Handeln nach Regeln ist das Gehorchen, das Urteilen nach Regeln das Richten. Beides hat im Recht seine Institution. Im Recht sind Richter(innen) zum Richten befugt und in diese Befugnis durch wiederum allgemeine Verfahren eingesetzt. Der Staat als Institution der Politik setzt sie ein und setzt das Handeln gemäß ihren Urteilen durch. Die Politik beschließt in Gestalt von Parlamenten aber auch die Gesetze, nach denen die Urteile ergehen. So wird die Politik auch und gerade in modernen liberalen Staaten im Bezug von Recht und Staat selbstbezüglich und kann sich darin totalitär verselbständigen.

Dies ist jedoch nur die eine Seite. Nach der anderen Seite bleibt das Recht den Belangen und Nöten der Einzelnen zugewandt dadurch, dass mit jedem Urteil ein einzelner Fall nach seinen Bedingungen beurteilt wird durch einzelne Richter(innen), die ihn eigenverantwortlich zu entscheiden haben. So entsteht ein *Spielraum für das Einzelne im Allgemeinen*. Er wird so organisiert, dass der Staat ›Stellen‹ einrichtet, die auf Zeit mit Individuen besetzt werden, die im Rahmen allgemeiner Gesetze in eigener Verantwortung entscheiden.[31] Analoge Spielräume der Entscheidung haben auch Politiker(innen). Sie entscheiden jedoch nicht über einzelne, sondern über allgemeine Belange.

---

rida: *Le mot d'accueil*. A.a.O. 206, nennt Derrida »toute la pensée de Lévinas, du début à la fin, [...] une méditation de la mort«.

31 Derrida setzt hier seine Philosophie der Gerechtigkeit als immer neue Dekonstruktion des Rechts an. Vgl. Jacques Derrida: *Force de loi. Le ›fondement mystique de l'autorité‹* (1990). Paris 1994. 38. Dt.: Jacques Derrida: *Gesetzeskraft. Der ›mystische Grund der Autorität‹*. Übers. A. García Düttmann. Frankfurt a. M. 1991. 33 f.: »Das Recht ist nicht die Gerechtigkeit. Das Recht ist das Element der Berechnung; es ist nur (ge)recht, daß es ein Recht gibt, die Gerechtigkeit indes ist unberechenbar: sie erfordert, daß man mit dem Unberechenbaren rechnet. Die aporetischen Erfahrungen sind ebenso unwahrscheinliche wie notwendige Erfahrungen der Gerechtigkeit, das heißt jener Augenblicke, da die Entscheidung zwischen dem Gerechten und dem Ungerechten von keiner Regel verbürgt und abgesichert wird.« – Siehe dazu Werner Stegmaier: »Orientierung an Recht und Religion«. In: *Allgemeine Zeitschrift für Philosophie 27.1* (2002). 3-17.

4 Ethische Paradoxierung des Politischen

Auch Spielräume sind für die traditionelle Logik und Theorie irritierend. Sie lassen sich nur paradox und darüber hinaus nur metaphorisch fassen. Sie sind durch Regeln begrenzte ›Räume‹, in denen keine Regeln gelten sollen. Man lässt jemand Freiheit ›in‹ etwas und belässt sie ihm so lange, wie er einen akzeptablen Gebrauch davon macht. In modernen liberalen Staaten ist die Freiheit von Politiker(innen), über allgemeine Belange verbindlich zu entscheiden, keine absolute Freiheit, keine unbedingte Souveränität, sondern von dieser Art des Spielraums. Dessen Grenze ist die Souveränität des Volkes, das aus pragmatischen Gründen nicht selbst und als ganzes über seine allgemeinen Belange verbindlich entscheiden kann, sondern von Zeit zu Zeit darüber entscheidet, wer es in seinen Entscheidungen vertreten soll.

Wenn der Spielraum des Politischen paradox konstituiert ist, müsste sich dies auch in seinen möglichen Bestimmungen und in seinem Verhältnis zum Ethischen zeigen. Gehen wir von Machiavelli aus, der das Politische radikal vom Ethischen gelöst hat. Politik besteht nach seiner Bestimmung darin, »Veränderungen vorauszusehen, den Überblick zu behalten und die je eigenen Angelegenheiten unter Einbezug aller Möglichkeiten, selbstverständlich auch der des Krieges, möglichst erfolgreich zu handhaben«.[32] Der Spielraum des Politischen ist danach allein der Erfolg, der seinerseits darin liegt, den Spielraum weiter offen zu halten. Man muss das Kriterium des Politischen also auch bei Machiavelli nicht auf Machterhaltung reduzieren und dadurch schon ethisch verwerfen. Man kann auch ethisch anerkennen – und Levinas tut das –, dass das Politische einen eigenen Spielraum braucht, um die allgemeinen Belange regeln zu können – auch in modernen liberalen Staaten. Das Politische darf danach nicht ohne weiteres dem Ethischen untergeordnet werden.

Setzt man so an, kann man zweitens auch sehen, dass das ethische Handeln seinerseits insoweit ein politisches Handeln ist, als es ebenfalls sich erfolgreich zu verwirklichen suchen,[33] dabei auch Umwege einschlagen und in beidem auf allgemeine Anerkennung bedacht sein muss. Soweit sich aber das Ethische des Politischen bedient, ist es drittens im tatsächlichen Handeln nicht ohne weiteres von

---

32 So Herfried Münkler, einer der besten Kenner Machiavellis. In: Herfried Münkler: *Kriegsführungsfähigkeit als politischer Imperativ. Niccolò Machiavelli über das Verhältnis zwischen den Staaten.* In: Herfried Münkler: *Über den Krieg. Stationen der Kriegsgeschichte im Spiegel ihrer theoretischen Reflexion.* Weilerswist 2002. 37.
33 Vgl. zur notwendigen »Verwirklichung« des moralischen Handelns Georg Wilhelm Friedrich Hegel: *Phänomenologie des Geistes.* Abschnitt: Der seiner selbst gewisse Geist. Die Moralität. Theorie Werkausgabe. Hg. von E. Moldenhauer und K. M. Michel. Frankfurt a. M. 1970. Bd. 3, 441-494.

ihm unterscheidbar, und dies macht dann auch eine Politik *mit* dem Ethischen möglich, von der schon die Rede war und die Machiavelli von Anfang an einkalkuliert.[34] Im Ergebnis *muss* man also einerseits das Ethische und das Politische trennen, um sie nicht ineinander aufgehen zu lassen, und *kann* sie andererseits doch nicht trennen. So ist man in der Bestimmung ihres Verhältnisses wiederum bei einer Paradoxie angekommen.

Levinas pflegte typisierend das ›griechische‹ und das ›jüdische‹ Denken einander gegenüberzustellen.[35] Auch die ›griechische‹ und die ›hebräische‹ Konzeption des Politischen sind leicht als paradoxe zu erkennen, ebenso die moderne. Die Paradoxie der griechischen ist am Begriff der *Autarkie*, die der hebräischen am Begriff der *Verantwortung*, die der modernen am Begriff der *Gewalt* festzumachen.

In der griechischen Konzeption des Politischen ermöglichen die Autarkie des Einzelnen und Autarkie der Polis einander wechselseitig und bedrohen einander zugleich.[36] Die Polis kann in den Auseinandersetzungen mit anderen Poleis nur bestehen, wenn ihre Bürger stark sind, aber eben dadurch bedrohen sie den Bestand der Polis von innen. Die Polis, die nicht über institutionelle staatliche Organe im modernen Sinn verfügt, ist darum auf ein stets fragiles Gleichgewicht angewiesen, das die Philosophie durch ein theoretisches Wissen vom Guten und Gerechten zu stabilisieren vorschlug. Für Levinas (und zuvor für Nietzsche) war dies der Ursprung der Onto-Theologie des Politischen.

Die Hebräer verzichteten nach Levinas auf ein solches theoretisches Wissen vom Guten und Gerechten. Sie verband ein Bund aller mit allen im Namen ihres unbegreiflichen Gottes.[37] Um so mehr aber brauchten sie »Zwischenpersonen«, wie Nietzsche sie genannt hat,[38] Propheten, Richter, Könige, Priester, mit der ständigen

---

34 Vgl. aktuell zum auffälligen Phänomen öffentlicher Bitten von Staats- und Kirchenoberhäuptern um Vergebung für schweres Unrecht, das im Namen ihrer Staaten bzw. Kirchen begangen wurde, Jacques Derrida: »Leçon: Avouer – l'impossible: ›retours‹, repentir et réconciliation«. In: J. Halpérin, N. Hansson (Hrsg.): *Comment vivre ensemble? Actes du XXXVIIe Colloque des intellectuels juifs de langue française* (1998). Paris 2001. 181-216, und Klaus-Michael Kodalle: »Gabe und Vergebung. Kierkegaards Theorie des verzeihenden Blicks«. In: K. Kodalle und A. M. Steinmeier (Hrsg.): *Subjektiver Geist. Reflexion und Erfahrung im Glauben. Festschrift zum 65. Geburtstag von Traugott Koch*. Würzburg 2002. 71-86.
35 Vgl. Werner Stegmaier: »Philosophie und Judentum nach Emmanuel Levinas«. In: W. Stegmaier (Hrsg.): *Die philosophische Aktualität der jüdischen Tradition*. Frankfurt a. M. 2000. 429-460.
36 Vgl. Werner Stegmaier: »Hermeneutik der ethischen Orientierung. Autonomie, Autarkie und Heteronomie im europäischen Denken«. In: *Internationales Jahrbuch für Hermeneutik* (hg. Günter Figal) 1 (2002). 209-229.
37 Vgl. Emmanuel Levinas: *L'au-delà du verset*. A.a.O. IV: Le pacte. 87-106. Dt.: Emmanuel Levinas: *Jenseits des Buchstabens*. A.a.O. IV: Der Pakt. 101-127.
38 Vgl. Werner Stegmaier: *Nietzsches ›Genealogie der Moral‹. Werkinterpretation*. Darmstadt 1994. 107 f.

Gefahr, sich nicht nur auf falsche Götter, sondern auch auf unberufene Propheten, ungerechte Richter und gottlose Könige einzulassen. Damit verlagert sich die Paradoxie von der Autarkie auf die Verantwortung, die Verantwortung eines jeden, sich ohne hinreichendes Wissen auf die Verantwortung anderer verlassen zu müssen. Die – ebenfalls fragile – Lösung war hier die Beibehaltung der Konkurrenz unter den politischen Funktionsträgern um ihre Funktionen.[39]

Der moderne Staat hat sich sowohl gegenüber den Autarkiebestrebungen als auch gegenüber den religiösen Überzeugungen der Einzelnen verselbständigt. Er startete mit der Paradoxie, dass im Glaubensstreit gerade der ›homo homini deus‹ zum ›homo homini lupus‹ wurde, und führt in der Hobbes'schen Konzeption des absoluten politischen Souveräns zur Paradoxie einer Gewalt gegen Gewalt, einer konzentrierten, staatlich organisierten und rechtlich legitimierten öffentlichen Gewalt gegen alle übrige, nun private und illegitime Gewalt.[40] Sie hat den totalen Staat denkbar und akzeptabel gemacht.[41]

Levinas, ohne Scheu vor Paradoxien, setzt der letzten, modernen Paradoxie des Politischen wiederum eine Paradoxie entgegen,[42] sein Paradox des »ethischen Widerstands« gegen alle Gewalt, der von der Gewalt- und Schutzlosigkeit im Von-Angesicht-zu-Angesicht ausgeht.[43] An einigen Stellen bringt er dieses Paradox auf die Formel »Vor dem Krieg waren die Altäre«:[44] Der Krieg, mit dessen Begriff die

---

39 Vgl. S. N. Eisenstadt: *Die Transformation der israelischen Gesellschaft* (1985). Übers. R. Achlama. Frankfurt a. M. 1987. Inbes. Erster Teil: Der historische Hintergrund. 17-95, und S. N. Eisenstadt: »Max Webers antikes Judentum und der Charakter der jüdischen Zivilisation«. In: W. Schluchter (Hrsg.): *Max Webers Studie über das antike Judentum. Interpretation und Kritik.* Frankfurt a. M. 1981. 134-184.
40 Das Gewalt-gegen-Gewalt-Paradox wird entparadoxiert, in dem das ›bellum omnium contra omnes‹ als Naturzustand konzipiert wird, der in den Vernunftzustand, den Staat, aufgehoben wird. Die Rede vom Naturzustand, einem allem Denken und Handeln vorgegebenen Zustand, wurde jedoch durch Gegenkonzeptionen des Naturzustands paradoxiert, die als solche deutlich machten, dass der Naturzustand *kein* Naturzustand, kein allem Denken und Handeln vorgegebener Zustand war. In Rousseaus Konzeption des Naturzustands wurde das unmittelbar deutlich: Hier negierte sich eine Zivilisation, die sich für schlecht hielt, zugunsten einer Natur, die sie, die Zivilisation, für gut hielt. Noch Rawls meint seine Theorie der Gerechtigkeit in einem paradoxen Naturzustand abstützen zu müssen (den er jetzt nicht mehr Naturzustand, sondern Schleier des Unwissens, *veil of ignorance* nennt), einer politischen Klugheit in einem unpolitischen Zustand. Levinas verzichtet auf jegliche Konzeption eines Naturzustands (vgl. Miguel Abensour: »Le contre-Hobbes d'Emmanuel Lévinas«. In: J. Halpérin, N. Hansson (Hrsg.): *Difficile justice*. A.a.O. 125 f.).
41 Vgl. Hannah Arendt: *Elemente und Ursprünge totaler Herrschaft. Antisemitismus, Imperialismus, Totalitarismus* (1951). München 1986. 317-331.
42 Pierre Bouretz: »Politique et après: une éthique d'adultes«. In: J. Halpérin, N. Hansson (Hrsg.): *Difficile justice*. A.a.O. 134-149, hier 140 f., spricht von einem »disruptiven« Verfahren, durch das Levinas Perspektiven sich kreuzen *[croiser]* lasse.
43 Vgl. Werner Stegmaier: *Levinas*. A.a.O. 103 ff.
44 Vgl. Emmanuel Levinas: »Langage et proximité«. In: Emmanuel Levinas: *En découvrant l'exi-*

europäische Philosophie zwei Mal eingesetzt hat, in der Antike bei Heraklit und in der Moderne bei Hobbes,[45] wird erst möglich, wenn in die »ethische Beziehung zwischen Mensch und Mensch« theoretische Begriffe vom Guten und Gerechten eingetragen werden, an die die Menschen sich halten können, ohne sich aneinander zu halten, und in deren Namen sie übereinander Gewalt ausüben dürfen. Altäre dagegen sind Orte, um an die Beziehung zu jenem Gott zu erinnern, der sich im älteren jüdischen Denken allen Begriffen entzieht und in dessen Namen die Menschen einander als Nächste begegnen können.

5 Ethische Transzendenz des Politischen

Es könnte danach ein Widerspiel von Paradoxien sein, durch das sich sowohl das Politische als auch das Ethische als auch ihr Verhältnis zueinander bestimmt. Dieses Widerspiel würde ihnen dann Spielräume gegeneinander schaffen, ohne sie durch ein übergeordnetes theoretisches Wissen vom Guten und Gerechten auf allgemeine Kriterien festzulegen. Zugleich würde in diesem Widerspiel stets das eine auf das andere verweisen und in der Art eines *double bind* durch Oszillation orientieren, so dass immer beide Seiten berücksichtigt werden und keine Einseitigkeit entsteht.
In *Totalité et Infini* geht Levinas davon aus, dass das Politische das Ethische nicht nur bedroht, sondern es durch seine Institutionen auch schützt und ihm so erst den Spielraum seiner Entfaltung schafft.[46] Für das Spielräume offen haltende Widerspiel der Paradoxien bedient er sich der Begriffe – oder besser: Anti-Begriffe

---

stence. A.a.O. 234. Dt.: Emmanuel Levinas: »Sprache und Nähe« (1967). In: Emmanuel Levinas: *Die Spur des Anderen*. A.a.O. 291: »Il n'est pas sûr que la guerre fût au commencement. Avant la guerre, étaient les autels. / Es ist nicht sicher, daß der Krieg am Anfang stand. Vor dem Krieg waren die Altäre.« Siehe auch Emmanuel Levinas: »Die Substitution« (1968). In: Emmanuel Levinas: *Die Spur des Anderen*. A.a.O. 321, und zuvor Emmanuel Levinas: »Une religion d'adultes«. In: Emmanuel Levinas: *Difficile liberté*. A.a.O. 34. Dt.: Emmanuel Levinas: »Eine Religion für Erwachsene« (1957). In: Emmanuel Levinas: *Schwierige Freiheit*. A.a.O. 29 f., in der Formulierung: »La relation éthique est antérieure à l'opposition de libertés, à la guerre qui, d'après Hegel, inaugure l'histoire. / Die ethische Beziehung geht dem Widerstreit der Freiheiten, dem Krieg, voraus, der laut Hegel die Geschichte einleitet.«
45 Vgl. Werner Stegmaier: *Levinas*. A.a.O. 150-152.
46 Vgl. Emmanuel Levinas: *Totalité et Infini*. A.a.O. 218. Dt.: Emmanuel Levinas: *Totalität und Unendlichkeit*. A.a.O. 354: »Die Freiheit findet keine Wirklichkeit außerhalb der sozialen und politischen Institutionen; die sozialen und politischen Institutionen öffnen der Freiheit den Zugang zur frischen Luft, die notwendig ist für ihre Entfaltung, für ihren Atem und vielleicht sogar für ihr spontanes Entstehen. Die unpolitische Freiheit stellt sich als eine Illusion heraus, die in Wirklichkeit dem Umstand zu verdanken ist, dass ihre Verteidiger oder Nutznießer einem vorgerückten Stadium der politischen Entwicklung angehören.«

– des *Geheimnisses*, der *Apologie*, der *unendlichen Zeit der Fruchtbarkeit* und der *Laubhütte des Gewissens*.
Unter dem Begriff des »Geheimnisses« *[secret]* fasst er den nicht in Begriffen zu fassenden Übergang vom Einzelnen über den Andern zum Dritten und Allgemeinen oder zum Begriff oder den Übergang vom Ethischen zum Politischen überhaupt. Er soll keinen Rückzug in die Innerlichkeit andeuten.[47]
»Apologie«, Verteidigung, steht für den Widerstand der Einzelheit dort, wo sie vom Allgemeinen in Frage gestellt wird, wo es zur »Tyrannei des Universalen und Unpersönlichen« kommt.[48] Apologie schließt die grundsätzliche Anerkennung der Legitimität des Politischen ein, behält sich aber den Widerspruch in jedem einzelnen Fall vor. Sie transzendiert damit das Allgemeine. Die »Sonderheit und Einzigkeit des Ich, das denkt,« so Levinas, dürfe »nicht untergehen, um sich in seinem Denken aufzulösen und in seine Rede einzugehen«, sondern müsse »absolute Aufmerksamkeit«, »absolute Wachsamkeit« über das Denken sein, sofern es stets versucht ist, sein Allgemeines zu neutralisieren, zu ontologisieren und zu totalisieren.[49]
Nicht nur mit seiner Wachsamkeit, auch mit seiner »Fruchtbarkeit«, so Levinas, transzendiert der Einzelne das Politische. Mit seiner Fruchtbarkeit, der Zeugung immer anderer Menschen, hat er die »unendliche Zeit« für sich gegen den scheinbar festen Bestand der politischen Institutionen.[50] Zeit ist nach ihrem radikalsten Begriff als Begriff dessen, das immer anders wird, das immer neu überrascht, der

---

47 Vgl. Emmanuel Levinas: *Éthique et Infini*. A.a.O. 75. Dt.: Emmanuel Levinas: *Ethik und Unendliches*. A.a.O. 62 f.: »Die Politik muß in der Tat immer von der Ethik aus kontrollierbar und kritisierbar bleiben. Diese zweite Form der Sozialität würde dem Geheimnis, das für jeden das eigene Leben darstellt, Gerechtigkeit widerfahren lassen, ein Geheimnis, das nicht an der isolierenden Abgeschlossenheit eines irgendwie streng privaten Bereiches abgeschlossener Innerlichkeit festhielte, vielmehr ein Geheimnis, das an der Verantwortung für den Anderen festhielte, die von ihrer ethischen Herkunft her nicht übertragbar ist, der man sich nicht entzieht und die daher das Prinzip der absoluten Individualisierung darstellt.«
48 Emmanuel Levinas: *Totalité et Infini*. A.a.O. 219 ff. Dt.: Emmanuel Levinas: *Totalität und Unendlichkeit*. A.a.O. 356 ff.
49 Emmanuel Levinas: *Totalité et Infini*. A.a.O. 219 ff. Dt.: Emmanuel Levinas: *Totalität und Unendlichkeit*. A.a.O. 356 ff. – Vgl. auch Emmanuel Levinas: *Dieu, la mort et le temps* [Vorlesungen an der Sorbonne, Paris 1975/76]. Hg. J. Rolland. Paris 1993. 215. Dt.: Emmanuel Levinas: *Gott, der Tod und die Zeit*. Übers. A. Nettling und U. Wasel. Wien 1996. 195: »Quelle difference y a-t-il entre institutions naissant d'une limitation de la violence ou bien naissant d'une limitation de la responsabilité? Au moins celle-ci: dans le second cas, on peut se révolter contre les institutions au nom même de ce qui leur a donné naissance. / Welcher Unterschied besteht zwischen Institutionen, wenn sie aus der Begrenzung der Gewalt entstehen und wenn sie aus der Begrenzung der Verantwortung entstehen? Zumindest dieser: Im zweiten Fall kann man sich gegen diese Institutionen im Namen selbst dessen erheben, was zu ihrer Entstehung geführt hat.«
50 Emmanuel Levinas: *Totalité et Infini*. A.a.O. 277. Dt.: Emmanuel Levinas: *Totalität und Unendlichkeit*. A.a.O. 436.

Anti-Begriff schlechthin.⁵¹ Zeit in diesem Sinn ruft den Bedarf an festem Bestand einerseits hervor und stellt andererseits jeden Bestand in Frage. Letzte ethische Instanz gegen das Politische ist für Levinas die »Laubhütte des Gewissens«. Er fasst sie als »for interieur«, das zugleich Lebensform ist, im Sinn der Tora und des Talmud ein Leben außerhalb der Institutionen, das Wohnen auf Zeit, das Im-Aufbruch-Sein zu neuen Ordnungen, zu neuen Institutionen.⁵² Es bleibt ohne letzte Sicherungen, die sich spätestens seit den Totalitarismen des 20. Jahrhunderts als ebenso gefährlich erwiesen haben wie die Gefahren, gegen die sie gerichtet waren.

Mit den vier genannten Begriffen umreißt Levinas, ohne auf die klassischen Begriffe eines unbedingten Allgemeinen zurückzugreifen, eine »transpolitische« Legitimität des »liberalen Staates« *[État liberal]*, der in Gestalt der Menschenrechte dem Individuum Spielräume lässt, um gegen ihn zu opponieren. Der moderne liberale Staat ist schon eine real existierende Form der ethischen Selbstbindung der Politik. In einem Gespräch formuliert Levinas ihre Paradoxie in Gestalt einer Hyperbel, als »Staat jenseits des Staates« *[État qui s'étend au-delà de l'État].*⁵³

---

51 Vgl. Werner Stegmaier: *Levinas*. A.a.O. 77-79.
52 Vgl. Emmanuel Levinas: »Une religion d'adultes« (1957). In: Emmanuel Levinas: *Difficile liberté*. A.a.O. 40 f. Dt.: Emmanuel Levinas: »Eine Religion für Erwachsene«. In: Emmanuel Levinas: *Schwierige Freiheit*. A.a.O. 35 f.: »Der jüdische Mensch entdeckt den Menschen, bevor er die Landschaften und die Städte entdeckt. Er ist in einer Gesellschaft heimisch, bevor er in einem Haus heimisch ist. Er begreift die Welt mehr vom Anderen her als die Gesamtheit des Seins in Bezug auf die Erde. In gewissem Sinn ist er ein Gast auf Erden, wie der Psalmist sagt, und die Erde gewinnt für ihn in einer menschlichen Gesellschaft Sinn. Dies ist keine Analyse der zeitgenössischen jüdischen Seele, sondern die wörtliche Lehre der Bibel, wo die Erde kein individueller Besitz ist, denn sie gehört Gott. Der Mensch beginnt in der Wüste, wo er in Zelten wohnt und wo er Gott in einem Tempel anbetet, der sich transportieren läßt. Im Laufe seiner ganzen Geschichte erinnert sich das Judentum daran, daß diese freie Existenz – frei gegenüber den Landschaften und den Architekturen, gegenüber all diesen schwerfälligen und seßhaften Dingen, die man dem Menschen vorzuziehen versucht ist – in den Feldern oder in den Städten wurzelt. Das Laubhüttenfest ist die liturgische Form dieses Gedächtnisses, und der Prophet Sacharja kündigt für die messianischen Zeiten das Hüttenfest als Fest aller Völker an. Die Freiheit gegenüber den seßhaften Formen der Existenz ist vielleicht die menschliche Art und Weise, auf der Welt zu sein. Für das Judentum wird die Welt durch ein menschliches Antlitz intelligibel und nicht, wie für einen großen zeitgenössischen Philosophen, der einen wichtigen Aspekt des Abendlands resümiert, durch Häuser, Tempel und Brücken.« Vgl. auch Emmanuel Levinas: »Sans nom«. In: Emmanuel Levinas: *Noms Propres*. Montpellier 1976. 144 f. Dt.: Emmanuel Levinas: »Namenlos«: In: Emmanuel Levinas: *Eigennamen. Meditationen über Sprache und Literatur*. A.a.O. [Teilübersetzung]. 105; und dazu Catherine Chalier: »Exposé.« In: J. Halpérin, N. Hansson (Hrsg.): *Difficile justice*. A.a.O. 112-119, bes. 115 ff.
53 Emmanuel Levinas: »Dialogue sur le penser à l'autre«. In: Emmanuel Levinas: *Entre nous*. A.a.O. 222. Dt.: Emmanuel Levinas: »Dialog über das Denken an den Anderen«. In Emmanuel Levinas: *Zwischen uns*. A.a.O. 259.

6 Zeitgemäßheit von Levinas' Ethik: Nähe von Levinas' ethischer und Luhmanns systemtheoretischer Konzeption des Politischen

Was trägt dann Levinas' Konzeption des Politischen zum Verständnis des modernen liberalen Staates bei? Zunächst, dass man ihn nicht unbedingt in Begriffen von Unbedingtem begründen muss, einer unbedingten Vernunft, Freiheit, Autonomie, Souveränität. Dafür spricht auch die zur Zeit umfassendste Theorie des Politischen, die Systemtheorie von Niklas Luhmann, der Levinas' Konzeption im Ergebnis erstaunlich nahe ist. Auch Luhmann setzt auf Paradoxien. Er setzt Politik neben Recht, Wirtschaft, Wissenschaft, Kunst, Erziehung, Religion als getrennte ›Funktionssysteme‹ der Kommunikation der Gesellschaft an, die sich durch spezifische Paradoxien konstituieren, füreinander ›Umwelt‹ sind und so einander nicht über- und untergeordnet sind. Sie können einander nur unter den jeweils eigenen systemspezifischen Bedingungen ›irritieren‹, müssen einander also ihre Andersheit belassen und sich aufeinander einstellen. So hat weder die Politik noch die Ethik eine Möglichkeit, die ›Kommunikation der Gesellschaft‹ im Ganzen zu steuern. Die ›Umwelt‹, in der sie agieren, ist dem Rauschen des ›es gibt‹ verwandt, wie es Levinas konzipiert hat, und ihre Konstitution durch ›operative Schließung‹ dem Sich-Losreißen vom ›es gibt‹ in der ›Hypostase‹.[54] Die Konstitution durch operative Schließung löst bei Luhmann wie bei Levinas die Politik von der Bindung an Eigentum, Boden, Lebensraum.[55] Ihre Funktion ist statt dessen, so Luhmann, die Eröffnung von Zukunft für eine Gesellschaft durch kollektiv verbindliche Entscheidungen.[56] ›Das Politische‹ geht so auch nicht im Staat auf; der Staat ist für Luhmann neben den Parteien und den Interessenverbänden nur eine der Organisationsformen ›des Politischen‹.

Ethik auf der anderen Seite kann nicht nur nicht über die Politik die Kommunikation der Gesellschaft im ganzen steuern (wie das aktuell noch der Utilitarismus, die Diskursethik und der Kommunitarismus anstreben), sondern sich aus vielen Gründen noch nicht einmal als Funktionssystem konstituieren.[57] Auch für Luh-

---

54 Vgl. Werner Stegmaier: *Levinas*. A.a.O. 71 ff.
55 Vgl. Emmanuel Levinas: »Une religion d'adultes«. In: Emmanuel Levinas: *Difficile liberté*. A.a.O. 32, 28. Dt.: Emmanuel Levinas: »Eine Religion für Erwachsene«. In: Emmanuel Levinas: *Schwierige Freiheit*. A.a.O. 41, 36.
56 Vgl. zur Einführung Werner Stegmaier: »Politik und Ethik in philosophischer und systemtheoretischer Sicht«. In: J. Brejdak, W. Stegmaier und I. Zieminski (Hrsg.): *Politik und Ethik in philosophischer und systemtheoretischer Sicht. Vorträge zur 4. Internationalen Philosophischen Sommerschule des Nord- und osteuropäischen Forums für Philosophie vom 19. bis 24. August 2002 in Szczecin (Stettin)*, Polen, 2 Bde., einer in polnischer, einer in deutscher Sprache. Szczecin 2003. 17-32, 19-37.
57 Vgl. Werner Stegmaier: »Niklas Luhmanns Systemtheorie und die Ethik«. In: *ETHICA* 6.1 (1998). 57-86.

mann ist das Ethische weder neutral noch allgemeinverbindlich. Er setzt es unter dem Begriff der »Reflexion der Moral« als Limitierung der eigenen moralischen Ansprüche an andere an, im Ergebnis also ebenfalls wie Levinas.

7 Ethische Bindung des Politischen im modernen liberalen Staat

Ermutigt durch diese Koinzidenz können wir weiter fragen, was Levinas' Konzeption des Politischen über die Luhmannsche hinaus sichtbar macht. Levinas hat postuliert: »Die Politik muss in der Tat immer von der Ethik aus kontrollierbar und kritisierbar bleiben.«[58] Wie geschieht das konkret im modernen liberalen Staat, wenn die Ethik die Politik doch im ganzen nicht steuern kann? Wir können hier abschließend nur einige Anhaltspunkte zusammenstellen.
Levinas setzt die Demokratie in »ursprünglicher Ungleichheit«[59] an mit dem Ziel, den Einzelnen größtmögliche Spielräume eigener Verantwortung zu lassen.[60] Diese Spielräume werden geschützt durch ethisch begründete Menschenrechte, die in Verfassungen definierte Gewaltenteilung und die Gesamtheit des positiven Rechts. Sie lassen der Politik nur begrenzte Spielräume und, in Demokratien, auch zeitlich begrenzte Machtbefugnisse. Der Grund der Ungleichheit liegt, vom Persönlichen abgesehen, im Ökonomischen im weitesten Sinn, der unterschiedlichen Lebensgestaltung nach den jeweiligen Lebensbedürfnissen und Lebensmitteln. Auch das Ökonomische, dem Levinas in *Totalité et Infini* großes Gewicht gibt, hat immer wieder eine revolutionäre Kraft bewiesen; seit den siebziger Jahren des 20. Jahrhunderts sind politische Totalitarismen vor allem am Ökonomischen gescheitert. Inzwischen tendiert die ›Vernünftigkeit des Wirklichen‹ sichtlich zu einer Ökonomisierung der Politik selbst, d.h. zu einer wachsenden Anpassung an die aktuellen Bedürfnisse der regierten Wähler(innen). Die Berufung auf bloße Staatsräson wird schwieriger, Ideologien und Parteiprogramme verlieren an Bedeutung, Politik wird zunehmend pragmatisiert und flexibilisiert.

---

58 Emmanuel Levinas: *Éthique et Infini*. A.a.O. 75. Dt.: Emmanuel Levinas: *Ethik und Unendliches*. A.a.O. 62.
59 Emmanuel Levinas: »Une religion d'adultes«. In: Emmanuel Levinas: *Difficile liberté*. A.a.O. 39. Dt.: Emmanuel Levinas: »Eine Religion für Erwachsene«. In: Emmanuel Levinas: *Schwierige Freiheit*. A.a.O. 35.
60 Vgl. Emmanuel Levinas: »Textes messianiques«. A.a.O. 126. Dt.: Emmanuel Levinas: »Messianische Texte«. A.a.O. 92: » […] die messianische Zeit als eine Epoche, in der das Individuum zu einer persönlichen Anerkennung gelangt, über die Anerkennung hinaus, die ihm aufgrund seiner Zugehörigkeit zur Menschheit und zum Staat zuteil wird. Nicht in seinen Rechten wird es anerkannt, sondern in seiner Person, in seiner strikten Individualität. Die Personen verschwinden nicht in der Allgemeinheit einer Entität.«

Dies nun bringt mit sich, dass immer stärker die Personen hervortreten. Politik wird, gefördert durch die Massenmedien, zunehmend personalisiert. Umgekehrt orientieren sich Politiker(innen) in wachsendem Maß an Umfragen, an der demoskopischen Beobachtung derer, über deren Belange sie zu entscheiden haben und die bei der nächsten Wahl darüber entscheiden werden, ob sie diese Befugnis zu entscheiden weiter behalten werden. Zum anderen steigt, je mehr die Politik pragmatisiert und flexibilisiert wird, die Tendenz, die Entscheidungen zu moralisieren. Entscheidungen müssen möglichst einfache Alternativen zugrunde legen, und die wenn nicht einfachste, so doch eingängigste, für jeden am leichtesten nachvollziehbare Alternative ist die von Gut und Böse. Andererseits kann die Moralisierung von Entscheidungen wiederum pragmatisch wechseln und mit ihr die Berufung auf scheinbar übergeordnete Normen und Prinzipien.

Mit beidem, der Personalisierung und der Moralisierung der Politik in der (viel gescholtenen) Mediendemokratie, ist Levinas' Konzeption des Ethischen und des Politischen berührt, auch wenn er selbst nicht darauf eingegangen ist. Die Personalisierung hält die Politiker(innen) durch die Medien in ständiger Nähe, zeigt unablässig ihre Gesichter. Man sieht ständig in ihre Gesichter, um die Glaubwürdigkeit dessen, was sie sagen, zu kontrollieren, – und sieht zugleich Gesichter in ihrer Verletzlichkeit, die ›gnadenlos‹ der Öffentlichkeit ausgesetzt werden. Dies könnte, denke ich, von Levinas' Prämissen aus zu einer – wohl noch unpopulären – Apologie der Politiker(innen) als Personen Anlass geben. Politiker(innen) tragen mit ihrer Befugnis zu kollektiv verbindlichen Entscheidungen über die Belange der Gesellschaft eine tendenziell unbegrenzte Verantwortung.[61] Und da der Politik in der Moderne immer weitere Aufgaben zugewachsen sind – von der Landesverteidigung, der inneren Sicherheit und der Gewährleistung des Rechts über die Förderung der Wirtschaft, die Ermöglichung von Bildung und Wissenschaft und die soziale Sicherung bis zur Alimentierung der Kultur und dem Schutz der Umwelt –, hat sich auch das Feld ihrer Verantwortung immer weiter ausgedehnt. Auch wenn es moralisch populär geblieben ist, Politiker(inne)n lediglich Interesse an der Macht (wenn nicht Schlimmeres) zu unterstellen, sind sie in modernen sozialen Marktwirtschaften die, von denen zuletzt alles erwartet wird, sind sie in der Position derer, die die Verantwortung für die Not anderer nicht mehr an Dritte abgeben können. Sie können sich nicht in Neutralität zurückziehen, wo immer sichtbare Nöte vieler sich melden. Für sie wird *das* Dritte zum Nächsten, einem allgemeinen, neutralen Nächsten, unter das gleichwohl viele konkrete Einzelne fallen, denen sie von Zeit zu Zeit ins Gesicht sehen müssen. Deren Nöte machen die, die sich dazu haben wählen lassen, über die gemeinsamen Belange aller zu entschei-

---

61 Zur unbegrenzten Verantwortung nach Levinas, Nietzsche und Dostojewski vgl. Werner Stegmaier: *Levinas.* A.a.O. 161-171.

den, auch schon zu deren Geiseln. Mit Levinas kann man den außerordentlichen Mut von Menschen achten lernen, sich eine solche Geiselschaft zum Beruf zu machen. Wie immer sie auch ihrer Verantwortung gerecht werden, erfolgreich oder nicht, mit Anstand oder nicht, man wird mit Levinas auch an eine Verantwortung der Regierten für die appellieren müssen, die die Politik für sie ›machen‹ und verantworten. Jedenfalls gibt er kein Recht zu allzu bequemer ›Politikverdrossenheit‹.

Miguel Abensour

Der Staat der Gerechtigkeit

In der Öffentlichkeit hält man Emmanuel Levinas für den Denker der ›vollkommenen Ethik‹ – alles rührt her von der Ethik, wie bei J.J. Rousseau alles von der Politik herrührt. Geht es aber nicht eher darum, in ihm den Erfinder einer Figur, eines neuartigen Denkens des Staates, des Staates der Gerechtigkeit zu erkennen, anders gesagt, eines Staates, dessen Natur oder dessen Gehalt wesentlich an der Gerechtigkeit orientiert ist?
In der Tat besteht eine Dringlichkeit, dieses Denken zu entbanalisieren. Die Banalisierung eines philosophischen Werkes besteht darin, es auf eine Thematik zu reduzieren, im vorliegenden Falle auf den Primat der Ethik, ohne einen Augenblick nach der Veränderung zu fragen, der Levinas die Idee der Ethik unterzogen hat. Von dort her resultiert eine übertriebene Vereinfachung, die sofort eine Entwertung des Politischen bewirkt, das zunächst auf eine untergeordnete Position verwiesen und dann in einen Bereich zurückgeworfen wird, den Levinas der Kritik unterzogen hat: die Ontologie und die Beharrlichkeit im Sein. Die Politik gehörte derart zu einem Universum des Verstehens, das die Beziehung zum Anderen nicht kennt und sich der Gewalt, der List und dem Krieg annähert. Auf diesem Wege endet man ohne Mühe in einer Verabsolutierung der Ethik derart, dass die Politik unaufhörlich diskreditiert und mit der Fortsetzung des Krieges mit anderen Mitteln identifiziert wird. Nach Gilles Deleuze ist Gegenstand der Philosophie, Begriffe zu bilden und nicht Themen zu kommunizieren. In diesem Falle wäre Levinas nicht der Denker der ›Gabe des Selbst‹, wie man ihn hier und da versteht, sondern der

Philosoph, der bisher unbekannte Begriffe erfunden hat, wie beispielsweise: die Nähe (›proximité‹), die An-archie (›an-archie‹), die Stellvertretung (›substitution‹), sogar der Staat der Gerechtigkeit vermag ein neues Licht auf das Feld der mit Mühe erahnten menschlichen Beziehungen zu werfen.

Levinas, selbst wenn er kein politischer Philosoph ist, hat nicht aufgehört, besonders in dem Text »Frieden und Nähe« (»Paix et Proximité«) daran zu erinnern: »Die extreme Bedeutung der menschlichen Vielfalt in der politischen Struktur der Gesellschaft ist den Gesetzen und folglich den Institutionen unterworfen, in denen das Für-den-Anderen der Subjektivität – in denen das Ich – mit der Würde des Bürgers in die vollkommene Reziprozität der politischen Gesetze, die wesentlich egalitär sind oder es noch zu werden haben, eintritt.«[1] Was sich solchermaßen als ein Thema, die Vorrangigkeit der Ethik, an der Grenze der Ideologie gibt, wird erneut ein Problem, das es im Zeichen der Frage und des komplizierten Aufbaus zu denken gilt. Um das Maß der Erfindung eines neuen Begriffes des Staates – des Staates der Gerechtigkeit – zu begreifen, muss man zur Kenntnis nehmen, dass Levinas nach dem Beispiel Immanuel Kants, dem Theoretiker der ungeselligen Geselligkeit, der Autor eines Gegen-Hobbes ist. Vielfältig und fruchtbar sind die Konsequenzen dieser kritischen Geste gegenüber dem Autor des *Leviathan*: Sie erlaubt ihrem Autor, zwischen unterschiedlichen Formen des Staates zu unterscheiden, und dies ermöglicht es, ein besonderes Dispositiv zu erarbeiten, den Staat der Gerechtigkeit, der umso mehr die Neugierde weckt, als er auf einer extravaganten Hypothese beruht und als dieser Staat zum anderen der Sitz einer geheimnisvollen Bewegung ist, die ihn jenseits des Staates führt.

Der Gegen-Hobbes von Emmanuel Levinas

Dieser Gegen-Hobbes ist in der Vorstellung einer Alternative geboren: Geht der Staat aus einer Begrenzung der Gewalt oder einer Begrenzung der übermäßigen Großzügigkeit gegenüber dem Anderen hervor? In verschiedenen Wiederholungen wird diese Wahlmöglichkeit im Werk Levinas' ausgesprochen. Halten wir uns an zwei wesentliche Formulierungen:
– zunächst in *Ethik und Unendlichkeit,* einem Gesprächsband, in dem Levinas zu *Totalität und Unendlichkeit* Stellung nimmt: »Ich versuche, die Notwendigkeit eines vernünftigen Sozialen aus den Ansprüchen des Intersubjektiven selbst abzuleiten, so wie ich sie beschrieben habe. Es ist äußerst wichtig zu wissen, ob die Gesellschaft im geläufigen Sinne des Wortes das Resultat einer Begrenzung des

---

[1] Emmanuel Levinas: »Paix et Proximité«. In: Jacques Rolland (Hrsg.): *Les Cahiers de la nuit surveillée. Emmanuel Levinas.* Paris 1984. 345.

Prinzips ist, dass der Mensch des Menschen Wolf ist oder sie im Gegenteil aus der Begrenzung des Prinzips, dass der Mensch *für* den Menschen da ist, hervorgeht. Stammt das Soziale mit seinen Institutionen, seinen universellen Formen, seinen Gesetzen daher, dass man die Folgen des Krieges zwischen den Menschen oder dass man das Unendliche, das sich in der ethischen Beziehung von Mensch zu Mensch eröffnet, begrenzt hat?«[2] Des Weiteren die Formulierung in *Frieden und Nähe*: »Es ist nicht ohne Bedeutung zu erkennen – und dies ist vielleicht die europäische Erfahrung des zwanzigsten Jahrhunderts – , ob der egalitäre und gerechte Staat, in dem sich das Europäische vollendet – und den es zu errichten und vor allem zu erhalten gilt – aus einem Krieg aller gegen alle hervorgeht – oder aus der nicht reduzierbaren Verantwortlichkeit des einen für den anderen, und ob er die Einzigartigkeit des Gesichtes und die Liebe ignorieren kann. Es ist nicht ohne Bedeutung, dies zu wissen, damit der Krieg nicht zur Einrichtung eines Krieges mit gutem Gewissen im Namen der historischen Notwendigkeiten wird.«[3] Die Alternative eröffnet sich zwischen einem Staat, der sich von einem animalischen Prinzip herleitet, desjenigen Hobbes', gemäß dem der Mensch ein Wolf für den Menschen ist und einem Staat, der aus einem menschlichen Prinzip hervorgeht, präziser aus der außergewöhnlichen Intrige, die sich in der Beziehung des Menschen für den anderen Menschen, in der Begegnung, dem Ort und der ursprünglichen Gegebenheit des ethischen Ereignisses manifestiert. Welches Ereignis gilt es also zu begrenzen, wenn man einen Staat errichtet? Den Krieg oder die Unendlichkeit, die Maßlosigkeit der ethischen Beziehung? Auf diese Frage antwortet Levinas ohne Umschweife. Um die Fundamente des Staates und des Friedens zu beschreiben, selbst wenn seine Vorstellungen weit über eine einfache Beschreibung hinausgehen, wählt er die zweite Hypothese, diejenige der Verantwortlichkeit für den Anderen. Es gibt keinen Zweifel daran, dass die Hypothese von Hobbes zurückgewiesen wird. »Es ist nicht sicher,« – schreibt Levinas – »dass der Krieg am Anfang ist. Vor dem Krieg waren die Altäre.«[4] Um ein Missverständnis zu vermeiden, muss man die Levinas'sche Definition der Religion in Erinnerung rufen, anders gesagt, das Band mit dem Anderen, der, weit davon entfernt, sich auf seine Repräsentation zurückzuziehen, in seiner Anrufung besteht, der kein Verstehen vorhergeht.

Es handelt sich darum, durch die Eröffnung dieses anderen Raumes, die den »tausendjährigen Brudermord« nicht ignoriert, eine komplexe Position auszuarbeiten, in der die Ironie sich mit der Utopie vermischt und die Utopie, mit ihrer Kraft des Entfliehens, mit dem Erwachen. Die Probe der Wüste, die wir durchlitten haben,

---

2 Emmanuel Levinas: *Ethique et Infini*. Paris 1982. 85. Dt.: Emmanuel Levinas: *Ethik und Unendliches*. Übers. D. Schmidt. Graz, Wien 1986. 62. (Übersetzung leicht geändert, A.H.).
3 Emmanuel Levinas: »Paix et proximité.« A.a.O. 346.
4 Emmanuel Levinas: »Langage et proximité. In: Emmanuel Levinas: *En Découvrant L'Éxistence Avec Husserl et Heidegger*. Paris 1967. 234.

verlangt von uns eine Wachsamkeit, die viel weiter als die Umkehrung des Blicks führt. Im Namen des Menschlichen verschlingen sich mehrere Fäden miteinander, die es zu entknoten gilt, denn in diesem Knoten steckt die Quelle der ausgefallenen Levinas'schen Hypothese. »Ist die Idee, dass das Menschliche seinen Sinn in der Beziehung des Menschen mit dem Anderen gewinnt,« – erklärt Levinas – »optimistisch, ist sie pessimistisch? Vielleicht ist dies vor allem eine ironische Äußerung am Tag nach den Schrecken von 1939 bis 1945. Oder es ist utopisch. Aber dieses Wort erschreckt mich nicht. Ich denke nämlich, dass das eigentlich Menschliche sich nur im ›Menschen so wie er ist‹«[5] erwecken lässt. Die Utopie erschreckt Levinas umso weniger, als er dazu einlädt, das Menschliche wiederzufinden, nicht »im Realen, wo es versinkt und zur politischen Geschichte der Welt wird«, sondern in den Brüchen dieser Geschichte, in den Widerstandsakten, wie wenn in diesen Breschen vergessene Bedeutungen wiederauftauchen, die dazu geeignet sind, aus dem anti-utopischen Schlaf der Welt wachzurütteln.

Das Wissen von der Welt, das mit seiner Pseudo-Evidenz das Hobbes'sche Werk speist, wird von Levinas auf Distanz gehalten, denn die Begegnung mit dem Gesicht des Anderen ist Offenbarung einer menschlichen Beziehung, die kein Verhältnis von Kräften ist, die in ihrer Textur selbst der Konfrontation von Kräften entgeht. Die Entgegensetzung des Gesichtes ist nicht die Entgegensetzung einer Kraft. In eben dem Maße, wie das Gesicht nicht von dieser Welt ist, entgeht es den Kräfteverhältnissen, die die Welt charakterisieren. »Das Antlitz« – schreibt Levinas in *Totalität und Unendlichkeit* – »entzieht sich dem Besitz, meinen Vermögen«.[6] Von der Ironik sind wir jedoch weit entfernt. Wenn das Gesicht der Beherrschung entkommt, wenn es meinem Vermögen zu können trotzt, setzt seine Andersheit es der totalen Negation, dem Mord, aus. »Der Andere ist das einzig Seiende, das ich kann töten wollen«,[7] erklärt Levinas in *Totalität und Unendlichkeit*. Genau hier eröffnet sich eine außergewöhnliche Intrige im Menschlichen, der Übergang, dort, wo es keinen Übergang mehr gibt. In der Andersheit des Gesichtes offenbart sich die Transzendenz des Anderen. So sieht die großartige Entkräftung Hobbes' aus, die Levinas einbringt. Für den Autor des *Leviathan* haben wir alle gemeinsam, potenzielle Mörder zu sein, die List gleicht die Kräfteunterschiede aus. Allerdings stellt, um die Wahrheit zu sagen, dieses ›Drama‹ stellt wieder ein Verhältnis von Kräften, ein Kalkül von Kräften, auf. Der Widerstand des Anderen gehört einer ganz anderen Ordnung an. Im Kontext der Welt hat Hobbes Recht, der Körper des Menschen

---

5 Salomon Malka: *Lire Levinas*. Paris 1989. 109.
6 Emmanuel Levinas: *Totalité et Infini*. Den Haag 1961. 172. – Dt.: Emmanuel Levinas: *Totalität und Unendlichkeit. Versuch über die Exteriorität*. Übers. W. N. Krewani. Freiburg, München 1987. 289.
7 Emmanuel Levinas: *Totalité et Infini*. A.a.O. 173. – Dt.: Emmanuel Levinas: *Totalität und Unendlichkeit*. A.a.O. 284.

ist verletzbar, ein Nichts kann ihn auseinandernehmen. Doch der Andere stellt nicht einer Kraft eine Kraft entgegen, sondern die Unvorhersehbarkeit seiner Reaktion, noch mehr die Transzendenz seines Seins in Beziehung zur Totalität, die als System von Kräften gesehen wird. Das Zerbrechen der Totalität vollzieht sich durch einen ungeahnten Widerstand, etwas absolut Anderes, das der ethische Widerstand ist. Es liegt in dem Mehr der Epiphanie des Gesichtes gegenüber der Drohung des Todeskampfes, es liegt in dieser Überschreitung, in der Unmöglichkeit zu töten, die daher rührt, dass die Eröffnung einer anderen Dimension stattfindet, die das Reale gerade verdoppelt, das Reale ›durchlöchert‹ und die auf das erste Ereignis des Friedens zurückverweist. Wir befreien uns von Hobbes und von seinen vorgeblichen Evidenzen. »Der Krieg« – folgert Levinas in *Totalität und Unendlichkeit* – »setzt den Frieden voraus, die vorhergehende und nicht-allergische Gegenwart des Anderen; der Krieg bezeichnet nicht das primäre Geschehen der Begegnung«.[8]

Jenseits dieser Widerlegung konstruiert Levinas einen wahrhaftigen Gegen-Hobbes. Ohne es im Einzelnen zu erörtern, halten wir die wichtigsten Punkte fest. An die Stelle des Krieges aller gegen alle und seiner Priorität setzt Levinas die Hypothese der Nähe und ihrer Vorgängigkeit. Levinas' Frage ist: Was bedeutet in der Ökonomie des Seins der so wenig erschlossene Bereich der zwischenmenschlichen Beziehungen? Bedeutet die Beziehung, die Exposition zum anderen hin, kurz die Nähe nicht eine Unterbrechung des Spiels des Seins, des Beharrens im Sein, des *conatus*? Im Namen der Nähe geht es darum, sich einen Zugang zu eröffnen zu einem »›diesseits‹, das älter ist als die Verstrickung des Egoismus, die im *conatus* des Seins entsteht«.[9] Sich überdies mit der Nähe zum Anderen der Möglichkeit eines Denkens zu öffnen, das kein Wissen ist. Auch anstelle des ursprünglichen Chaos von Hobbes, des Nichts an Gesellschaft, die unvermeidbar den Staat der Gewalt hervorruft, bringt sich hier ein unbekanntes Gewebe von Beziehungen zum Ausdruck, das ›dem utopisch Menschlichen‹ eignet, als wenn der Blick des Philosophen, der die phänomenologische Reduktion praktiziert, schlafende Bedeutungen erweckt und ungeahnte Landschaften entdeckt hätte. Die Nähe ist weder ein Zustand noch eine Ruhepause, sondern eine unstillbare Unruhe. Nicht-Indifferenz oder Brüderlichkeit, die Nähe ist nicht einfach Beziehung; weit davon entfernt, eine Bewusstwerdung zu sein, ist sie eine »Stellungnahme in der Brüderlichkeit«, Selbstverleugnung, Einführung des Der-eine-für-den-Anderen. Als Affektion durch den Nächsten ist die Nähe Besessenheit, anders gesagt, die Nicht-Reziprozität selbst.

---

8   Emmanuel Levinas: *Totalité et Infini*. A.a.O. 174. – Dt.: Emmanuel Levinas: *Totalität und Unendlichkeit*. A.a.O. 286.
9   Emmanuel Levinas: *Autrement qu'être ou au-delà de l'essence*. Den Haag 1978. 117. – Dt.: Emmanuel Levinas: *Jenseits des Seins oder anders als Sein geschieht*. Übers. T. Wiemer. Freiburg, München 1992. 207.

Mit ihr eröffnet sich eine komplexe Intrige, die zum Staat der Gerechtigkeit führen kann.

– Ein nicht weniger radikaler Wechsel des Klimas, denn Levinas stellt der Furcht vor *meinem* gewaltsamen Tod, unter dem Einfluss der Erhaltung des Selbst, die Furcht vor dem Tod des Anderen entgegen. In der Begegnung, dem Widerstand des Gesichtes, entsteht eine Sensibilität für den Tod des Anderen, als wenn »dieser Tod meine Sache« wäre. Dieses Voraufgehen des Todes des Anderen vor meinem eigenen Tod stürzt das Denken Hobbes' und seine Bestimmung der menschlichen Gesellschaft, die sich auf das animalische Prinzip *homo homini lupus* bezieht, vollkommen um. Anstatt mit dem Anderen als meinem Aggressor oder meinem möglichen Opfer zusammenzutreffen, begegne ich ihm als demjenigen, dessen Tod vor meinem Vorrang hat, der Vorrang hat in der Ordnung der Sorge vor dem meinen. Nur in der Beziehung zum Anderen erhält der Tod einen Sinn, macht er Sinn für mich, derart berührt durch den Tod des Anderen. »Der Tod des anderen Menschen verwickelt mich und stellt mich in Frage [...] und als ob noch bevor ich ihm mich selbst widme, ich auf diesen Tod des anderen zu antworten und ihn in seiner sterblichen Einsamkeit nicht allein zu lassen hätte [...] Der Tod bedeutet in seiner Konkretheit für mich die Unmöglichkeit der Aufgabe des Anderen in seiner Einsamkeit [...] Sein Sinn beginnt im Zwischenmenschlichen. Der Tod bedeutet wesentlich in der Nähe selbst des anderen Menschen oder in der Sozialität.«[10]

Letztlich beschreibt Levinas eine andere Geschichte des Dritten als Hobbes. Wir werden darauf zurückkommen.

Die außergewöhnliche Hypothese und der Staat der Gerechtigkeit

Die außergewöhnliche Levinas'sche Hypothese, so wie wir sie verstanden haben, stellt sich auf antithetische Weise der »grauenhaften Hypothese« Hobbes' gegenüber. Der Staat, weit davon entfernt, aus der Begrenzung der Gewalt hervorzugehen – Grenzen, die dem animalischen Wüten des Krieges aller gegen alle auferlegt werden – rührte ganz im Gegenteil her aus der Nähe, der menschlichen Intrige der Verantwortlichkeit für den Anderen, der außergewöhnlichen Großmütigkeit des Für-den-Anderen, der Staat richtete sich ein, indem er gerade das Unendliche begrenzte, das die ethische Beziehung bereitstellt.

Um die Worte Levinas' wieder aufzunehmen, es ist extrem wichtig zu wissen, welche Hypothese die richtige ist. Aus ihr geht ein Kriterium hervor, um zwischen den staatlichen Traditionen, den Formen des Staates, zu unterscheiden. Mit jeder Hypothese korrespondiert eine spezifische Staatsform: mit der Begrenzung des

---

10 Emmanuel Levinas: *Philosophie et Transcendance*. Paris 1995. 46.

Krieges der Staat der Gewalt; mit der Begrenzung der Nähe der Staat der Gerechtigkeit. Daraus ergibt sich unmittelbar eine Frage: Korrespondiert ein gegebener Staat, der aus der Verantwortung für den Anderen und seiner Begrenzung hervorgegangen ist, mit dem Modell des Gegen-Hobbes? Im Werk von Levinas finden wir genau diese Unterscheidung in der Form einer Gegenüberstellung in *Der Staat Cäsars und der Staat Davids* wieder. (1971) Sich auf eine Passage aus dem Talmud stützend, bemerkt Levinas, dass die Rabbiner Rom – den Staat Cäsars – ehren, obwohl dieser eine heidnische Macht darstellt, die überdies die Unterdrückung von Ländern verkörpert. Eine gewährte Ehre, weil die Rabbiner das Organisationsprinzip Roms und das berühmte römische Recht nicht vergessen konnten. »Schon die Stadt,« – schreibt Levinas – »welches auch immer ihre Ordnung sei, sichert das Recht von Menschen gegen ihresgleichen, von denen angenommen wird, sie seien im Naturzustand, Wölfe für die Menschen, wie es Hobbes gewollt hat. Obwohl sich Israel als Resultat einer unreduzierbaren Brüderlichkeit entwirft, vergisst es nicht in sich selbst und um sich herum die Versuchung des Krieges aller gegen alle«.[11]

Auf der einen Seite ist der Staat Cäsars – Rom – auf dem Modell von Hobbes aufgebaut. Kurz, eine Stadt, die den Frieden kennt, aber im Zeichen des »Gegen«, »das Recht von Menschen gegen ihresgleichen«; es handelt sich um den Frieden der Imperien, der aus dem Krieg hervorgegangen ist und der auf »dem Krieg begründet ist«.[12] Auf der anderen Seite der Staat Davids – Jerusalem –, der aus einer ersten und unreduzierbaren Brüderlichkeit herrührt und gerade dadurch imstande ist, einem Frieden der Nähe, die aus dieser Brüderlichkeit hervorgeht, in Zusammenklang mit ihr zur Geburt zu verhelfen, einem Frieden im Zeichen des Für-den-Anderen. Selbst wenn Israel nicht die Gewalt in der Geschichte ignoriert, ist es nicht diese Gewalt, die dem Staat vorhergeht, trotz der Gewissheiten des Gemeinsinns, sondern viel eher das ethische Ereignis der Begegnung.

Die Wahl zwischen den zwei Hypothesen ist folglich nicht gleichgültig, weil sie die Staatsformen bestimmt, indem sie die eine der anderen entgegensetzt. Die erste – der Staat der Gewalt –, die auf ihrer etaistischen Natur beharrt, indem sie sich mit dieser bis zu dem Punkt verkettet, an dem sie den Realismus und den Mythos des Staates als unüberschreitbaren Horizont hervorbringt. Die zweite – der Staat der Gerechtigkeit – die, aufgrund ihres außergewöhnlichen Ursprungs, ausreichend Distanz zu sich selbst hält, um die Möglichkeit offen zu halten, einen Schritt jenseits des Staates zu gehen.

---

11 Emmanuel Levinas: »L'Etat de César et L'Etat de David.« In: Emmanuel Levinas: *L'Au-Delà du Verset.* Paris 1982. 216.
12 Emmanuel Levinas: *Totalité et Infini.* A.a.O. X. – Dt.: Emmanuel Levinas: *Totalität und Unendlichkeit.* A.a.O. 21.

Vier wesentliche Eigenschaften definieren den Staat der Gerechtigkeit:
1) Diese Staatsform enthält in sich selbst die Möglichkeit einer kritischen Öffnung in dem Maße, in der die ursprüngliche Nähe, von der sie herrührt, sich immer direkt in ein Kriterium, in eine Urteilsinstanz umwandelt. In dem Staat der Gerechtigkeit, selbst wenn ihm eine gewisse Gewalt nicht fremd ist, – Gewalt für die Verteidigung des Anderen, des Nächsten – kann man, wenn es sein muss, gegen die Institutionen im Namen dessen revoltieren, was ihnen zur Geburt verholfen hat. Dies ist der substanzielle Ort der Legitimität. Offenkundig geht dies nicht in einem Staat, der auf dem Hobbes'schen Modell aufbaut. Das eindimensionale institutionelle Ensemble dieses Staates ist vollkommen in die Gewalt versenkt. Geboren aus Gewalt, um die Gewalt zu begrenzen, hat er keine Kenntnis von einem Außerhalb des Phänomens der Gewalt. Selbst der Frieden, den er herstellt, ruht mehr oder weniger auf der virtuellen Gewalt. Ein solches Universum leidet unter der Abwesenheit eines kritischen Fokus, in dessen Ausgang die Ausübung von Gewalt zu beurteilen ist. Und es ist durchaus nicht die Achtung der Formen, die dieses Defizit aufwiegen kann. In diesem Staatstyp, der sich als *Realpolitik* empfiehlt, ist Politik dauerhaft darauf ausgerichtet, auf eine Technik reduziert zu werden. Und darüber hinaus, was ist es, das dem derart dem Determinismus der Gewalt überantworteten Staat ermöglicht, sich nicht im Sinne eines Hegemonialstrebens zu verhalten und sich nicht, wie der Staat Cäsars, der Statolatrie,[13] dem Götzendienst am Staat auszuliefern? Offenkundig folgt hieraus eine kritische Schwäche von Hobbes' Konzeption. In einem Gespräch aus dem Jahre 1983 unterstreicht Levinas dieses kritische Defizit des Staatsdenkens bei Hobbes. »Im Ausgang der Beziehung mit dem Gesicht« – erklärt er – »oder von mir vor dem Anderen kann man von der Legitimität des Staates oder seiner Nicht-Legitimität sprechen. Ein Staat, in dem die inter-personale Beziehung unmöglich ist, in dem sie durch den dem Staat eigenen Determinismus bestimmt wird, ist ein totalitärer Staat. Es gibt mithin eine Grenze des Staates. Dagegen kann man in der Vision Hobbes' – in der der Staat nicht aus der Begrenzung der Barmherzigkeit entsteht, sondern aus der Begrenzung der Gewalt – für den Staat keine Grenzen festlegen«.[14] Den Staat hingegen im Ausgang der Nähe, oder genauer im Ausgang einer Begrenzung der Nähe zu verstehen, impliziert umgekehrt, dass nichts im Staat sich der Kontrolle der Verantwortung des einen für den anderen entziehen kann. Dies ist einer der bestimmenden Charaktere des Staates der Gerechtigkeit.
2) Sagen wir: eine andere Geschichte des Dritten. Es ist nicht mehr der *Leviathan*, der sich als ein ›dritter Mensch‹ zwischen die Menschen, entfesselte Wölfe, stellt,

---

13 (Anmerkung des Übersetzers: »Statolatrie« ist ein Neologismus, der sich aus den Wörtern »l'etat« und »l'idolatrie« zusammensetzt.)
14 Emmanuel Levinas: »Philosophie, Justice et Amour.« In: *Concordia* 3/1983. 61.

sondern es ist der Dritte, der die Möglichkeit der Gerechtigkeit eröffnet. Hier beginnt eine komplexe Intrige, die mit dem mehrdeutigen Status des Dritten verbunden ist, der ein anderer Nächster oder anderer als Nächster sein kann. Wie auch immer, der Dritte (der immer schon da ist) unterbricht gerade das Unendliche der Verantwortung für den anderen Menschen; er führt in die Maßlosigkeit der ›ethischen Verrücktheit‹ das Maß ein, das Verstehen und zugleich die Begrenzung der Verantwortung für den Anderen, die sich bei Levinas als Gerechtigkeit definiert. An die Stelle der Asymmetrie der Nähe tritt die Symmetrie und die Wechselseitigkeit des politischen Bandes. Das Denken der Gerechtigkeit erlaubt den Vergleich zwischen den Unvergleichbaren zu praktizieren. »Die Institutionen und der Staat selbst – präzisiert Levinas – können im Ausgang des in die Beziehung der Nähe eintretenden Dritten wieder gefunden werden«.[15] Präzisieren wir, wenn der ›Eintritt‹ des Dritten dem Staat der Gerechtigkeit zur Geburt verhilft, als Begrenzung der Nähe, bedeutet dies keineswegs die Erstellung einer undurchlässigen Trennwand zwischen der Ordnung der Gerechtigkeit und derjenigen der Verantwortung, als wenn sie aufhörten im Staat miteinander zu kommunizieren. Das Eintreten des Dritten und seiner Effekte der Vergleichbarkeit schließen nicht deswegen die Verbindung der Nähe, denn das Maß in das Für-den-Anderen einzubringen bedeutet weder ihn zu vergessen, noch ihn zu verlassen, noch, wie ein Niveauabfall, eine Neutralisierung in die Homogenität der vernünftigen Ordnung einzuführen. In der Tat, wenn in der Beziehung zum Anderen der Dritte bereits angezeigt ist, beharrt und dauert die Beziehung zum Anderen sogar in der Beziehung zum Dritten unauslöschbar fort. Der Dritte ist anders als der Nächste auch ein anderer Nächster. In Anbetracht dieser vielfältigen Verschränkungen besteht Levinas auf der Kontinuität dieser nichtsdestoweniger unterschiedlichen Verhältnisse. »Und infolgedessen ist das Wort ›Gerechtigkeit‹ viel eher in der Beziehung mit dem Dritten angebracht als in der Beziehung mit dem Anderen.« Aber es folgt daraus deswegen nicht die Trennung. Levinas fährt fort: »Doch ist in Wirklichkeit die Beziehung mit dem Anderen niemals einzig und allein die Beziehung zum Anderen: von vornherein wird im Anderen der Dritte vergegenwärtigt; im Erscheinen des Anderen als solchem sieht mich und geht mich bereits der Dritte an.« Von daher kann man diese Folgerung nicht eindeutiger ziehen: »Und dies macht dann doch das Verhältnis zwischen der Verantwortlichkeit in Bezug auf den Anderen und der Gerechtigkeit zu einem äußerst engen Verhältnis.«[16] Von daher rührt das Beharren Levinas' auf der vielfältigen Natur der Gerechtigkeit, die Magd – im Dienste der vernünfti-

---

15 Emmanuel Levinas: *Dieu, La Mort et le Temps*. Nachwort von J. Rolland. Paris 1993. 211.
16 Emmanuel Levinas: *De Dieu qui vient à l'idée*. Paris 1982. 132-133. – Dt.: Emmanuel Levinas: *Wenn Gott ins Denken einfällt. Diskurs über die Betroffenheit von Transzendenz*. Übers. T. Wiemer. Freiburg, München 1988. 101-102.

gen Ordnung –, aber auch Engel jenseits dieser Ordnung sein kann. »Keinesfalls« – schreibt er noch – »ist die Gerechtigkeit eine Abschwächung der Besessenheit, eine Entartung des *Für-den-Anderen*, eine Verkleinerung, eine Begrenzung der anarchischen Verantwortung, eine ›Neutralisierung‹ der Herrlichkeit des Unendlichen, Entartung, die fortschritte, je mehr – aus empirischen Gründen – das anfängliche *Duo* zum *Trio* würde.«[17] Diese Notwendigkeit, dem Staat Grenzen zu setzen, wird von Levinas wie ein komplexer Anspruch gedacht: Es reicht nicht, es zu verstehen als Notwendigkeit, der ganzen Macht des Staates oder seiner Vermessenheit Grenzen zu setzen. Bis in seinen letzten Jahren hat Levinas eine große Skepsis gegenüber dem Liberalismus bekundet. 1990 hat er in einem Postskriptum zu *Einige Reflexionen über die Philosophie des Hitlerismus* erklärt: »Man muß sich fragen, ob der Liberalismus der authentischen Würde des menschlichen Subjekts genügt.«[18] Tiefer und anders als im Liberalismus geht es auch darum, den Staat aus seiner eigenen Gravitation, seiner Auto-Gravitation, herauszuziehen, den Staat, der sich um sich selbst dreht, der in gewisser Weise durch seine eigenen Gesetze fortgetragen wird und der, indem er dies tut, seinem eigenen Determinismus unterworfen ist.

3) Die ursprüngliche Desinteressiertheit, die von der Nähe herrührt, hört nicht auf, im Staat der Gerechtigkeit umzugehen. Daraus folgt, dass es zum spezifischen Charakter des Staates der Gerechtigkeit gehört, in einem mehrdimensionalen Raum verortet zu sein, in dem er in gewissem Sinne hin- und hergerissen wird zwischen der außerordentlichen Intrige, aus der er hervorgeht, und dem Ziel, das er verfolgt, das nichts anderes ist als die Gerechtigkeit, wie wenn die gegenwärtige Effektivität des Staates stromaufwärts und stromabwärts Instanzen unterworfen wäre, die naturgemäß über ihn hinausragen und ihn hinter sich lassen. In dieser Perspektive ist der Staat der Gerechtigkeit angesichts der Entscheidung seiner substanziellen Legitimität dauerhaft das Objekt einer doppelten Fragestellung. Auf der einen Seite: Hält sich die Form des menschlichen Zusammenlebens – anders gesagt das Politische –, die der Staat der Gerechtigkeit einrichtet, in der Kontinuität der ursprünglichen Intrige? Auf der anderen Seite: Ist diese Form von solcher Natur, dass sie dem Staat erlaubt, sein Ziel, nämlich die Gerechtigkeit, zu erreichen? Die Gerechtigkeit in dem Sinne, wie sie Levinas versteht, in ihrer unauslöschlichen Beziehung zur Nähe, hat den Effekt, dass sie den Staat sozusagen ›außerhalb seiner selbst‹ setzt. Aus diesem Grunde orientiert sich diese Konzeption an einem dezentrierten Staat, an einem Staat, dessen eigene Determinismen sie in dem Maße einer zentrifugalen Bewegung unterwirft, in dem ein anders geordnetes Wirksames im Begriff ist, sich über dasjenige der Institution zu legen, das allein dazu neigt, sich als Tota-

---

17 Emmanuel Levinas: *Autrement qu'être*. A.a.O. 203. – Dt.: Emmanuel Levinas: *Jenseits des Seins*. A.a.O. 347.
18 Emmanuel Levinas: *Quelques réflexions sur la philosophie de l'hitlérisme*. Paris 1997. 26.

lität zu produzieren und zu reproduzieren. Der hin- und hergerissene, dezentrierte Staat wird noch mehr durch den andauernden Austausch der Gerechtigkeit und der Verantwortung, der Kontamination der einen mit der anderen, bewegt. Die Erinnerung der ersten Intrige, der Nähe, und das Beharren auf dem *telos* des Staates, nämlich der Gerechtigkeit, erlauben es, gegen das natürliche Gefälle des Staates zu kämpfen, das darin besteht, auf sich selbst zu zielen, eine zentripetale Logik ins Werk zu setzen, die ihn dazu verleitet, sich als Totalität zu konstruieren und zu rekonstruieren. Levinas warnt in *Jenseits des Seins* vor dieser Tendenz des Staates, sich in sich selbst zu verschließen, eine Tendenz, die er mit anderen wesentlichen Institutionen der modernen Gesellschaft teilt. Dieselbe Warnung wird in »Frieden und Nähe« gegeben: »Die politische Einheit« – schreibt Levinas – »mit den Institutionen und den Beziehungen, die sich dort einrichten, [...] ist ständig an dem Punkt, an dem sie in sich selbst ihr Gravitätszentrum trägt und auf ihre Rechnung auf dem Schicksal der Menschen als Quelle von Konflikten und von Gewalt lastet«.[19] Diese Dezentrierung des Staates der Gerechtigkeit strebt danach, ihn als geschlossene Totalität zu zerreißen und den ersten Pluralismus wieder auftauchen zu lassen, um so den Kreis auf dem Wege zu öffnen, in dem die politischen Institutionen den Kontrollinstanzen der Legitimität unterworfen werden, die die Exteriorität wieder einführen und die wahrhaftigen Kriterien der Beurteilung zu liefern vermögen.

4) Das Levinas'sche Dispositiv, das sich im Staat der Gerechtigkeit konstituiert, erfasst eine komplexe Struktur, ein Diesseits, das auf ein Jenseits zurückverweist, eine Flugbahn vom einen zum anderen, die eine Bewegung in Gang zu setzen vermag, die in ein Jenseits des Staates führt, jenseits der im Zeichen der Synthese gedachten vernünftigen Politik. In dem Text *Gott und die Philosophie* beschreibt Levinas sehr genau diese Bewegung, die jenseits der kontraktualistischen Synthese, der klassischen Matrix des Staates, liegt. »Die Freiheit des Anderen« – schreibt er – »geht weder mit der meinen eine Struktur ein, noch tritt sie mit der meinen in eine Synthese ein. Die Verantwortung für den Nächsten ist genau das, was über das Gesetzmäßige hinausgeht und jenseits des Vertrages verpflichtet, sie kommt mir von diesseits meiner Freiheit entgegen, einem Nicht-Gegenwärtigen, einem Unvordenklichen«.[20]

Was von nun an auf dem Spiel steht, ist nicht mehr nur, den Staat anders *[autrement]* zu denken – den Staat der Gerechtigkeit an Stelle des Staates des Rechts –, sondern anderes *[autrement]* als den Staat sich vorzustellen. In Anbetracht der Levinas'schen Hypothese ist der Staat dauerhaft überschritten, umstellt von einer

---

19 Emmanuel Levinas: »Paix et proximité.« A.a.O. 345-346.
20 Emmanuel Levinas: *De Dieu qui vient à l'idée*. A.a.O. 117. (Wurde nicht in die deutsche Übersetzung von Thomas Wiemer, A.a.O., übernommen; der Übersetzer, A.H.)

Bedeutungsüberfrachtung, die ihn überdeterminiert. In seiner Effektivität selbst hört der Staat nicht auf, auf ein Jenseits seiner selbst zu verweisen. Anzuerkennen ist, dass Levinas' Hypothese uns das Implizite des Staates offenbart, und in diesem Impliziten versteht sie es, uns – um die Worte Husserls aus der zweiten *Cartesianische[n] Meditation[en][* wieder aufzunehmen – »die Überschreitung der Intention in der Intention selbst« erkennen zu lassen. Der Staat geht schwanger mit einem Mehr oder einem Vielmehr, das ihn überschreitet, mit vergessenen Landschaften, unbekannten Horizonten, die der phänomenologischen Analyse aufgeben, auftauchen zu lassen und zur Schau zu stellen. Gemäß dieser Bedeutungsüberfrachtung, die den Staat bewohnt, gibt es im Staat mehr als den Staat. Der Staat wird andauernd durch eine Bewegung hin zu diesem Impliziten bearbeitet, das danach strebt, ihn als vernünftige Ordnung zu überschreiten. Dies deswegen, weil es im Staat mehr als den Staat gibt, wird dieser dazu gebracht, sich zu überschreiten, sich selbst zu überschreiten, den Weg zu öffnen in das Diesseits, anders gesagt, in das Vielmehr, das ihn überschreitet und ihn dahin trägt, sich ins Jenseits seiner selbst zu erstrecken. Im Staat der Gerechtigkeit stellt Levinas eine Beziehung zwischen dem Staatlichen oder dem Politischen und einem Anders *[autrement]* als der Staat her, nämlich der Nähe, eine Beziehung zwischen zwei Dimensionen, die im Zeichen der Gerechtigkeit notwendigerweise miteinander kommunizieren und nicht aufhören dürfen miteinander zu kommunizieren.

Um der enigmatischen Bewegung des Staates hin zu seinem Außerhalb Rechnung zu tragen, muss man im Detail die talmudische Lehrstunde des Kolloquiums der jüdischen Intellektuellen von 1988 analysieren, die präziser Weise den Titel: *Jenseits des Staates im Staat* trägt. Diese Lehrstunde geht aus einer Unterhaltung zwischen Alexander dem Großen, Herrscher eines Reiches, und den ›Alten von Negev‹, oder anders gesagt, jüdischen Gesprächspartnern, hervor. Der Text beruht folglich auf einer Prüfung von Fragen Alexanders und Antworten seiner Gesprächspartner. Ich gehe nur auf die achte Frage ein, die Levinas für den zentralen Moment des Dialogs hält.

Alexanders Frage ist: »Was muss man tun, um populär zu werden?« Die Antwort der Alten von Negev lautet: »Hasse die Macht und die Autorität.« Darauf antwortet Alexander mit den Worten: »Ich habe eine bessere Antwort als die Eure. Man muss die Macht und die Autorität lieben und aus ihnen Gewinn ziehen, um den Leuten Vergünstigungen zu gewähren.«[21]

Levinas unterstreicht in seinem Kommentar, dass in den Augen Alexanders – es handelt sich um die Augen eines erobernden Herrschers – die politische Autorität eine nicht auf die Gefährdung durch das Gute reduzierbare Macht beinhaltet, nicht

---

21 Emmanuel Levinas: »Au-delà de l'Etat dans l'Etat.« In: Emmanuel Levinas: *Nouvelles Lectures Talmudiques*. Paris 1996. 62.

reduzierbar ist auf die »ethische Dynamik«, als wenn Alexander denkt, dass die politische Autorität wesentlich einen tyrannischen Kern enthält. In Bezug auf die Frage, die uns beschäftigt, die Bewegung im Staat in ein Jenseits des Staates, sind zwei Interpretationen Levinas' festzuhalten.
Zunächst ist diese geheimnisvolle Bewegung jenseits des Staates zu verstehen im Zusammenhang einer in den Staat Davids eingeschriebenen messianischen Politik, die darin seinen Unterschied zum Staat Cäsars markiert. Es passt hier gut, auf die Lektüre von 1971 zurückzukommen, die die zwei Formen des Staates gegenüberstellt und in der bereits im Paragraphen 2 eine Frage über das Jenseits des Staates auftaucht. Der von der griechisch-romanischen Welt geerbte Staat Cäsars, Neuauflage des heidnischen Staates, ist auf seine Souveränität bedacht, auf der Suche nach der ›erobernden‹, ›imperialistischen‹, ›totalitären‹, ›unterdrückenden‹ Hegemonie. Begreifen wir, dass kein Impuls zu einem Außerhalb, einem Jenseits des Staates ihn weder überschreitet noch stört. »Unfähig sich nicht zu vergöttern, ist er die Idolatrie schlechthin.«[22] Der Staat Cäsars wird also betrachtet als der, der die Humanität von ihrer Befreiung trennt. Umgekehrt bekundet der Staat Davids in seinem Innern selbst diese geheimnisvolle Bewegung, die wir zu definieren versuchen. »Auf der Rückseite des davidschen Staates,« – schreibt Levinas – »der vor der Korruption geschützt ist, die schon den Staat Cäsars entfremdet, kündigt sich ein Jenseits des Staates an.«[23] Ein Jenseits des Staates, das erlaubt, zwei Ideen gemeinsam zu denken, die auf den ersten Blick widersprüchlich erscheinen können: Der Staat ist eine notwendige Institution, besser, der notwendige Weg, der geeignet ist, den Pfad zur Überschreitung des Staates zu öffnen. Es wäre solchermaßen das ›Ja zum Staat‹, das das ›Nein zum Staat‹ begreifbar macht. Allerdings erhält dieses Jenseits des Staates den Namen einer messianischen Politik, sofern der Kommentator so sorgfältig ist zu zeigen, dass die Zeit des Messias die Zeit einer Herrschaft ist, die keineswegs das Verschwinden der Politik bedeutet. »Der Messias ist König,« – schreibt Levinas – »der Göttliche setzt Geschichte und Staat ein, er unterdrückt sie nicht. Das Ende der Geschichte bewahrt eine politische Form«.[24] Andererseits verharrt der Staat Davids in der Finalität der Erlösung. Das bedeutet anzuerkennen, dass der Messianismus, wenn es einen Messianismus gibt, nur eine Etappe auf dem Weg der Erlösung zu einer zukünftigen Welt ist, oder einer kommenden Welt, die wahrhaftiger Inbegriff der Eschatologie ist und überdies ihrerseits von den politischen Strukturen getrennt ist. Nach Levinas möchte die Antwort der Alten von Negev, die sich auf eine »messianische Politik« – das Jenseits des Staates – bezieht, sagen, dass die akzeptierbare Politik zum Menschlichen nur im Ausgang der Thora kommen

---

22 Emmanuel Levinas: »L'Etat de César et l'Etat de David.« A.a.O. 216.
23 Emmanuel Levinas: »L'Etat de César et l'Etat de David.« A.a.O. 217.
24 Emmanuel Levinas: »L'Etat de César et l'Etat de David.« A.a.O. 213.

kann – dieser Charta des Menschlichen – ihrer Gerechtigkeit, ihrer Richter und ihrer weisen Denker.[25]

Der Ausdruck selbst der ›messianischen Politik‹, der also auf der Verbindung von Politik und Messias besteht und der, im Staat der Gerechtigkeit, diese Bewegung jenseits des Staates benennt, beabsichtigt, die Aufmerksamkeit auf ein komplexes Spiel von Horizontale und Vertikale zu lenken, die Vertikalität verweist in dieser Intrige auf die Exteriorität des Göttlichen.

Außerdem bricht sich eine andere Interpretation Bahn im Ausgang des Hasses der Macht und der Autorität, die für die Kommentatoren bei der Frage der Demokratie endet. Dieser Hass richtet sich nicht nur auf die Parasiten der Macht und auf ihre Klientel. Nach Levinas benennt sie tiefer noch »ein erhöhtes Maß an Kritik und an Kontrolle in Hinsicht auf eine an sich unrechtfertigbare politische Macht, zu welcher aber eine menschliche Kollektivität – besseres erwartend – pragmatisch genötigt wird«.[26]

Auf sehr suggestive Weise verbindet Levinas diesen Hass der Macht, der sich in »einer Kritik und einer Kontrolle gnadenlos« manifestiert, mit der Demokratie, als wenn diese letztere in ihrer Dynamik selbst einen Hass des Staates oder – »eine Ablehnung der Politik der reinen Tyrannei« – einschlösse. Diese Bewegung im Staat jenseits des Staates ließe sich verstehen als Vorwegnahme der Demokratie, anders gesagt, »eines Staates, der für Besseres offen ist, immer auf der Hut, immer erneuerungsbedürftig, immer im Begriff, zu den freien Personen zurückzukehren, die ihm ihre der Vernunft unterworfene Freiheit delegieren, ohne sich von ihr zu trennen«.[27] Es hieße Levinas Gewalt anzutun, darin eine Konzeption der ›wilden Demokratie‹ im Sinne Claude Leforts zu sehen oder ein Denken der Demokratie im Sinne des jungen Marx, wie in dem Manuskript von 1843, das der Kritik an Hegels Philosophie des Rechts gewidmet ist. Tatsächlich spricht Levinas vom »demokratischen Staat«, der sofort die Spanne zwischen Demokratie und Staat, die er durchblicken lässt, schließt. Aber es ist nichtsdestoweniger bedeutsam zu beobachten, dass er die Demokratie als eine denkt, die einen Hass der Macht – das Wort ›Hass‹ ist exzessiv, sagt er – einschließt und als eine, die vielleicht besser als jede andere politische Gemeinschaft diese im Schoße des Staates geborene Bewegung jenseits des Staates verkörpert, als wenn die Demokratie in diesem ›Hass‹ den ersten Impuls fand, der ihr erlaubte, sich auf ein Jenseits der Staatsform zu erstrecken.

Eine andere Weise dieser Bewegung im Schoß des Staates jenseits des Staates Rechnung zu tragen ist es, sich gegen die Unruhe zu wenden, welche die An-archie, die zwischen Politik und Metapolitik verortet ist, auf die Politik auszuüben imstande

---

25 Emmanuel Levinas: »Au-delà de l'Etat dans l'Etat.« A.a.O. 63.
26 Emmanuel Levinas: »Au-delà de l'Etat dans l'Etat.« A.a.O. 64.
27 Emmanuel Levinas: »Au-delà de l'Etat dans l'Etat.« A.a.O. 64.

ist. Diese rätselhafte Bewegung, die Levinas erkannt hat, hat also zu tun mit der eigenartigen Bahn, die den Staat durchquert, die ihn bearbeitet und die vom Diesseits der Nähe, der anarchischen Verantwortung des Für-den-Anderen, in ein Jenseits des Politischen verläuft. Dies geschieht, weil es keine unüberwindliche Schranke zwischen Gerechtigkeit und Nähe gibt, selbst wenn sich die Gerechtigkeit in einer Begrenzung der Nähe konstituiert; es kann sich im Schoß des Staates diese Bewegung jenseits des Staates in Gang setzen – anders gesagt, eine anarchische Intrige ohne Prinzip und Anfang –, die die Politik so sehr beunruhigt, dass sie den Staat daran hindert, im Falle des Staates der Gerechtigkeit, sich in einer geschlossenen Totalität einzukapseln. Die Anarchie kann sich nicht auf einen rein politischen Sinn reduzieren, sie kann nicht mehr wie ein Prinzip im Sinne der Anarchisten dargestellt werden, das die Vorherrschaft des Prinzips der Vernunft über dasjenige der Autorität unterstützt, sie kann keine Souveränität ausüben. Trotzdem lässt die Anarchie die Politik nicht unberührt, sie lässt sie nicht unverändert, indem sie sie ihrem eigenen Determinismus überlässt.[28]

Kommen wir zur Fußnote 3 der Seite 224 von *Jenseits des Seins oder anders als Sein geschieht* zurück: »Er (der Begriff der Anarchie) kann nicht, ohne sich selbst zu widerlegen, als Prinzip gesetzt werden (in dem Sinne, wie ihn die Anarchisten verstehen). Die Anarchie kann nicht souverän sein wie die *arché*. Sie kann den Staat nur stören – allerdings auf radikale Weise und so, dass dadurch Momente der Negation *ohne irgendeine* Bejahung möglich werden.« Trotz seiner restriktiven Form hat dieses ›nur‹ beträchtliche Konsequenzen, nahe einer negativen Dialektik, da das Ins-Werk-Setzen der Negativität hier von jedem affirmativen Grund befreit wäre. Beunruhigt bis an die Wurzeln, »kann der Staat sich so nicht zum Ganzen erheben«. Die Unordnung gewinnt hier einen unreduzierbaren Sinn, »als Verweigerung der Synthese«.[29] An diesem Punkt ist es vielleicht nicht unbegründet, zur bereits begegneten Frage der Demokratie zurückzukehren. Hat die Anrufung der Anarchie nicht zum Effekt, die minimale Konzeption der Demokratie als dauerhaftes Bekenntnis zu überschreiten, um sich an einer maximalen Konzeption zu orientieren, die, im Namen der Verbindung der Anarchie und des Jenseits des Staates, irgendetwas vom konstitutiven Gegensatz von Demokratie und Staatsform bewahrte?

---

28 Ich erlaube mir hier auf meinen folgenden Aufsatz zu verweisen: Miguel Abensour: »L'Anarchie entre Métapolitique et Politique«. In: *Les Cahiers Philosophiques de Strasbourg. Levinas et la Politique*. 14/2002. 109-131.
29 Emmanuel Levinas: *Autrement qu'être ou au-delà de l'essence*. A.a.O. 128. – Dt.: Emmanuel Levinas: *Jenseits des Seins oder anders als Sein geschieht*. A.a.O. 224.

Schluss

Levinas ist – ob es ihm, wie in seiner Kritik an Martin Buber, um die zwischenmenschliche Beziehung oder um die Revolution geht – ein Denker der Entformalisierung. So lädt er uns in *Judaisme et Revolution* ein, die formale Definition der Revolution zu verwerfen, die durch die Gewalt oder den Umsturz einer gegebenen Ordnung bestimmt ist, um an ihre Stelle eine Definition folgenden Inhalts zu setzen: »Es gibt Revolution dort,« – erklärt er – »wo man den Menschen befreit, d.h. dort, wo man ihn aus dem ökonomischen Determinismus herausreißt«.[30] Gilt nicht Ähnliches für den Staat? Bringt der Staat der Gerechtigkeit als Begrenzung der Nähe, des Unendlichen der anarchischen Verantwortung für den Anderen, die Entformalisierung des Staates des Rechts ein? Und dies um so mehr, als der Staat des Rechts nur allzu sehr die Tendenz hat, dem Exzess der Form nachzugeben, der ›hybris‹ (Überfluss) der Form, um die Worte von A. M. Roviello aufzunehmen. Auch dieser Staat bewahrt die Form, insofern er in der Lage ist, sich unterschiedlichsten Inhalten, bis hin zur Aufnahme irgendeines Inhalts, anzupassen. Ist das nicht der Sinn der Bestimmung Levinas' hinsichtlich des Terms *anders als Sein*. Er verwirft eine rein legalistische, technizistische Definition der Gerechtigkeit, die ihre Ursprünge in der kontraktualistischen Tradition hat. »Was konkret oder empirisch bedeutet, dass die Gerechtigkeit nicht eine über Massen von Menschen herrschende Legalität ist, der sich eine Technik des ›sozialen Gleichgewichts‹ entnehmen lässt, durch die antagonistische Kräfte harmonisiert werden; es wäre dies eine Rechtfertigung des Staates, der seinen eigenen Notwendigkeiten überlassen bleibt.«[31]
Bei dieser Gelegenheit öffnet sich oder könnte sich ein Abstand zwischen den beiden Typen des Staates öffnen: Während der Staat des Rechts vom besitzenden Individualismus und vom Liberalismus herrührt, knüpft der Staat der Gerechtigkeit, durch Athen oder Jerusalem hindurch, ein unauflösliches Band mit der Idee des Guten, mit der Anarchie des Guten.

(Aus dem Französischen übersetzt von Alfred Hirsch)

---

30 Emmanuel Levinas: »Judaisme et Révolution.« In: Emmanuel Levinas: *Du Sacré au Saint*. Paris, 1977. 24.
31 Emmanuel Levinas: *Autrement qu'être ou au-delà de l'essence*. A.a.O. 202. – Dt.: Emmanuel Levinas: *Jenseits des Seins oder anders als Sein geschieht*. A.a.O. 346-347.

Simon Critchley

Fünf Probleme in Levinas' Sicht der Politik
und die Skizze ihrer Lösung[1]

Emmanuel Levinas ist ein bedeutender Philosoph, dessen Werk auch von zukünftigen Generationen gelesen werden wird. Das ist wirklich schön. Doch kann unsere Beziehung zu einem großen Philosophen nicht einfach die der Verehrung, von Kommentar oder Wiederholung sein. Das wäre letztlich langweilig und brächte nicht mehr als Jüngerschaft und Scholastik hervor. Blanke Ironie wäre es, wenn die Levinas-Forschung dasselbe den Geist betäubende Schicksal erlitte wie die Heidegger-Forschung. Unsere Beziehung zu einem bedeutenden Denker muss kritisch sein. Politik ist der Name eines kritischen Punktes im Werk Levinas', vielleicht der kritische Punkt oder sogar die Achillesverse seines Werkes.
Ich denke, dass die Frage nach Levinas und der Politik eine Möglichkeit ist, sowohl eine Notwendigkeit als auch eine Beunruhigung zu bezeichnen, eine Notwendigkeit, die eine Beunruhigung enthält. Die Notwendigkeit ist die des Übergangs von Ethik zu Politik. Wie Levinas schreibt, und wie viele seiner wichtigsten Interpreten hervorgehoben haben, enthält Ethik als die unendliche Verantwortlichkeit der Von-Angesicht-zu-Angesicht-Beziehung, wie sie in *Totalität und Unendlichkeit* beschrieben worden ist, oder als »der Andere im Selben« der ethischen Subjektivi-

---

[1] Dieser Text wurde im März 2003 während der ersten Tage des Irak-Konfliktes geschrieben, und wurde zu einem guten Teil getragen von den großen und globalen Anti-Kriegs-Protesten, die dem Konflikt vorausgingen.

tät, wie in *Jenseits des Seins oder anders als Sein geschieht* dargelegt, eine Beziehung zur Politik (oder sollte sie doch enthalten). Wobei Politik hier – vielleicht zu traditionell, zu eng, zu abstrakt – verstanden wird als der Bereich der Legalität, der Gerechtigkeit, der Institution des Staates und vor allem als das, was Levinas unter den Namen *le tiers* (der Dritte) fasst. Emmanuel Levinas war nicht Martin Buber, und das Herz der Levinas'schen Kritik an Bubers Ich-du-Beziehung ist, dass die Abstraktion der ethischen Beziehung im Reich des politischen Lebens verkörpert sein muss. Dies ist alles wohlbekannt, und tatsächlich braucht niemand weitere Kilometer sympathetischen Kommentars der relevanten Seiten von *Jenseits des Seins* oder anderer Texte.

Soviel zur Notwendigkeit, woher aber die Beunruhigung? Hier gäbe es viel zu sagen, doch stehen für mich am Anfang eine Reihe offener Fragen zum Übergang von Ethik zu Politik. Lassen Sie mich fünf Probleme zusammenfassen, die mir zentral zu sein scheinen, Probleme, für die jüngst durch das Erscheinen von Howard Caygills *Levinas and the Political*[2] der Blick geschärft worden ist – ein subtiles und subtil vernichtendes Buch, das die Risiken und Möglichkeiten von Levinas' Werk zeigt und auch, wie das Werk gewissermaßen um die Frage des Politischen kreist. Lassen Sie mich also mit den Risiken beginnen, bevor ich zu den Möglichkeiten komme.

(1) Brüderlichkeit – Die Konzeptualisierung von Gerechtigkeit, Gemeinschaft und Legalität und *le tiers* wird fortgesetzt verbunden mit dem, was Levinas »Brüderlichkeit« nennt. In den Begriffen der säkularen Dreieinigkeit des französischen Republikanismus ist es die dritte Person der Brüderlichkeit, auf die sich Levinas beruft über die Forderung von Freiheit und Gleichheit hinaus. Doch verrät dieser Verweis auf die Brüderlichkeit, denke ich, die gänzlich klassische Politik der Freundschaft – um eine Formel zu prägen –, die für Levinas Werk eine tragende Bedeutung hat. Um nur ein Beispiel von vielen aus Jenseits des Seins oder anders als Sein geschieht heraus zu greifen: »Der Andere ist von vornherein der Bruder aller anderen Menschen« (»Autrui est d'emblée le frère à tous les autres hommes« AE 201/344).[3] Auf der Ebene der Politik bedeutet dies, dass die ethische Beziehung in etwas übersetzt wird, was ich als den klassischen Begriff der politischen Freundschaft als Brüderlichkeit ansehen würde, als eine Beziehung zwischen Brüdern, zwischen freien Gleichen, die zufällig männlich sind.

(2) Monotheismus – das heißt die Verbindung der Brüderlichkeit mit der Frage nach Gott und mit der Idee, dass eine politische Gemeinschaft monotheistisch ist

---

2 Howard Caygill: *Levinas and the Political.* London, New York 2002.
3 Emmanuel Levinas: *Autrement qu'être ou au-delà de l'essence.* Den Haag 1974. Im Folgenden AE. – Dt. Emmanuel Levinas: *Jenseits des Seins oder anders als Sein geschieht.* Übers. T. Wiemer. Freiburg, München 1992. Im Folgenden JS.

oder zu sein hat. Wie schon Howard Caygill in seinem Kommentar des Levinas'schen Werks der dreißiger Jahre – wiewohl es eine durchgehende Eigenschaft der Arbeit Levinas' ist – schreibt: »Gegen das Prinzip von Freiheit und Sein als Versammeln oder Beherrschen sucht Levinas Schutz vor dem elementaren Bösen in dem Gedanken einer menschlichen Würde, die aus einer Brüderlichkeit hervorgeht und in der Menschen von Gott zur Verantwortlichkeit für den anderen Menschen aufgerufen werden.«[4] Anders gesagt: Die Universalität der Brüderlichkeit wird durch einen Übergang zu Gott garantiert, die nebenbei an die klassische christliche, vor allem augustinische Konzeption der Freundschaft erinnnert. Will sagen: Der Christ hat nur dann Freunde, wenn die Freundschaft durch die Anwesenheit vor Gott vermittelt ist, was zugleich bedeutet, dass die gesamte Menschheit mein Freund ist und niemand mein Feind – für Carl Schmitt ist dies die wesenhaft entpolitisierende Logik des Christentums. Das ist eine Möglichkeit, Levinas' Satz aus *Jenseits des Seins* zu verstehen: »›Dank göttlicher Gnade‹, ›gottlob‹ bin ich Anderer für die Anderen.« (AE 201/JS 345) Oder anders in *Totalität und Unendlichkeit*: »Der Monotheismus bedeutet diese Verwandtschaft, diese Idee einer menschlichen Rasse, sie geht zurück auf das Ansprechen des Anderen *(autrui)* im Antlitz.« (TI 190/TU 310f).[5] Das bedeutet, es gibt einen nicht zu leugnenden Zusammenhang zwischen Brüderlichkeit und Monotheismus, was ich so deute, dass der universalistische Republikanismus einfach die säkulare Übersetzung dieses Zusammenhangs ist, »le paradis laïque« der Französischen Republik.

(3) Androzentrismus – das heißt, dass Levinas' Begriff von Ethik, Brüderlichkeit und Monotheismus grundlegend androzentrisch ist, wie Forscherinnen wie Stella Sandford gezeigt haben. Bei Levinas wird das Weibliche als das wesenhafte, aber wesenhaft vor-ethische Offensein für das Ethische thematisiert.[6] Solidaritätsbeziehungen zwischen Frauen sind nur in Analogie mit der Brüderlichkeit denkbar. Folglich ist die Schwesterlichkeit der Brüderlichkeit nachgeordnet.

(4) Abstammung und Familie – das heißt die Art, in der das androzentrische Konzept der Brüderlichkeit mit dem verbunden wird, was Derrida den »Schematismus der Abstammung« nennt.[7] Abstammung ist bei Levinas ein Schlüsselkonzept, besonders in den abschließenden Bemerkungen von *Totalität und Unendlichkeit*.

---

4 Howard Caygill: *Levinas and the Political.* A.a.O. 31.
5 Emmanuel Levinas: *Totalité et Infini.* Den Haag 1961. Im Folgenden TI. – Dt.: Emmanuel Levinas: *Totalität und Unendlichkeit. Versuch über die Exteriorität.* Übers. W. N. Krewani. Freiburg, München 1987. Im Folgenden TU.
6 Stella Sandford: *The Metaphysics of Love.* London, New York 2000.
7 Jacques Derrida: *Politique de l'amitié.* Paris 1994. 12, im Folgenden PA; Dt.: *Emmanuel Levinas: Politik der Freundschaft.* Übers. S. Lorenzer. Frankfurt a. M. 2002, im Folgenden PF. 11. [A.d.Ü.: Im französischen Original heißt es »une *schématique* de la filiation«, was in der englischen Version mit »the family schema« wiedergegeben wird, eine Formel, die ihrerseits durch das deutsche »Schematismus der Abstammung« nur unzureichend wiedergegeben wird.

Doch ist das Kind entweder explizit der Sohn, oder es wird in Analogie zum Sohn gedacht und ist verknüpft mit den Konzepten von Vaterschaft und Brüderlichkeit als das, was »die eigentümliche Konstellation der Familie möglich [macht]« (TI 256/TU 408). Es darf nicht vergessen werden, dass Totalität und Unendlichkeit mit der Beschwörung des »Wunders der Familie« endet (TI 283/TU 446). So gesehen, könnte man weiterspinnen, bewirkt *Totalität und Unendlichkeit* eine seltsame Umkehrung der Logik von Hegels Philosophie des Rechts. Wo Hegel mit der Familie beginnt, um mit dem Staat zu enden, beginnt Levinas mit der totalisierenden Gewalt des Staates, um bei der Familie zu enden. Es geht demnach darum, den Pluralismus der Familie mit der politischen Ordnung zusammen zu bringen. Wobei ich anmerken möchte, dass ich nicht davon überzeugt bin, dass die Familie ein solches Wunder ist.

(5) Israel – Schließlich – und vielleicht ist das das Wichtigste – wäre eine Frage die der Verbindung dieser vier Themen mit dem, was wir – und mit Heidegger im Sinn wähle ich meine Wörter sorgfältig – das politische Schicksal der Levinas'schen Ethik nennen könnten, insbesondere die strittige Frage Israel. In Bezug auf Israel gibt es ein Risiko – ein Risiko und keine Gewissheit, wie Howard Caygill in seinem Buch sorgfältig nachgezeichnet hat, doch nichtsdestotrotz ein ernst zu nehmendes Risiko –, dass die Ortlosigkeit der ethischen Beziehung zum Anderen an Israels Grenzen seinen Ort findet. Daraus erwächst die Gefahr, dass Israel als der Name par excellence für gerechte Politik gilt, eine Politik, die auf dem vorpolitischen Vorrang der ethischen Verpflichtung für den Anderen beruht – *Politique après!*, wie Levinas in Erwiderung auf Präsident Sadats Besuch in Jerusalem 1977 ausrief.[8] Von Israel könnte man sagen, es habe eine doppelte Funktion in Levinas' Diskurs, es fungiert als zugleich real und ideal; als ein Ideal, in dem ethische Verantwortlichkeit in sozialer Gerechtigkeit verkörpert würde, und als ein real existierender Staat, in dem Gerechtigkeit ohne Ende von Gewalt kompromittiert wird. Der Name Israel wird – möglicherweise fatal – in der Schwebe gehalten zwischen Idealität und Realität, zwischen heiliger Geschichte und politischer Geschichte. Kann diese doppelte Funktion, dieses *glissement de sens* im Hinblick auf Israel erklären, warum Levinas 1982 sich nicht imstande fühlte, den Mord an Palästinensern in den Lagern von Sabra und Shatila zu verdammen?[9] Hat Levinas deswegen gesagt, dass ich in der Alterität auch einen Feind finde? Vielleicht. Man kann nur ahnen – und vielleicht Angst davor haben –, was Levinas heute gesagt hätte, wo die Person, die von einer israelischen Untersuchungskommission aufgefordert wurde, wegen eines Kriegs-

---

8 Emmanuel Levinas: »Politique après!« In: Emmanuel Levinas: *L'au-delà du verset*. Paris 1982. 221-228.
9 Vgl.: Emmanuel Levinas: »Ethics and Politics«. In: S. Hand (Hrsg.): *The Levinas Reader*. Oxford 1989. 289-297.

verbrechens von seinen Pflichten als Verteidigungsminister entbunden zu werden, Ariel Sharon, nunmehr Premierminister des Staates Israel ist und wo die doppelte Funktion Zions ihre stärkste Unterstützung durch die evangelikale christliche Rechte in den USA erfährt. Man sollte sich daran erinnern, dass die Bibel George W. Bushs bevorzugte Bettlektüre ist in Zeiten, in denen das neoimperialistische Projekt der US-Regierung intrinsisch mit einer zionistischen Vision verbunden ist. Man könnte in hysterisches Lachen ausbrechen, wenn die Situation nicht von so blutiger Bedrohlichkeit wäre.

Fünf Probleme also: Brüderlichkeit, Monotheismus, Androzentrismus, Abstammung und die Familie und Israel. Eben deshalb habe ich von Politik bei Levinas als von einer Notwendigkeit und zugleich einer Beunruhigung, einer Notwendigkeit, die beunruhigt, gesprochen. Insbesondere, scheint mir, muss es eine Verkörperung des Ethischen in der Politik bei Levinas geben und muss der Name dieser gerechten Politik Israel sein, auch wenn, wie Levinas in Judaismus und Revolution, einem faszinierenden Talmutkommentar, betont, es nicht notwendig ist, Israel in partikularistischen jüdischen Begriffen zu fassen. Levinas insistiert, dass Israel der Name für jedes Volk ist, dass jedes Volk dem Gesetz unterstellt werden muss, egal ob jüdisch oder nicht-jüdisch.[10] Was aber ist – und das ist eine blödsinnig offensichtliche und doch bohrende Frage – mit Menschen oder Völkern, die nicht dem so gefassten Gesetz unterstehen oder sich nicht unterstellen wollen? Was ist mit denen, die Levinas in einer unachtsamen und schlecht beratenen Bemerkung über »die gelbe Gefahr« in die Kategorie der Asiaten, der Chinesen und sogar der Russen gezählt hat, wo doch diese sich selbst der »Gottlosigkeit« des Kommunismus unterstellen?[11] Und was ist mit denen jenseits des Einflusses der Bibel und der Griechen? Was ist mit denen, die einfach tanzen, von denen Levinas in einer offen rassistischen Nebenbemerkung in einem Interview 1991 gesprochen hat? Ich zitiere: »Ich sage oft, wiewohl es gefährlich ist, dies öffentlich zu sagen, dass Menschlichkeit aus der Bibel und den Griechen besteht. Der ganze Rest kann übersetzt werden: Der Rest – alles Exotische – ist Tanz.«[12] Was mich dazu veranlasst zu sagen: Let's dance! Lasst uns die ganze Nacht tanzen und feiern. Und was ist mit den Völkern, die Unterwerfung unter das Gesetz akzeptieren – denn für den Islam bedeutet das Gesetz natürlich Unterwerfung –, die in Levinas' Augen jedoch außerhalb des oder neben dem jüdisch-christlichen Erbe(s) stehen, selbst wenn sie sich in Israel befinden wie die israelischen Araber, oder in den europäischen Metropolen wie die *maghrebins* in

---

10 Emmanuel Levinas: »Judaism and Revolution«. In: Emmanuel Levinas: *Nine Talmudic Readings*. Übers. A. Aronowicz. Press Bloomington 1990. 94-119.
11 Emmanuel Levinas: »Le débat russo-chinois et la dialectique«. In: Emmanuel Levinas: *Les imprévus de l'histoire*. Montpellier 1994. 172. Dieser Artikel wird gewinnbringend diskutiert in: Howard Caygill: *Levinas and the Political*. A.a.O. 182-185.
12 Raoul Mortley: *French Philosophers in Conversation*. Pittsburgh 1992. 1-31.

Frankreich? Hier zeichnet sich das Problem der Kultur und des kulturellen Relativismus im Zentrum von Levinas' Streit mit Merleau-Ponty, seiner Opposition zu Lévi-Strauss und seiner besonderen anthropologischen Verpflichtung gegenüber Lévy-Bruhl deutlich ab. Ich verweise auf Robert Bernasconis grundlegende Arbeit zu dieser Frage.[13]

Eine Möglichkeit, den Vorwurf des Zionismus an Levinas zu entschärfen, ist es, Israel durch Frankreich als hauptsächlichen politischen Bedeutungsträger zu ersetzen. Dies ist besonders plausibel, insofern die beiden Themen bis zur Dreyfus-Affäre zurückverfolgt werden können und insbesondere bis zur Gleichsetzung der Ideale der französischen Republik mit der Kritik am Antisemitismus, was einen nachhaltigen Eindruck auf den Straßburger Studenten Levinas gemacht hat, insbesondere durch das Beispiel seines Lehrers Maurice Pradines. Hält man sich dies vor Augen, ist es in der Tat seltsam, wenn man die Kanonisierung Levinas' als einen französischen Philosophen verfolgt, die nach seinem Tod und dem äußerst hässlichen Familienstreit (wieder die Familie!) um die Exklusivrechte an seinem Nachlass einsetzte. Angesichts der Möglichkeit, die von Simone Hansel nach dem Vorschlag von Richard Cohen ins Spiel gebracht wurde, das Levinas-Archiv in North Carolina zu beheimaten (eine verblüffend seltsame Idee), schrieb Michael Levinas 1996 in Le Monde, dass »die Bindung meines Vaters an Frankreich total« gewesen sei und dass jedes Archiv an »un lieu français et républicain (einem französischen und republikanischen Ort)« zu existieren habe.[14] Ebenso können wir uns fragen, ob nicht die Hintergedanken hinter Jean-Luc Marions Behauptung, dass die einzig bedeutenden französischen Philosophen des 20. Jahrhunderts (wobei er sich selbst natürlich ausnimmt oder vielleicht für das 21. Jahrhundert reserviert) Bergson und Levinas waren, die sind, dass andere französische Philosophen – wie Deleuze oder Foucault oder Derrida – entweder in gewisser Weise irrelevant oder einfach Kommentatoren deutscher Philosophie waren.[15] Dies zu behaupten wäre offensichtlich ziemlich dumm. Logisch betrachtet ist die versuchte Inkarnation von Levinas' Ethik in der vermeintlich konkreten Universalie des französischen Staates nicht weniger abstoßend als der Versuch, dasselbe für den Staat Israel zu untenehmen. Ich erinnere mich an meine nervös schwitzenden Handflächen, als der französische Botschafter in Israel diese Verbindung in einer ansonsten eher

---

13 Vgl. etwa: Robert Bernaconi: »One-Way Traffic: The Ontology of Decolonization and its Ethics«. In: G. Johnson und M. Smith (Hrsg.): *Ontology and Alterity in Merleau-Ponty*. Evanston 1990. 67-90; sowie Robert Bernasconi: »Who is my neighbour? Who is the Other? Questioning the ›Generosity of Western Thought‹«. In: Robert Bernasconi: *Ethics and Responsibility in the Phenomenological Tradition*. Pittsburgh 1992. 1-31.
14 Michael Levinas in *Le Monde. 26. Juli 1996*.
15 Jean-Luc Marion: In: *L'arche. Le mensuel du judaïsme français*. Februar 1996. 65.

eloquenten Rede vor tausend Zuhörern auf der ersten in Israel veranstalteten Levinas-Konferenz in Jerusalem im Mai 2002 herstellte. Es ist gefährlich, Levinas als einen wesenhaft französischen Philosophen zu kanonisieren, d.h. als eine Art Apologet eines konservativen Republikanismus, dessen schaler Universalismus irgendwie in Levinas' Slogan »Ethik ist erste Philosophie« gefasst würde. Natürlich ist Levinas nicht ohne Anteil an dieser Gleichsetzung seines Werkes mit »une certaine idée de la France«; in einem Gespräch mit Francois Poirié bemerkte er, dass er den eher seltsamen, doch von ihm als vernünftig empfundenen Glauben vertritt, dass der Krieg mit Deutschland nötig gewesen sei »um die französische Sprache zu verteidigen«.[16]

Meiner Meinung nach sind dies die Probleme, die der Frage nach Levinas und der Politik anhaften. Meine Hoffnung wäre eine nicht-brüderliche, nicht-monotheistische, nicht-androzentrische, nicht-abstammungsbestimmte, nicht-familiale und nicht-zionistische Konzeption des Verhältnisses von Ethik und Politik. Auch das hört sich wirklich schön an, doch wie kommen wir von hier nach da? Ich habe behauptet, dass das Werk von Levinas von der beunruhigenden Notwendigkeit des Übergangs von Ethik zu Politik bestimmt sei. Doch was, wenn wir das Wesen dieses Übergangs in Frage stellen? Für Levinas gibt es eine Ableitung des Politischen aus dem Ethischen, von dem Anderen zu allen Anderen, von *autrui* zu *le tiers*, doch wie, wenn dies nicht in der Art geschähe, in der Levinas es denkt? Mag es im Gegenteil nicht einen Hiatus zwischen Ethik und Politik geben, ein Hiatus, der, weit davon entfernt, Paralyse oder Resignation zu erzeugen, vielleicht eine neue Erfahrung der politischen Entscheidung eröffnet?

Indem ich diese Fragen auf diese Weise formuliere, beziehe ich mich auf Derridas *Adieu à Emmanuel Levinas*, das ich kurz ansprechen möchte, um sein zentrales Argument herauszugreifen, denn es erlaubt eine Antwort auf die eben skizzierten Probleme. Meiner Meinung nach macht *Adieu* den entscheidenden Unterschied zwischen Derridas und Levinas' Werk augenfällig.[17] Was ich meine, ist, dass es in der Tat eine mögliche Lesart von *Adieu* gibt, die die zunehmende philosophische Nähe zwischen Derrida und Levinas betont, im Anschluss vor allem an Derridas Bemerkung von 1986: »Angesichts eines Denkens, wie es das von Levinas ist, habe ich nichts einzuwenden. Ich bin bereit, alles zu unterschreiben, was er sagt.«[18] Dies ist eine nachvollziehbare Lesart, und ich habe selbst im Anschluss an Robert Bernasconi Argumente für eine solche Nähe vorgebracht. Doch trotz dieser unbestreitbaren Homologie und trotz der verhältnismäßig selten auftauchenden Kritik

---

16 François Poirié: *Emmanuel Levinas. Qui êtes-vous?* Lyon 1987. 74.
17 Jacques Derrida: *Adieu à Emmanuel Levinas*. Paris 1997, im Folgenden *A*. – Dt.: Jacques Derrida: *Adieu. Nachruf auf Emmanuel Levinas*. Übers. R. Werner. München, Wien 1999.
18 Jacques Derrida: *Altérités*. Paris 1986. 74.

in *Adieu* erlaubt uns vielleicht paradoxerweise diese Kritik zu erkennen, dass Derrida gleichwohl sehr viel weiter von Levinas entfernt ist, als es auf den ersten Blick erscheinen mag.

Derrida konzentriert sich auf ein anscheinend kontingentes Wort in Levinas' Vokabular – Empfang *[accueil]* –, das er dann mit dem Thema der Gastlichkeit verbindet. Er zeigt, wie die Gastlichkeit des Empfangs die vielfachen Bedeutungen bestimmt, die in Levinas' Werk dem Ethischen gegeben wurden. Meiner Ansicht nach argumentiert er zu Recht, dass Levinas' *Totalität und Unendlichkeit* als eine umfassende Abhandlung über Gastlichkeit gelesen werden kann, wobei das Ethische bestimmt ist als ein Empfang des Anderen, als eine unbedingte Gastlichkeit. Doch die Frage, die Derrida in diesem Text zu erforschen versucht, betrifft das Verhältnis zwischen einer Ethik der Gastlichkeit und einer Politik oder eines Gesetzes von Gastlichkeit in Levinas' Werk. Dabei geht es vor allem darum, ob eine Ethik der Gastlichkeit – in klassischer Weise formuliert – die Sphäre von Politik und Gesetz (be)gründen kann. Das heißt, führt der formale ethische Imperativ von Levinas (»Tu ne tueras point«) zu einem bestimmbaren politischen oder gesetzlichen Inhalt? Kann man Politik aus Ethik ableiten? Derridas Behauptung – die in meinen Augen allermindestens problematisiert, wenn nicht bestritten werden könnte –, ist die, dass, obwohl Levinas die Notwendigkeit einer solchen Deduktion sieht, er uns doch allein lässt, wenn es darum geht, wie sie bewerkstelligt werden kann, und sein Text ist geprägt durch sein Schweigen über diesen wichtigen Punkt (A 197/dt. 143). Und doch, und dies ist der wirklich interessante Zug in diesem Argument, behauptet Derrida, anstatt diesen Hiatus negativ zu bewerten, dass das Fehlen einer plausiblen Ableitung von Politik aus Ethik nicht zu Paralyse oder Resignation führen muss. Seine Behauptung ist im Gegenteil die, dass, wenn es keine Ableitung der Politik aus Ethik gibt, dies sowohl ethisch als auch politisch willkommen sein kann. Auf der einen Seite bleibt Ethik bestimmt als eine unendliche Verantwortlichkeit für die ethische Gastlichkeit, während auf der anderen Seite das Politische bestimmt werden kann als das Fällen einer Entscheidung ohne jede vorbestimmte transzendentale Garantie. Damit erlaubt der Hiatus bei Levinas Derrida, sowohl den Vorrang einer Ethik der Gastlichkeit zu bejahen und zugleich die Sphäre des Politischen als den Bereich des Risikos und der Gefahr offen zu halten. Diese Gefahr verlangt Entscheidungen oder das, was Derrida mit Levinas »politische Erfindung« nennt (A 144/dt. 108), eine Erfindung, die im Namen des Anderen gemacht wird, ohne dass dies reduzierbar wäre auf irgendeine Art von moralischem Kalkül. Dabei fällt Derridas Position, denke ich, gleichwohl nicht in einen gehaltlosen Formalismus oder einen leeren Universalismus zurück. Er betont, wie die eigentliche Unbestimmtheit des Übergangs von Ethik zu Politik dazu führt, dass das Fällen der politischen Entscheidung eine Antwort auf die äußerste Singularität eines besonderen und unerschöpfbaren Kontextes ist. Der unendliche ethische Anspruch kommt als eine Antwort auf den singulären Kontext auf und verlangt nach der Erfindung der politischen Entscheidung. Politik selbst kann hier gedacht werden als die Kunst der Antwort auf den singulären Anspruch des Anderen, ein Anspruch, der in einem besonderen Kontext aufkommt – wiewohl der unendliche Anspruch niemals auf diesen Kontext reduziert werden kann – und der nach politischer Erfindung verlangt, nach Schöpfung.

Dessen eingedenk können wir, denke ich, das Problem der Beziehung von Ethik zu Politik in sechs Schritten reformulieren oder sogar formalisieren.

1. Politik kann kein Grund gegeben, kann nicht (be)gründet werden, weil ein solcher Grund, eine solche (Be-)Gründung die Freiheit der Entscheidung begrenzen würde. In der Politik gibt es keinen Garantien. Politik muss offen sein für die Illusion des »Vielleicht« oder des »Möglicherweise«; dies ist der durchgehaltene Refrain der ersten und zentralen Kapitel in Derridas Politik der Freundschaft. Für Derrida – und das ist eine Version seines impliziten Vorbehalts gegen die Habermas'sche Diskursethik – wäre nichts unverantwortlicher und totalitärer als der Versuch a priori, das Monströse oder das Schreckliche auszuschließen. Er schreibt: »Ohne die Möglichkeit des radikal Bösen, des Meineids, des absoluten Verbrechens gibt es keinerlei Verantwortung, keinerlei Freiheit, keinerlei Entscheidung.« (PA 247/PF 297)

2. Demnach ist das Verhältnis von Politik und Ethik das, dass es einen Hiatus zwischen diesen beiden Bereichen gibt. Und an dieser Stelle treffen wir auf eine entscheidende Bestimmung des Problems von Ethik und Politik, und zwar, dass, wenn Politik nicht in klassischer Weise be- oder gegründet werden kann, sie doch auch nicht arbiträr ist, denn diese würde uns zu einer Art *libertas arbitrarium* führen und zur sie begleitenden voluntaristischen und souveränen Konzeption des Willens. Das heißt, es würde uns zu einem nicht-dekonstruierten Schmittianismus zurückführen, in dem die Möglichkeit der politischen Entscheidung die Existenz eines souveränen Subjekts voraussetzt, das in Begriffen von Aktivität, Freiheit und Manneskraft definiert wird.

3. Um die ersten beiden Schritte des Arguments in einer Frage zusammenzufassen: Wenn Politik kein Grund gegeben, diese nicht (be)gründet werden kann (weil dies die Freiheit beschneiden würde) und ebenso nicht-zufällig ist (denn dies würde aus einer Konzeption der Freiheit folgen), was folgt dann daraus? Wie kann man eine nicht-(be)gründbare und doch auch nicht-zufällige Beziehung zwischen Ethik und Politik denken? Derridas Behauptung scheint die zu sein, daß es tatsächlich eine Verbindung zwischen Ethik und Politik gibt, wenn er in *Adieu* behauptet: »Es braucht dieses Verhältnis *[il faut ce rapport]*, es muß existieren, es muß aus der Ethik eine Politik und ein Recht ableiten.« (A 198/ dt. 144). Derrida versucht diesen Sinn einer nicht-(be)gründbaren, doch nicht-zufälligen Verbindung zwischen Ethik und Politik mit dem Begriff der Entscheidung des Anderen in mir fassen zu

wollen, eine Entscheidung, die getroffen wird, doch in Bezug auf die ich passiv bin. In meinem Verständnis bedeutet dies, dass besondere politische Entscheidungen im Verhältnis zur Universalität eines von mir anerkannten ethischen Handlungsanspruchs getroffen werden: unendliche Verantwortung für den Anderen, Gerechtigkeit, das messianische Apriori oder was auch immer.

4. Politik ist demnach die Aufgabe der Erfindung im Verhältnis zur Entscheidung des Anderen in mir – in nicht-(be)gründbarer und nicht-zufälliger Art und Weise. Aber wie genau setzt man dies um? Vielleicht in folgender Weise: In einem ganz banalen Sinne ist jede Entscheidung notwendig anders. Wann immer ich entscheide, habe ich eine neue Regel bzw. eine neue Norm zu erfinden, die absolut singulär in Bezug sowohl auf den unendlichen Anspruch des Anderen, der an mich ergeht, als auch auf den endlichen Kontext, in dem dieser Anspruch erhoben wird. Ich denke, dies ist, was Derrida in *Gesetzeskraft* und anderswo mit seiner Kierkegaardschen Emphase auf den Wahnsinn der Entscheidung meint, genauer, dass jede Entscheidung wie ein Glaubensakt ist, der in Beziehung auf die Singularität eines Kontextes vollzogen wird.[19] Eine solche Position mag in Zusammenhang gebracht werden mit einer von Wittgensteins kryptischeren Bemerkungen in den *Philosophischen Untersuchungen*, wo er schreibt, dass für eine Regelbefolgung gilt: »Richtiger, als zu sagen, es sei an jedem Punkt eine Intuition nötig, wäre beinahe, zu sagen: Es sei an jedem Punkt eine neue Entscheidung nötig.«[20]

5. Die politische Entscheidung wird also, an die Erfahrung gebunden, wie sie ist, ex nihilo getroffen, und wird nicht abgeleitet oder prozedural entwickelt aus einem vorgegebenen moralischen Inhalt; und doch ist sie nicht arbiträr. Es ist der durch die Entscheidung des Anderen in mir hervorgerufene Anspruch, der nach politischer Erfindung verlangt, der mich dazu auffordert, eine Norm zu erfinden und eine Entscheidung zu fällen. Die Singularität des Kontextes, in dem der Anspruch aufkommt, ruft einen Akt der Erfindung hervor, dessen Maßstab allgemein ist. Eine Schwierigkeit der Politik besteht genau in diesem Übergang vom Allgemeinen zum Besonderen.

6. Zusammengefasst: Was hier scheinbar vorliegt, ist die Beziehung zwischen Ethik und Politik, die sowohl ohne Grund als auch nicht arbiträr ist, das heißt, die die Entscheidung offen lässt für Erfindung, während sie anerkennt, dass die Entscheidung vom Anderen kommt. Die Entscheidung des Anderen in mir ist nicht so sehr ein Kantisches Faktum der Vernunft als vielmehr ein Faktum des Anderen, eine affektive, heteronome, vor-rationale Öffnung des Subjekts. Wenn das »Faktum der

---

19 Vgl. Jacques Derrida: *Gesetzeskraft. Der »mystische Ursprung der Autorität«*. Übers. A. García Düttmann. Frankfurt a. M. 1991.
20 Ludwig Wittgenstein: *Philosophische Untersuchungen*. Bemerkung 186. In: Ludwig Wittgenstein: *Werkausgabe Bd. 1*. Frankfurt a. M. 1984. 337.

Vernunft« der Anspruch des Guten ist, der übereinstimmen muss mit dem Prinzip der Autonomie, dann wäre das »Faktum des Anderen« der Anspruch des Guten, der erfahren wird als die heteronome Öffnung der Autonomie, die affektive Quelle für die autonome politische Handlung – was in keiner Weise bedeutet, dass Autonomie aufgegeben wird, sondern nur, dass sie nachgeordnet wird.

Um dieses formale Argument abzuschließen: Meiner Meinung nach gibt es einen allgemeinen ethischen Maßstab für das Handeln, der eine tiefe Levinas'sche Krümmung hat. Doch bin ich passiv in Bezug auf diesen Maßstab, ich stehe in einer nicht-subsumptiven Beziehung zu diesem Faktum des Anderen, ein wenig vielleicht wie das reflexive Urteilen in Kants dritter Kritik. Die spezifische Form politischen Handelns und politischer Entscheidungsfindung muss singulär sein, situativ und kontextbezogen.

Damit komme ich auf Derridas *Adieu* zurück: Sein Verständnis des Hiatus zwischen Ethik und Politik ermöglicht Derrida eine entscheidende Verschiebung in seiner Lektüre von Levinas, eine Verschiebung, die ich gern festhalten würde: Auf der einen Seite erlaubt sie ihm, den formalen Begriff der ethischen Beziehung zum Anderen zu akzeptieren – was Derrida hier und anderswo einen »strukturellen« oder »apriorischen« Begriff des Messianischen nennt (A 204, dt. 148) –, andererseits kann er so den spezifischen politischen Inhalt ablehnen, den die Levinas'sche Ethik zu enthalten scheint, namentlich den Levinas'schen Zionismus, seinen französischen Republikanismus, seinen Eurozentrismus und was sonst noch. Derrida schreibt: »[...] die formale Anweisung einer Ableitung bleibt unwiderlegbar [...]. Die Ethik schreibt eine Politik und ein Recht vor [...] Doch der solchermaßen zugestoßene politische oder juristische Inhalt bleibt dagegen unbestimmt und immer jenseits des Wissens und aller möglichen Vorgaben, Begriffe und Eingebungen zu bestimmen mit den Worten und der Verantwortlichkeit, die jeder in jeder Situation von einer jeweils einmaligen Analyse aus auf sich nimmt.« (A 199/dt. 145)

Nachdem er diesen Hiatus oder diese Diskontinuität zwischen der Form und dem Inhalt von Levinas' Werk festgestellt hat, fährt Derrida einige Seiten später fort: »Eine solche Diskontinuität würde uns im übrigen erlauben, all das zu unterschreiben, was Levinas über den Frieden oder die messianische Gastlichkeit mitgeteilt hat, über das Jenseits des Politischen im Politischen, ohne daß wir alle ›Meinungen‹ teilen müßten, die in seinem Diskurs auf eine innerpolitische Analyse der realen Situationen bzw. der heutigen Tatsache des irdischen Jerusalem [...] verweisen.« (A 202/ dt. 147)

Derrida macht diese formalistische Verschiebung, um das zu vermeiden, was ich oben das mögliche politische Schicksal von Levinas' Werk genannt habe, das, wiewohl es nicht einfach »un nationalisme de plus« ist, fortgesetzt riskiert, mit einem solchen Nationalismus vermengt zu werden, mit seinen »Meinungen« über das »irdische Jerusalem«. Wir können gleichwohl Derridas *Adieu*, das weit davon entfernt ist, eine anti-politische Lesart von Levinas zu sein, als eine hyper-politische Lesart verstehen. Derridas Umgehung des möglichen politischen Schicksals der Levinas'schen Ethik hat nicht den Zweck, konkrete politische Fragen zu umgehen, Fragen über den spezifischen Inhalt von politischen Entscheidungen, sondern im Gegenteil zu verteidigen, was er anderswo in Beziehung auf Marx »Die neue Internationale« genannt hat.[21] Obwohl mit kaum mehr als mit leichtem Skeptizismus von der Derrida-Gemeinde aufgenommen, denke ich, dass die »neue Internationale« ein Schlüsselbegriff in Derridas jüngsten Arbeiten ist, einer, der heute mehr denn je vonnöten ist und den ich, vielleicht nur als eine Möglichkeit, um meine Habermas'schen Freunde zu provozieren, als eine Reaktivierung des emanzipatorischen Versprechens der Moderne ansehe. In Antwort auf die gute alte Frage Tschernyschewskis: »Was tun?« könnten wir sagen: Das, was eingefordert werden muss, ist, wie Derrida schreibt, »ein anderes internationales Recht, eine andere Politik der Grenzen, eine andere humanitäre Politik, ja, ein anderes humanitäres Engagement, das effektiv jenseits nationalstaatlicher Interessen anzusiedeln ist«. (A 176/dt. 129) Trauriger weise scheinen wir zum gegenwärtigen Zeitpunkt, der bestimmt ist durch das endlose Elend des Krieges, einen neo-kolonialen theologischen Moralismus von Gut und Böse und eine neo-imperialistische Ausweitung militärischer Macht, unendlich weit von einer solchen Politik entfernt zu sein.

Lassen Sie mich mit einem knappen Plädoyer für eine anarchistische Meta-Politik enden. Meiner Meinung nach führt die Frage nach Levinas und der Politik zu der nach der Inkarnation von Ethik in Politik, genauer, ob Ethik irgendwie in Form eines Staates, sei es Frankreich, Israel oder einem anderem, leibhaftig wird, oder ob es, wie ich behaupten würde, ein Moment von Entleiblichung ist, das die Grenzen und die Legitimität des Staates herausfordert. An dieser Stelle wird Levinas' Thematik des Anarchismus interessant, im Besonderen die Art, in der Miguel Abensour das Thema handhabt, wenn er von einer anarchistischen Störung der Politik spricht.[22] Dies ist die Anarchie der Beziehung von Nachbarschaft und Stellvertretung des Anderen, die in die Politik ein, wie wir es nennen wollen, meta-politisches Moment einführt. Meiner Meinung nach ist die Levinas'sche Ethik keine Ethik um ihrer selbst willen in der Weise einer, wie man sagen könnte, engelhaften Lesart von Levinas, aber es ist auch nicht Ethik um des Staates willen, wie man es sich vorstellt unter einer rechtskonservativen Levinas'schen Option, ob diese nun mit der Logik des Zionismus verbunden ist oder gar mit einem quasi-gaullistischen, quasi-chiracschen Argument für die Ausnahmestellung Frankreichs. Meiner Meinung nach ist Ethik Ethik um der Politik willen, oder vielleicht besser gesagt: Ethik ist die

---

21 Jacques Derrida: *Marx' Gespenster*. Frankfurt a. M. 1995.
22 Vgl. Miguel Abensour: »Anarchy between Metapolitics and Politics«. In: *Parallax 24* (2002). 5-18; vgl. auch Miguel Abensour: *La démocratie contre l'État*. Paris 1997.

meta-politische Aufstörung der Politik um der Politik willen, das heißt, um einer Politik willen, die sich nicht in sich selbst abschließt und damit das wird, was Levinas eine Totalität oder ein Ganzes nennt. Folgt man der Levinas'schen Denkweise, dann läuft die Politik, wenn sie sich selbst ungestört überlassen wird, Gefahr, tyrannisch zu werden.

Das Problem an vielen politischen Theorien ist, dass sie archisch sind, besessen von dem Moment der Gründung, Verursprünglichung, Deklaration oder Institution, das verbunden ist mit dem Akt des Regierens, der Souveränität und vor allem mit Entscheidung. Dies alles setzt voraus und initiiert zugleich ein souveränes politisches Subjekt, das fähig ist, sich selbst und andere zu beherrschen. Man könnte dies den Inhalt einer Tradition politischer Philosophie nennen, die mit Platons Staat beginnt. Ich würde zustimmen, dass diese Art politischer Philosophie wesenhaft antipolitisch ist. In Hannah Arendts Terminologie besteht sie in der Reduktion des Politischen auf das Soziale, und in Jacques Rancières Terminologie ist das die Reduktion von *la politique* auf die Ordnung oder *la police*. Das heißt, die politische Manifestation des Volkes wird reduziert oder muss reduziert werden auf die ihm zugeteilte soziale Funktion im Staat als Soldat, Arbeiter, Wächter oder Universitätsprofessor – die soziale Verteilung der Arbeit, wie sie in Platons Staat vorgenommen wird und wie sie ein gläubiges und zutiefst verstörendes Echo in Heideggers Rektoratsrede findet. Was solch eine Tradition politischer Theorie am meisten fürchtet, ist das Volk, die radikale Manifestation des Volkes, das Volk dabei freilich nicht verstanden als das Volk oder *le peuple*, das vom Staat geformt wird, sondern als die Leute oder *les gens*, das Volk in seiner irreduziblen Pluralität.

Eine Möglichkeit, über Levinas und Politik nachzudenken – und ich denke, es ist die überzeugendste – ist das Verständnis von Ethik als anarchische, meta-politische Verstörung der anti-politischen Ordnung der Polizei. Es müsste hier darum gehen, das, was Levinas schon in Totalität und Unendlichkeit als »die Anarchie, [die] für die Mannigfaltigkeit wesentlich [ist]« (TI 270/TU 425), bezeichnet, mit der der Politik wesenhaft eignenden Mannigfaltigkeit zu verbinden. Das Wesen der Politik besteht, zumindest in meiner Vorstellung, in der Manifestation der Mannigfaltigkeit, die das Volk ist, in der Mannigfaltigkeit des *demos*. Wer ist das Volk? Das Volk ist nicht die angenommene Einheit einer Rasse, die Bürger eines Nationalstaates, die Mitglieder einer besondern Klasse wie die Proletarier oder gar die Mitglieder einer besonderen Gemeinschaft, die durch Religion, Ethnizität oder was auch immer bestimmt ist. Das Volk kann nicht identifiziert und erfasst werden durch irgendeinen räumlich operierenden Begriff. Das Volk ist eher ein leerer Raum, das Supplement, das jede soziale Quantifizierung oder Berechnung übersteigt. Das Volk sind die, die nicht zählen, die kein Recht zu regieren haben, sei es durch Erbfolge wie die Aristokratie oder durch Reichtum und Besitz wie die Bourgeoisie.

Wenn das Handeln der Regierung beständig Befriedung, Ordnung, den Staat und das, was Rancière die Idylle des Konsensus nennt, riskiert, dann besteht Politik in der Manifestation des Dissensus, eines Dissens, der die Ordnung aufstört, durch die die Regierung die Gesellschaft zu entpolitisieren versucht.[23] Wenn Politik verstanden werden kann als die Manifestation des anarchischen Demos, dann sind Politik und Demokratie zwei Namen für dieselbe Sache. Folglich ist Demokratie nicht eine festgesetzte politische Form der Gesellschaft, sondern eher die deformation der Gesellschaft von sich selbst durch den Akt politischer Manifestation. Demokratie ist der politische Prozess, den wir uns als Bewegung der Demokratisierung vorstellen können. Meiner Meinung nach besteht Demokratisierung in der Manifestation des Dissenses, in Demonstration als Demos-stration, auf der Straße – sogar auf der Straße zu tanzen – in London, in Berlin, in New York, aber auch in Damaskus, in Tel Aviv, in Kairo, genauso wie in Basra, in Bagdad, dadurch die Anwesenheit derer manifestierend, die nicht zählen. Die Demokratisierung ist Politisierung, die Kultivierung dessen, was ich Formen der »dissensuellen emanzipatorischen Praxis« nenne oder was auch politicities genannt werden kann, Plätze des hegemonialen Kampfes, der gegen die konsensuelle Idylle des Staates angeht, nicht um den Staat oder den Konsens zu verabschieden, sondern um seine fortgesetzte Verbesserung zu ermöglichen.

Politik ist jetzt, und sie ist viel(e). Wenn wir uns nicht mit der letztlich defätistischen Position Rancières und vieler anderer begnügen wollen, dass Politik selten ist, ihr letztes großes Beispiel 1968 war;[24] wenn wir uns nicht der zeitgenössischen neo-imperialistischen Macht beugen wollen, die von militärischem Moralismus vergiftet ist (»Du bist böse, wir werden dich bombardieren.«); wenn wir in der Lage sein wollen, uns dem politischen Schrecken der Gegenwart zu stellen und ihn abzuwehren – und Levinas' Werk war immer durch diesen Schrecken bestimmt – dann, denke ich, muss die Politik gestärkt werden durch ein meta-politisches Moment der Verstörung, eine anarchische ethische Direktive und die Erfahrung eines unendlichen ethischen Anspruchs. Trotz aller politischen Probleme, die in diesem Vortrag diskutiert wurden, ist dies unsere unendliche Schuld gegenüber dem Werk von Emmanuel Levinas.

(Aus dem Englischen übersetzt von Tobias Nikolaus Klass)

---

23 Vgl. Jacques Rancière: *La Mésentente*. Paris 1995. 141. – Dt.: Jacques Rancière: *Das Unvernehmen*. Übers. R. Steurer. Frankfurt a. M. 2002. 110.
24 Vgl Jacques Rancière: *La Mésentente*. A.a.O. 188. – Dt.: Jacques Rancière: *Das Unvernehmen*. A.a.O. 149: »Die Politik in ihrer Besonderheit ist selten.«

Fabio Ciaramelli

Die ungedachte Vermittlung

Das »Levinas'sche Paradigma«,[1] worauf sich immer mehr Autoren beziehen, kann an einer durch das Eindringen der Andersheit verschärften Empfindsamkeit festgemacht werden, die das Denken herausfordert. Dieses plötzliche und unvermittelte Eindringen könnte eine privilegierte Figur der Unmittelbarkeit bilden. Die Sache ist jedoch komplizierter, denn im Kern der Levinas'schen Aufmerksamkeit für die Andersheit finden sich zwei Schlüsselbegriffe wieder, der Begriff der Trennung und derjenige der Verantwortung,[2] die ohne eine ursprüngliche und originelle Rehabilitierung der *Vermittlung* undenkbar wären, die diese aber dem Hegel'schen Kontext entziehen, in dem sie der Wiedergewinnung der Unmittelbarkeit untergeordnet bleibt. Ein Denken der menschlichen Subjekte als zugleich getrennt und verantwortlich und die Betonung der Irreduzibilität dieser beiden Begriffe laufen darauf hinaus, die Situation der Subjekte als von vornherein mit der Andersheit gebunden oder verflochten zu überdenken.[3]

---

1 Vgl. *Revue philosophique de Louvain,* Band 100, N° 1-2, Februar-März 2002: »Le paradigme Levinassien«, Sondernummer unter der Leitung von Fabio Ciaramelli.
2 Vgl. z.B. Emmanuel Levinas: *Jenseits des Seins oder anders als Sein geschieht.* Übers. T. Wiemer. Freiburg i.Br., München 1992. 100: »Was sich im gesagten Thema zeigt, ist die Unverständlichkeit der Inkarnation, das von der Ausdehnung getrennte ›ich denke‹, das vom Leib getrennte cogito. Doch diese Unmöglichkeit zusammenzusein ist die Spur der Diachronie im Der-Eine-für-den-Anderen: der *Getrenntheit* als Innerlichkeit und des *Für-den-Anderen* als Verantwortlichkeit.«
3 Man wird sich hier an eine andere glänzende Passage aus *Jenseits des Seins* erinnern, in der, auch

Genau an dieser Stelle muss meines Erachtens die Rolle der Vermittlung als unvermeidliche Verwicklung nachgewiesen werden.
Levinas stellt bekannterweise das Ethische als eine Verstrickung dar und lädt folglich dazu ein, die ethische Verstrickung der Subjektivität zu denken. Wie A. Finkielkraut bemerkte,[4] kann man bei ihm von einer »moralischen Verstrickung« sprechen, in der letztendlich das Ethische – weit davon entfernt, in der Wirkung des Altruismus oder eines spontanen Wohlwollens gegenüber dem Nächsten zu liegen – als die Umkehrung einer natürlichen Einstellung und folglich als die Einführung einer inter-subjektiven Vermittlung auftritt. In dieser Vermittlung werden Bedeutungen und Motivationen gesetzt, die bestimmte konkrete Einstellungen aufwerten und andere abwerten. Kurzum, das Ethische tritt als eine Erzählung auf, als etwas, was erzählt werden kann.
Dies bedeutet, dass sich der Aufbau des Sozialen nicht auf die Selbst-Setzung von isolierten und entwurzelten Subjekten reduziert. Obwohl Levinas von der Trennung ausgeht, von der Unterbrechung, die das Ereignis der Trennung gegenüber der Totalität darstellt, betont er also eine Bindung zwischen den getrennten Subjekten, die weder bloß äußerlich noch bloß funktional ist. Er spricht an einer Stelle von der *bindenden Trennung der Gesellschaft*.[5]
Die Subjektivität als ethische Verstrickung, als Beziehung von mir zu anderswem *[autrui]*,[6] enthält also auf Anhieb, und sei es nur implizit, die Vermittlung. Es handelt sich aber um eine Vermittlung, die nicht dazu bestimmt ist, zugunsten ihrer Aufhebung oder ihrer Vollendung in der dialektischen Wiederherstellung des Unmittelbaren abzutreten. Im Gegenteil bleibt bei Levinas die Komplikation der Vermittlung der Knoten oder die Verstrickung, die die getrennte Innerlichkeit als schon verantwortlich, das heißt als der Andersheit zugewandt konstituiert.
Wie man weiß, achtet Levinas sehr sorgfältig darauf, die Ebenen oder die Figuren der Andersheit zu unterscheiden. Die »Anderswer und die Anderen« genannte Sek-

---

im ›undenkbaren‹ Bezug auf die Inkarnation, steht: »Das Sinnliche – Mutterschaft, Verwundbarkeit, Befürchtung – knüpft den Knoten der Inkarnation in einer Verstrickung, die weiterreicht als die Selbstapperzeption; einer Verstrickung, in der ich an den Anderen gebunden bin, schon bevor ich an meinen eigenen Leib gebunden bin.« (Emmanuel Levinas: *Jenseits des Seins*. A.a.O. 173 f.)
4 Alain Finkielkraut: *La sagesse de l'amour*. Paris 1984. 141.
5 Vgl. das Vorwort von Levinas zu Stephane Mosès: *Système et révélation. La philosophie de Franz Rosenzweig*. Paris 1982.
6 (A.d.Ü.: Für das französische »autrui« übernehme ich in meiner Übersetzung der Texte von Fabio Ciaramelli und Catherine Chalier den Übersetzungsvorschlag von Manfred Frank, z.B. in: »Wider den apriorischen Intersubjektivismus. Gegenvorschläge aus Sartrescher Inspiration«. In: M. Brumlik, H. Brunkhorst (Hrsg.). *Gemeinschaft und Gerechtigkeit*. Frankfurt a. M. 1993. 273-289), der seinerseits vorgibt, ihn von Traugott König übernommen zu haben. Zum Sinn des französischen Wortes »autrui« erlaube ich mir, auf meine Erläuterungen im Buch: Pascal Delhom: *Der Dritte. Levinas' Philosophie zwischen Verantwortung und Gerechtigkeit*. München 2000. 78-81 zu verweisen.)

tion aus *Totalität und Unendlichkeit* wird im letzten Kapitel von *Jenseits des Seins* bekräftigt, in dem es um den Unterschied zwischen anderswem und dem Dritten geht. Bezug, Unterscheidung, Unterschied, die noch einmal die Ursprünglichkeit einer Vermittlung bezeugen, deren Komplikation weder in einem weiteren Schritt gelöst noch aufgelöst wird.

Um jedes Missverständnis zu vermeiden, sollte man den Bezug des Ethischen – oder der Nähe oder der Verantwortung des einen für den anderen – zur Politik oder zur Repräsentation oder zur Gerechtigkeit nicht als einen Übergang denken. Mit anderen Worten, man sollte nicht die Levinas'sche *Verwicklung* (»In den Augen von anderswem sieht mich der Dritte an«[7]) mit irgendeiner dialektischen Entwicklung verwechseln. Man sollte dies nicht tun, denn es gibt von vornherein in der Beziehung von mir zu anderswem einen unwiderlegbaren Verweis auf die Vermittlung des Dritten. In anderswem gibt es schon den Dritten. Aber diese Verwicklung, obwohl sie notwendig ist und oft im Text von Levinas bekräftigt wird, bleibt doch gewissermaßen sein »Ungedachtes«. Denn seine ganze Denkanstrengung zielt eher darauf hin, die Unmittelbarkeit von anderswem aus der Vermittlung des Kontextes oder der ontologischen Totalität herauszureißen, die durch das Eindringen des Angesichts unterbrochen wird und die nachträglich, ausgehend vom Eintritt des Dritten, rekonstruiert werden soll (oder deren Legitimität gezeigt werden soll). Dieser Eintritt wird zwar manchmal als »fortwährender Eintritt in die Intimität des ›face-à-face‹«[8] bezeichnet. Doch die Schwierigkeit bleibt und wird z.B. in folgendem Text explizit: »Die Beziehung mit dem Dritten ist eine unablässige Korrektur dieser Asymmetrie der Nähe, in der das Gesicht, indem es angestarrt wird, sein Gesicht verliert.«[9]

Im Lichte einer solchen Formulierung und vieler anderen, die in dieselbe Richtung gehen, ist es unbestreitbar, dass Levinas darauf hinzielt, die Ordnung der ontologischen Vermittlung wiederzugewinnen oder wiederzugründen, die das abrupte Eindringen von anderswem unterbrochen hatte. Doch bei genauerem Hinsehen stellt sich eben dieses Eindringen des Unmittelbaren, das die ethische Ordnung des Sinnes eröffnet, als eine ursprüngliche Vermittlung dar, das heißt als die Preisgabe der illusorischen Unmittelbarkeit der Selbstsetzung des Subjekts, was Levinas in *Totalität und Unendlichkeit* die »Einsetzung« seiner einsamen Freiheit nennt. Denn vor dieser Öffnung – der getrennten Subjektivität – zur Verantwortung gäbe es keine Subjektivität. Es gäbe keine Verstrickung. Es gäbe nichts zu erzählen. Folglich ist diese Einsetzung ursprünglich.

---

7 Emmanuel Levinas: *Totalität und Unendlichkeit*. Übers. W. N. Krewani. Freiburg i.Br. 1987. 188. Vgl auch Emmanuel Levinas: *Jenseits des Seins*. A.a.O. 344.
8 Emmanuel Levinas: *Jenseits des Seins*. A.a.O. 348.
9 Emmanuel Levinas: *Jenseits des Seins*. A.a.O. 345.

Das auf die Andersheit zentrierte Levinas'sche Paradigma widersetzt sich also dem in der Moderne weit verbreiteten Modell einer Selbstsetzung isolierter Subjekten, deren unbegrenzte, ausschließlich durch die Abstraktion des Marktes und des Rechts geregelten Bedürfnisse und Begierden die von der Technik versprochene und verwirklichte universelle Vollendung anvisieren. Das beispiellose Aufblühen der Technik im Zeitalter der Globalisierung hat den Anspruch, die Erfüllung der unbegrenzten Wünsche der Individuen unmittelbar zu machen. Infolgedessen findet in diesem unseren Zeitalter der Globalisierung die kollektive Besetzung des Sinnes nur durch die Befriedigung von unbegrenzten ökonomischen Bedürfnissen hindurch statt, von denen man annimmt, dass sich jede Politik ihnen unterwirft. Denn dieses Vorrecht der funktionalen Ordnung hat keineswegs eine bloß technische Bedeutung, sondern steckt voller philosophischer Implikationen.

1. Um einige Aspekte dieser Problematik, die im Hintergrund meiner Darlegung bleiben wird, anzusprechen, werde ich von einer Passage aus dem sehr schönen Essay ausgehen, den Levinas dem Anderen in Proust gewidmet hat und der 1947 in einer »existentialistischen« Atmosphäre erschienen ist. Die durch die Trennung möglich gewordene Einsamkeit erzeugt in der Moderne die grundlegende Unmitteilbarkeit der Person, die für »das grundsätzliche Hindernis« gehalten wird, »auf das der Elan der universalen Brüderlichkeit stößt«. Und Levinas fügt hinzu: »Aber wenn die Kommunikation dadurch das Gepräge des Scheiterns und der Uneigentlichkeit trägt, dann deshalb, weil man sie wie eine Verschmelzung sucht. Man geht von der Idee aus, dass sich die Dualität in eine Einheit binden soll, dass die soziale Beziehung im Einssein enden soll. Letzter Überrest einer Auffassung, die das Sein mit dem Wissen gleichsetzt, das heißt mit dem Ereignis, durch das sich die Mannigfaltigkeit des Realen letztendlich auf ein einziges Sein bezieht und in dem durch das Wunder der Klarheit alles, was mir widerfährt, als von mir ausgehend existiert. Letzter Überrest des Idealismus. Das Scheitern der Kommunikation ist ein Scheitern der Erkenntnis. Man sieht nicht, dass der Erfolg der Erkenntnis gerade die Nachbarschaft, die Nähe von anderswem abschaffen würde. Diese Nähe, weit davon entfernt, weniger als die Gleichsetzung zu bedeuten, *öffnet genau die Horizonte der sozialen Existenz, läßt den ganzen Überschuss unserer Erfahrung der Freundschaft und der Liebe entspringen*, bringt dem Endgültigen unserer identischen Existenz alle Möglichkeiten des Nicht-Endgültigen.«[10]

Dieser Übergang von mir zu anderswem, paradox und schräg, absolut ohne Garantien und ohne Vorbilder, an der Basis der intersubjektiven Erfahrung und ihres Überschusses, der den Zwischenraum der Trennung aufrecht erhält, bezeugt die ursprüngliche Vermittlung der Sozialisation, die *per definitionem* nicht unmittel-

---

10 Emmanuel Levinas: *Noms Propres*. Montpellier 1976. 155. Hervorhebungen F.C.

bar zugänglich ist, da die Stellung selbst der sozialen Individuen sie bereits voraussetzt.

Will man diese primäre Komplikation begreifen, die jede lineare und automatische Ableitung der sozialen Beziehung aus einer angeblichen Unmittelbarkeit der individuellen Stellung verhindert, muss man alle Konsequenzen aus dem Mangel an Determiniertheit ziehen, der die menschliche Existenz kennzeichnet.

Wie Levinas unermüdlich wiederholt, ist diese nicht von der unmittelbaren und vollen Einheit aus denkbar. Will man sie jedoch von der sie konstituierenden Pluralität aus denken, sollte diese Pluralität nicht auf eine numerische Vielzahl reduziert werden, in der die Individuen unter sich unterschiedlich, aber logisch ununterscheidbar wären, in der sie also nur numerisch unterschiedlich wären, in der letztendlich die Andersheit eines jeden ihm nur äußerlich durch den Platz zukommen würde, den er in der vorangehenden Einheit des ganzen oder des Systems besetzt. Wenn die Individuen wirklich und absolut andere und nicht gleiche sind, wenn anderswer – das *alter ego* selbst – vor allem dem Ich fremd ist, so deshalb, weil jeder eine Singularität ist, deren In-Beziehung-Treten mit den anderen das ist, was im »Vergleich der Unvergleichbaren« im Spiel ist, in dem Levinas das Grundereignis der ontologisch-politischen Ordnung sieht.

Es handelt sich um ein »ursprüngliches« Ereignis, durch das sich eine Gleichstellung zwischen getrennten Wesen einstellt, die in sich selbst unvergleichbar bleiben würden. Der ursprüngliche Vergleich instituiert und ereignet sich aus einem Mangel an Einheit, an Unmittelbarkeit und an Gemeinsamkeit/Gemeinschaft *[communauté]*. Mangel, oder Leere, den man sich im spekulativen Diskurs der Philosophie – der in der imaginären Verschiebung des Begehrens wurzelt – bemüht, ontologisch auszufüllen oder zu schließen, als Mangel verschwinden zu lassen, auf einen vorausgehenden Zustand des Besitzes und der Fülle zurückzuführen, als Not zu interpretieren, die ein Bedürfnis nach Befriedigung bezeugen würde, wo er doch die ursprüngliche Bedingung des Ursprungs, die Quelle eines irreduziblen Begehrens bildet, aus dem das soziale Band hervorgeht. All das bildet den letzten (oder eher den vorletzten) Überrest des Idealismus, von dem in diesem Text die Rede ist. Ich möchte vorschlagen, dessen letzte Manifestation in der Globalisierung und in deren spekulativen Ansprüchen zu sehen. Auf jeden Fall müssen wir vermeiden, die ursprüngliche Leere zu verdinglichen, die Quelle des Begehrens auf einen Mangel eines bestimmten Gegenstandes zu reduzieren. Der Mangel, um den es sich hier handelt, ist ohne Anfang: Er ist ursprüngliche Verzerrung und Unbestimmtheit, bildet den Abgrund der Abwesenheit des Sinnes – den Nicht-Sinn, die Desorientierung des reinen Vergehens der Zeit.

2. Die globale Gesellschaft, die dazu tendiert, aus dem Planet einen einzigen wettbewerbsfähigen Markt zu machen, scheint vom – zugleich ontologischen und politischen – Ideal der Partizipation beherrscht zu sein, in der man, wie ich glaube, mit

Levinas weiterhin die Spuren des angeblichen Sieges des Idealismus sehen muss. Dies mag paradox erscheinen. Aber hinter der Provokation müssen die unausgesprochenen Voraussetzungen des Universalismus der Globalisierung hinterfragt werden.

Meines Erachtens kann uns eine Seite aus *Totalität und Unendlichkeit*, die einem »Wille und Vernunft« betitelten Absatz entnommen ist (in dem Levinas die dialektische oder Hegel'sche These anficht, die deren Gleichsetzung oder deren wesentliche Einheit postuliert), zu einer Meditation über das hineinführen, worum es in der mit der Trennung einhergehenden Levinas'schen Ablehnung der Partizipation geht. In der Tat ist es gerade die Trennung, die die Forderung der politischen Vermittlung stellt, die jedoch in den Händen der getrennten Subjekte und ihrer Kreativität bleibt.

Hier ist also der Text von Levinas: »Der Idealismus, wird er zu Ende gedacht, reduziert alle Ethik auf die Politik. Anderswer und ich funktionieren wie Elemente eines idealen Kalküls, wir empfangen von diesem Kalkül unser wirkliches Sein, und unser gegenseitiges Verhältnis steht unter dem Zwang idealer Notwendigkeiten, die sich allseits in uns durchsetzen. Im System spielen wir die Rolle von Momenten und nicht die eines Ursprungs. Die politische Gesellschaft erscheint als eine Pluralität, die die Mannigfaltigkeit der Artikulationen eines Systems ausdrückt.[11] [...] In dieser Welt ohne Vielheit verliert die Sprache jede soziale Bedeutung; die Gesprächspartner verzichten auf ihre Einzigkeit, und zwar nicht dadurch, dass sie sich gegenseitig begehren, sondern indem sie das Universale begehren.«[12]

Dieses von den Gesprächspartnern begehrte Universale hat einen strengen ontologischen Status. Dies bedeutet, dass in der monistischen Perspektive des Idealismus, die Gesprächspartner keine Gegenstände begehren, *die sie im nachhinein als gemeinsam entdecken könnten*, sondern sie haben den Anspruch, Zugang zum *a priori* zu haben, also zum Universalen, das sie gründet und das ihnen vorausgeht. Das Universale ist genau insofern ein solches, als es die ontologische Voraussetzung der individuellen Begehren und nicht das Objekt oder den Endpunkt der empirischen Zusammenführung dieser Begehren bildet, die *a posteriori* das gleiche abschließende Ergebnis teilen würden. Folglich würden die individuellen Begehren, da sie der an der Basis ihrer empirischen und abgeleiteten Vielheit stehenden Universalität einer ursprünglichen ontologischen Quelle angepasst wären, sich als immer schon vereinigt und der ontologischen Einheit einer universellen Ordnung untergeordnet erweisen. In der modernen Welt wird diese Einheit durch den vom Recht geregelten Markt gewährleistet. Von Anfang an also, wie Levinas im weiteren

---

11 Es soll hier darauf hingewiesen werden, dass die Politik, indem sie die Pluralität auf die Artikulationen eines Systems reduziert, letztendlich diese Pluralität negiert, anstatt sie auszudrücken.
12 Emmanuel Levinas: *Totalität und Unendlichkeit*. A.a.O. 314.

Verlauf desselben Textes bemerkt, würde »der Wille eines jeden oder die Selbstheit« darin bestehen, »das Universale oder das Vernünftige zu wollen, d.h. seine eigentliche Partikularität zu verneinen«.[13]

Gehen wir einen Schritt weiter, indem wir einen anderen Hinweis von Levinas näher ausführen. Da der Idealismus der Moderne jede Ethik auf die Politik und diese auf die Ökonomie zurückführt, bringt er ein Verkennen der sozialen Bedeutung der Sprache mit sich und reduziert also diese Bedeutung auf den funktionalen Austausch von Informationen, deren Zweck die unmittelbare Befriedigung der individualistischen Bedürfnisse der Subjekte ist. Aber diese Befriedigung erlangt einen spekulativen Anspruch: Sie würde so die Darstellung *[mise en scène]* des wahren Wesens des Willens oder des Begehrens anstreben und diese somit zur Vernunft, also zum Universalen zurückführen. »Das Subjekt«, sagt Levinas noch, »hat in sich selbst keinerlei Hilfsquelle, die nicht unter der intelligiblen Sonne versiegen würde. Sein Wille ist Vernunft und seine Trennung – illusorisch (wenngleich die Möglichkeit der Illusion die Existenz einer subjektiven, zumindest unterirdischen Quelle bezeugt, die das Intelligible nicht auszutrocknen vermag)«.[14]

Genauso wie die Hegel'sche Universalgeschichte nicht der Ort der Glückseligkeit war, ist die Globalisierung mit ihren spekulativen Ansprüchen nicht der Ort der Subtilität. Infolgedessen ist die eingeklammerte Bemerkung (am Ende des letzten Zitats) ohne jeden Belang für die globalisierte Gesellschaft. In dieser ist die Trennung des Psychismus als Instanz einer radikalen Singularität nur eine Illusion, sie gilt nämlich nur als ein Überbleibsel, das bestimmt ist, überholt oder aufgehoben zu werden dank der unmittelbaren Erfüllung der Begehren, die letztendlich durch den rationalen Aufschwung der Technik ermöglicht und verwirklicht wurde.

Schließlich wirkt der Verlust aller sozialen Bedeutung der Sprache, über ihre unmittelbare Funktionalität hinaus, auf den Raum selbst der Mediation, der von nun an bedroht und dessen Überleben in Gefahr ist. Was bedroht ist, ist genau das Überqueren des »Zwischenraums«, der auf die Trennung zwischen den Gesprächspartnern und ihren Begehren zurückzuführen ist. Denn die Sprache, wie Levinas wiederholt in *Totalität und Unendlichkeit* zeigt, geht nicht aus der Einheit noch aus der ursprünglichen Übereinkunft (wie dies im Gegenteil bei Gadamer der Fall ist), sondern aus der absoluten Distanz hervor. »Die Sprache setzt Gesprächspartner voraus, eine Pluralität [...]. Die Sprache wird da gesprochen, wo die Gemeinsamkeit der aufeinander bezogenen Termini fehlt, wo die gemeinsame Ebene fehlt, wo sie erst konstituiert werden muß.«[15] Ohne die *Institution* einer gemeinsamen Ordnung – die vom Universalen unterschieden werden soll, das die Besonderheiten

---

13 Emmanuel Levinas: *Totalität und Unendlichkeit*. A.a.O. 314 f.
14 Emmanuel Levinas: *Totalität und Unendlichkeit*. A.a.O. 313 f.
15 Emmanuel Levinas: *Totalität und Unendlichkeit*. A.a.O. 99 f.

aufhebt, denn es geht ihnen voraus und gründet sie *a priori* – verliert die Sprache ihre soziale Bedeutung und behält nur ihren funktionalen oder ökonomischen Wert.
Diese Levinas'sche Ablehnung einer universalen Ordnung, die die singularen Begehren unmittelbar aufsaugt und erfüllt, muss an dem scharfen Sinn der zugleich ontologischen und politischen Implikationen der Trennung festgemacht werden. Die Trennung unterbricht die Partizipation zwischen der Totalität und der »Einsamkeit der Ipseität« (der Ausdruck stammt von Rosenzweig). »Ohne Trennung«, schreibt Levinas, »hätte es keine Wahrheit, hätte es nur Sein gegeben.«[16] Folglich ist das, was durch die Trennung ermöglicht wird, der Rückzug in sich des Psychismus, das heißt die Singularität eines Begehrens, das nicht von Anfang an das Universale anvisiert: Es visiert nicht das Universale an, das angeblich seine unmittelbare und endgültige Befriedigung, also zugleich seine Erfüllung und seine Beendigung zu gewährleisten vermag. Im Gegenteil ist es die Trennung, die die Vermittlung fordert, d.h. die Öffnung eines Möglichen, das nicht in einer endgültigen Verwirklichung erstarrt. Die Entstehung *[avènement]* der Trennung ist also die grundsätzliche Bedingung der Infragestellung des Seins.
3. Da die Trennung da ist, gibt es nicht nur Sein. Dessen Infragestellung ist also nicht nur möglich, sondern hat sich immer schon ereignet *[est advenue]*. Aber trotz allem bleibt die Infragestellung genötigt, weiterhin von der phänomenalen Gegebenheit des Seins auszugehen.
Sogar in *Jenseits des Seins* kann Levinas nur, durch die kreisförmige Bewegung des phänomenologischen Prozesses, von der Ordnung des Gesagten – Ordnung des Gelebten, Ordnung der Manifestation, Ordnung des Seins, das sich zeigt – ausgehen, um deren Bedeutung zu suchen. Ausgehend von der Manifestation des Gesagten ist er bestrebt, die Bedeutung des »ursprünglichen oder vor-ursprünglichen Sagens« darzulegen, die eine »Verstrickung der Verantwortlichkeit«[17] knüpft. Es ist bemerkenswert, dass Levinas genau »ursprüngliches oder vor-ursprüngliches Sagen« schreibt. Denn das Sagen ist der Ursprung, auf dem das Gesagte gründet, *aber es geht ihm nicht voraus wie eine Gegebenheit, die sich der Erfassung durch die unmittelbare Erfahrung anbieten würde*. Die anfängliche Ordnung des Gesagten muss also, will man zur Ordnung des Sagens gelangen, der Methode der phänomenologischen Reduktion unterzogen werden. In diesem Sinne ist das Sagen *vor-ursprünglich*. Seine eigentliche Bedeutung lässt sich nicht auf das Gesagte reduzieren, das sie manifestiert. Wie Levinas in *Jenseits des Seins* schreibt: »Der Grund des Sagens läßt sich niemals ganz adäquat ausdrücken«[18].

---

16 Emmanuel Levinas: *Totalität und Unendlichkeit*. A.a.O. 79.
17 Emmanuel Levinas: *Jenseits des Seins*. A.a.O. 29.
18 Emmanuel Levinas: *Jenseits des Seins*. A.a.O. 137.

Es ist also notwendig, unablässig vom Gesagten zum Sagen überzugehen. Aber das Sagen, das sich mit der unmittelbaren Darlegung des Gesagten nicht zu decken vermag, wird nie als solches erreicht werden, das heißt in seiner Reinheit eines »Sagen ohne Gesagtes«.

Also stellt sich der Primat der Ethik, deren Vorgängigkeit vor dem *Gesagten* der Philosophie durch Levinas bekräftigt wird, in einem philosophischen Diskurs dar, der sich aus *Wesens*gründen von Anfang an als durch *die indirekte Ordnung der Vermittlung* durchdrungen erweist. In einem Wort, auch wenn die Ethik anstrebt, sich als erste Philosophie zu setzen, sind »die Strukturen, in denen sie beginnt [...] ontologisch«.[19] Das Ethische gehört insofern zum Bereich der »zuvor kommenden oder vorgängigen Fragen«, die »gewiß nicht die ersten [sind], die gestellt werden: Die Menschen handeln, sprechen, denken sogar, ohne sich um Prinzipien zu kümmern, wohingegen das Vorgängige, das Vor-ursprüngliche, das Diesseits nicht einmal einem Anfang gleichkommt, nicht den Status des Prinzips hat, vielmehr aus der – vom Ewigen zu unterscheidenden – Dimension des An-archischen kommt.«[20]

Ich möchte den Akzent auf diese Unterscheidung zwischen dem Anarchischen und dem Ewigen legen. *Was Levinas anarchisch nennt, ist also nicht ewig, d.h. zeitlos.* Dies bestätigt in meinen Augen den noch oder schon zeitlichen Charakter des Ethischen, das, ohne der Ursprung von irgend etwas sein zu können – noch weniger der Ursprung der Ontologie – dem Ursprung vorausgeht, aber nicht der Zeit vorausgeht, denn die Zeit hat keinen zeitlosen oder ewigen Ursprung. Die Ontologie ist es, die ursprünglich ist. Das Ethische ist nicht ihr Anfang, da es nicht den Status des Prinzips hat. Aber da die Dimension des Anarchischen, von der es herkommt, noch zeitlich ist, erlaubt sich Levinas, von Anachronismus zu sprechen, d.h. von einer Kollision zwischen zwei irreduziblen zeitlichen Ordnungen, die nicht zu synchronisieren wären. »Wir müssen uns mit der Extremsituation eines diachronen Denkens begnügen.«[21] Weit davon entfernt, die Degradierung oder die Nachahmung der ewigen Einheit zu sein, erweist sich die Ordnung der Zeit als immer schon innerlich gegliedert, also vermittelt. Die Quelle der Zeit ist nicht die identische Einfachheit des Zeitlosen. Das Unmittelbare einer unergründlichen punktuellen Einheit, die außerhalb der Zeit bleiben würde, ist bloß ein ontologisch-spekulativer Mythos. Der Ursprung der Zeit ist schon zeitlich und gibt sich, da er die Rahmen der Gegenwart sprengt, dem augenblicklichen Blick der spekulativen Anschauung nicht preis. Die Zeit ist anarchisch, ohne punktuellen Anfang, immer schon gespannt oder entspannt – geteilt – zwischen der ontologischen Ordnung oder dem

---

19 Emmanuel Levinas: *Jenseits des Seins*. A.a.O. 109.
20 Emmanuel Levinas: *Jenseits des Seins*. A.a.O. 67, Fn. 2.
21 Emmanuel Levinas: *Jenseits des Seins*. A.a.O. 34.

ontologischen Faden des Ursprungs und der ethischen »Unordnung« oder Verstrickung des Psychismus, die über die Ordnung hinausgeht.

In diesem Sinne wird für Levinas der – ethische – Bereich der Bedeutung im Vorursprünglichen artikuliert, in einer Ordnung also, die der Symmetrie und der Reziprozität der Repräsentation und des Logos vorhergeht. Allerdings können das Ontologische und das Politische, in ihrer Autonomie und sogar in ihrer Notwendigkeit, nicht vom »Vor-ursprünglichen« wie eine Folge abgeleitet werden, die dem Prinzip, das sie voraussetzt, synchron bleibt.[22] Sie können nicht abgeleitet werden, da das »Vor-ursprüngliche« die Einfachheit oder die Unmittelbarkeit des *Prinzips* aller möglichen Ableitung sprengt. Es sprengt sie durch die Bewegung selbst seiner Produktion. *Und eine solche, nie fertige Bewegung, d.i. die Bewegung der Produktion des Vor-ursprünglichen, ist genau die Vermittlung.*

Das Vor-ursprüngliche befindet sich diesseits des Ursprungs, ohne sich als einen anderen Ursprung zu setzen. Anders gesagt, ist die Ethik als erste Philosophie nichts anderes als die unaufhörliche Bewegung des Vor-ursprünglichen, das nicht in ein Wesen erstarrt und das genau dadurch »die *kritische* Natur des Wissens«[23] vollzieht: Vollzug durch die Ethik der tiefsten Intention der Philosophie, die ihren Ursprung im Sein nimmt und doch fähig wird, es in Frage zu stellen und dadurch sich zu fragen, wie sich das Sein rechtfertigt.

Von da aus gelingt es der kritischen Befragung des Seins, diesem Recht zu gewähren bis hin zur Entdeckung im Ontologischen und im Politischen – d.h. in der Gleichzeitigkeit der Repräsentation – des Rufes des Seins nach seiner Rechtfertigung. Indessen ist der Bereich der Bedeutung, die sich im Vor-ursprünglichen der Ethik artikuliert, gleichzeitig die »latente Geburt«[24] der ontologischen und politischen Manifestation, ohne deren Ursprung, *arché* oder Anfang zu sein. *Verstehen wir also, dass es keinen unmittelbaren Zugang zum Vor-ursprünglichen gibt.* Man kann nur darauf hinweisen, man kann es nur bezeugen. Aber der Hinweis durch das Zeugnis bleibt rätselhaft, entzieht sich also der direkten Ordnung der Phänomenalität. Dies führt zu dieser wesentlichen Klarstellung: »An-archisches *Diesseits*, das – gewiß, auf rätselhafte Weise – in der Verantwortung für die anderen bezeugt ist.«[25]

In der Form eines Zeugnisses, auf rätselhafte Weise, verweist die Ethik auf das Vorursprüngliche, ohne es zu besitzen, ohne es vorzuführen. »Sagen [heißt] für anderswen bürgen *[répondre d'autrui]*.«[26] Der Ursprung ist nicht unmittelbar, er wird schon durch die Ableitung der Antwort durchquert. Am Ursprung gibt es also

---

22 Vgl. Emmanuel Levinas: *Jenseits des Seins.* A.a.O. 348.
23 Emmanuel Levinas: *Totalität und Unendlichkeit.* A.a.O. 116.
24 Emmanuel Levinas: *Jenseits des Seins.* A.a.O. 342.
25 Emmanuel Levinas: *Jenseits des Seins.* A.a.O. 348.
26 Emmanuel Levinas: *Jenseits des Seins.* A.a.O. 115.

schon eine Vermittlung, nämlich der indirekte (und insofern schon abgeleitete) Akt, auf einen Ruf zu antworten, der dem Ursprung vorausgeht (in dem von Bernhard Waldenfels erläuterten Sinn).

Aber gerade diese ursprüngliche Verwicklung der Vermittlung – die von vornherein das Sagen als asymmetrischen Bezug zu anderswem berührt – bleibt bei Levinas ungedacht. In *Jenseits des Seins* wird die ethische Bedeutung der Manifestation oder der Repräsentation – das Jenseits, das nicht den Status eines Prinzips hat – für »eine Unmittelbarkeit« gehalten, »die [aller] Frage vorausgeht«.[27] Allerdings erweist sich diese vorursprüngliche Unmittelbarkeit – die in der überempfindlichen Unmittelbarkeit der Empfindsamkeit wurzelt, der Levinas im dritten Kapitel seines zweiten Meisterwerkes bewundernswerte Beschreibungen widmet – trotz allem schon als problematisch, denn die Frage oder das Problem entsteht auf Anhieb aus dem »Eintritt des Dritten«, wobei dieser keinesfalls eine »Entartung« impliziert, »die fortschritte, je mehr – aus empirischen Gründen – das anfängliche Duo zum Trio würde«.[28] Jedoch geht der Text weiter: »Doch die Gleichzeitigkeit der Vielen baut sich auf um die Dia-chronie von Zweien [...]«.[29]

Dies bestätigt, dass der asymmetrische Bezug zu anderswem sich trotz allem der Ordnung der Vermittlung entzieht, da er sich jenseits aller möglichen Vermittlung befindet und in einer vor-ursprünglichen Vergangenheit wurzelt. Insofern gilt die *Erscheinung* des Dritten innerhalb der Nähe als »der eigentliche Ursprung des In-Erscheinung-Tretens, das heißt der eigentliche Ursprung des Ursprungs«.[30]

Die Quelle der Bedeutungen, die in der ontologischen und politischen Symbolik angesiedelt sind, entzieht sich der Vermittlung. Sofern die symbolische Ordnung instituiert ist, entzieht sich ihr die Unmittelbarkeit von anderswem. Denn das Ethische soll die Symbolik der Institutionen gründen, es soll sie ermöglichen und letztendlich erlauben, sie zu beurteilen.

Allerdings bleibt das Vor-Ursprüngliche nicht unmittelbar zugänglich. Es könnte nicht der bloße Gegenstand irgendeines Bewusstseinsaktes sein. Niemand hat sich im Vor-Ursprünglichen aufgehalten. Sogar das Von-Angesicht-zu-Angesicht der Nähe, die uns die unmittelbarste Bedeutung zu implizieren scheint, ist uns erst zugänglich und erhält erst ihren Sinn innerhalb einer konstituierten Erfahrung und ausgehend von ihren Kategorien. Es ist bemerkenswert festzustellen, dass, je mehr Levinas seine Anstrengung radikalisiert, um das Vor-ursprüngliche des Ethischen jenseits des Ontologischen zu fassen, seine Verweise auf die von der biblischen Tradition geerbten Symbolik umso häufiger werden.

---

27 Emmanuel Levinas: *Jenseits des Seins*. A.a.O. 342.
28 Emmanuel Levinas: *Jenseits des Seins*. A.a.O. 347.
29 Emmanuel Levinas: *Jenseits des Seins*. A.a.O. 347.
30 Emmanuel Levinas: *Jenseits des Seins*. A.a.O. 349.

Wenn es auch stimmt, dass das Angesicht von anderswem eine »Bedeutung ohne Kontext« ist, wie es im Vorwort von *Totalität und Unendlichkeit* heißt, stimmt es unvermindert auch, dass Levinas, um Zugang zu ihr zu finden, ohne durch die Vermittlungen der ontologischen Sprache zu gehen, die er nach diesem Buch vermeidet, andere Vermittlungen wählt. Die Nähe, von der er spricht, ist nicht die (mehr oder weniger) unmittelbare Gegebenheit der Räumlichkeit, sondern eine im biblischen Kontext instituierte Bedeutung.

Die symbolische Ordnung, was sie auch sei, erweist sich ihrerseits als ursprünglich und unüberholbar. Zwischen ihrer Ursprünglichkeit und dem Anspruch oder dem Anruf einer Unmittelbarkeit, die vor aller Frage auftritt, bindet sich eine durch einen sonderbaren Anachronismus charakterisierte zeitliche Verstrickung. Hier kann man Levinas wiederfinden. Es handelt sich um einen Anachronismus mit zwei Seiten oder zwei Zugangsweisen, da auf einer Seite die Unmittelbarkeit des Diesseits bereits – und sei es nur »latent« – durch die ursprüngliche Vermittlung des Dritten geprägt ist, und auf der anderen Seite die ursprüngliche Ordnung des Erscheinens und des Seins, die Ordnung der theoretischen Gleichzeitigkeit der Repräsentation, »nicht mit einem Schlag [ist]«,[31] sondern sich in ihrer Zeitlichkeit der Reduktion aussetzt, die diesseits der angeblichen Unmittelbarkeit des Ursprungs zurückgeht.

Die ursprüngliche Vermittlung gibt sich nicht zu sehen, manifestiert sich nicht in der Unmittelbarkeit einer reinen Gegenwart, die sich einer direkten Anschauung preisgeben würde, sondern gebietet latent die ursprüngliche Verwicklung des Unmittelbaren. Selbst das Von-Angesicht-zu-Angesicht erweist sich trotz allem als bereits vermittelt.

(Aus dem Französischen übersetzt von Pascal Delhom)

---

31 Emmanuel Levinas: *Totalität und Unendlichkeit.* A.a.O. 68.

Gerechtigkeit und Globalisierung

Burkhard Liebsch

Sinn für Ungerechtigkeit als Form menschlicher Sensibilität
Zwischen Ethik und Politik

Aber kann man eine gänzlich unsensible Moral entwerfen? [...]
Zum Beispiel der Begriff der Gerechtigkeit: er ist gemischt aus Sensibilität und
Rationalität.

Paul Valéry[1]

I

Zeigt die gegenwärtige Konjunktur einer überbordenden Fülle von Schriften zu Fragen sozialer, politischer und internationaler Gerechtigkeit bis hin zu »weltweiter«, entgrenzter Gerechtigkeit an, dass es endlich mit der Gerechtigkeit vorangeht? Verbreitet sich in diesen Schriften ein Denken, das angesichts immer dringlicheren, mit ultimativem Nachdruck vorgetragenen Verlangens nach Gerechtigkeit in der Tat an der Zeit ist? Gibt das Gerechtigkeitsdenken nun diesem Verlangen nach, auch auf die Gefahr hin, sich maßlosen Ansprüchen stellen zu müssen? Geht es um die schlechterdings unabdingbare und unaufschiebbare Forderung danach, endlich für eine Welt Sorge zu tragen, die jedem wenigstens ein Minimum an Lebensmöglichkeiten bieten würde? Oder ist das gegenwärtige Gerechtigkeitsdenken

---

1 P. Valéry: *Cahiers/Hefte*, Bd. 2. Frankfurt/M. 1988. 620.

längst ein theoretischer Selbstläufer, ohne rechtes Verhältnis zu vorgängigen Ansprüchen und zu einem Verlangen, das sich an virulenter Ungerechtigkeit entzündet? Zweifel, ob die »Gegenwart der Gerechtigkeit« (so ein aktueller Buchtitel) wirklich auf der Höhe der gegenwärtigen Ungerechtigkeit ist und ob das theoretische Gerechtigkeitsdenken dem Sinn für wirkliche Ungerechtigkeit zugute kommt, sind jedenfalls so leicht nicht von der Hand zu weisen. Ist es nur einer vorübergehenden Konjunktur zu verdanken, dass nun auch Gerechtigkeitsfragen »globalisiert« werden? Ober verbirgt sich dahinter ein echtes Anliegen, wirklicher Ungerechtigkeit abzuhelfen, die eine entfesselte, ihren ursprünglichen Titel kaum mehr verdienende Ökonomie noch dramatisch verschärft? Das globalisierte Wirtschaften ist offenbar gar keinem *oikos* oder *nomos* menschlicher Lebensformen mehr verpflichtet; es lässt vielfach kaum mehr erkennen, dass es für irgend jemanden (außer denen, die direkt von ihm profitieren) *gut* sein soll. Auch deshalb konnte der Eindruck entstehen, man wolle eine universale Gerechtigkeit beschwörend herbeireden – in einer Welt, deren ökonomische Strukturen weithin als kaum mehr steuerbar erscheinen und zunehmende Zweifel an den Möglichkeiten politischer Gestaltung wecken, die zur Gewährleistung minimal gerechter oder weniger ungerechter Lebensverhältnisse beitragen könnte. In dieser unübersichtlichen Lage versteht es sich weniger denn je von selbst, wie die zu denkende entgrenzte Gerechtigkeit sich eigentlich zur weiterhin erlittenen Ungerechtigkeit verhält bzw. verhalten sollte.

So berechtigt die nachdrücklich geforderte, kosmopolitische Ausweitung des Horizonts der Frage nach Gerechtigkeit auch erscheinen mag, so sehr besteht die Gefahr, dass sie den Boden unter den Füßen verliert, wenn sie sich ganz und gar auf Fragen theoretischer Begründung konzentriert (wie es allzu oft geschieht), aber an der Erfahrung vielfacher Ungerechtigkeit nicht mehr Maß nimmt, von der sie ursprünglich ausgegangen ist.[2] Paradoxerweise ist in nicht wenigen der anspruchsvollsten Theorien der Gerechtigkeit, die sie als internationale Fairness rekonstruieren, von der virulenten Erfahrung der Ungerechtigkeit kaum mehr die Rede – obwohl es doch diese Erfahrung ist, die nach Gerechtigkeit verlangen lässt. Wir erheben Anspruch auf Gerechtigkeit und legitimieren diesen Anspruch unter Hinweis auf die erfahrene Ungerechtigkeit, wohl wissend, dass letztere nicht ohne weiteres als Berufungsinstanz dienen kann. Denn nichts garantiert, dass ein aus erlittener Ungerechtigkeit keimendes, aber unvermitteltes und nicht eigens gerechtfertigtes Verlangen nach Gerechtigkeit nicht seinerseits in Ungerechtigkeit umschlägt. Keineswegs lassen sich »positive« Theorien der Gerechtigkeit einfach

---

2 Vgl. H. Klenner: »Über die vier Arten von Gerechtigkeitstheorien gegenwärtiger Rechtsphilosophie«. In: C. Demmerling, T. Rentsch (Hg.), *Die Gegenwart der Gerechtigkeit: Diskurse zwischen Recht, praktischer Philosophie und Politik*. Berlin 1995. 135-141, hier: 138, 140.

aus der Negativität der Ungerechtigkeitserfahrung gewinnen. Doch was wäre von einer Theorie der Gerechtigkeit zu halten, die sich von ihrer problematischen Beziehung zur Erfahrung der Ungerechtigkeit gar nicht mehr Rechenschaft ablegte? Fungiert diese Erfahrung lediglich wie die berühmte Wittgensteinsche Leiter, die man wegwerfen kann, wenn man auf der Ebene des Fragens nach adäquaten Formen der Gerechtigkeit und ihrer Legitimierung angelangt ist? Was bedeutete es in diesem Falle, von Adäquatheit zu sprechen?

Ich werde im Folgenden nicht versuchen, eine direkte Antwort auf diese Frage zu geben, jedoch davon ausgehen, dass das philosophische Gerechtigkeitsdenken nicht umhin kann, sich auf die Erfahrung der Ungerechtigkeit zurück zu beziehen, da es in seinem eigentlichen Sinn liegt, *dieser* Erfahrung Antwort zu geben. *Allein der Erfahrung der Ungerechtigkeit geht es ursprünglich um Gerechtigkeit. Sie ist es, die uns nach Gerechtigkeit verlangen lässt* – ohne freilich genau zu wissen, was gerecht ist und wie Gerechtigkeit positiv zu etablieren wäre. Mitnichten beschränkt sich die Erfahrung der Ungerechtigkeit etwa darauf, das *Fehlen* von Gerechtigkeit oder ihre eklatanten *Mängel* zu bemerken und zu beklagen. Hieße das nicht, sich mit der Ungerechtigkeit abzufinden? Besagt die Erfahrung der Ungerechtigkeit demgegenüber nicht, dass man sich mit ihr *nicht* abfinden kann oder will? Und lässt sie uns nicht deshalb nach Gerechtigkeit verlangen? Wenn der Erfahrung der Ungerechtigkeit nicht ohne weiteres zu entnehmen ist, was Gerechtigkeit ist, so bedarf sie zwar der Aufklärung über sich selbst, speziell über sich selbst *als Verlangen nach Gerechtigkeit*. Doch das bedeutet nicht, dass sich die theoretische Bemühung, sich über das Verhältnis von Ungerechtigkeit und Gerechtigkeit Klarheit zu verschaffen, von der Erfahrung abwenden dürfte. Denn gerade der Erfahrung (so unzulänglich sie im Einzelnen artikuliert sein mag) müssten theoretische Deutungsversuche der Gerechtigkeit Wege zu weniger Ungerechtigkeit weisen können. Wo ein solcher Rückbezug des Fragens nach Gerechtigkeit auf die Erfahrung von Ungerechtigkeit nicht wenigstens gesucht wird, verdient die theoretisch dargelegte Gerechtigkeit am Ende nicht einmal mehr ihren Namen. Sie muss letztlich dem Ziel verpflichtet sein, wirklicher Ungerechtigkeit entgegenzuwirken, wenn sie nicht zum ästhetischen Spiel mehr oder weniger eleganter Theorien um der Theorie willen degenerieren soll. Sofern das Gerechtigkeitsdenken zur Praktischen Philosophie gehört, hat es nicht nur praktische Probleme der Gerechtigkeit zum *Gegenstand*, sondern will am Ende auch selber praktisch werden, und d.h., den Kampf mit der wirklichen Ungerechtigkeit aufnehmen. Damit soll nicht einem Praktizismus das Wort geredet werden, der jede theoretische Distanz zur erfahrenen Ungerechtigkeit einzubüßen droht, wohl aber möchte ich den Standpunkt vertreten, dass eine Praktische Philosophie, die ihren Namen verdient, sich nicht mit einer theoretischen Deutung praktischer Gerechtigkeitsprobleme begnügen kann, die um wirkliche Ungerechtigkeit und deren Bekämpfung unbekümmert bliebe.

Vielmehr muss sie Antwort geben auf die Herausforderung der Erfahrung wirklicher Ungerechtigkeit, d.h. ihr zur Sprache, zu angemessener Deutung und theoretischer Rechtfertigung verhelfen, um ihr auf diesem Wege wenigstens eine *Perspektive* geringerer Ungerechtigkeit zu eröffnen.

So gesehen kann und darf das praktische Denken der Gerechtigkeit (oder der Gerechtigkeiten) niemals sich selbst genügen, sondern muss mit der Erfahrung der Ungerechtigkeit *einsetzen*, der sie als solcher zum Ausdruck und d.h. erst einmal zu angemessener Artikulation ihrer Bedeutung zu verhelfen hätte, und sie muss auf sie *zurückkommen*. Die Erfahrung der Ungerechtigkeit bedarf des Gerechtigkeitsdenkens und der praktischen Theorie; sie muss über sich selbst aufgeklärt und geläutert werden. Aber auch die praktische Theorie bedarf der Erfahrung, denn ohne enge Verbindung mit ihr müsste sie unweigerlich aus dem Auge verlieren, was *zu denken* ist. Nur die Erfahrung gibt originär zu denken. Der praktischen Theorie bleibt es freilich anheim gestellt, der Erfahrung die Zumutung nicht zu ersparen, sich um ein anderes, eventuell adäquateres Verständnis der erfahrenen Ungerechtigkeit zu bemühen. Die Erfahrung, die sich selbst genügt, ohne um ein besseres Verständnis ihrer selbst besorgt zu sein, nimmt unvermeidlich selbst-gerechte Züge an. Der oft lautstarke, zornige Protest gegen eklatante Ungerechtigkeit übertönt nur allzu oft seine theoretische Ahnungslosigkeit; und er versagt, sobald er angeben soll, wie wirklicher Gerechtigkeit, von der man vielleicht nicht einmal einen Begriff hat, zur Geltung verholfen werden soll. Dafür genügen keineswegs zweifelhafte Motive, die der Erfahrung der Benachteiligung, aus Gefühlen des Ressentiments und des politischen Zorns entspringen und den Protest gegen Ungerechtigkeit alsbald im Geist der Revanche und Schlimmerem in neue Ungerechtigkeit umschlagen lassen. In selbstgerechter Erfahrung, die sich nicht selbst in Frage stellt, verkümmert die Gerechtigkeit. Entweder die Erfahrung widersetzt sich der eigenen Tendenz zur Selbst-Gerechtigkeit, indem sie sich in Frage stellt, und gibt dann auch über Gerechtigkeit Aufschluss, oder aber sie kennt nur sich selbst und spottet damit am Ende jeglichem Anspruch auf Gerechtigkeit. Selbst-Gerechtigkeit hat nur dem Namen nach mit Gerechtigkeit zu tun. In Wahrheit läuft sie darauf hinaus, die Gerechtigkeit unter ihrem Namen zum Verschwinden zu bringen.

Auch Levinas denkt – ohne freilich eine Theorie im geläufigen Sinne konzipieren zu wollen – eine Art Überkreuzung von Erfahrung und Praktischer Philosophie, allerdings nicht ohne die Erfahrung unter dem Titel »Sensibilität« entschieden umzudeuten (II). Levinas entwickelt seine Philosophie der Gerechtigkeit von einer radikalen Sensibilität, d.h. von einem das Leben des gerechten Subjekts überhaupt erst ins Leben rufenden, unverfügbaren Anspruch des Anderen her, der das für den Anspruch empfängliche Subjekt ethisch inspiriert und es zu einem verantwortlichen und gerechten Leben bestimmt. Dabei wird der Begriff der Sensibilität derart von einer radikalen, unaufhebbaren Exteriorität des Anderen her gedacht, dass kaum mehr einsichtig wird, wie diese Sensibilität einem lebendigen Sinn für Ungerechtigkeit zugute kommen kann, der sich nicht nur mit dem Anspruch eines Anderen, sondern mit einer Vielzahl von konfligierenden Ansprüchen, Ordnungen und Maßstäben der Gerechtigkeit konfrontiert sieht. Erst wo dieser Sinn in Spielräumen einer pluralen Koexistenz aktiv wird, kann er auch *politisch* wirksam werden (III). Dabei muss er sich keineswegs darin erschöpfen, das Fehlen einer im Prinzip bereits etablierten, aber unvollkommen realisierten Gerechtigkeit zu bemängeln, sondern kann auch den Blick für eine neuartige Gerechtigkeit *in statu nascendi* schärfen, die freilich nicht versprechen kann, jegliche Ungerechtigkeit in der Gerechtigkeit zu tilgen. Weil es einen lebendigen Sinn für *Ungerechtigkeit in der Gerechtigkeit* gibt, der die Aussicht auf eine ideal verwirklichte Gerechtigkeit verbaut, hört die Gerechtigkeit niemals auf, auszustehen. Sie befindet sich fortwährend im Ausstand, was ihr aber nicht einfach als Makel anzukreiden ist. Denn nur im Wissen um diesen Ausstand kann es einem unverkürzten Sinn für Ungerechtigkeit gelingen, die wirkliche Gerechtigkeit gewissermaßen gegen sich selbst zu wenden, um sie vor Selbst-Gerechtigkeit zu bewahren (IV). Die Gerechtigkeit, nach der wir suchen, droht nicht nur an fortbestehender Ungerechtigkeit zu scheitern, der sie nicht abhelfen kann; sie droht auch an sich selbst zu scheitern, als Selbst-Gerechtigkeit nämlich, die zum Sinn für Ungerechtigkeit *in* der Gerechtigkeit am Ende kein Verhältnis mehr hat.

II

Mit dem Begriff der Sensibilität bezeichnet Levinas nicht etwa ein Spezifikum lebendiger Wesen, denen im Unterschied zur unbelebten Natur eine gewisse Reizbarkeit (Irritabilität) und Empfindlichkeit für gewisse innere und äußere Reize zuzusprechen ist, wie die Anthropologen des 18. Jahrhunderts (Haller u.a.) meinten.[3] Gemeint ist auch nicht ein »sensibles« Sichhinwenden eines Subjekts zum An-

---

3 Vgl. zur Übersicht P. Sarasin: *Reizbare Maschinen. Eine Geschichte des Körpers 1765-1914*. Frankfurt a. M. 2001. Anlehnung an das physiologische Denken der Sensibilität (die im Verständnis der weitaus meisten Anthropologen, die den Menschen in die klassische Naturgeschichte einzuordnen suchten, »belebter Materie« [Diderot] überhaupt zukommen sollte) führt in diesem Zusammenhang schon deshalb nicht viel weiter, weil die Sensibilität wie die Irritabilität als kausaler Effekt einer Ursache begriffen wurde. Das gilt über weite Strecken auch noch für den Vitalismus oder »vital materialism«, wie ihn T. Lenoir genannt hat. (Vgl. P. Kondylis: *Die Aufklärung im Rahmen des neuzeitlichen Rationalismus*. München 1986. 270 ff. und dagegen T. Lenoir: *The Strategy of Life*, Dordrecht 1982.) Ein *Sinn für* etwas lässt sich unter dieser Prämisse überhaupt nicht angemessen beschreiben (s.u., Anm. 15). Dessen ungeachtet ließe sich allerdings auch die Geschichte des physiologischen Denkens nachträglich vom Begriff einer ethischen Sensibilität her neu lesen, wie sie Levinas vorschwebte. Eine überraschende Gemeinsamkeit, die wissenschaftsge-

deren, eine Art Generosität des Sichöffnens oder eine Affizierbarkeit, in der es dem Subjekt vorbehalten bliebe, sich affizieren zu lassen. Keineswegs gehört die Sensibilität für Levinas bloß zur psychischen Ausstattung eines Subjekts, das sich bereit findet, »Augen und Ohren« für die gerechten Belange des Anderen zu öffnen. Sie bedeutet vielmehr die eigentliche Subjektivierung des Subjekts, dasjenige also, wodurch das Subjekt eigentlich Subjekt ist. Von einer »vor-ursprünglichen Empfänglichkeit« ist die Rede, die das Subjekt ohne vorherige Einspruchsmöglichkeit und ohne Vorbehalt (*reservatio*) dem Anspruch des Anderen »unterwirft«. Zwar ist in *Jenseits des Seins oder anders als Sein geschieht*, woraus ich hier zitiert habe[4], auch (metaphorisch und ironisch) von einer »zellularen Reizbarkeit« die Rede, doch wird an anderer Stelle ausdrücklich die Parallele mit der klassischen Empfindungslehre zurückgewiesen. In der Sensibilität geht es nicht wie bei Wärme-, Geschmacks- oder Geruchsempfindungen um eine Erfahrung von etwas, die in ein Bewusstsein von... zu verwandeln wäre.[5] Vielmehr bedeutet sie von einem unaufhebbaren Außen her. Sie bedeutet in der Weise der Gabe, die man nicht umhin kann, in Empfang zu nehmen. Das Einfallstor, durch das die Gabe des Anderen das Subjekt ohne Möglichkeit des Vorbehalts oder der Abwehr für sich einnehmen kann, ist die Sensibilität. Ein Subjekt, dem eine solche Sensibilität zukommt, heißt Psychismus.[6] Die Gabe, die es von jenem unaufhebbaren Außen her inspiriert und im gleichen Zug subjektiviert, stammt aus einer Exteriorität, auf die die Erfahrung

---

schichtlich noch nicht genügend Beachtung gefunden hat, ist nämlich, dass man auch das vermeintlich kausale Reiz-Reaktions- oder Aktions-Reaktions-Schema im 19. Jahrhundert zunehmend als ein Antwortgeschehen gefasst hat. (Vgl. die bei J. Starobinski zu findenden Hinweise in: *Aktion und Reaktion. Leben und Abenteuer eines Begriffspaares*, Frankfurt a. M. 2003. 137, 146, 195, 211, 285.) Auf eine eher implizite, von ihm selbst nicht entwickelte Phänomenologie der Antwort, die erst Waldenfels ausgearbeitet hat, stützt sich auch Levinas. Die gemeinsamen, hier nur anzudeutenden Probleme, die eine Phänomenologie der Sensibilität (als eines *Sinnes für*...) aufwirft, dürften für die Philosophie von Levinas von um so größerer Bedeutung sein, wie er zugeben muss, dass auch die ethische Sensibilität auf das Sein eines leibhaftigen Subjekts angewiesen ist, das in der Tat seine Sinne und sein Urteilsvermögen, Imagination und Phantasie umwillen der Sensibilisierung für Probleme der Gerechtigkeit mobilisiert, die nicht einfach als objektive Sachverhalte erkennbar sind. Je mehr wieder ein leibhaftiges Sein als Subjekt der Sensibilität ins Blickfeld rückt, desto weniger überzeugt die stellenweise nur ironische Position Levinas' zur modernen Thematisierung dieses Begriffs in der Physiologie, in der Biologie und in der Psychologie. Vgl. demgegenüber E. Levinas: *Hors sujet*. Paris 1987. 162 ff., wo der Autor in seiner Auseinandersetzung mit Merleau-Ponty auf den Grenzen eines ästhesiologischen Zugangs zur Sensibilität für den Anderen insistiert, den Levinas bei Merleau-Ponty noch allzu sehr einem visuellen »Zugriff« preisgegeben sieht. Ob mit Recht, bleibe dahingestellt. Siehe auch E. Levinas: »Über die Intersubjektivität. Anmerkungen zu Merleau-Ponty.« In: A. Métraux, B. Waldenfels (Hrsg.): *Leibhaftige Vernunft*, München 1986, 48-55.

4 E. Levinas: *Jenseits des Seins oder anders als Sein geschieht*. Freiburg i. Br., München 1992. 49 (=JS).
5 JS, 314, 149.
6 JS, 155.

von… und das Bewusstsein von… keinen Zugriff haben, weder in der Weise der Identifikation, noch der Vorstellung, noch der Reflexion oder in der Weise des abwehrenden Tuns.
Levinas möchte die These verteidigen, dass die Subjektivität des Subjekts vermittels dieser Sensibilität eingesetzt wird. Sie ist, mit anderen Worten, jener Gabe zu verdanken. Das Gegebene aber ist die Verantwortung für den Anderen oder die Gerechtigkeit.[7] Vermittels der Sensibilität sind wir für den Anspruch des Anderen radikal aufgeschlossen, ohne uns verschanzen zu können hinter Vorbehalten, Bedingungen und Kautelen. Aufgrund dieser Sensibilität ist das Subjekt radikal als ein ethisch bestimmtes ins Leben gerufen. Es hat einen vor-ursprünglichen, nicht seiner Selbstbestimmung zu verdankenden, sondern vom Anspruch des Anderen her bestimmten Auftrag empfangen, ihm gerecht zu werden. Das Affiziertwerden von diesem Anspruch steht uns, das ist Levinas' Überzeugung, nicht zur Disposition. Man kann die Gabe der Verantwortung oder der Gerechtigkeit gewiss zurückweisen, doch man kann nicht umhin, sie zunächst immer schon in Empfang genommen zu haben.
So anfechtbar nun diese Thesen auch sein mögen, so unverkennbar ist, dass Levinas zu denjenigen Philosophen gehört, für die jede Theorie der Gerechtigkeit mit der Erfahrung anheben muss. Zwar soll sich jene Sensibilität dem Zugriff einer den Anspruch des Anderen identifizierenden und ihn vorstellenden Erfahrung entziehen, so dass sich dieser Begriff der Sensibilität kaum mehr im Rahmen einer Phänomenologie der Erfahrung rechtfertigen lässt; dessen ungeachtet kommt Levinas aber immer wieder auf die Erfahrung zurück.[8] Allein ihr bleibt die Aufgabe anvertraut, den Anspruch des Anderen zu artikulieren, so dass ihm Rechnung getragen werden kann. Das aber kann wiederum nur gelingen in politischen Verhältnissen, wo wir nicht nur einem Anderen, sondern – wie auch immer *medial vermittelt* oder *indirekt* – einer Pluralität von Anderen gegenüberstehen. An diesem Punkt setzt oft die Kritik an Levinas ein.
Es ist nicht nur bemerkt worden, dass Levinas in auffälliger Weise den Anspruch des Anderen einmal im Sinne der Gabe der Verantwortung denkt, dann aber auch als Forderung nach Gerechtigkeit, die – im Unterschied zur Verantwortung – von vornherein nach Dritten (und nach dem Anderen als Drittem) fragen lässt, um die Radikalität des ethischen Anspruchs des Anderen in sozialen und politischen Ver-

---

7   In Levinas' Schriften finden sich in der Zuordnung von Verantwortung und Gerechtigkeit immer wieder Zweideutigkeiten. Levinas ist weit davon entfernt, ihr eine dezidiert theoretisch-konzeptionelle Form verliehen zu haben. Vgl. J. Derrida: *Adieu*. München, Zürich 1999. 49, 53, 155.
8   Zu Levinas' schwankendem Bezug auf den Erfahrungsbegriff vgl. B. Liebsch: »Von der Phänomenologie der Offenheit zur Ethik der Verwundbarkeit. Merleau-Ponty und Levinas auf den Spuren einer An-Archie der Subjektivität.« In: R. L. Fetz, R. Hagenbüchle u. P. Schulz (Hrsg.): *Geschichte und Vorgeschichte der modernen Subjektivität Bd. 2*. Berlin, New York 1998. 1248-1276.

hältnissen sich brechen zu lassen (und umgekehrt: diese Verhältnisse vom Anspruch des Anderen unterwandern zu lassen). Doch genügt es, mit *Totalität und Unendlichkeit* festzustellen, dass im Gesicht des Anderen von vornherein die Dritten mitgegenwärtig sind? Verweist uns dieses Zugeständnis nicht auf eine Vielzahl sozialer und politischer Ordnungen sowie auf eine Vielzahl teils konkurrierender, teils einander ergänzender, aber auch miteinander nicht zu vereinbarender Gerechtigkeitsvorstellungen? Müssen wir nicht verschiedenen Ebenen und Formationen politischer Koexistenz Rechnung tragen – bis hin zu Ansätzen zu einer weltweiten, inter-nationalen Gerechtigkeit, deren Grundstrukturen sich weit von der direkten Konfrontation mit dem Anderen entfernen?[9]

Auch gegen Theorien inter-nationaler Gerechtigkeit wie Rawls' *The Law of the Peoples*, die gerade der weitgehenden Anonymität der Verhältnisse Rechnung tragen, welche gerecht geregelt werden sollen, ist freilich wiederum einzuwenden, dass sie den dünnen Faden, der sie mit der Erfahrung wirklicher Ungerechtigkeit verbindet, nicht durchtrennen dürfen, wenn der Sinn des Gerechtigkeitsdenkens selber nicht gänzlich aus dem Blickfeld geraten soll.[10] Auch Theorien der Gerechtigkeit, die primär auf eine inter-nationale institutionelle Ebene abstellen, muss es schließlich darum gehen, der wirklichen, welt-weit erfahrenen Ungerechtigkeit entgegenzuwirken. Ob diese Chance auch nur im Geringsten tatsächlich besteht, ist ohne einen Rückbezug auf das Widerfahrnis der Ungerechtigkeit hier oder anderswo schlechterdings nicht auszumachen.

Ich hege zwar große Zweifel an der Fähigkeit einer Philosophie wie derjenigen von Levinas, Probleme der Institutionalisierung einer auf anonyme Andere zu beziehenden Gerechtigkeit angemessen zur Sprache zu bringen. Levinas neigt allzu sehr dazu, die konkreten politischen Probleme der Gerechtigkeit, die klassisch als Verhältnisse zwischen konfligierenden, rechtlich einzuhegenden Freiheiten im Kampf um Ressourcen, Besitz und Macht beschrieben worden sind, als Gefahr der Degeneration des ursprünglich rein ethisch bestimmten absoluten Guten zu einem bloßen »Wert« unter anderen aufzufassen, der gegebenenfalls auch einer Abwertung oder Umwertung unterzogen werden könnte. Derart profane Probleme wie die Sicherung bürgerlicher Selbständigkeit und die Verbindung individueller »Markt-

---

9 Vgl. B. Liebsch:, »Sinn für Ungerechtigkeit und Perspektiven institutionalisierter Gerechtigkeit im ›globalen‹ Horizont.« In: *Archiv für Rechts- und Sozialphilosophie 89* (2003). Nr. 4, 497-518. Die hier entwickelten Überlegungen zum Sinn für Ungerechtigkeit gehen zurück auf einen am 19.6. 2002 in Münster gehaltenen Vortrag zu diesem Begriff im Rahmen des u.a. vom Hannoveraner Forschungsinstitut für Philosophie initiierten »Forschungslaboratoriums Gerechtigkeit«, das inzwischen ebenfalls diesem Problem gewidmet ist; vgl. *fiph-Journal Nr. 1* (2003). 6

10 Explizit und systematisch habe ich den Sinn der Frage nach Gerechtigkeit vom Sinn für Ungerechtigkeit an anderer Stelle zu entwickeln versucht: B. Liebsch: »Der Sinn der Gerechtigkeit im Zeichen des Sinns für Ungerechtigkeit«. Ms. Hannover 2003. Erscheint in: I. Kaplow, C. Lienkamp (Hrsg.): *Sinn für Ungerechtigkeit im globalen Kontakt*. Baden-Baden.

fähigkeit« mit der Sorge für das Gemeinwohl scheinen Levinas nie sonderlich beschäftigt zu haben.[11] Doch beeinträchtigt dieser Vorbehalt nicht den Anspruch seines Denkens, die Gerechtigkeitserfahrung, d.h. hier: *die Erfahrung des originären Anspruchs* auf unbedingte Gerechtigkeit zur Sprache zu bringen, auf den auch Theorien institutioneller Gerechtigkeit zurückverwiesen bleiben, insofern auch sie letztlich (wie vermittelt auch immer) stets mit Anderen zu tun haben.

Was mich im Folgenden speziell beschäftigen wird, ist die Frage, welche Rolle bei Levinas ein Sinn für Ungerechtigkeit spielt und welche Bedeutung Levinas ihm zuschreibt. Stellt dieser Sinn auch für Levinas die eigentliche Herausforderung an die Adresse des philosophischen Gerechtigkeitsdenkens dar? Oder kommt die Gerechtigkeit aufgrund des Anspruchs des Anderen allemal »von außen«, wie ein »außerhistorisches Prinzip« über uns, statt aus dem »normalen Spiel der Ungerechtigkeit« hervorzugehen?[12] Genügt es, diesen Sinn von jener Sensibilität her zu denken, der offenkundig noch kein konkreter politischer Sinn zuzusprechen ist? Muss man den Sinn für Ungerechtigkeit nicht auch im Horizont einer Pluralität von Anderen und auch mit Blick auf eine Vielzahl einander widerstreitender Gerechtigkeitsforderungen und -ordnungen schärfen? Bedarf jene Sensibilität dann nicht einer kognitiven Bildung und Disziplinierung, wie sie im traditionellen Begriff des *sensus communis* oder der *Urteilskraft* angesprochen ist?[13] Kann es genügen, die Gerechtigkeits-Sensibilität radikal-ethisch, als Inspiration des Subjekts vom Anderen her zu denken, ohne diese Inspiration in den Feldern einer vielfältigen und von vielfachem Widerstreit gezeichneten sozialen und politischen Koexistenz zur Geltung zu bringen, wo jeder Andere Dritter unter zahllosen anonymen Anderen ist? Wenn der Versuch einer Einbettung der Rede vom Anspruch des Anderen in diese Felder nicht unternommen wird, kann man dann angemessen beschreiben, wie diesem Anspruch gerecht zu werden wäre? Wenn nicht – wovon ich überzeugt bin –, besteht dann nicht die Gefahr, dass die vermeintlich radikalste Philosophie der Gerechtigkeit ihrerseits in eine Form der Ungerechtigkeit umschlägt? Denn legte sie es in diesem Falle nicht nahe, mit einer Verwirklichung der Gerechtigkeit an den Formen sozialer und politischer Koexistenz vorbei zu liebäugeln und letztere im Übrigen sich selbst (d.h. ihrer eklatanten Ungerechtigkeit) zu überlassen? Suggerierte sie so gesehen nicht unvermeidlich, dass nur eine private Güte, Fürsorge oder

---

11 Umgekehrt zeigt sich die neuere Diskussion um Fragen der Gerechtigkeit weitgehend unbesorgt um die Frage, ob man den Anspruch auf Gerechtigkeit tatsächlich ohne weiteres einer bürgerlichen Regelung des Zusammenspiels von Freiheit und Recht einfügen kann. Vgl. den Überblick bei U. Steinvorth: *Gleiche Freiheit*. Berlin 1999.
12 Vgl. E. Levinas: *Zwischen uns*, München. Wien 1995. 46.
13 Vgl. J.-P. Wils: »Sensus communis – ein ›Vermögen‹? Quasi-anthropologische und hermeneutische Aspekte in John Rawls' Sozialethik.« In: *Freiburger Zeitschrift für Philosophie und Theologie* 48 (2001). 432-454.

Tugend der Gerechtigkeit in der Lage sein könnte, dem Anspruch des Anderen gerecht zu werden?[14] Das würde auf eine De-Politisierung der Gerechtigkeit hinauslaufen und dem faktisch vielfach politisch artikulierten Sinn für Ungerechtigkeit *prima facie* in auffälliger Weise widersprechen.
Nun spricht aber wenig dafür, dass es in Levinas' Absicht lag, die Gerechtigkeit zu de-politisieren. Zwar hat er den *Anspruch* auf Gerechtigkeit jeglicher Verfügung entziehen wollen. Levinas hat diesen Anspruch für schlechterdings nicht liquidierbar gehalten und ihn deshalb als einen radikal außer-ordentlichen charakterisiert, der sich beharrlich jeder politischen Ordnung entzieht. Die Frage, die damit aufgeworfen ist, geht freilich dahin, ob ein derart außer-ordentlicher Gerechtigkeitsanspruch noch auf fruchtbare Weise den Formen sozialen und politischen Lebens einzuschreiben ist. Kann ein solcher Anspruch mehr bedeuten, als uns an die Mangelhaftigkeit jeglicher Verwirklichung von Gerechtigkeit im Vergleich zu einer »unendlichen« Gerechtigkeitsforderung zu erinnern? Führte er uns nur das unendliche und nicht enden wollende Versagen aller Formen konkreter Gerechtigkeit vor Augen? Ich denke, dass dieses destruktive Ergebnis nur dann nicht unausweichlich ist, wenn es gelingt, die ethische Sensibilität, um die es Levinas geht, für einen konkreten Sinn für Ungerechtigkeit zu mobilisieren, dem es stets um ein Mehr an wirklicher Gerechtigkeit zu tun ist (*ohne* indessen dadurch auch den Blick für die unaustilgbare Ungerechtigkeit *in* der Gerechtigkeit zu trüben, die man zu etablieren versucht).[15] Konfrontiert uns diese Sensibilität nur mit einer buchstäblich maß-

---

14 Ein entsprechendes, Levinas' Intentionen freilich eklatant zuwiderlaufendes Missverständnis findet sich in der Sekundärliteratur häufig. Zumal wenn die Fürsorge oder die Güte exklusiven, etwa familialen Sozialbeziehungen vorbehalten werden, wird am Ende jeder außerordentliche Gerechtigkeitsanspruch zum Verschwinden gebracht.

15 Wie angedeutet, fällt jene ethische Sensibilität nicht einfach mit dem zusammen, was hier »Sinn für Ungerechtigkeit« genannt wurde. U.a. deshalb nicht, weil der erste Begriff jeden differenzierten Bezug auf konkrete Lebensformen vermissen lässt, in denen nicht zuletzt der Widerstreit der verschiedenen Formen der Gerechtigkeit, aber auch die Probleme ihrer Umsetzung Erfahrungen der Ungerechtigkeit heraufbeschwören, die nicht einfach vom außer-ordentlichen Anspruch des Anderen her zu verstehen sind. Ein Sinn für Ungerechtigkeit muss für diese konkreten Erfahrungen aufgeschlossen sein und bedarf daher nicht zuletzt der Urteilskraft (s.u., Anm. 40). Mit dieser Betonung des *Angewiesenseins* des Sinns für Ungerechtigkeit auf eine kognitive Struktur soll allerdings nicht eine kognitivistische *Verkürzung* dieses Sinns auf ethisches Urteilsvermögen nahe gelegt werden. Dieser *Sinn für* ist als Modus der differenzierten *Wahrnehmung* zu verstehen, die Wahrnehmung aber generell nicht als ein verkapptes Urteilen begreiflich zu machen, wie mit Nachdruck Merleau-Ponty in seiner Phänomenologie der Wahrnehmung betont hat. Wenn hier also vorgeschlagen wird, den Sinn für Ungerechtigkeit als »Form der Sensibilität« zu verstehen, so ist davon auszugehen, dass dieses Moment der Form nicht allein dem Urteilsvermögen, sondern vor allem der Wahrnehmung zu verdanken ist, die sich allerdings für ein differenziertes Urteilsvermögen aufgeschlossen zeigen sollte. Die Phänomenologie der Wahrnehmung, von der her der Begriff der Sensibilität in der angedeuteten Weise neu zu entwickeln wäre, war bereits weit über den Kantischen Gegensatz von formgebender (aber »leerer«) Begrifflichkeit und formloser (und

losen Über-Forderung, der wir niemals ganz gerecht werden können, so ist schwer einzusehen, wie sie uns mehr lehren kann als ein endloses und unendliches Versagen. Verspricht sie aber, den Sinn für Ungerechtigkeit[16] wach zu halten und zu schärfen, der stets konkret auf mehr Gerechtigkeit abzielt (und abzielen muss, wenn er sich nicht in purer Misanthropie erschöpfen soll), dann (und nur dann) wird die Ethik des radikalen, außer-ordentlichen Gerechtigkeitsanspruchs zur Herausforderung für ein politisches Gerechtigkeitsdenken, das sich in diesem Falle seinerseits einer ethischen Über-Forderung ausgesetzt sähe.[17]

---

folglich »blinder«) Sensibilität hinaus, auf den man heute nicht wieder zurückfallen sollte. Die Geschichte der Wahrnehmungstheorien bis hin zu Merleau-Ponty habe ich in diesem Sinne ausführlich rekapituliert in: »Eine Welt von Konsequenzen ohne Prämissen. Ein Nachtrag zur Geschichte des Theorems vom unbewußten Schluß. Mit Überlegungen zum Verhältnis von Wissenschaftsgeschichte und Phänomenologie.« In: *Archiv für Begriffsgeschichte XXXIV* (1991). 326-367.
16   Den bestimmten Artikel zu verwenden führt leicht in die Irre. Von einem Sinn für Ungerechtigkeit spreche ich nicht als einem sechsten oder x-ten Sinn neben den fünf Sinnesorganen. Es gibt so wenig ein spezifisches Organ für Ungerechtigkeit wie spezifische Erfahrungen der Ungerechtigkeit, die es wie objektive Vorkommnisse kausal affizieren könnten. Dennoch hat die Rede von einem Sinn für Ungerechtigkeit einen guten »Sinn« – aber nicht analog zur Sinneswahrnehmung, sondern wie der gebräuchliche Ausdruck »(keinen) Sinn für (etwas haben)«. Negativ bedeutet dieser Ausdruck: jemand (x) legt auf y keinen Wert, verbindet kein Interesse damit; oder x bleibt gegenüber y gleichgültig. Im engeren Sinne bedeutet er: der Betreffende (x) nimmt y nicht einmal wahr; y existiert in gewisser Weise gar nicht für x. Wer keinen Sinn für Musik hat, ist unmusikalisch, d.h. er kann zwar Musik (und nicht nur Geräusche) hören, aber was Musik als Musik eigentlich ausmacht, entgeht ihm. In gewissen Grenzen mag eine Sensibilisierung denkbar sein. Entscheidend ist aber, sie als Befähigung zu einem Hören zu verstehen, das ermöglicht, auf neuartige Weise und Neuartiges zu hören. Das musikalische Gehör liest nicht nur sensibel akustische Reize auf, die andere überhören; vielmehr macht es hörbar, wobei keineswegs nur das Ohr, sondern der ganze Mensch beteiligt ist, wie man sich am Phänomen der Rhythmik leicht klar machen kann. Hier, im Aufgeschlossenwerden für neuartige Erfahrung, die als Ungerechtigkeit nicht einfach objektiv vorliegt, sondern im Modus eines *Sinns für* erst *ermöglicht* werden muss, liegt die Parallele zu jener Rede. Ausführlich habe ich sie entwickelt in: »Sinn für Ungerechtigkeit im Streit um Gerechtigkeit.«In: M. Möring-Hesse (Hrsg.), *Streit um die Gerechtigkeit. Themen und Kontroversen im gegenwärtigen Gerechtigkeitsdiskurs.* Schwalbach/Ts. 2004. – Die Anlehnung an eine längst überholte, kausalistische Sinnesphysiologie führt dagegen in die Irre, auch deshalb, weil letztere nur mit Mühe, wenn überhaupt, mit dem Gedanken zu verbinden ist, dass wir im Modus eines *Sinns für* stets etwas *als* etwas erfahren. Aufgrund dessen, dass diese signifikative Differenz, wie Waldenfels (*Der Spielraum des Verhaltens.* Frankfurt a. M. 1980) sie genannt hat, immer im Spiel ist, *kann* stets strittig werden, ob das, was sich zunächst als »ungerecht« darstellt, »wirklich« so zu verstehen ist. Genau das ist der Ansatzpunkt der eingangs betonten Aufklärungsbedürftigkeit des Sinns für Ungerechtigkeit. Dass es (höchst unterschiedlich ausgeprägte) Sensibilität für Ungerechtigkeit als Sinn für neuartige Erfahrungen der Ungerechtigkeit (selbst in der Gerechtigkeit) *gibt* – nur das wurde hier in Anspruch genommen –, sollte demnach nicht zum Anlass dafür genommen werden, diesen Sinn etwa auf ein perzeptives Vermögen zu reduzieren.
17   Die Überkreuzung von Ethik und Politik, die mir hier vorschwebt, verlangt allerdings, auch eine gegen den ethischen, außer-ordentlichen Anspruch gerichtete politische Herausforderung zu denken, was an dieser Stelle nicht ausführlich entwickelt werden kann. Vgl. zur Überkreuzung von

Diesem Denken ist Levinas verschiedentlich entgegen gekommen. So in *Jenseits des Seins oder anders als Sein geschieht*, wo er die Beziehung zum Dritten von vornherein dem Von-Angesicht-zu-Angesicht einschreibt und damit jedem Versuch einen Riegel vorschiebt, das Politische etwa einer ursprünglich bloß dyadischen oder dialogischen Ebene menschlicher Koexistenz nachzuordnen.[18] Von vornherein öffnet sich seine radikale Ethik dem Politischen, insofern der Dritte, d.h. potenziell jeder beliebige andere im Spiel ist und insofern der »Dritte an der Seite des Nächsten« nach Gerechtigkeit verlangt, und zwar nach einer Gerechtigkeit, die Unvergleichliches zu vergleichen zwingt und Ungleiches der Gleichheit unterwerfen muss.[19] An anderer Stelle identifiziert Levinas die Gerechtigkeit geradezu mit der (wie auch immer vermittelten) Anwesenheit des Dritten[20], während in der Abwesenheit des Dritten allein die Gabe der Verantwortung für den Anderen zum Tragen kommen soll. Doch wo das geschieht, heißt es, wird man dem Anderen »gerecht«. Die Gerechtigkeit im Verhältnis zu Dritten wäre also notorisch, von vornherein und unabänderlich angesichts des Anderen ungerecht, insofern sie seinen absoluten Anspruch vermittelt, vergleicht und an den Ansprüchen anderer Anderer misst. Sie beschränkt die ursprünglich unbeschränkte Verantwortung und läuft Gefahr, diese am Ende ganz in Vergessenheit fallen zu lassen.[21] Dann wäre jeder nur ein Dritter; und die Frage, wer wann jeweils als »einziger« Anderer oder als einer unter vielen anderen »zählen« sollte (oder wem gegenüber gerade das »Zählen« als solches versagt), würde sich nicht einmal mehr stellen. Die Gerechtigkeit unter Dritten würde allein das ethische Feld beherrschen. Sie würde sich in der Abwesenheit der Verantwortung angesichts des Anderen gänzlich selbst genügen – sich selbst gerecht und damit zugleich, gemessen an der Gerechtigkeit, die wir jedem Anderen schulden, absolut nicht gerecht.

Aber wiegt die Gefahr einer verabsolutierten Verantwortung für *einen* Anderen nicht schwerer? Lädt sie nicht von vornherein die schwere Hypothek der Ungerechtigkeit allen Anderen gegenüber auf ihre Schultern? Dem gegenüber insistiert Levinas in *Jenseits des Seins oder anders als Sein geschieht* auf einem ursprünglichen politischen Bezug der Verantwortung, der ihm bereits im »Zwischenmenschlichen« verwurzelt zu sein scheint: »Von selbst findet nun die Verantwortung eine Grenze, entsteht die Frage: ›Was habe ich gerechterweise zu tun?‹ Gewissensfrage.

Ethik und Politik. B. Liebsch: *Zerbrechliche Lebensformen. Widerstreit – Differenz – Gewalt*, Berlin 2001. Kapitel 6.
18 Mit diesem Ansatz wird, so meine ich, auch jeder bloß äußerlichen Zuordnung von *Bereichen* des Ethischen und des Politischen vorgebeugt.
19 JS, 53.
20 Vgl. JS, 153, Anm. 2, sowie P. Delhom: *Der Dritte. Levinas' Philosophie zwischen Verantwortung und Gerechtigkeit*. München 2000.
21 Vgl. JS, 285.

Es braucht die Gerechtigkeit, das heißt den Vergleich, die Koexistenz, die Gleichzeitigkeit, das Versammeln, die Ordnung, das Thematisieren, die Sichtbarkeit der Gesichter [...] und insofern auch eine gemeinsame Gegenwart auf gleicher Ebene, der der Gleichheit, wie vor einem Gericht. Das *sein* als Synchronie: *zusammen-an-einem-Ort*. Die Nähe erhält eine neue Bedeutung im Raum, die des Aneinandergrenzens. Doch das reine Aneinandergrenzen ist nicht ›bloß natürlich‹. Es setzt bereits sowohl das thematisierende Denken als auch den Ort und die Einteilung der räumlichen Kontinuität in gesonderte Einheiten voraus – und das Ganze von der Gerechtigkeit aus.«[22]

Fast könnte man enttäuscht sein, so massiv kommen hier alle traditionellen Problemstellungen der Politischen Philosophie wieder zum Vorschein. Das Politische regelt also das Zusammenleben an einem Ort oder in einem gewissen Lebensraum. Es formiert eine politische Lebensform zwischen Gleichen, die einen gemeinsamen Erscheinungsraum (Arendt) teilen und dort füreinander öffentlich sichtbar werden.[23] Es impliziert auch unter den Bedingungen der sog. Globalisierung einen nach außen, nicht zuletzt territorial abgegrenzten Nomos des Zusammenlebens, von dem Fremde auf die eine oder andere Weise ausgeschlossen bleiben (selbst wenn ihre medial vermittelte Präsenz sie immer wieder in die »Nähe« einrücken lässt). Wird im Herrschaftsbereich des Politischen nun jene Sensibilität zum Verschwinden gebracht? Oder kommt sie, als ursprünglich ethisch inspirierte, ihrerseits politisch zur Sprache?

Auf die Spur einer Antwort führt Levinas' Bemerkung, dass der Sensibilität keineswegs nur jene radikal-ethische Bedeutung zukommt, derzufolge sie das Subjekt für den Anspruch des Anderen auf unverfügbare Weise empfänglich und geradezu »verwundbar« macht. Ausdrücklich spricht Levinas der Sensibilität auch eine kognitive Bedeutung zu. Dass sie »›sinnliche Anschauung‹ werden und in das Abenteuer der Erkenntnis eintreten kann«, sei kein Zufall. »Die dominante [ethische] Bedeutung der Sensibilität, die schon in der Verwundbarkeit in Sicht gekommen ist [...], enthält auch die Motivation für ihre kognitive Funktion.«[24] Leider versäumt es der Autor, diese Funktion zu erläutern. Aber es ist in den Passagen, die Levinas in *Jenseits des Seins oder anders als Sein geschieht* der Sensibilität gewidmet hat, unverkennbar, dass er sie keineswegs nur der »Nähe« eines einzigen, irgendwie privilegierten Anderen vorbehalten wollte. (Levinas spricht in diesem Zusammenhang auch von einer »Überempfindlichkeit« in der Nähe des Anderen und legt

---

22 JS, 343. Zum Begriff der Nähe vgl. ebd., S. 182 f.
23 Zum Bezug auf Hannah Arendt in dieser Hinsicht vgl. B. Liebsch: »Zwischen aristotelischer und radikaler Ethik. Hannah Arendt – Emmanuel Levinas – Paul Ricœur.« In: H. R. Sepp (Hrsg.), *Bildung und Politik im Spiegel der Phänomenologie*. Würzburg (i. E.).
24 JS, 147. Zum Begriff der Verwundbarkeit, auf den an dieser Stelle nicht ausführlich einzugehen ist, s.o. Anm. 8.

den Gedanken nahe, dass sich in ihr auf Dauer nicht leben lässt.) Muss die Nähe anderer Anderer nicht die Überforderung durch eine Sensibilität *verschärfen*, die auf den ersten Blick keinerlei Maß kennt? Im Gegenteil, behauptet Levinas: diese Überempfindlichkeit »wird im Prozeß des Wissens gleichsam betäubt. Doch wahrscheinlich ebenso verdrängt oder unterbrochen«.[25] Wo die Sensibilität im Modus des Wissens und Erkennens sensibilisiert, droht demnach erstaunlicherweise nicht weitere Überforderung, wie eigentlich zu erwarten wäre; vielmehr verspricht sie aus Levinas' Sicht vor allem die Bändigung einer ursprünglich unbegrenzten Empfänglichkeit für den Anspruch des Anderen. Deutet Levinas einerseits an, dass der Sinn dieser Empfänglichkeit in der »Motivation« der kognitiven Funktion erhalten bleibt, so rückt er andererseits eben diese Bändigung auch in die Nähe des Verrats.[26] Wo die Sensibilität sich in den Spannungsfeldern widerstreitender Ansprüche vieler Anderer bewegt, um sie auszuloten, abzuwägen und dem gerechten Ausgleich zuzuführen, führt sie nicht nur dazu, den außer-ordentlichen Anspruch jedes Anderen zu mäßigen; sie läuft auch Gefahr, ihn als solchen zu vergleichgültigen, indem sie ihn im Vergleich mit anderen gleich macht. Die Sensibilität büßte damit ihren »eigentlichen Sinn ein« und wird womöglich zur Ausflucht.[27]

Die Schlusspassagen in *Jenseits des Seins* lassen sich nun als Versuch lesen, dieser Gefahr zu begegnen, und das heißt, *einen politischen Sinn der Sensibilität zu retten*. Diese soll nicht dem Sicheinfügen in die politischen Verhältnisse zwischen »Dritten« einfach zum Opfer fallen, um womöglich »privaten« Beziehungen vorbehalten zu bleiben. Im Gegenteil: Wenn die Gerechtigkeit nicht als abstraktes Politikum der Legalität bloß über eine Masse von Menschen herrscht, so deshalb, weil sie unmöglich ist, »ohne dass derjenige, der sie gewährt, sich selbst in der Nähe [des Anderen] befindet«. Der politische Sinn der Sensibilität »beschränkt sich nicht auf die ›Funktion der Urteilskraft‹, auf die Subsumtion von Einzelfällen unter die allgemeine Regel. Der Richter steht nicht außerhalb des Streitfalls, das Gesetz aber gilt innerhalb der Nähe. Die Gerechtigkeit, die Gesellschaft, der Staat und seine Institutionen – die verschiedenen Weisen des Sich-Austauschens und der Arbeit, von der Nähe her verstanden – bedeuten jeweils, dass nichts sich der Kontrolle der Verantwortung des Einen für den Anderen entziehen kann. Es ist wichtig, all diese Gebilde von der Nähe her aufzufinden, wo doch [...] der Staat, die Politik, die Technik, die Arbeit immer wieder nahe daran sind, ihr Gravitationszentrum in sich selbst zu haben, [nur] für sich selbst zu wiegen – und zu zählen.«[28] Ein für alle Mal soll vielmehr einer Verselbständigung des Staates, der am Ende nur noch seinen eigenen Gesetz-

---

25 JS, 48.
26 JS, 160.
27 JS, 149.
28 JS, 347.

lichkeiten gehorchte, aber auch des inter-nationalen Völkerrechts, ein Riegel vorgeschoben werden, indem der Eintritt in das Politische angesichts des Dritten von Anfang an nicht als Austritt aus dem außer-ordentlichen ethischen Anspruch des Anderen aufgefasst wird.[29]

Deshalb schreibt Levinas, keinesfalls dürfe die Gerechtigkeit als eine Abschwächung oder als eine Entartung des Für-den-Anderen, als eine Verminderung oder auch nur als Begrenzung der anarchischen Verantwortung verstanden werden.[30] Wird damit aber nicht das Politische einer Maßlosigkeit ausgeliefert, die es jedem gestatten würde, sich im Namen des Für-den-Anderen von jeglicher Ordnung begrenzter Gerechtigkeit zu entbinden? Muss man sich nicht zu einer Begrenzung durchringen – ohne aber den Anspruch einer außer-ordentlichen Forderung gänzlich preiszugeben, die es verbieten müsste, sich mit einer Begrenzung ohne weiteres *abzufinden*?

War nicht genau das auch der Sinn der Revolte gegen eine Gesellschaft ohne Gerechtigkeit, die, statt sich in einer neuen Gesellschaft zu erschöpfen, alsbald von neuem sich erhebt »gegen eine Ungerechtigkeit, die einsetzt, sobald die Ordnung einsetzt«? »Als ginge es um eine Gerechtigkeit, die sich selbst der Senilität anklagt, sobald es Institutionen gibt, um sie zu schützen. [...] Als würde der andere Mensch gesucht – oder als näherte man sich ihm an – in einer Anderheit, in der ihn keine Verwaltung je erreichen könnte. Als müsste sich im anderen Menschen durch die Gerechtigkeit hindurch eine Dimension auftun, die die Bürokratie, und sei sie revolutionären Ursprungs, gerade durch ihre Universalität versperrt, durch den Eingang der Einzigkeit des Anderen in den Begriff, den die Universalität mit sich bringt.«[31] So gesehen muss sich jede gerechte Einrichtung menschlichen Zusammenlebens in einer *unvermeidlichen und unabdingbaren Instabilität* befinden. Sie muss im Namen der *Verwirklichung* von (mehr) Gerechtigkeit auf verlässliche Institutionen abzielen, darf zugleich aber nicht den Sinn für diejenige Ungerechtigkeit verkümmern lassen, die in der institutionalisierten Gerechtigkeit selber liegt, insofern diese erstens niemals ideal bzw. umfassend zu institutionalisieren ist, insofern sie zweitens niemals unzweifelhaft gerecht anzuwenden ist und insofern sie drittens unvermeidlich niemandem gerecht wird, den sie gemäß allgemeiner Regeln bloß als einen unter anderen behandelt.[32]

Nur wenn die Einrichtung menschlichen Zusammenlebens in dieser Weise instabil ist, »lebt« die Gerechtigkeit, statt in einem mehr oder weniger starren System zu

---

29 Vgl. E. Levinas: *Hors sujet*. A.a.O. 185.
30 JS, 347.
31 E. Levinas: *Wenn Gott ins Denken einfällt*, Freiburg i. Br., München ²1988. 34 f.
32 Zu wenig wird in der Levinas-Diskussion noch beachtet, ob dieses mehrfache »niemals« nicht ohne weiteres zum Vorwand der Entbindung von der ethischen Überforderung werden kann, von der her Levinas das Verlangen nach Gerechtigkeit denkt.

verkümmern, das am Ende von einer Ungerechtigkeit angesichts jedes Anderen (in seiner Singularität) nichts mehr ahnen ließe. Eben das war die Sorge, die das Gerechtigkeitsdenken von Levinas seit langem umgetrieben hat, wie etwa dem Essay *Le Moi et la Totalité* (1954) zu entnehmen ist.[33] Bereits hier sucht Levinas erklärtermaßen nach einem dritten Weg zwischen einer Konzeption, »nach der das Ich dem Anderen in reiner Achtung [...], aber abgelöst vom Dritten begegnet, und derjenigen, die uns zum Einzelfall des Begriffes Mensch, zum Individuum in der Ausdehnung des Begriffes macht, welches der Gesetzgebung einer unpersönlichen Vernunft unterliegt«. Zwar scheint jedes Verhältnis, das andere als Dritte mit einbezieht, »den Status des Menschen als unersetzbare Einzigkeit« zu kompromittieren. Mehr noch: das Bewusstsein, dass daran etwas ungerecht sein könnte, kann weitgehend verblassen. Keineswegs wird nämlich »die Ungerechtigkeit [...] ipso facto als Ungerechtigkeit empfunden«. Doch das muss nicht bedeuten, dass sich in Verhältnissen unter Dritten, die politisch und ökonomisch geregelt werden, zwangsläufig jede Spur der Singularität des Anderen verliert.[34] Im Gegenteil verficht Levinas erstaunlicherweise die Idee einer vernünftigen Totalität, wo die Singularität Anderer ohne Begriffseinheit bleibt und doch auf allgemein geregelte Weise Beziehungen zwischen Gleichen ermöglicht. Erst in einer solchen Totalität, behauptet Levinas sogar, wird Gerechtigkeit möglich; und zwar speziell ökonomische Gerechtigkeit: »In der Ökonomie [...] vollzieht sich die Totalisierung absolut singulärer Wesen, von denen es nicht einmal Begriffe gibt und die sich aufgrund ihrer Singularität jeder Addition entziehen.«[35]

Von hier aus geht Levinas zu einer Apologie des Geldes über. Gestattet nicht gerade das Geld, die Singularität jener Wesen außerhalb ihrer Behandlung als Gleicher zu belassen, und zwar gerade in dem Maße, wie sie über es verfügen, und selbst dann, wenn »in Handel und Transaktion der Mensch selber gekauft oder verkauft wird«? Ist es nicht das Mittel, das abstrakte Element *par excellence*, »*in dem sich die Generalisierung dessen, was keinen Begriff hat, die Gleichsetzung des nicht Quantifizierbaren vollzieht*«? So gesehen herrscht Ungerechtigkeit, ja Gewalt erst dann, wenn in Vergessenheit gerät, dass auf diese Weise etwas gleich gemacht und gleich gesetzt wird, was nicht gleich oder vergleichbar *ist*. Das aber liegt niemals am Geld selbst, das gerade ein ausgezeichnetes Medium der Gerechtigkeit ist, die zwischen Vielen etabliert werden kann. Nicht dem Geld selbst, sondern seinem Gebrauch durch Menschen, die in ihren Transaktionen vergessen, dass sie singuläre Wesen sind, ist die Schuld einer Verdinglichung zuzuschreiben, die *jenseits des Wertes* dessen, was gekauft und verkauft wird, kein radikal Ungleiches, nichts Un-Vergleichbares, ab-

---

33 E. Levinas: »Le Moi et la Totalité.« In: *Revue de Métaphysique et de Morale 4* (1954). 353-373.
34 Vgl. E. Levinas: *Zwischen uns*. A.a.O. 36, 42.
35 E. Levinas: *Zwischen uns*. A.a.O. 52.

solut Anderes mehr kennt. Unter dem Vorbehalt, dass man nicht müde wird, sich *daran* zu erinnern, lobt Levinas die durch das Geld ermöglichte »Überwindung« der radikalen Verschiedenheit bzw. Differenz der Menschen, die eine »durch das Geld messbare, quantitative Gleichheit der Ökonomie« und eine neue, nicht auf zwischenmenschliche Beziehungen beschränkte Gerechtigkeit ermögliche.[36] »Wir können die Verdammung, die das Geld von Amos 2, 6 bis zum Kommunistischen Manifest getroffen hat, eben weil es Menschen kaufen kann, nicht abmildern.« Doch eine andere, womöglich an-ökonomische Gerechtigkeit, die jedem Anderen in seiner Singularität gerecht zu werden verspräche und vor einem rücksichtslosen, völlig differenzvergessenen Gleichmachen und Vergleichen Anderer bewahren würde, »kann dennoch nicht die Überlegenheit der Ökonomie [...], in der der Mensch quantifiziert wird, des gemeinsamen Maßes zwischen Menschen, leugnen, dessen *Kategorie*, wie auch immer seine empirische Form sei, das Geld liefert. Es ist gewiß schockierend, in der Quantifizierung des Menschen eine der wesentlichen Bedingungen der Gerechtigkeit zu erblicken. Doch ist andererseits eine Gerechtigkeit ohne Quantität und ohne Wiedergutmachung denkbar?«[37]
Mit dieser Suggestivfrage endet der zitierte Aufsatz, der sich übrigens in *Entre nous* (1991) wieder abgedruckt findet. Das spricht dafür, dass Levinas seine früheren Gedanken zur ökonomischen Gerechtigkeit nicht für überholt gehalten hat; und zwar, wie ich behaupten möchte, trotz seiner oben (unter II) skizzierten Radikalisierung des Gedankens der Empfänglichkeit oder Sensibilität für den Anspruch des singulären Anderen und ungeachtet seiner späteren Denkwege, auf denen er diesen Anspruch zwischen Verantwortung und Gerechtigkeit einerseits und im Verhältnis zum Dritten andererseits auszuloten versucht hat. Diese verschlungenen Wege können an dieser Stelle nicht nachgezeichnet werden. Stattdessen möchte ich wie eingangs angekündigt auf den Begriff des Sinns für Ungerechtigkeit zurückkommen.

III

Abgesehen von Levinas' Gedanke einer singularen Gerechtigkeit, die wir jedem Anderem als Anderem schulden, fällt an seinen Überlegungen zur politischen Gerechtigkeit, die zwischen Dritten zu etablieren ist, auf, wie »unvermittelt« sie von jener Sensibilität, die für den singularen Anspruch des Anderen aufgeschlossen ist, zu einer Affirmation staatlicher Gerechtigkeit übergehen, der lediglich die Erinnerung daran entgegengehalten wird, dass sie als gleich-berechtigt, als vergleichbar

---

36 E. Levinas: *Zwischen uns*. A.a.O. 55.
37 E. Levinas: *Zwischen uns*. A.a.O. 55.

und schließlich gleich behandelt, was nicht gleich *ist*. In der Praxis der politisch geregelten Gerechtigkeit soll der Skrupel zur Geltung kommen, was daran ungerecht ist. Es geht um eine *Ungerechtigkeit in der politischen Gerechtigkeit*[38] und um eine ethisch-politische Sensibilisierung, die vor einer Selbst-Gerechtigkeit dieser Gerechtigkeit bewahren soll, in die man aus Levinas' Sicht unvermeidlich verfällt, wenn man glaubt, die politische Gerechtigkeit genüge sich selbst, während sie in Wahrheit von einem radikalen ethischen Anspruch unterwandert wird, jedem (Anderen, in seiner Einzigkeit) gerecht zu werden. In den eingangs zitierten Passagen aus *Totalität und Unendlichkeit* sowie aus *Jenseits des Seins oder anders als Sein geschieht* bemüht sich Levinas darum, diesen Anspruch im Gegenzug von vornherein im Spannungsverhältnis zu gerechten Ansprüchen Dritter darzulegen. So will er offenbar vermeiden, dass sich eine vor- oder a-politische (ethische) Gerechtigkeit einerseits und eine politische, um jenen Sinn für Ungerechtigkeit unbekümmerte Gerechtigkeit andererseits »unvermittelt« gegenüber stehen.

Es ist gewiss nicht unverfänglich, sich an dieser Stelle eines solchen, idealistisch vorgeprägten Begriffes zu bedienen. Zweifellos kann bei Levinas keine »Vermittlung« von singularer und allgemeiner Gerechtigkeit gemeint sein, deren Spannungsverhältnis am Ende in einer ethisch-politischen Synthese aufgehoben wäre. Levinas begreift die singulare und die politische, allgemeine Gerechtigkeit nicht als Widerspruch, sondern als einander *widerstreitend*, was es ausschließt, den Begriff der Vermittlung etwa *dialektisch* zu interpretieren. Aber nimmt Levinas den *Widerstreit in der Gerechtigkeit* wirklich ernst genug? Die politische Gerechtigkeit selber setzt er, so weit ich sehe, nirgends in den Plural. Als ob nicht seit langem darum gestritten würde, an welcher Gerechtigkeit, am welchem Maßstab – angewandt auf diese oder jene »Sphäre«, Kontexte und Ordnungen – wir uns orientieren sollen! Nimmt man dagegen den Gedanken des Widerstreits *in* der Gerechtigkeit und *zwischen* den verschiedenen Formen der Gerechtigkeit ernst, dann muss auch der Sinn für Ungerechtigkeit neu bedacht werden.[39] Es genügt nicht, ihn ausschließlich von jener radikalen Sensibilität oder Empfänglichkeit für den Anspruch des Anderen herzuleiten. Man muss stattdessen vielmehr die bereits erwähnte kognitive Funktion stärken, die sich nicht in der Wahrnehmung von Ungerechtigkeit erschöpft, sondern das Urteilsvermögen herausfordert. Diesem obliegt es, im Widerstreit der

---

38 Auch hier müsste man die Gerechtigkeit in den Plural setzen (s.u.). Erst dann könnte man die vielfache Ungerechtigkeit herausarbeiten, die sich in den Spielräumen zwischen verschiedenen Operationalisierungen der Gerechtigkeit bzw. zwischen heterogenen Gerechtigkeiten bemerkbar macht. Auf diese ethische Ebene begibt sich Levinas jedoch nicht. Seine Überlegungen bleiben in gewisser Weise meta-ethisch, was nicht im sprachanalytischen Sinne zu verstehen ist, sondern im Sinne des Versuchs, das Verhältnis der Gerechtigkeit zu dem zu bedenken, was nach ihr verlangt, ohne bereits Teil einer bestimmten, mehr oder weniger gerechten Ordnung zu sein.
39 Vgl. B. Liebsch: *Zerbrechliche Lebensformen. Widerstreit – Differenz – Gewalt*. A.a.O. Kap. 8.

Gerechtigkeit(en), der sie sich selbst entgegen setzt, zu ermitteln und abzuwägen[40], was in dieser oder jener Ordnung des sozialen und politischen Zusammenlebens, das heterogene Maßstäbe aufeinander treffen lässt, ungerecht ist und was angesichts dessen zu tun ist. Wenn dieser Widerstreit als Widerstreit freilich – im Gegensatz zu einem Widerspruch – unaufhebbar ist, dann ist auch von vornherein damit zu rechnen, dass überhaupt keine umfassend gerechte Lösung für unsere Gerechtigkeitsprobleme in Aussicht ist. Und zwar nicht, weil eine bestimmte Gerechtigkeit nicht genügend zu verwirklichen ist, sondern weil die Gerechtigkeit auf eine Weise zu verwirklichen bedeutet, sie (bzw. eine andere Gerechtigkeit) in anderer Hinsicht zu vereiteln. In den weiteren Überlegungen möchte ich der zu Beginn aufgeworfenen Frage nach dem Sinn für erfahrene Ungerechtigkeit genau diese Wendung geben.

An der bereits in der *Nikomachischen Ethik*[41] zu findenden Einsicht, dass der Begriff des Gerechten unaufhebbar vieldeutig ist, hat sich bis heute nichts geändert. Es scheint unmöglich zu sein, die verschiedenen Arten der Gerechtigkeit, die man seit langem unterscheidet, ohne weiteres auf einen Nenner zu bringen.[42] In jedem

---

40 Hier berührt sich das, was Levinas unter »kognitiver Funktion« versteht, mit dem *sensus communis*, mit der *phronesis* und der Urteilskraft im Sinne Arendts. Ein offenes, hier nur gestreiftes Problem liegt freilich darin, ob man mit Blick auf diese Begriffe von vornherein von einer »gemeinsamen Sensibilität« ausgehen kann, wie es etwa Lyotard tut, indem er seinen Begriff der Sensibilität mit dem *sensus communis* im Sinne des ästhetischen Geschmacksurteils zusammenschließt. (J.-F. Lyotard: »Die Grundlagenkrise«. In: *Neue Hefte für Philosophie 26* [1986]. 1-33, hier: 19.) Die im Sinn für Ungerechtigkeit gemachte Erfahrung kann aber nicht von sich aus besagen, was wirklich als gerecht zu verstehen ist (s.o.). Sie hat es mit einem »Sinnanspruch« zu tun, dessen Bedeutung allemal zu klären bleibt. (In der Terminologie von J.-L. Nancy: *Das Vergessen der Philosophie*. Wien 1987.) Es kann nicht einmal als sicher gelten, dass die betreffende Erfahrung tatsächlich als Erfahrung von Ungerechtigkeit zu rechtfertigen ist oder dass im Dissens, den sie heraufbeschwört, nur die Gerechtigkeit und nichts anderes strittig ist, wie Rancière zu unterstellen scheint (*Das Unvernehmen*. Frankfurt a. M. 2002). Zunächst besagt die Rede vom Sinn für Ungerechtigkeit lediglich: *es gibt* ein Affiziertwerden von Gerechtigkeitsfragen, das uns keineswegs der Strittigkeit dessen, worum es in dieser Erfahrung eigentlich geht, enthebt, sondern diese gerade verschärft. Dennoch reduziert sich dieser Sinn nicht auf eine psychologische Vorstufe normativer Gerechtigkeitsfragen; er muss vielmehr in der gedachten und praktizierten Gerechtigkeit gegen diese selbst mobilisiert werden. Der normativ gerechtfertigte Sinn *der* Gerechtigkeit wird sein Angewiesensein auf einen Sinn *für* Ungerechtigkeit niemals los, wenn es keine gänzlich der Ungerechtigkeit enthobene Gerechtigkeit geben kann und wenn der Verdacht nicht einfach von der Hand zu weisen ist, dass selbst das avancierteste Gerechtigkeitsdenken notorisch dazu neigt, die der jeweiligen Gerechtigkeit selbst innewohnende Ungerechtigkeit zu vergessen.

41 Vgl. Aristoteles: *Nikomachische Ethik*. V, 2, 1129 a, 26 f., sowie P. Ricœur: *Le Juste*. Paris 1995. 84, 129.

42 Zwar stellen fast alle bekannten Gerechtigkeitsbegriffe auf einen *Vergleich von Verhältnissen zwischen mehreren* ab und werfen die Frage auf, *was jedem* in diesen Verhältnissen *zusteht;* doch bleibt ein derart formaler Gerechtigkeitsbegriff völlig unfruchtbar, solange er nicht mit Bezug auf Fragen der Distribution, des Austauschs, sozialer und politischer Ansprüche etc. spezifiziert wird. Siehe dazu die Kritik H. Kelsens: *Was ist Gerechtigkeit?* [1953]. Stuttgart 2000.

Falle ist aber zweierlei im Spiel: Einerseits eine Idee der Gerechtigkeit, die man zu realisieren strebt. Andererseits die wirklich realisierte Gerechtigkeit. Wir fragen und streben nach Gerechtigkeit vor allem deshalb, weil sich die realisierte Gerechtigkeit kaum je mit der Gerechtigkeit, nach der wir verlangen, »deckt«. Im *Sinn* des Fragens und Strebens nach Gerechtigkeit liegt es deshalb unumgänglich, dass wir einen *Sinn für* den »Abstand« haben, der die realisierte von der zu realisierenden Gerechtigkeit trennt. Ein noch so hehres Ideal der Gerechtigkeit würde seinen eigenen Sinn gänzlich verfehlen, wenn es nicht mit der Fähigkeit und der Bereitschaft verknüpft wäre, den Mangel an Gerechtigkeit eben dort wahrzunehmen, als solchen zu erkennen und kritisch zu beurteilen, wo er vorliegt. Der Sinn der Gerechtigkeit (in der ersten Bedeutung) ist es ja gerade, der wirklichen Ungerechtigkeit abzuhelfen. So gesehen ruht der *Sinn der Gerechtigkeit* auf einem *Sinn für wirkliche Ungerechtigkeit* auf. Aber für welche Ungerechtigkeit? Orientiert sich der Sinn für Ungerechtigkeit bereits an einem (bestimmten) Begriff der Gerechtigkeit (um gerade den Mangel an *dieser* Gerechtigkeit bewusst zu machen), oder lässt er zunächst offen, auf *welche* Gerechtigkeit die wahrgenommene und zur Sprache gebrachte Ungerechtigkeit eigentlich abzielt?

Keineswegs geben sich die realen menschlichen Verhältnisse ohne weiteres eindeutig *als* in einer bestimmten Hinsicht ungerechte zu erkennen. Und keineswegs ist tatsächlicher Ungerechtigkeit eine korrespondierende Idee der Gerechtigkeit einfach zu entnehmen.[43] (Levinas hat in *Le Moi et la Totalité* denn auch ausdrücklich bestritten, dass sich die Gerechtigkeit aus der Ungerechtigkeit ableiten lässt.[44]) Jederzeit ist damit zu rechnen, dass nicht nur das Vorliegen von Ungerechtigkeit bestritten wird, sondern dass auch als strittig erscheint, in welcher Hinsicht etwas oder jemand als ungerecht zu verstehen ist und an welcher Idee der Gerechtigkeit man sich dabei orientieren muss. Die neuere Gerechtigkeitsdiskussion bestätigt diese Einschätzung.

Selbst eine rigorose Beschränkung auf Fragen distributiver Gerechtigkeit entkommt nicht dem Konflikt der Wahrnehmungen und der Deutungen. Denn »es gibt [...] kein allgemeingültiges System der Verteilung, und sämtliche bekannten Systeme drücken zufallsbedingte und widerrufliche Entscheidungen aus, die mit Kämpfen verbunden sind, wie sie die gewalttätige Geschichte der Gesellschaften begleiten«.[45] Jede Konzeption distributiver Gerechtigkeit erweist sich als in sich

---

43 Das wird unterstellt, wenn Gerechtigkeit als Un-Ungerechtigkeit begriffen und Ungerechtigkeit einfach als das Gegenteil von Gerechtigkeit verstanden wird. Wäre das angemessen, dann bräuchte man sich von einer Ungerechtigkeit in der Gerechtigkeit allerdings nicht Rechenschaft abzulegen und die Ungerechtigkeit könnte sich womöglich als in der Gerechtigkeit aufhebbar erweisen. Beides finde ich nicht überzeugend.
44 S.o., Anm. 12.
45 Vgl. P. Ricœur: *Das Selbst als ein Anderer*, München 1996. 344.

anfechtbar; und Verteilungen orientieren sich an heterogenen Gütern, deren qualitative Verschiedenheit und heterogene Beurteilung durch die Beteiligten sich auch durch eine auf den ersten Blick gerechteste Verteilung nicht beseitigen lässt. Der Versuch, der Heterogenität des Gerechten durch eine säuberliche Aufteilung von »Sphären der Gerechtigkeit« entgegenzukommen, kann weder Konkurrenz zwischen den Sphären noch gegenseitige Übergriffe verhindern, für deren Fall keine unabhängige Schlichtungsinstanz zur Verfügung steht.[46] Keineswegs gibt es für jedes soziale Gut oder für jede Verteilungssphäre nur einen allgemein akzeptierten Maßstab. Vielmehr interferieren die Sphären; und die Maßstäbe sind ebenso umkämpft wie die Prioritäten und die Umstände der Verteilung. Somit wird der in der Heterogenität der Deutungen von Gerechtigkeit angelegte Widerstreit verschärft durch die Überkreuzung von Maßstäben und Kontexten, die nicht auf ein-eindeutige Weise einander zugeordnet sind. An dieser Stelle ist es die Aufgabe des Sinns für Ungerechtigkeit, für die Frage zu sensibilisieren, in welchem Kontext wir welche Vorstellung von Gerechtigkeit zum Zuge kommen lassen sollten und welche Ungerechtigkeit möglicherweise gerade damit verbunden ist, dass wir eine bestimmte Idee der Gerechtigkeit bevorzugen. Auch hier ist der Sinn für Ungerechtigkeit Erfahrungen der *Ungerechtigkeit in der Gerechtigkeit* auf der Spur, die über das Problem der strittigen Zuordnung ihrer verschiedenen Deutungen zu unterschiedlichen Kontexten noch hinausgeht.

Diese Ungerechtigkeit ist unaufhebbar, wenn es ausgeschlossen ist, die Existenz einer politischen Ordnung (von einer internationalen oder globalen Ordnung ganz zu schweigen) an genau *einer* umfassenden Gerechtigkeitsfrage normativ zu messen. Selbst unter der (stark vereinfachenden) Ausgangsprämisse, dass es sich bei modernen Gesellschaften um komplizierte distributive Systeme handelt, gelangt man zu einer verwirrenden Vielfalt von gegensätzlichen Meinungen hinsichtlich der Frage, welchen Gerechtigkeitsansprüchen etwa der Sozialstaat sich stellen muss.[47] Welcher Deutung auch immer Vorrang eingeräumt wird – stets werden widerstreitende Gerechtigkeitsansprüche, die nicht auf einen Nenner zu bringen sind, verletzt werden, so dass sich der Sinn für Ungerechtigkeit gegen die bevor-

---

46 Vgl. M. Walzer: *Sphären der Gerechtigkeit*. Frankfurt a. M. 1998.
47 Die einen sehen im Sozialstaat ein Instrument der Chancengerechtigkeit, die anderen eine gesellschaftliche Solidaritätsveranstaltung zum Zweck sozialer Sicherung und gerechten Ausgleichs. Dritte erblicken in ihm die politische Institutionalisierung gesamtgesellschaftlicher Verantwortung für den einzelnen oder betrachten ihn als Ensemble von Sicherungsmaßnahmen, die vor den ruinösen Effekten eines un-verantwortlichen Wirtschaftens bewahren sollen. Wieder andere verlangen von ihm distributive Gerechtigkeit und die Durchsetzung materialer Ressourcengleichheit, können sich aber nicht untereinander einigen, was unter einer gerechten Verteilung genauer zu verstehen ist, worauf sie sich beziehen muss, usw. So besteht denn auch kein Konsens hinsichtlich der Frage, inwiefern etwa ein demokratischer Rechtsstaat unbedingt auch ein *gerechter Sozialstaat* zu sein hat.

zugte Gerechtigkeitsvorstellung und -praxis selber richten kann, weil sich in der pluralen Gerechtigkeit ein *Widerstreit in der Anwendung ihrer Deutungen* bemerkbar macht. Wenn es keine Gerechtigkeit über den »Gerechtigkeiten« bzw. über dem Widerstreit ihrer heterogenen Deutungen und Anwendungen gibt, dann wird jede Gerechtigkeit, die praktisch in einem solchen Widerstreit zum Zuge kommt, auf die eine oder andere Weise als »ungerecht« erscheinen müssen.[48]

Insofern wir es mit einer Pluralität von irreduzibel heterogenen Ungerechtigkeitserfahrungen zu tun haben, spricht schon innerhalb einer Gesellschaft wenig dafür, dass sich heterogene Ansprüche auf Gerechtigkeit in *einer* gerechten Ordnung aufheben lassen – vom Problem ihrer angemessenen Artikulation, der Feststellung und Bemessung der Ansprüche einmal ganz abgesehen[49], das sich auch für eine bloß auf die Distribution von Gütern konzentrierte Theorie der Gerechtigkeit als nahezu unlösbar erweist. Das wirft die Frage auf, ob nicht selbst eine »wohlgeordnete« Gesellschaft in hohem Ausmaß darauf angewiesen ist, dass ihre Mitglieder bereit sind, vielfach Ungerechtigkeit in Kauf zu nehmen, die sich gar nicht artikulieren ließ, die nicht angemessen berücksichtigt werden konnte oder nicht zu beseitigen war.[50]

Dem Ziel, eine möglichst gerechte Gesellschaft einzurichten oder aufrecht zu erhalten, kommt man nur dann näher, wenn man auch für die heterogenen, in der möglichst fairen Distribution von Gütern nicht aufzuhebenden Gerechtigkeitsansprüche, die nicht berücksichtigt oder verletzt werden, Sorge trägt und wenn sich die Mitglieder der jeweiligen Gesellschaft nicht indifferent mit der Ungerechtigkeit arrangieren, die auch in einer durch gerechte Institutionen geregelten Gesellschaft nicht restlos zu beseitigen ist. Das Interesse an einer möglichst gerecht geregelten Gesellschaft kulminiert so gesehen gerade im Sinn für eine Ungerechtigkeit in der Gerechtigkeit, die Anderen widerfährt und vom bloßen Eigeninteresse nicht erfasst wird. (An dieser Stelle ist am deutlichsten zu erkennen, inwiefern sich der Sinn für Ungerechtigkeit nicht im Feststellen eines Mangels an Gerechtigkeit erschöpft.) Wenn sich diese Ungerechtigkeit als nicht »aufhebbar« erweist, wenn sich also der

---

48 Ich sehe hier davon ab, die Diskussion um die alternative Deutung dieser Ungerechtigkeit als Widerstreit oder Unrecht wiederaufzunehmen, die Lyotard entfacht hat.
49 Vgl. J. Rawls: *Eine Theorie der Gerechtigkeit*. Frankfurt a. M. 1979. 211, 214. Rawls beschränkt den Widerstreit im Sinne Max Webers und Isaiah Berlins auf die sogenannten Fragen des Guten und auf Lebensformen, insofern sie verschiedenen, jeweils vernünftigen, aber dennoch nicht miteinander vereinbaren »Konzeptionen guten Lebens« verpflichtet sind; vgl. J. Rawls: *Die Idee des politischen Liberalismus*. Frankfurt a. M. 1992. 370, 373 ff.; C. E. Larmore: *Patterns of Moral Complexity*. Cambridge 1987, Kap. 6, sowie demgegenüber die (nur unter anderem auf die Frage der Gerechtigkeit Bezug nehmende) Bestandsaufnahme des Zusammenhangs von Widerstreit und Lebensform: B. Liebsch: *Zerbrechliche Lebensformen. Widerstreit – Differenz – Gewalt*. A.a.O. B. Liebsch, J. Straub (Hrsg.): *Lebensformen im Widerstreit*. Frankfurt a. M. 2003.
50 J. Rawls: *Eine Theorie der Gerechtigkeit*. A.a.O. 165.

Gedanke einer völlig und in jeder Hinsicht gerechten Gesellschaft als schlechte Utopie erweist, dann kann nur ein Sinn für Ungerechtigkeit die Rede von Gerechtigkeit davor bewahren, einen überaus fragwürdigen, die unaufhebbaren Probleme der Ungerechtigkeit beschönigenden Ton anzunehmen.

Die Sorge um eine in der (wie mangelhaft auch immer) etablierten Gerechtigkeit nicht aufgehobene Erfahrung der Ungerechtigkeit, die Anderen widerfährt, verlangt nun aber weit mehr als nur jene radikale ethische Sensibilität, nämlich genau nach politischer Sensibilität der Wahrnehmung und der Urteilskraft, deren Apologie bekanntlich Hannah Arendt im Anschluss an Kants dritte Kritik geschrieben hat. Für sie ist die Urteilskraft »eine im spezifischen Sinne politische Fähigkeit [...], und zwar genau so, wie Kant sie bestimmt, nämlich [als] die Fähigkeit, die Dinge nicht nur aus der eigenen, sondern aus der Perspektive aller anderen, die ebenfalls präsent sind, zu sehen«. Vielleicht sei das sogar »die Grundfähigkeit«, die den Menschen ermöglicht, »sich im öffentlichen politischen Raum, in der gemeinsamen Welt zu orientieren«.[51] Ob sich diese Sensibilität freilich in einer »erweiterten Denkungsart« (Kant) im Modus des Urteilens erschöpfen kann[52], mag man ebenso bezweifeln wie die Fähigkeit, wirklich »an der Stelle jedes anderen« zu denken, wodurch nach Arendts Überzeugung allererst eine gemeinsame Welt aufzubauen ist: eine dem sog. Gemeinsinn erschlossene Mitwelt, in der man »jedermann Einstimmung ansinnen« und wo man »um jedes anderen Beistimmung« werben kann.[53] Allzu schnell wird hier die Ebene der *Wahrnehmung*, die für die »Sicht« des Anderen aufschließt, übersprungen, und die Welt zu einer »gemeinsamen«[54], d.h. zu einem gegen Unzugehörige abgeschlossenen Lebensraum mit bloß immanenten Gerechtigkeitsproblemen.[55]

Lässt sich aber der Sinn für Ungerechtigkeit derart einhegen? Verlangt er nicht längst nach einer weder gemeinschaftlich noch national und staatlich beschränkten Gerechtigkeit, nach einer »globalen« Politik der Fairness? Levinas jedenfalls hat die ethische Rede vom Anderen niemals derart auf Zugehörige und Mitglieder eines mehr oder weniger geschlossenen politischen Gemeinwesens beschränken

---

51 H. Arendt: *Zwischen Vergangenheit und Zukunft*. München, Zürich 1994, 299.
52 Vgl. meine kritischen Überlegungen dazu im Anschluss an J. Rancière in: »Dissens und Widerstreit. Kritische Überlegungen zum *polemos* bei Jacques Rancière.« In: H. Vetter (Hrsg.), *Hermeneutische Phänomenologie – phänomenologische Hermeneutik. Wiener Tagungen zur Phänomenologie 2003*. Frankfurt a. M. 2005 (i. E.).
53 H. Arendt: *Zwischen Vergangenheit und Zukunft*. 300, sowie H. Arendt: *Vita activa oder Vom tätigen Leben*. München, Zürich ⁴1985. 275.
54 Vgl. M. Merleau-Ponty: *Das Sichtbare und das Unsichtbare*. München 1996. 123.
55 Zweifellos war Arendt selber etwa mit ihrer Forderung nach einem außer-ordentlichen Recht, Rechte zu haben, letztlich nicht einem solchen Modell geschlossener Lebensräume und -formen verpflichtet; vgl. B. Liebsch: *Gastlichkeit und Freiheit. Polemische Konturen europäischer Kultur*. Weilerswist 2005. Kap. 2.

wollen. Im Gegenteil hat er die Ethik vom Anderen als Fremden her zu begründen versucht. Darin konnte er sich dadurch bestätigt sehen, dass tatsächlich das längst artikulierte Verlangen nach einer Gerechtigkeit im internationalen und globalen Horizont deshalb aufgetaucht ist, weil man *hier* (in den verschiedenen, westlichen Systemen) die Dringlichkeit der Gerechtigkeit *anderswo* (in der sogenannten »Dritten Welt«, mit der uns keinerlei politische Zugehörigkeit oder Mitgliedschaft zu verbinden schien) zur Geltung gebracht hat und weil man »uns« anderswo einer tödlichen Ungerechtigkeit angesichts dessen bezichtigen konnte, wie sich unsere politischen Systeme auf Kosten anderer am Leben erhalten und reproduzieren.[56] Wenn sich *hier* ein gewisser Sinn für Ungerechtigkeit für diese Anklage hat aufgeschlossen zeigen können, so nur deshalb, weil er nicht immer schon auf unsere lokalen Fragen der Gerechtigkeit beschränkt war. Nur weil der Sinn für Ungerechtigkeit sich als lateral ansprechbar (affizierbar) und aufgeschlossen gezeigt hat für die Gerechtigkeitsprobleme anderswo, weil er sich also nicht verschanzt hat hinter vermeintlich geschlossenen Grenzen politischer Systeme, konnte die heute virulente Heterotopie der Gerechtigkeitsprobleme zur Geltung kommen, die auch die Suche nach einem neuen Völkerrecht in Atem hält.[57] Heterotopie heißt: die Gerechtigkeitsfragen anderswo betreffen uns hier, sie fügen sich längst nicht mehr den Grenzen der politischen Ordnungen und Ortungen der Systeme des Rechts. Sie ziehen von außen selbst die Gerechtigkeit dieser Ordnungen in Zweifel – weit entfernt, nur nach einer Gerechtigkeit *zwischen* verschiedenen Ordnungen zu verlangen, deren innere Gerechtigkeit jedem politischen System allein überlassen bliebe. Die Stärke eines derart entgrenzten Sinns für Ungerechtigkeit, der die inneren und die äußeren Gerechtigkeitsprobleme miteinander kontaminiert, ist allerdings auch seine Schwäche. Die mangelnde Gerechtigkeit anderswo, die er hier reklamiert, sowie die unserem politischen System einbeschriebene Ungerechtigkeit, die Andere anderswo brandmarken,[58] ist weder hier noch dort einfach einklagbar. Eine *Entbindung* des lateralen Sinns für Ungerechtigkeit von lokalen Ordnungen und Or-

---

56 Wie aktuell diese Problemlage nach wie vor ist, zeigen Gegenproben; vgl. T. Honderich: *Nach dem Terror. Ein Traktat*. Frankfurt a. M. 2003: J. Derrida, »Autoimmunity: Real and Symbolic Suicides«. In: *Philosophy in a Time of Terror. Dialogues with Jürgen Habermas and Jacques Derrida.* Chicago, London 2003. 85-136, hier: 108 f.
57 Es geht hier nicht um die Präsenz »anderer Räume« in einem eigenen, homogenen Raum, sondern um eine ursprüngliche Unterwanderung der im eigenen Raum geregelten Gerechtigkeitsfragen durch heterogene Gerechtigkeitsansprüche, die anderswo virulent sind, so dass ein Ineinander widerstreitender Gerechtigkeitsansprüche die Folge ist; vgl. M. Foucault: »Andere Räume«. In: *Aisthesis. Wahrnehmung heute*. Leipzig 1990. 34-46.
58 An dieser Stelle ist etwa an die Rüstungsausgaben zu denken. Das für sie verschwendete Geld steht für eine inter-national ausgleichende Gerechtigkeit nicht mehr zur Verfügung. Umgekehrt scheitert diese vielfach auch an intern ungerechten Regimes anderswo, die effektiv verhindern, dass ausgleichende Gerechtigkeit dort »ankommt«, so wie ankommen sollte.

tungen der Gerechtigkeit ermöglicht es ihm zwar, die *Heterotopie der Gerechtigkeitsprobleme* zur Geltung zu bringen und das Fragen nach der Möglichkeit gerechter Koexistenz im globalen Horizont unter Druck zu setzen;[59] doch kann es Gerechtigkeit in diesem Horizont nur als institutionell gesicherte geben. Sie bedarf der *Rückbindung* an erst zu etablierende Ordnungen, die sich vor allem in verfahrensmäßiger Gerechtigkeit bewähren müssen. Der politisch entschränkte Ungerechtigkeitssinn muss deshalb einer globalen Gerechtigkeit *in statu nascendi*, die nirgends ihr Vorbild hat, zuarbeiten, ohne freilich seine Unabhängigkeit von den erst zu installierenden Ordnungen der Gerechtigkeit völlig preiszugeben. Gegen eine Normalisierung der globalen Gerechtigkeitsprobleme in entsprechenden Institutionen, die aus eigener Kraft nicht einmal die Gerechtigkeit ihres eigenen Funktionierens garantieren können, muss ein »wilder« Ungerechtigkeitssinn mobilisiert werden, der allein das Bewusstsein dafür wach halten kann, wie ungerecht eine globale Ordnung sein muss, die glauben macht, in ihrer institutionellen Normalität sei man wirklich den globalen Gerechtigkeitsfragen gerecht geworden. Eine solche Prätention müsste unweigerlich in die schlimmste Ideologie der Gerechtigkeit umschlagen, vor der nur ein Sinn für Ungerechtigkeit bewahrt, der jederzeit den Abstand der Bemühung um institutionell gesicherte Gerechtigkeit von »wirklicher« Gerechtigkeit in Erinnerung rufen kann.[60]

Für die Unüberwindlichkeit dieses Abstands spricht bereits im Rahmen einer Theorie der Gerechtigkeit, die sich auf ein geschlossenes politisches System beschränkt, vieles. Auch sie ist mit dem Paradox konfrontiert, dass eine wirkliche, lebendige Sorge um Gerechtigkeit einerseits einen wachen Sinn für Ungerechtigkeit erfordert; dass aber andererseits die Hoffnung auf Gerechtigkeit genau in dem Maße geschwächt wird, wie der Sinn für Ungerechtigkeit die Aufmerksamkeit darauf lenkt, wie begrenzt und unzulänglich jeder konkrete Versuch sein muss, Gerechtigkeit zu gewährleisten. Wer die Gerechtigkeit vom Sinn für Ungerechtigkeit her denkt, muss wissen, wie gefährlich eben dieser Sinn der Hoffnung auf Gerechtigkeit werden kann, die er zunächst selber aufkommen lässt und nährt. Die Gerechtigkeitsforderung wird schnell zur Überforderung, wenn sie sich nicht auf eine Ordnung beziehen lässt, der zuzutrauen wäre, der geforderten Gerechtigkeit nachzukommen. Schließt der Sinn für Ungerechtigkeit im globalen Horizont Gerechtigkeitsfragen hier und dort unter Umgehung jeglichen Ordnungsbezugs unvermittelt kurz, so folgt die Überforderung in der Regel auf dem Fuße, die der Sache der Gerechtigkeit gerade nicht dient, sondern ihre Zerstörung heraufbeschwört. Dagegen

---

59 In diesem Sinne wäre auch wesentlich die Rolle der sog. NGOs, die produktiv die unterschiedlichsten institutionellen Ebenen der Gerechtigkeitsfragen miteinander in Verbindung bringen, und die advokatorische, mit Absicht *de-plazierte* Reklamation von Ungerechtigkeit zu verstehen.
60 Mit verwandten Überlegungen markiert J. Shklar die Grenzen rechtsförmiger Gerechtigkeit in *Über Ungerechtigkeit*. Frankfurt a. M. 1997. 17, 29.

kann eine Mäßigung des Verlangens nach Gerechtigkeit, die sich unter Hinweis auf den erst zu leistenden Aufbau gerechter Ordnungen rechtfertigen lässt, in denen das Verlangen aufzufangen wäre, bereits als dessen unannehmbare Verkürzung erscheinen. Die wirklichen Spielräume der Gerechtigkeit drohen ebenso von einem ungemäßigten Verlangen nach Gerechtigkeit wie auch durch dessen »realpolitische« Bevormundung zum Verschwinden gebracht zu werden.

Besonders die Sorge um Gerechtigkeit im globalen Maßstab bedarf *auf unbestimmte Zeit* einer mühseligen Aufbauarbeit an geeigneten Institutionen, die denen, die der Gerechtigkeit harren, wie ein *unaufhörlicher Aufschub* erscheinen muss. Auch hier verschärft der Sinn für diejenige Ungerechtigkeit, die im Weg zur Gerechtigkeit liegt, die Gefahr, das Interesse an Gerechtigkeit überhaupt preiszugeben. Eine Gerechtigkeit, die aufschiebt, was nicht aufzuschieben ist, und etwa gerechtere Lebensverhältnisse für eine nähere oder fernere Zukunft in Aussicht stellt, die viele nicht mehr erleben werden, ist notorisch ungerecht und lässt sich auch »geschichtsphilosophisch« nicht mehr rechtfertigen.

Wie es scheint, ist die Arbeit an globaler Gerechtigkeit und die Zeit, die sie kosten wird, nicht als ihrerseits gerecht zu rechtfertigen. Doch muss sie vor einem exzessiven Sinn für Ungerechtigkeit bewahrt werden, der als ungerecht und sinnlos eine Arbeit zu verwerfen neigt, die nicht einmal minimalen, unbedingten Gerechtigkeitsforderungen schnellstens nachzukommen imstande ist. Genau diese für das Anliegen der Gerechtigkeit ruinöse Konsequenz zwingt dazu, den zumal im Zeichen der Globalisierung »wilden«, von etablierten Ordnungen der Gerechtigkeit entbundenen Sinn für Ungerechtigkeit in die Schranken zu verweisen. Wenn nur dieser Sinn eine selbst-gerechte Gerechtigkeit daran hindern kann, die wirkliche und mögliche Gerechtigkeit zu verwechseln und infolge dessen in die schlimmste Ideologie der Gerechtigkeit umzuschlagen, so kann umgekehrt nur die Sorge um wirkliche, institutionell gesicherte, politische Gerechtigkeit jenen Sinn für Ungerechtigkeit daran hindern, das Anliegen der Gerechtigkeit unter dem Druck übermäßiger Ansprüche zu zerstören.

Man sieht, wie zwiespältig die Rückbesinnung auf einen das Fragen nach Gerechtigkeit auch im globalen Horizont fundierenden Sinn für Ungerechtigkeit unvermeidlich ausfällt. Ein übermäßiger, politisch unvermittelter Sinn für Ungerechtigkeit läuft wahrer Gerechtigkeit ebenso zuwider wie eine selbst-gerechte Gerechtigkeit, die von einer unaufhebbaren Ungerechtigkeit nichts mehr ahnen lässt, die ihr selbst innewohnt.

Robert Bernasconi

Globalisierung und Hunger

I

Im März 2003 hat sich die Welt unwiderruflich verändert. Die Regierung Bush möchte uns glauben machen, dass sich die Welt am 11. September verändert hat. Das ist die Grundlage ihrer neuen Doktrin von der Legitimität eines Präventivschlags: Ein Land kann ein anderes Land angreifen, das zwar das erste Land nicht unmittelbar bedroht, das aber möglicherweise Waffen besitzt, die, sollten sie in die falschen Hände gelangen, dieses Land bedrohen könnten. Einen derartigen Präventivschlag als legitim zu akzeptieren steht im Widerspruch zu einer bedeutenden Tradition. Diese Veränderung hat der 11. September hervorgebracht, er habe die Regeln verändert, so wird uns gesagt, obwohl wir wissen, dass diese Doktrin der Vorbeugung schon 1992 von Paul Wolfowitz, dem jetzigen stellvertretenden Verteidigungsminister, formuliert wurde. Ein Präventivkrieg ohne unmittelbar drohende Gefahr ist üblicherweise einfach ein Synonym für einen Angriffskrieg. Wir erkennen, dass wir in einer veränderten Welt leben, da sich die Bedeutungen der Worte geändert haben. Die Zuversicht der Regierung Bush lässt sich daran bemessen, dass sie eher die Neuheit ihres Vorgehens betont, als die Gründe heranzuziehen, die zur Rechtfertigung früherer Kriege dienten. Etwa so, als wollten sie den Krieg gegen den Irak benutzen, um uns an diese Argumentation zu gewöhnen.
Die Bedrohung durch biologische oder sogar nukleare Waffen in der Hand einiger weniger betrifft jeden an jedem Ort der Welt. Als »globaler Terror« wird diese

Form des Terrorismus nicht nur bezeichnet, weil sie an jedem Ort zuschlagen kann, sondern auch weil sie von jedem beliebigen Ort ausgehen kann. Der Krieg wird jedoch nicht nur geführt, weil Globalisierung und Technologie alles verändert haben, mit dem Ergebnis, dass der Zugang zu Waffen eingeschränkt werden muss. Er wird als Kampf des Guten gegen das Böse geführt. Aber ist man gut, einfach indem man das Böse bekämpft? Auch das steht zur Debatte und genau aus diesem Grund wird der amerikanische Exzeptionalismus, die Überzeugung, dass allein auf Amerika Verlass ist, wenn es gilt, für das einzustehen, was richtig ist, von der Kriegsgegnerschaft der übrigen Welt eher bestärkt als verunsichert. Wenn auch die jüngsten Ereignisse nicht alle Aspekte der Analysen von Hardt und Negri in *Empire* bestätigt haben, da der amerikanische Unilateralismus eine Kontinuität mit der alten imperialistischen Ordnung zu betonen scheint, die für sie an ihrem Ende angekommen war, trifft doch die Analyse, mit der sie ihr Buch eröffnen, nach wie vor zu: das Empire entsteht aus polizeilichem Handeln, das jedoch durch seine ethische Funktion sakralisiert wird.[1] Aber ich vermute, dass der Krieg im Irak keine Anomalie darstellt: Er legt offen, was Globalisierung bedeutet. Weil die Bedeutung der Globalisierung enthüllt wurde, veränderte sich die Welt im März 2003. Globalisierung ist mehr als die Art und Weise, in der technische Entwicklungen, die von unkontrollierbaren ökonomischen Kräften vorangetrieben werden, unsere Geschicke miteinander verknüpfen, sie ist ebenso die Universalisierung des Kriegsgebiets.

Obwohl die Rechtfertigung eines Präventivschlags gegen den Irak seit 10 Jahren vorbereitet wurde, wurde sie erst im September 2002 Teil der offiziellen politischen Linie, als die Regierung Bush unter dem Titel *The National Security Strategy of the United States of America*[2] ihr erstes Dokument zur nationalen Sicherheitsstrategie veröffentlichte. Wir können sicher sein, dass die Vereinigten Staaten diese Doktrin nur aufgrund ihrer militärischen Übermacht vortrugen, die sich aus der technischen und ökonomischen Überlegenheit Amerikas ergab. Für das Verständnis der neuen Doktrin des legitimen Präventivschlags hat der amerikanische Triumphalismus eine weit größere Bedeutung als der 11. September. Das dem Dokument zugrunde liegende Prinzip, dass »unsere beste Verteidigung in einer guten Offensive

---

1 Michael Hardt, Antonio Negri: *Empire*. Cambridge Ma. 2000. 12-13. Dt.: Michael Hardt, Antonio Negri: *Empire. Die neue Weltordnung*. Frankfurt a. M. 2003. 28. Man bemerke, wie ihre These, dass »die erste Aufgabe des Empire darin besteht, den Konsensbereich zu erweitern, der seine Macht unterstützt«, die offensichtlich von Bush I nahegelegt wurde, von Bush II rasch aufgegeben wurde.
2 Im Folgenden als NSS. A.d.Ü.: Das Dokument ist auf der Website des Weißen Hauses veröffentlicht: www.whitehouse.gov/nsc/nss.html. Für die deutsche Fassung beziehe ich mich auf die Website des Friedenspolitischen Ratschlags: www.uni-kassel.de/fb10/frieden/regionen/USA/doktrinlang.html.

besteht« (NSS, Abschnitt III), beweist zwar tiefes Verständnis für American Football, aber leider keines für internationales Recht oder moralische Prinzipien. Dennoch wird in der *National Security Strategy of the United States of America* eine Vision weltweiten ökonomischen Wachstums dargelegt, die unsere Aufmerksamkeit verdient. Die in der *National Security Strategy* ausgebreitete Politik stützt sich auf drei Säulen: Freiheit, Demokratie und freies Unternehmertum. Sie werden für universal gehalten, »für alle Menschen und in jeder Gesellschaft richtig und wahr«, wie es Präsident Bush in dem vorangestellten Brief ausdrückt. Während wenig dazu gesagt wird, was mit Demokratie und Freiheit gemeint ist, als ob diese Begriffe klar wären, werden in dem Dokument längere Ausführungen zu freien Märkten und zu freiem Handel gemacht: freier Handel, aber leider kein fairer Handel. Während also keine Mühe auf die Frage verwandt wird, ob Globalisierung nicht eher eine Bedrohung der Demokratie darstellt als ihre letzte Herausforderung, und während die einzigen näher bezeichneten Freiheiten freie Rede und freie Ausübung der Religion sind, setzen sich die Vereinigten Staaten dafür ein, anderen Nationen eine bestimmte Wirtschaftsweise aufzuerlegen. Auf diese Weise benutzen sie ihre Macht dazu, das Prinzip der Selbstbestimmung auszuhöhlen, das ausschlaggebend ist, wenn Demokratie und Freiheit ihren Sinn behalten sollen. So lesen wir zum Beispiel: »Wir werden unsere wirtschaftlichen Beziehungen mit anderen Ländern dazu nutzen, hervorzuheben, welche Vorteile eine Wirtschaftspolitik mit dem Ziel höherer Produktivität und nachhaltigen Wachstums bietet. Das beinhaltet ... eine Steuerpolitik – insbesondere niedrigere Steuersätze im oberen und unteren Bereich –, die einen Anreiz für Arbeit und Investition bietet« (NSS, Abschnitt VI). Eine Karikatur in der *Denver Post* zeigt George W. Bush, der aus dem einem Mundwinkel sagt: »Und an das irakische Volk: Sobald Saddam weg ist, werden wir euch helfen, eure Wirtschaft wieder aufzubauen...«. Der zweite Satz aus dem anderen Mundwinkel lautet: »Und wir beginnen mit enormen Steuernachlässen für die Reichen im Irak.«[3] Es ist kein Witz. Ganz allgemein ist Steuerpolitik keine Angelegenheit mehr, die man souveränen Nationen überlassen kann, eine Angelegenheit begründeter Debatten oder politischer und ökonomischer Strategien, die von den jeweiligen Umständen abhängen. In dieser ›Eine-Lösung-für-alle‹-Welt gelten »Prinzipien der Wirtschaftspolitik zur Stärkung von Marktanreizen und Marktinstitutionen [...] für alle Volkswirtschaften, sei es in Industrieländern, Emerging Markets oder Entwicklungsländern« (NSS, Abschnitt VI). Für eine Doktrin, derzufolge Globalisierung eindeutig ein Euphemismus für Amerikanisierung ist, scheint es keine Ausnahmen geben zu dürfen. Und selbstverständlich ist Amerikanisierung ein Spiel, das die Vereinigten Staaten nur gewinnen können.

---

3 Mike Keefe in *The Denver Post*; wieder abgedruckt in: *The Commercial Appeal*, 21. März 2003, B. 5.

Während innenpolitisch eine Einschränkung des Regierungseinflusses angestrebt wird, hat ebendiese Regierung vor, die Weltwirtschaft bis ins Kleinste zu regeln. Die Tatsache, dass in der *Nationalen Sicherheitsstrategie* nichts über die Bedrohung der Demokratie durch internationale Unternehmen gesagt wird, die nationale Grenzen überschreiten und daher keiner demokratischen Kontrolle unterliegen, ja dass tatsächlich überhaupt nichts über die Macht dieser Unternehmen gesagt wird, lässt die dort vorgetragene Analyse fragwürdig erscheinen. Globalisierung und globale Konzerne sind untrennbar miteinander verbunden. Aber ungeachtet dieser Auslassung wird deutlich, dass die Regierung Bush die Zielsetzung ihrer Außenpolitik nicht darauf beschränkt, die Regimes so genannter »Schurkenstaaten« zu ändern und die Verbreitung solcher Waffen zu unterbinden, die sie als »Massenvernichtungswaffen« ansieht. Sie strebt an, allen Nationen ein globales Wirtschaftssystem aufzuzwingen, ein Wirtschaftssystem, von dem die reichen Länder überproportional profitieren werden, so wie dieses System auch darauf abzielt, dass der Reichtum bestimmter Personen weiterhin unverhältnismäßig wächst.

Das Wort »Globalisierung« wird in *der Nationalen Sicherheitsstrategie der Vereinigten Staaten von Amerika* nicht verwendet, aber uns wird gesagt, dass – da wir in einer zunehmend international verflochtenen Welt leben – »betroffene Länder sich aktiv in kritischen regionalen Konflikten engagieren müssen« (NSS, Abschnitt IV). Für den Terrorismus wird allerdings eine weitere Erklärung angeboten, indem das Dokument einen Zusammenhang von Armut und Terror anerkennt: »In Afrika gehen Verheißung und Chance einher mit Krankheit, Krieg und verzweifelter Armut. Dies bedroht sowohl eine Kerntugend der Vereinigten Staaten – den Schutz menschlicher Würde – als auch unsere strategische Priorität hinsichtlich der Bekämpfung globalen Terrors« (NSS, Abschnitt IV). Armut trägt also ebenfalls zur Herrschaft des Terrors bei. Wir lesen: »In einer Welt, in der einige ein behagliches und sorgenfreies Leben im Überfluss leben, während die Hälfte der Menschheit mit weniger als zwei Dollar am Tag auskommen muss, herrscht weder Gerechtigkeit noch Stabilität. Die Einbeziehung der Armen der Welt in den fortschreitenden Entwicklungsprozess und ihre Teilhabe an den sich eröffnenden Möglichkeiten ist ein moralisches Gebot und eine der obersten Prioritäten internationaler Politik der Vereinigten Staaten« (NSS, Abschnitt VII). Eine gern gehörte Botschaft, wenn auf dieses Zugeständnis nicht unmittelbar der Vorschlag folgen würde, gezielt jene Regierungen zu unterstützen, die »Unternehmertum möglich machen« (NSS, Abschnitt VII). Die Tatsache, dass Entwicklungshilfe in dieser neuen Weltordnung nur den Ländern zuteil wird, deren Wirtschaftspolitik von den Vereinigten Staaten gebilligt wird, zeigt eindeutig, dass Entwicklungshilfe als eine Waffe der Außenpolitik eingesetzt werden soll. Das bedeutet, dass Hunger als Waffe eingesetzt wird, wie es bereits dort geschehen ist, wo armen Ländern Embargos auferlegt wurden. Wenn Bush aber sagen kann, dass der Tod von weniger als 3000 Menschen es rechtfertigt, die Welt zu verändern, warum kann die Tatsache, dass jeden Tag 30.000 Kinder unter fünf Jahren aus vermeidbaren Gründen sterben, nicht ebenfalls Grund genug sein, die Welt zu verändern?

II

Unter diesen Umständen habe ich mich Emmanuel Levinas' Aufsatz »Säkularisierung und Hunger« (1976) nicht deswegen zugewandt, weil Levinas ein besonders scharfsinniger Beobachter der zeitgenössischen Welt gewesen wäre.[4] Er hat sie wohl, mehr als die meisten, mit Unverständnis betrachtet. Levinas war weder Prophet noch Idealist, weder Prediger noch Pandit. Aber er war stets auf der Suche nach einem Hinweis, wie unsicher und rätselhaft dieser auch sein mochte, auf etwas, das mehr wäre als der Krieg aller gegen alle, für den sein Leben ihm reiches Anschauungsmaterial geliefert hatte. Er fand ihn in der Unverständlichkeit von Akten der Selbstaufopferung oder der Großzügigkeit, die nicht auf das reduziert werden können, wodurch sie sich manchmal erklären lassen: den Glauben an eine Sache, eine Nation, oder an ein Heilsversprechen. Doch er fand diesen Überschuss auch im Banalen; im einfachen »Guten Tag« oder »Nach Ihnen, bitte«.[5] In »Säkularisierung und Hunger« findet er deutliche Hinweise auf Transzendenz im Mitleid mit den Hungernden, in der Kraft der Übertragung, die von der Erinnerung an mein eigenes Hungern übergeht auf das Leiden und die Verantwortlichkeit für das Hungern des Nächsten.[6] Darin scheint sich seine Haltung von Bushs *Nationaler Sicherheitsstrategie* zu unterscheiden, aber es bestehen auch viele Ähnlichkeiten, insbesondere in einem gewissen Triumphalismus der westlichen Welt. Der Vergleich dieser Texte wird dazu führen, dass wir an beide kritischer herangehen.
Ich möchte zunächst kurz und etwas sehr schematisch einige Entwicklungsschritte von Levinas bemerkenswert zurückhaltendem Aufsatz durchgehen. Der Aufsatz beginnt mit einer kurzen Diskussion der Struktur von Transzendenz. Anfänglich wird die Suche nach Transzendenz in dem nicht begehrlichen Blick verortet, der sich auf die Sterne richtet. Wir werden allerdings sogleich vor dieser Geste gewarnt, die, auf das Sakrale gerichtet, einer Form der Idolatrie gleichkommt. Er begrüßt

---

4 Emmanuel Levinas: »Sécularisation et Faim«. In: Enrico Castell (Hrsg.): *Herméneutique de la Sécularisation*. Paris 1976. Levinas' Vorlesung »Gott und die Onto-Theologie« gehört in dieselbe Periode wie »Säkularisierung und Hunger«, greift einige Gedanken von dort wieder auf und hilft sie zu klären. Vgl. Emmanuel Levinas: *Dieu, la Mort et le Temps*. Paris 1993. 187-197. Dt.: Emmanuel Levinas: *Gott, der Tod und die Zeit*. Wien 1996. 175-183.
5 Emmanuel Levinas: *Autrement qu'être ou au-delà de l'essence*. Den Haag 1974. 150. Dt.: Emmanuel Levinas: *Jenseits des Seins oder anders als Sein geschieht*. Freiburg, München 1992. 261.
6 Emmanuel Levinas: *Sécularisation et Faim*. A.a.O. 109.

daher die Säkularisierung, wie sie für die Geburt der Vernunft im Westen charakteristisch ist, nicht zuletzt deshalb, weil sie »die heidnischen Götter und ihre falsche und grausame Transzendenz vernichtet«.[7] Die Säkularisierung führt zur Entstehung der Technik und der westlichen Zivilisation, die durch ihre Mathematik, ihre technischen Errungenschaften und ihren Atheismus von »der Weisheit der Nationen assimiliert werden kann, absolut exportierbare europäische Werte«.[8] Levinas leugnet die Gefahren der Technologie nicht, aber er besteht auf ihrem positiven Grundzug, wie er es bereits in »Heidegger, Gagarin und wir«[9] getan hatte. Hier sagt er, dass »die Verurteilung der Technik die Verantwortung außer Acht lässt, zu der eine sich ›entwickelnde‹, immer zahlreicher werdende Menschheit aufruft [...]«.[10] Jedenfalls ermöglicht die Säkularisierung eine neue Art der Transzendenz, die der griechischen Weisheit unbekannt ist. Anderswo setzt er sie in Beziehung zum Heiligen, während die falsche Transzendenz auf das Sakrale bezogen ist.[11]

Levinas unterscheidet den nicht begehrlichen Blick auf das Sakrale vom tätigen, begehrlichen Blick, der aus dem Bedürfnis entsteht.[12] Um zu zeigen, dass diese Unterscheidung nicht der vertrauten Unterscheidung von Wissen und Tun entspricht, verbindet Levinas Begehrlichkeit und Hunger miteinander, die einer tieferen Ebene als Wissen oder Tun zugehören.[13] Levinas stellt eine Affinität fest zwischen der Wissenschaft und ihren technischen Anwendungen einerseits und der auf das Praktische gerichteten Aufmerksamkeit derjenigen, die von Hunger gequält werden: Diese Affinität liegt in ihrer gemeinsamen Fähigkeit zu säkularisieren. Auf diese Weise kann Levinas auf eine »Säkularisierung durch Hunger«[14] verweisen. Jenseits der Säkularisierung legt Levinas dem Hunger eine weitere Bedeutung bei: »Der Hunger des Anderen weckt die Menschen aus ihrer satten Schläfrigkeit und ernüchtert erwachen sie aus ihrer Selbstgefälligkeit«.[15] »In unserer säkularisierten und von Technik durchdrungenen Welt« reagiert Hunger »merkwürdig empfindlich auf den Hunger des anderen Menschen«.[16] Man beachte die genauere Bestimmung: Es ist unsere Welt, in der diese Eigenschaft des Hungers stark ausgeprägt ist. Daraus ergeben sich einige Fragen. Wenn es der Hunger selbst ist, der säkularisiert und damit diese »andere Transzendenz« ermöglicht, die frei ist von der Idolatrie des Sakralen, warum betont Levinas ebenso die Säkularisierung, die sich mittels

---

7   Emmanuel Levinas: *Sécularisation et Faim*. A.a.O. 107.
8   Emmanuel Levinas: *Sécularisation et Faim*. A.a.O. 106.
9   Emmanuel Levinas: *Difficile Liberté*. Paris 1976. 299-302.
10 Emmanuel Levinas: *Sécularisation et Faim*. A.a.O. 107.
11 Vgl. etwa Emmanuel Levinas: *Du sacré au saint*. Paris 1977. 89-90.
12 Emmanuel Levinas: *Sécularisation et Faim*. A.a.O. 102-105.
13 Emmanuel Levinas: *Sécularisation et Faim*. A.a.O. 102.
14 Emmanuel Levinas: *Sécularisation et Faim*. A.a.O. 108.
15 Emmanuel Levinas: *Sécularisation et Faim*. A.a.O. 109.
16 Emmanuel Levinas: *Sécularisation et Faim*. A.a.O. 109.

des griechischen Wissens in Form von Wissenschaft und Mathematik vollzieht? Dass Levinas annimmt, es wäre ohne die Technik nicht möglich, diese immer zahlreicher werdende, »sich ›entwickelnde‹ Menschheit«[17] zu ernähren, erklärt die Sache nur teilweise; nur teilweise deshalb, weil Levinas hier die Funktion der Säkularisierung durch Wissen hervorhebt. Selten erfährt man von ihm etwas über die Mittel, durch die wir unsere Verantwortlichkeit erfüllen könnten. Aber stellt das nicht Levinas' Triumphalismus in Bezug auf die westliche Kultur, die er als »den Genius Griechenlands«[18] anspricht, in Frage?[19] Gewiss verfolgt Levinas die Strategie, das herauszustellen, was nicht allein in Mathematik und Wissenschaft, sondern auch im Wirtschaftsleben universal ist. Aber Levinas zweifelt nicht daran, dass es der Westen ist, der der Universalität des Wirtschaftslebens einen Sinn gibt: »Der Humanismus entstammt einer ausgehungerten und universalen Menschlichkeit, ungeachtet dessen, was wir Kulturen nennen«.[20] Wird hier herausgestellt, was menschliche Wesen durch ihre körperliche Existenz miteinander teilen? Oder haben wir es hier mit einem Triumphalismus der westlichen Welt zu tun, anders als der der Regierung Bush, aber mit einer gewissen Affinität zu ihm? Liegt in Levinas' Anspruch, »der griechische Genius« sei »die Weisheit der Nationen«[21] nicht eine Aneignung dessen, was uns allen gemeinsam gehört?

Es stellt sich noch eine weitere Frage: Wenn Levinas sich auf die »erstaunliche« Kraft der Übertragung bezieht, die »von der Erinnerung an mein eigenes Hungern zum Leiden und zur Verantwortlichkeit für das Hungern des Nächsten« übergeht, was ist dann mit denen, die nie wirklichen Hunger empfunden haben? Privilegiert Levinas diejenigen, die gelitten haben oder legt er nahe, dass diese Erinnerung demnach eine ontologische Struktur darstellt? Ähnliches macht Levinas für Unterdrückung, Verfolgung und Sklaverei geltend. Teilen wir alle die Erinnerung an Sklaverei? Oder gibt es nicht doch Kulturen, die die Weisheit eines solchen Erinnerns besser verkörpern als andere? Sollte ein Aufsatz über Hunger die Weisheit einer Kultur feiern, deren Mangel an Mitleid für so viele Tode verantwortlich ist?

---

17 Emmanuel Levinas: *Sécularisation et Faim.* A.a.O. 107.
18 Emmanuel Levinas: *Sécularisation et Faim.* A.a.O. 105.
19 Für eine ausführliche Diskussion dieser Frage vgl. »Who is my Neighbor? Who is the Other? Questioning ›the Generosity of Western Thought‹«. In: Richard Rojcewicz (Hrsg.): *Ethics and Responsibility in the Phenomenological Tradition.* Pittsburgh 1992. 1-31.
20 Emmanuel Levinas: *Sécularisation et Faim.* A.a.O. 105.
21 Emmanuel Levinas: *Sécularisation et Faim.* A.a.O. 105.

III

Die *Nationale Sicherheitsstrategie* der Regierung Bush behauptet, dass die durch die Globalisierung veränderte Situation und die damit einhergehenden Gefahren es erforderlich machen, die Bedingungen für einen gerechten Krieg neu festzulegen. Im letzten Teil meines Beitrags werde ich darlegen, dass die Globalisierung ein verändertes Verständnis unserer ethischen Verpflichtungen erfordert, ein Verständnis, das Levinas Recht gibt, uns aber auch dazu einlädt, ihn neu und anders zu lesen.

Unter Globalisierung verstehe ich weniger die Verringerung der Entfernung, als die Überwindung von Beschränkungen, die uns durch die Ausgedehntheit des Raums auferlegt sind.[22] Deshalb gerät die Globalisierung notwendig in Konflikt mit dem, was menschlich ist. Der menschliche Raum ist in erster Linie lokal. Ich kann »meilenweit weg« sein, d.h. ich kann »in Gedanken ganz woanders sein« und doch bin ich durch meine körperliche Existenz selbst dann immer noch hier.[23] Daraus ergibt sich eine Spannung zwischen der Globalisierung und dem, was ihr in der Ordnung des Menschlichen Widerstand leistet. Die Beweglichkeit von Kapital und unsere sofortige Zugriffsmöglichkeit überall auf der Welt erhalten ihre Bedeutsamkeit aus dem Kontrast zur relativen Ortsgebundenheit von Arbeit. Regierungen haben meist die Beweglichkeit von Arbeitskräften eingeschränkt, indem sie Einwanderungsgesetze erließen, Arbeitsgenehmigungen erteilten und auf Berufsqualifikationen bestehen, die nicht grenzüberschreitend anerkannt werden. Gesetze, die die Beweglichkeit des Kapitals einschränken, sind demgegenüber selten und häufig zeitlich begrenzt. Die Beweglichkeit des Kapitals überschreitet jede Bindung an einen Ort, während Mobilität für Arbeitskräfte nicht mehr als einen Ortswechsel bedeutet, und dies trotz all der Veränderungen, die dies mit sich bringt, wie etwa das Entstehen multikultureller Gesellschaften. Währenddessen verteilen sich Reichtum und Armut in der Welt auf verschiedene Länder und auf verschiedene Orte in diesen Ländern: Die Trennungslinien zwischen Norden und Süden, Erster und Dritter Welt, Vorstadt und Ghetto bleiben bestehen. Es hat sogar den Anschein, als würden sie aus Gründen der Sicherheit zunehmend verschärft.

Für die Masse der Weltbevölkerung bedeutet Globalisierung nicht Zugehörigkeit, sondern Marginalisierung. Mitglieder relativ autonomer Gesellschaften werden in eine größere Welt hineingerissen, doch während die Segnungen dieser größeren

---

22 Ich widerspreche hier einer These von David Held, dass »Globalisierung im Wesentlichen ein räumliches Phänomen ist«, das »Teil eines Spektrums ist, dessen eines Ende vom Lokalen und Nationalen, und dessen anderes Ende vom (supranationalen) Regionalen und Globalen gebildet wird«. Vgl. Montserrat Guibernau: »Globalization, Cosmopolitanism, and Democracy. An Interview with David Held«. In: *Constellations* 8, 4, 2001. 427.

23 Vgl. Emmanuel Levinas: *De l'existence à l'existant*. Paris 1947. 117.

Welt unerreichbar bleiben und oft nur ein wertloses Versprechen darstellen, gibt es die Einwirkungen von außerhalb tatsächlich. Die Anstrengungen, die die armen Länder unternehmen, um sich den veränderten Bedingungen anzupassen, scheinen häufig eher zur Zerstörung der alten Gemeinschaften, in die die Armen integriert waren, zu führen, als dass es diesen Ländern gelänge, innerhalb der globalen Wirtschaft eine bedeutende und lebensfähige Position einzunehmen. Vielleicht hat die Globalisierung deshalb so destabilisierend gewirkt und war deshalb von einem Wiedererstarken des Nationalismus und religiösen Fundamentalismus begleitet.[24]
Unter dem Druck der Globalisierung wird die Unterscheidung zwischen Innen und Außen, die sowohl geophysikalische wie territoriale Grenzen bestimmt, durch eine Trennung zwischen Globalem und Lokalem ersetzt, wobei das Globale weniger Grenzen überwindet als den Raum insgesamt transzendiert. Wenn es überhaupt globale Institutionen gibt, so sind es die transnationalen Konzerne, die jedoch ihr Hauptaugenmerk darauf richten, ihren Aktionären möglichst hohe Profite zu sichern. Wie Nationalstaaten verfassungsgemäß dazu verpflichtet sind, ihre nationalen Interessen zu verfolgen, so gilt selbstverständlich die Loyalität transnationaler Konzerne weder ihren Angestellten, noch den Ländern, in denen gegenwärtig ihre Fabriken stehen, sondern ihren Aktionären. Diese können sich überall befinden und – in dem Maß, in dem sich Aktien beispielsweise in den Händen von Fonds zur Altersvorsorge befinden – kann man dazugehören, ohne zu ahnen, dass man Aktionär einer bestimmten Firma ist: Es ist nicht einfach festzustellen, wo jemandes direktes ökonomisches Interesse liegt. Häufig haben transnationale Konzerne die politische Macht wie auch die Ressourcen, um in solchen Angelegenheiten wie weltweiter Hunger, Krankheitsbekämpfung und politische Machtverteilung einen bedeutenden Einfluss auszuüben, sehen es aber nicht als ihre Verantwortung an, dies zu tun. Dies liegt außerhalb ihres Aufgabenbereichs, da es – unter den gegenwärtigen Umständen – nicht im unmittelbaren Interesse derjenigen ist, denen gegenüber sie sich verantworten müssen.
Wenn die Globalisierung Bewohner dieses Planeten miteinander verknüpft, sei es als Begünstigte oder als Opfer, so tut sie dies in allumfassender, totalisierender Weise. Das heißt, dass die Globalisierung in letzter Instanz, auch wenn man sie jeweils im Hinblick auf Ökonomie, Gesellschaft, Politik, Kultur, Technologie, Medien und anderes abhandeln kann, die Art und Weise widerspiegelt, in der diese Lebensbereiche voneinander abhängen und zusammenwirken, so dass es nicht mehr möglich ist, sie als voneinander getrennte wahrzunehmen. Aus diesem

---

24 In welcher Weise die neo-tribalistischen und fundamentalistischen Tendenzen als Resultat der Globalisierung und nicht als Überbleibsel einer früheren Epoche angesehen werden müssen, beleuchtet Zygmunt Bauman: *Globalization. The Human Consequences.* New York 1998. Dt.: Zygmunt Bauman: *Der Mensch im Globalisierungskäfig.* Frankfurt a. M. 2001.

Grund gibt es nicht nur keinen Bereich des Lebens, der frei von den Auswirkungen der Globalisierung wäre, sondern alle Bereiche des Lebens sind in so enger Weise miteinander verbunden, wie es früher unvorstellbar gewesen wäre. Stimmen unsere ethischen Vorstellungen mit dieser neuen Realität überein? Unsere ethischen Systeme haben sich in einer früheren Zeit herausgebildet, als das Ausmaß der Probleme sich sehr von dem unterschied, dem wir heute gegenüberstehen. Auch die technologischen Mittel, die uns zur Verfügung stehen, um diese Probleme anzugehen, haben sich im Vergleich zu früher sehr verändert, als unterschiedliche Aspekte unseres Lebens viel leichter auseinander gehalten werden konnten, wie auch das Leben einer Gruppe von Menschen in einem Teil der Welt völlig getrennt vom Leben in einem anderen Teil der Welt verlaufen konnte. Wenn heute die Bedürftigen in einem Teil der Welt Hilfe von uns allen erhoffen, dann können wir uns nicht mit Entfernung entschuldigen. Wir haben jedoch andere Entschuldigungen gefunden.

Die Hauptrichtung der Moralphilosophie möchte uns davon überzeugen, dass die philosophische Aufgabe angesichts der Gesichter des Hungers darin besteht, festzustellen, »*wer* dazu verpflichtet (oder nicht verpflichtet) ist, für *wen* auf *welche* Weise tätig zu werden«.[25] Dieser Ansatz ist jedoch verfehlt, und das nicht nur, weil es für die Globalisierung, zumindest so wie wir sie kennen, charakteristisch ist, dass keine Institutionen existieren, die dazu da wären, sie zu regulieren oder sich um ihre Fehlentwicklungen zu kümmern. Die Schwierigkeit hat mit dem hier vorherrschenden Verständnis von Verantwortlichkeit zu tun, insbesondere mit der Auffassung von Verantwortung als Rechenschaftspflicht; daraus ergibt sich letzten Endes eine eher auf das Recht bezogene Konzeption von Verantwortung, anstatt einer ethischen, wie Levinas sie vorschlägt, in der ich für alle verantwortlich bin und in der es keine mildernden Umstände gibt. Die Rede von der Rechenschaftspflicht ist häufig nur ein Mittel, sich der Verantwortung zu entziehen. Rechenschaftspflicht betrifft diejenigen Handelnden, die die Situation herbeigeführt haben oder diejenigen, die zugestimmt oder sich vertraglich verpflichtet haben, sich um die Situation zu kümmern, und auch das nur, wenn ihnen Mittel zur Verfügung stehen, wirksam einzugreifen. Hieraus ergibt sich jedoch ein dreifaches Problem. Zunächst scheint der Versuch, festzustellen, wer für das Welthungerproblem verantwortlich ist, indem er es herbeigeführt hat und aufrecht erhält, vergeblich zu sein. Daraus ergibt sich, dass das Problem im rechtlichen Sinn, zumindest aus dieser Perspektive, als »nicht zurechenbar«[26] bezeichnet wird. Zweitens, selbst wenn man zugesteht, dass bestimmten Nationen und internationalen Konzernen ausreichende

---

25 Onora O'Neill: *Bounds of Justice*. Cambridge 2000. 117.
26 Vgl. Rüdiger Buttner: »Morality and World Hunger«. In: *Metaphilosophy*, vol. 32 (2001), Nr. 1/2. 31.

Mittel zu Verfügung stehen, um auf das Problem einzuwirken, so können sie doch gesetzlich daran gehindert sein, etwas zu tun, außer auf symbolische Weise, was wenig mehr darstellt als eine Geste guten Willens. Wie allgemein angenommen wird, regieren nationale Interessen das politische Vorgehen einer Nation, so dass es für angemessen gehalten wird, wenn Entwicklungshilfe, wie zurzeit, größtenteils PR-Interessen dient und als Instrument zur Manipulation der Regierungen armer Länder eingesetzt wird. Drittens ergibt sich die Frage der Durchsetzung rechtlicher Regelungen: Wer wird in der Lage sein, dem Gesetz Geltung zu verschaffen, wenn die Täter denn identifiziert wurden?[27] Genau aus diesem Grund lassen viele Kantianer die Rechte der Hungernden außer Acht und konzentrieren sich auf eine Verpflichtung, den Bedürftigen zu helfen. So wird daraus eine Frage danach, wer gerecht oder ungerecht handelt, und in der Konsequenz wird das in strengem Sinne Ethische durch ein legalistisches Modell unkenntlich gemacht. Mit anderen Worten scheint im Rahmen der zeitgenössischen analytischen Moralphilosophie der Schwerpunkt der Diskussion hauptsächlich dort zu liegen, wo es darum geht, Handelnde zu identifizieren, die sowohl verpflichtet bzw. beauftragt wie auch mit Mitteln versehen sind, die Probleme des weltweiten Hungers und der weltweiten Armut in Angriff zu nehmen. Sicherlich ist das nicht unwichtig. Ganz im Gegenteil. Aber solange es nicht gelingt, diese Handelnden zu identifizieren, befinden wir uns in einer Sackgasse – und genau dort befindet sich gegenwärtig die Moralphilosophie anglo-amerikanischer Tradition, allenfalls Thomas Pogge und Peter Singer stellen hier Ausnahmen dar.

Mir scheint, dass das philosophische Vorhaben neu gefasst werden muss. Als erstes müssen wir geltend machen, dass wir uns in einer neuen Situation befinden. Dies können wir, indem wir die Darstellung der Globalisierung mit unserer Wahrnehmung des ethischen Problems verbinden. Ein hungerndes Kind in einem weit entfernten Land erweist sich als nicht mehr so weit entfernt. Wenn Globalisierung bedeutet, in einer Welt zu leben, in der die Begriffe fern und nah, Fremder und Nachbar für uns nicht mehr dieselbe Bedeutung haben wie einst, da alle erkennbar derselben Sphäre zugehören, dann bildet der Hunger derjenigen, die an den äußersten Rand gedrängt wurden, die grundlegende Referenz. Dies verlangt nach einer Umwälzung unseres ethischen Denkens, eine Umwälzung, die uns ermöglicht, das am äußersten Rand Befindliche als Zentrum anzusehen, insofern das gegenwärtige System verurteilt ist durch die Opfer an unnötig vergeudeten Leben, die die Globa-

---

27 Aus diesem Grund ist eine internationale Gerichtsbarkeit an sich wenig vertrauenswürdig, solange es nur eine Supermacht gibt, da es diese Supermacht ist, die tatsächlich das Gesetz von einer Position außerhalb des Gesetzes aus durchsetzt. Dies ist schlimmer als ein Gesetz für die Reichen und ein anderes für die Armen: Es handelt sich dann um ein Rechtssystem, in dem ein Beteiligter sich selbst Immunität gegenüber dem Gesetz einräumen kann.

lisierung in ihrem unmöglichen Versuch zurücklässt, den Luxusbedarf des Westens zu befriedigen.

Während Levinas in »Säkularisierung und Hunger« vorbringt, der Hunger des Anderen wecke die Menschen aus ihrer satten Schläfrigkeit und ernüchtere sie von ihrer Selbstgefälligkeit,[28] nähert er sich in der aus derselben Zeit stammenden Vorlesung »Gott und die Onto-Theologie«, die sehr ähnliche Themen abdeckt, der Frage, wer Anteil nehmend mit den Hungernden Mitleid empfinden kann, auf etwas andere Weise. Levinas führt aus, dass der Übergang von der Erinnerung an den Hunger zum Mitleid mit den Hungernden eine nicht übertragbare Verantwortlichkeit zum Ausdruck bringt, die diejenigen individuiert, die die Hungernden nicht verstehen und die, indem sie vor ihrer Verantwortung fliehen, vor sich selbst fliehen.[29] Es geht hier, wie Levinas in der Vorlesung hervorhebt, nicht, wie in seinem Aufsatz, um diejenigen, die angesichts der Hungernden zum Handeln bewegt werden, sondern um diejenigen, die nicht dazu aufgeweckt werden. Er zielt hier darauf ab, das Mitleid für die Hungrigen als natürliches Gefühl desjenigen, der einst selbst Hunger gehabt hat, von der Stellvertretung als »Bruch mit der mechanischen Solidarität, die in der Welt [...] üblich ist«[30] zu unterscheiden. Sogar wenn ich vor meiner Verantwortung für die Hungernden fliehe, verwandelt die Stellvertretung, als ursprüngliche Verantwortung, die Art und Weise, in der die Frage nach der moralischen Verantwortlichkeit kollektiv Handelnder gestellt werden kann. Konkret manifestiert sie sich in der Anerkennung dessen, dass mich das Leiden anderer etwas angeht und dass es all meine Handlungen durchdringt.

Stellvertretung ist jene seltsame Asymmetrie, durch die ich selbst für alle einstehen kann – ich versetze mich selbst gewissermaßen an ihre Stelle –, aber gleichzeitig nicht darauf bestehen kann, dass andere ebenso handeln, nur weil ich es tue. Sie ist das, was Großzügigkeit und Mitleid möglich macht.[31] Stellvertretung ist demnach eine universale Verfasstheit, aber eine, die deutlicher hervortritt, wenn sie die Trennungen durchbricht, die die Welt in Arme und Reiche, in Satte und Hungrige teilen, als wenn sie sie in entgegengesetzte politische Gruppen einzwängt. Daher scheint Levinas der Kultur der Unterdrückten, wie sie im Judentum in der Erinnerung an die ägyptische Versklavung gefunden werden kann, gegenüber der tatsächlichen Erfahrung der Unterdrückung den Vorzug zu geben. In »Gott und die

---

28 Emmanuel Levinas: *Sécularisation et Faim*. A.a.O. 109.
29 Emmanuel Levinas: *Dieu, la Mort et le Temps*. A.a.O. 197. Dt.: Emmanuel Levinas: *Gott, der Tod und die Zeit*. A.a.O. 183.
30 Emmanuel Levinas: *Dieu, la Mort et le Temps*. A.a.O. 199. Dt.: Emmanuel Levinas: *Gott, der Tod und die Zeit*. A.a.O. 184 f.
31 Vgl. Robert Bernasconi: »To What Question is ›Substitution‹ the Answer?« In: Simon Critchley und Robert Bernasconi (Hrsg.): *The Cambridge Companion to Emmanuel Levinas*. Cambridge 2002. 234-251.

Onto-Theologie« wird dies sichtbar, wenn Levinas darauf besteht, dass »die europäischen Werte absolut exportierbar«[32] sind. Die Frage danach, welche Rolle der Gedanke einer Erinnerung an das Leiden in Levinas' Denken spielt, kehrt hier mit voller Kraft wieder. Versucht Levinas das Eigentum an dieser Erinnerung für eine bestimmte Kultur zu reklamieren? Levinas' Rhetorik legt diese Möglichkeit leider hin und wieder nahe. Der Westen wird von ihm noch in dem Moment privilegiert, in dem er mahnt, dass von all den Werten, die er so bereitwillig exportiert, einzig das Mitleid sich noch nicht abgenutzt hat.[33]

Das Welthungerproblem stellt sich für uns weder als ausschließlich ethisches, noch als ausschließlich politisches dar. Das Problem ist so umfassend, dass diejenigen, die darauf handelnd einwirken können, im weitesten Sinn ökonomische oder politische Mächte sind. Der mangelnde politische Wille, sich mit dem Problem zu befassen, muss jedoch durch die Anerkennung unserer ethischen Verantwortlichkeit herausgefordert werden. Die Globalisierung stellt ein totalisierendes System gegenseitiger Abhängigkeiten dar. Gewiss strebt das analytische Denken danach, die Verbindungen zu unterbrechen, so dass Institutionen unter dem Aspekt eng definierter Rollen gesehen werden, die es ausschließen, breiter angelegte Rollen zu übernehmen, ebenso wie jeder von uns als isoliertes Individuum gesehen wird, ohne Bezugnahme auf die Bande, die uns mit der übrigen Menschheit verknüpfen. Soweit jedoch meine ethische Verantwortlichkeit, wie sie in meiner Antwort auf Leid und Armut hervortritt, unabhängig von jeder rechtlichen Verpflichtung zu mir gehört, geht sie auf all die Institutionen über, an denen ich beteiligt bin. Globalisierung bedeutet, dass Nationalstaaten nicht mehr allein ihren Bürgern verantwortlich sind und dass multinationale Konzerne nicht mehr allein ihren Aktionären verantwortlich sind. Jeder ist allen gegenüber verantwortlich. Anzeichen dafür kann man bereits im Internationalen Strafgerichtshof und in den Vereinten Nationen erkennen, und auf unheilvollere Weise in der Rechtfertigung des Präventivkriegs durch die Regierung Bush. Darin besteht die Zweideutigkeit der gegenwärtigen Situation, mit der wir uns auseinandersetzen müssen.

Gewiss hängt – aus einer Levinas'schen Perspektive – meine ethische Verantwortung für den weltweiten Hunger nicht von der Tatsache ab, dass wir heute in einer Welt leben, die die Mittel besitzt, dieses Problem anzugehen, ebenso wenig wie sie davon abhängt, dass mir aufgewiesen wird, dass ich es verursacht habe, oder selbst davon, dass mir gezeigt wird, dass ich direkt oder indirekt davon profitiere. In *Totalität und Unendlichkeit* zitiert Levinas den Rabbi Yochanan: »Die Menschen ohne Nahrung zu lassen – das ist ein Vergehen, das kein Umstand mildert; die Un-

---

32 Emmanuel Levinas: *Dieu, la Mort et le Temps*. A.a.O. 190. Dt.: Emmanuel Levinas: *Gott, der Tod und die Zeit*. A.a.O. 178.
33 Emmanuel Levinas: *Sécularisation et Faim*. A.a.O. 109.

terscheidung zwischen willentlich und unwillentlich findet hier keine Anwendung.« Levinas kommentiert: »Angesichts des Hungers der Menschen gibt es für die Verantwortung nur ein ›objektives‹ Maß. Die Verantwortung kann nicht abgewiesen werden.«[34] Daran ändert die Globalisierung nichts. Vielmehr bestätigt die Globalisierung, indem sie mir das Leid eines anderen, dem ich antworte, unmittelbar zugänglich macht, genau diese Verantwortung. Und die Tatsache, dass wir in einer Welt leben, die über die Mittel verfügt, den weltweiten Hunger zu bekämpfen, lässt neue politische Verpflichtungen entstehen, wobei dieser Begriff des ›Politischen‹ ebenso eigentümlich für Levinas ist wie sein Verständnis des Ethischen. Es handelt sich nicht um das Politische im Gegensatz zum Privaten oder Sozialen oder Ökonomischen. Als Hinweis darauf, inwiefern Hunger ein Problem darstellt, das angegangen werden könnte, möchte ich bemerken, dass die Vereinigten Staaten für die angekündigten Verteidigungsausgaben dieses Jahres (eine Ankündigung, die sicherlich überschritten wird), in diesem Jahr einem Fünftel der Weltbevölkerung einen Dollar pro Tag geben könnte. Das hört sich vielleicht nicht nach viel an. Aber gegenwärtig leben diese 1,2 Milliarden Menschen von weniger als einem Dollar am Tag.

In Zeiten des Krieges werden unschuldige Zivilisten anderer Länder geopfert, um das Leben der eigenen Soldaten zu schützen: Sie werden als Kollateralschäden betrachtet. Alle Menschen gelten angeblich als gleich, aber Menschenleben werden nicht als gleich wertvoll beurteilt. Es ist auch nichts Neues an dem Paradox, genau diejenigen zu töten, die man befreien will: Es ist z.B. Teil des Projekts, die Bevölkerung dazu zu zwingen, frei zu sein. Aber diesmal scheint es sich beim gleichzeitigen Verteilen von Lebensmittel-Päckchen und Bomben nicht nur um die Schlacht um die Herzen und Köpfe der Zivilbevölkerung zu handeln, wie sie militärische Projekte immer begleitet. Ungleich verteilter Wohlstand ist für die »Koalition der Willigen« von wesentlicher Bedeutung für das Wirtschaftssystem, das der Globalisierung zu Grunde liegt; auf diese Weise gilt Armut, ein relativer Begriff, als notwendige Warnung für jedes Individuum oder jedes Land, das nicht fleißig oder vernünftig genug ist. Hunger allerdings unterscheidet sich davon, wie Levinas erkannte. Hunger ist das Absolute, das weder das Individuum noch die Nation beurteilt, sondern jeden von uns, ebenso wie das System, von dem wir profitieren. Jeder Hungertod stellt eine ernsthaftere Niederlage dar als das Versagen der raffiniertesten Bomben. Liegt das nicht daran, dass das Verhungern ein Eingeständnis der Grenzen der neuen Weltordnung der Globalisierung darstellt? Aber ebenso wie die Globalisierung per Definition nicht dulden kann, dass Teile der Welt sich ihren angeblichen Segnungen verweigern, kann sie auch den Hungertod nicht als normalen

---

34 Emmanuel Levinas: *Totalité et infini*. Den Haag 1961. 175. Dt.: Emmanuel Levinas: *Totalität und Unendlichkeit*. Freiburg, München 1987.

Lauf der Dinge akzeptieren. Die Aufgabe, die vor uns liegt, besteht darin, Wege des Denkens zu entwickeln, die dazu in der Lage sind, beständige Aufmerksamkeit auf die Verantwortung des Systems zu richten und auf die Institutionen – sowohl des Staates wie der Wirtschaftsunternehmen –, die dieses System aufrecht erhalten, auf unsere eigene Komplizenschaft mit dem System, und auf unsere Bemühungen, es umzuwandeln, wo es versagt. Aber dies zu sagen bedeutet einfach, eine der Möglichkeiten herauszuheben, wie Transzendenz im Sinne Levinas' heute für Philosophen konkret wird.

(Aus dem Englischen übersetzt von Thomas Bauer)

Dorothee C. von Tippelskirch

»Nicht mit leeren Händen...« (Ex 23,15)
Von der maßlosen Verantwortung und der Begrenzung meiner Pflichten

Mephistopheles:
Wo fehlt's nicht irgendwo auf dieser Welt?
Dem, dies, dem das, hier aber fehlt das Geld.
Vom Estrich zwar ist es nicht aufzuraffen;
Doch Weisheit weiß das Tiefste herzuschaffen.
In Bergesadern, Mauergründen
Ist Gold gemünzt und ungemünzt zu finden,
Und fragt ihr mich, wer es zutage schafft:
Begabten Manns Natur- und Geisteskraft.

Kanzler:
Natur und Geist – so spricht man nicht zu Christen.
Deshalb verbrennt man Atheisten,
Weil solche Reden höchst gefährlich sind.
Natur ist Sünde, Geist ist Teufel,
Sie hegen zwischen sich den Zweifel,
Ihr mißgestalt Zwitterkind.

(Goethe, Faust II, 1. Akt)

Das Geld – Muß man so konkret beginnen, wenn es um die Forderung nach Gerechtigkeit geht?

Das Geld – »Begabten Manns Natur- und Geisteskraft«, diese beiden von Goethe vorgestellt als fürsorgliches, sich in zeitgemäßer Manier die Erziehungsaufgaben teilendes Elternpaar des Zwitterkinds, des Zweifels – nichts für Christen? Teuflisches Zeug, womöglich gar identifiziert als des jüdischen Manns Natur- und Geisteskraft? Das Geld, die Kohle, der Haufen – ein Schmuddelthema, dessen anale Provenienz wohl noch dem erklärten Gegner der Psychoanalyse sofort einleuchtet? Was hätte Gott damit zu tun?

Emmanuel Levinas hat 1986 aus Anlass des 25jährigen Jubiläums der »Caisse d'épargne en Belgique« gesprochen. Dieser kurze Text wurde unter dem Titel »Socialité et argent«[1] veröffentlicht und in den *Cahiers de L'Herne* wiederabgedruckt. In der Einführung findet sich ein Satz, den ich als grundlegend für meine folgenden Ausführungen betrachte: »Aber es ist vielleicht weder unmöglich noch unnütz, über einige ›Dimensionen‹ nachzudenken, die das Geld im moralischen Bewußtsein des Europäers zeichnet oder gräbt oder offenlegt, dessen Grundzüge auf die biblische Inspiration und das griechische Denken sowie deren Geschick im Schoß der jüdisch-christlichen Zivilisation und ihrem Festhalten an der *ratio* zurückgehen.«[2]

Dies ist nicht der Ort, um die Frage der jüdisch-christlichen Zivilisation zu behandeln. Der Judentum und Christentum verbindende Gedankenstrich suggeriert eine Nähe zwischen diesen beiden, die durch das, was man gemeinhin das christliche Abendland nennt, und insbesondere von den Christen in Deutschland des vergangenen Jahrhunderts derart verraten wurde, dass wir uns nicht länger täuschen, unsere Augen nicht länger verschließen können angesichts der Differenz zwischen den jüdischen Traditionen auf der einen und den christlichen Traditionen auf der anderen Seite.

Ich werde mich vor allem an die »biblischen Inspirationen der Grundzüge des moralischen Bewusstseins des europäischen Menschen« halten, von denen Levinas zu Beginn seines Textes gesprochen hat. Das kann nicht ohne Auswirkungen auf diesen Text bleiben, er wird weniger systematisch, stärker narrativ geprägt sein, und zwar auf eine sehr spezielle und vielleicht nicht leicht zugängliche Art und Weise.

---

1 Emmanuel Levinas: *Socialité et argent*. In: Emmanuel Levinas: *Editions de l'Herne*. Hg. von Cathérine Chalier, Miguel Abensour. Paris 1991. 134-138.
2 Emmanuel Levinas: *Socialité et argent*. A.a.O. 134.

1 Transaktionen: Aneignung oder Zuflucht?

Im ersten Teil seiner damaligen Rede sprach Levinas von einer bestimmten Funktionsweise des Geldes als einer Vermittlung, »médiation par excellence«: »›Das Unterscheidungsmerkmal und sein bleibender Wert bestehen in der Möglichkeit [...] gegen alle Dinge und alle Dienste getauscht zu werden‹, um sogleich zu unterstreichen, daß es sich nicht um die vollzogene Besitznahme als solche handele, sondern um [...] ›die Möglichkeit oder das Vermögen, in einen Besitz überzugehen‹.«[3]
Diese Möglichkeit oder dieses Vermögen öffnet den Raum für eine ebenso befremdliche wie bemerkenswerte Zweideutigkeit des Menschlichen. Der Mensch findet sich dank des Geldes gewissermaßen in der Position, ausgestattet mit der Möglichkeit und der Macht, sich Dinge und Dienste anzueignen, sie in Besitz zu nehmen, zu konsumieren, bis hin zur Aneignung des arbeitenden Menschen selber. Doch diese Situation des Tauschs bedeutet schon eine sozusagen unsichtbare stille Begegnung: »Der Mensch wird Zuflucht genommen haben bei einem anderen Menschen«.[4] Aus dem Käufer von Gütern oder Dienstleistungen ist einer geworden, der gerufen wurde und einem anderen begegnet ist, »der ihn schon stillschweigend anspricht und dem er Antwort gibt«.[5]
Levinas erinnert an die Friedenserklärung im hebräischen Alltagsgruß: Schalom, an den Glückwunsch im »bonjour«. Ich möchte an einen anderen Ruf erinnern, den Levinas in seinem Werk wiederholt herbeizitiert hat: an den Ruf, Anrufung und Berufung, dessen Charakteristikum darin besteht, immer schon unhörbar ergangen zu sein, und das Subjekt in denjenigen verwandelt zu haben, der seither zu der einzig möglichen Antwort verpflichtet ist: *Hinenni*. Der biblische Ausdruck ist im Französischen in dem »Me voici« wiederzugeben, während der deutschen Sprache eine Entsprechung zu fehlen scheint, »hier bin ich/sieh mich«.
»Im Geld« sei, so meint Levinas, diese zwischenmenschliche Nähe »von einem Einzigartigen zu einem anderen Einzigartigen, von fremd zu fremd«[6] nicht zu vergessen, die aus jener Asymmetrie kommt, in der sich das Subjekt immer schon verwandelt findet in einen, der angesprochen wurde und seither die Verpflichtung zur Antwort trägt. Er hat den anderen nicht herannahen gesehen, es gab keine vorhergehende Distanz, die den Blick, das Urteil und schließlich Flucht und Entschuldigungen hätte gestatten können. Levinas beschreibt diese Situation wie eine Berufung, wie sie uns mehrfach in der Bibel berichtet wird und auf die Abraham, der Patriarch (Gen 22, 1.11), ebenso wie Mose, der Überbringer der Tora (Ex 3, 4),

---

3 Emmanuel Levinas: *Socialité et argent*. A.a.O. 134.
4 Emmanuel Levinas: *Socialité et argent*. A.a.O. 135.
5 Emmanuel Levinas: *Socialité et argent*. A.a.O. 135.
6 Emmanuel Levinas: *Socialité et argent*. A.a.O. 135.

wie Jesaja, der Prophet (Jes 6, 8), wie Samuel, der Prophet und Richter im Haus des Priesters Eli (1 Sam 3, 4f.6.8.16), die nämliche Antwort gaben: *Hinneni, me voici*. Jesaja fügt hinzu: »Sende mich«, was gemäß dem Kommentar von Levinas in dem »hier bin ich/sieh mich« in jedem Fall bereits impliziert wäre.[7] Der Begriff der Erwählung empfängt ihm zufolge seine Bedeutung von einer derartigen Berufung, die sich dem Berufenen absolut zwingend auferlegt: »Beanspruchung des Selben durch den Anderen mitten in mir, extremer Druck des Gebotes, das durch den Anderen in mir auf mich einwirkt, traumatischer Einfluss des Anderen auf den Selben, der unter einem solchen Druck erfolgt, dass er dem Selben keine Zeit lässt, den Anderen zu erwarten. Durch diese Alteration beseelt die Seele das Subjekt [...] Alteration ohne Entfremdung oder: Erwählung. [...] Auf dieses unnachgiebig zwingende Gebot ist die einzige Antwort: ›hier, sieh mich‹, bei der das Pronomen ›ich‹ im Akkusativ steht, gebeugt schon vor jeder Beugung, besessen durch den Anderen, krank, identisch. Hier, sieh mich – Sagen der Inspiration, die nicht die Gabe schöner Worte oder Gesänge ist. Zwang zum Geben, mit vollen Händen, und folglich zur Leiblichkeit.«[8]

Es ist kaum möglich, über diesen Text nachzudenken, ohne an Jacques Derridas Kommentar in »En ce moment même dans cet ouvrage me voici«[9] zu erinnern. Seine Auslegung ist im Folgenden zu allgegenwärtig, um das dort Gelernte jeweils eigens kenntlich zu machen.

Levinas gibt eine genaue Beschreibung der Belebung des Subjekts, seiner Genese: den traumatischen Eintritt des Anderen in den Selben, der aus dem Substantiv einen Akkusativ macht, gebeugt wie unter der Last einer Schuld, einer wachsenden Schuld. Von nun an wird das Subjekt dazu verpflichtet worden sein, mit vollen Händen zu geben. Er widerspricht ausdrücklich einer Neigung, hier zu spiritualisieren, wie sie für das Christentum so prägend geworden ist: Es handelt sich nicht um die trostreiche Sättigung derer, »die hungern und dürsten nach Gerechtigkeit« (Mt 5, 6), sondern um den quälenden Hunger des bedürftigen Elenden, der sich an mich gewandt hat. Für ihn gilt wie für Gott selber: »Man soll nicht mit leeren Händen vor meinem Angesicht erscheinen.« In der Übersetzung von Buber und Rosenzweig: »Nicht soll man spendenleer mein Antlitz sehn.« Bei M. Luther lautet die Stelle: «Erscheinet aber nicht leer vor mir.« (Ex 23, 15)

---

7 Emmanuel Levinas: *Jenseits des Seins oder anders als Sein geschieht*. Freiburg, München 1992. 320, Fußnote 11.
8 Emmanuel Levinas: *Jenseits des Seins*. A.a.O. 310 f.
9 Vgl. Jacques Derrida: »En ce moment même dans cet ouvrage me voici«. In: F. Laruelle (Hrsg.): *Textes pour Emmanuel Lévinas*. Paris 1980. 28-30. Dt. Jacques Derrida: »Eben in diesem Moment in diesem Werk findest du mich«. Übers. von E. Weber. In: M. Mayer/M. Hentschel (Hrsg.): *Levinas. Zur Möglichkeit einer prophetischen Philosophie*. Parabel (Schriftenreihe des Evangelischen Studienwerks Villigst) Bd. 12. Gießen 1990. 42-83.

Dieser Vers findet sich inmitten der Kapitel vom Bundesschluss am Sinai. Das Gebot, vor Gott nicht spendenleer, nicht ohne Gabe zu erscheinen, steht in unmittelbarer Nachbarschaft einer Fülle von straf- und zivilrechtlichen Bestimmungen, unter Einbeziehung von Regeln für den Entschädigungsfall sowie allerart Verfahrensregeln, die eine ordentliche Rechtsprechung sicherstellen sollen. Dem besonderen Schutz unterstellt werden die Witwen und Waisen, die Minderheit, die Armen und Bedürftigen, der Feind und Hasser, der Bewährte, der Gastsasse.

Erst im engeren Umfeld geht es um die nicht-alltägliche, sondern die heilige Zeit: das siebte Jahr – Schabbat, Ruhejahr für das Land: »...dass essen die Dürftigen deines Volks und ihren Überbleib esse das Wild des Feldes«[10] und den Tag des Schabbat mit der Begründung: »damit ausruhe dein Ochs und dein Esel und eratme der Sohn deiner Magd und der Gast.«[11] Es sieht so aus, als reihte sich Gott in die Reihen dieser Schutzbedürftigen ein. Wie den Armen nicht mit leeren Händen gegenüber zu treten ist, so auch ihm nicht, womit der Boden da ist, auf dem sich die spätere neutestamentliche Umkehrung hält, an die Levinas wiederholt erinnert hat: »Wiefern ihr es einem dieser meiner geringsten Brüder (nicht) getan habt, habt ihr es (auch) mir (nicht) getan.«[12]

Die Vorordnung des Materiellen im Umgang mit Mensch und Gott gehört der zeitlichen Ordnung der Berufung an, von der wir vorhin sprachen. Der Bundesschluss erfolgt auf die Antwort des Volkes hin: »Mosche nahm die Urkunde des Bundes, er las in die Ohren des Volks. Sie sprachen: Alles, was Er geredet hat, wir tuns, wir hörens!«[13]

Das Tun geht dem Hören voraus. Eben dies kennzeichnet das »Passieren des Unendlichen«, von dem Levinas, hier sich auf den Propheten Jesaja beziehend, spricht: »Als Gehorsam, der dem Hören des Befehls vorausgeht, ist der Anachronismus der Inspiration oder der Prophetie [...] paradoxer als die Vorhersage der Zukunft durch ein Orakel. ›Bevor sie rufen, werde ich antworten‹ – eine Formulierung, die buchstäblich zu nehmen ist. Bei der Annäherung an den Anderen bin ich zum Zeitpunkt des verabredeten Treffens immer zu spät.«[14]

»Zu spät«: Wie der Spiritualisierung widerspricht Levinas auch einer Ästhetisierung der notwendigen Antwort. Es geht nicht um die »Gabe schöner Worte oder Gesänge«.[15] In diesem Kontext geschieht etwas Interessantes. In dem Moment, in dem die Antwort zur Körperlichkeit verpflichtet, gleitet die Berücksichtigung des Geschlechts auf sehr diskrete Weise in den Text.

---

10 Ex 23, 11.
11 Ex 23, 12.
12 Mt 25, 40.45.
13 Ex 24, 7.
14 Emmanuel Levinas: *Jenseits des Seins*. A.a.O. 329 f.
15 Emmanuel Levinas: *Jenseits des Seins*. 311.

Ich wiederhole noch einmal einen Teil des Zitats: »Auf dieses unnachgiebig zwingende Gebot ist die einzige Antwort: ›hier, sieh mich‹, bei der das Pronomen ›ich‹ im Akkusativ steht, gebeugt schon vor jeder Beugung, besessen durch den Anderen, krank, identisch.« Levinas hat dem Adjektiv ›krank‹, das jenes vom Anderen besessene Ich zeichnet, eine Fußnote beigefügt, die den Leser auf das Buch *Schir Haschirim*, das Hohelied der Liebe verweist. An zwei Stellen spricht dieser Text von der »Krankheit der Liebe«,[16] – derjenige, der spricht, ist in beiden Fällen die Frau, die zu spät gekommen ist, um dem Geliebten zu öffnen: »Ich öffne, ich meinem Minner, – mein Minner ist abgebogen, hinweg. Meine Seele geht aus, seiner Rede nach, ich suche ihn, nicht finde ich ihn, ich rufe ihn, nicht entgegnet er mir. Mich finden die Wächter, die in der Stadt einherziehn, sie schlagen mich, verwunden mich, meinen Burnus heben sie mir ab, die Wächter der Mauern. Ich beschwöre euch, Töchter Jerusalems, findet ihr meinen Minner, was wollt ihr ihm melden? Daß ich krank vor Liebe bin.« [17]

Die Möglichkeit, mit vollen Händen zu geben, wie die Möglichkeit, den zu tragen, mit dem ich weder »selber schwanger gewesen« bin noch den ich »selber [...] gezeugt« habe, und von dem doch biblischer Aussage gemäß gilt: »Trags an deinem Busen, wie der Wärter den Säugling trägt«,[18] diese Möglichkeiten, zu tragen und zu geben, stünden nicht allein den Frauen offen, aber sie sind verknüpft mit einer weiblichen Stimme und einem der Attribute Gottes, das ihn als Barmherzigen bezeichnet.

In einer seiner Talmud-Lektüren, »Les dommages causés par le feu«,[19] über den Traktat *Baba Qamma* 60a-60b hat Levinas an die Ableitung des Wortes *Rakhmana*, der Barmherzige, von *Rekhem*, utérus, erinnert. Levinas erklärt: »*Rakhamim*, das ist die Beziehung des Uterus zum Anderen, dessen Entstehen sich in ihm vollzieht. *Rakhamim*, das ist die Mutterschaft. Gott ist barmherzig, das heißt: Gott, definiert durch die Mutterschaft. Ein weibliches Element ist am Grund dieses Er-

---

16 Hld. 2, 5; 5, 8.
17 Hld 5, 6-8. Zitiert nach der Übers. von Buber/Rosenzweig.
18 Emmanuel Levinas: *Jenseits des Seins*. A.a.O. 204f. Levinas bezieht sich hier auf Num 11,12, auf den Augenblick, wo Moses im Begriff ist, die Wüste zu durchqueren, sich vor Gott über »die Last des ganzen Volkes« beklagt, die auf »ihn geschickt ist«.
19 Emmanuel Levinas: »Cinquième leçon. Les dommages causés par le feu«. In: Emmanuel Levinas: *Du sacré au saint. Cinq nouvelles lectures talmudiques*. Paris 1977. 149-180. Hier zit. n. E. Levinas: »Die durch das Feuer verursachten Schäden«. In: D. C. v. Tippelskirch: »Lehre aus der Schmiede. Mit einem Text von Emmanuel Lévinas, Die durch das Feuer verursachten Schäden, Baba Qamma 60a-60b«. In: *Störenfriedels Zettelkasten. Geschenkpapiere zum 60. Geburtstag von Friedrich-Wilhelm Marquardt* (Hrsg. Ute Gniewoss u.a.). Berlin 1991. 126-160. Eine weitere Übersetzung liegt vor in: E. Levinas: *Vom Sakralen zum Heiligen. Fünf neue Talmud-Lesungen*. Aus dem Französischen von Frank Miething. Frankfurt a. M. 1998. 149-180. Siehe auch D. C. v. Tippelskirch: *Lehre aus der Schmiede. ›Wenn jemand einen Brand stiftet‹. Zur Talmudlektüre von Emmanuel Levinas*. Tübingen 1995.

barmens erregt. Dieses mütterliche Element in der göttlichen Vaterschaft ist äußerst bemerkenswert, wie im Judentum der Begriff einer zu begrenzenden »Männlichkeit« bemerkenswert ist; einer Männlichkeit, deren partielle Leugnung, die Steigerung einer gewissen Schwäche, welche ohne Trägheit wäre, vielleicht durch die Beschneidung symbolisiert wird«.[20]

Die Frage der Mutterschaft in Bezug auf die Weiblichkeit bedürfte einer eigenen Diskussion. Für unseren Kontext bedeutsam ist die Art und Weise, in der Levinas auf diese »befremdliche oder bemerkenswerte Ambiguität des Menschlichen« zurückkommt – zwischen dem Vermögen und der Macht und der Möglichkeit zur Begrenzung dieser Macht. Es geht dabei auch um die Ankunft eines bestimmten Moments, in dem »wir nicht mehr können können«, »in dem das Subjekt seine Herrschaft verliert«,[21] von dem Levinas seit dem Ende des Kriegs im Winter 1946/47 zu sprechen begonnen hat. Angesichts des Todes käme es zur »Umkehr der Aktivität des Subjekts in Passivität«,[22] die er im Folgenden präzisiert: »Das ist diese Passivität, wenn es keine Hoffnung mehr gibt. Das ist das, was ich das Ende der Mannhaftigkeit nenne.«[23]

Dem Autor von *Jenseits des Seins* schien es unmöglich, in seinem Werk alles über diese nicht flaue, nicht schlaffe Schwäche zu sagen. Unter dem Titel *Anders gesagt*, nachdem er das Buch beendet hat, kommt er in den letzten Zeilen auf diese menschliche Möglichkeit zurück, die genau genommen nicht unter die Möglichkeiten des Menschen zu rechnen wäre: »Für das bißchen Menschlichkeit, das die Erde ziert, braucht es eine Seinsschwäche zweiten Grades: *im gerechten Krieg, der gegen den Krieg geführt wird, unablässig zittern – ja schaudern – gerade um dieser Gerechtigkeit willen. Es braucht diese Schwäche. Es braucht dieses Schwachwerden des Mannhaften, das nicht Feigheit ist, für das bißchen Grausamkeit, das unsere Hände verweigert haben*. Diesen Sinn sollten die im vorliegenden Buch wiederholt gebrauchten Formulierungen andeuten, die Bezug nehmen auf die Passivität, die passiver ist als jede Passivität... In dieser Arbeit, die keineswegs unbrauchbar gewordene Begriffe zu restaurieren sucht, bleiben die Absetzung und die Entlassung des Subjekts aus seiner Stellung nicht ohne Bedeutung: Nach dem Tode eines bestimmten, die Hinterwelten bewohnenden Gottes deckt die Stellvertretung der Geiselschaft die Spur – als unaussprechliche Schrift – dessen auf, was, immer schon vergangen, immer schon ›Er‹, in keine Gegenwart eintritt und zu dem weder die Namen, die Seiende bezeichnen, noch die Verben, in denen ihr *Sein* erklingt, mehr

---

20 Emmanuel Levinas: *Die durch das Feuer verursachten Schäden*. A.a.O. 144.
21 Emmanuel Levinas: *Die Zeit und der Andere*. Übers. und mit e. Nachw. vers. v. Ludwig Wenzler. Hamburg 1984. 47.
22 Emmanuel Levinas: *Die Zeit und der Andere*. A.a.O. 45.
23 Emmanuel Levinas: *Die Zeit und der Andere*. A.a.O. 46.

passen – das vielmehr, selbst *Pro-nomen*, allem, was einen Namen trägt, sein Siegel einprägt.«[24]

Ich meine, hier liegt die Wiederkehr einer nun schon bekannten Struktur vor. Zuvor begegneten wir der Verpflichtung zur Körperlichkeit und seiner unmittelbaren Konsequenz: der sexuellen Differenz. Was will das heißen?

Erstens, es gibt eine Beziehung zum Anderen.

Zweitens, sie widerfährt dem Pro-nomen im Akkusativ und nicht im Nominativ.

Drittens, beschrieben wird eine materielle Beziehung, nicht eine spirituelle oder ästhetische, sondern eine materielle im Sinne der Materialität des Körpers – mit vollen Händen.

Und schließlich handelt es sich um eine Disposition, die sich einem weiblichen Aspekt der Passivität, aber vor allem des Geben-Könnens, einer Ordnung des göttlichen Erbarmens annähert.

Das ist die Struktur, von der wir auszugehen haben.

Parallel dazu haben wir einen Diskurs über die Schwäche, das, was Levinas »dieses Schwachwerden des Mannhaften, das nicht Feigheit ist« nennt, über die Schwäche eines Gottes, der allein als abwesender vorkommt. Das ist der Gott der biblischen Tradition, dessen Antlitz vom Menschen nicht gesehen wird,[25] von dem es bei Levinas heißt: er ist »immer schon vorübergegangen«. Diese Situation zwingt dazu, beim anderen Menschen Zuflucht zu suchen.

Die Zweideutigkeit im Menschlichen, für die Levinas sich interessiert hat, nimmt gewissermaßen die Tradition der rabbinischen Exegese auf, der zufolge die zwei Namen Gottes, *elohim* und *jhwh*, ihn in seinen verschiedenen Attributen bezeichnen. *Elohim*, Gott, ein Gattungsbegriff, der auszusprechen ist und, bezogen auf den Gott Abrahams, Isaaks und Jakobs, im Allgemeinen im Plural verwendet wird; ihm zur Seite steht von den ersten Seiten der Schöpfungserzählung an der unaussprechliche Eigenname Gottes, den das Tetragramm *jhwh* wiedergibt. Der mittelalterliche Kommentator Raschi hat die rabbinische Auffassung in seiner Erklärung des ersten Verses des ersten Buches der Bibel überliefert. »Gott schuf. *Elohim* und nicht *jhwh*. Die erste Intention hatte darin bestanden, die Welt der Gesetze der Gerech-

---

24 Emmanuel Levinas: *Jenseits des Seins*. A.a.O. 394 f.
25 Ex 33, 20. Gott beantwortet die Bitte des Mose: Lasse mich doch deine Erscheinung sehen! mit dem Satz: »Mein Antlitz kannst du nicht sehen, denn nicht sieht mich der Mensch und lebt.« Allerdings heißt er Mose danach, sich auf einen Felsen zu stellen und fährt fort: »Wann meine Erscheinung vorüberfährt, setze ich dich in die Kluft des Felsens und schirme meine Hand über dich, bis ich vorüberfuhr. Hebe ich dann meine Hand weg, siehst du meinen Rücken, aber mein Antlitz wird nicht gesehn.« (Ex 33, 22 f.). Der mittelalterliche Kommentator Raschi hat dieses »Sich von hinten Sehen Lassen« Gottes als Gebetslehre interpretiert, Gott habe Mose »den Knoten der Tefillin sehen lassen«. Siehe hierzu: D. C. v. Tippelskirch: *Liebe von fremd zu fremd... Menschlichkeit des Menschen und Göttlichkeit Gottes bei Emmanuel Lévinas und Karl Barth*. Freiburg, München 2002. 191-195.

tigkeit gemäß zu schaffen (*Elohim*, das ist der Name Gottes, der die Gerechtigkeit ausübt.) Aber Gott berücksichtigte, daß demnach die Welt es nicht verdiente, weiterhin zu existieren. Also wird Gott in der Folge der Barmherzigkeit den Vorrang einräumen (*jhwh*, das ist der Name Gottes, der die Barmherzigkeit betätigt) und sie mit der Gerechtigkeit assoziieren. Tatsächlich heißt es (Kap 2,4): Der Tag, an dem *jhwh elohim* die Erde und den Himmel machte.«[26]

Die allein nach den Gesetzen der Gerechtigkeit geschaffene Welt reicht nicht, nicht für ihren Lebensunterhalt. »Gott«, der in seiner Gerechtigkeit angesprochene Gott, war sich *bere'schit*, »im Anfang« dessen bewusst: die Welt würde es nicht verdienen fortzubestehen.

Es gibt demnach zwei Ebenen. Wenn wir die finanzielle Transaktion nehmen: eine Ebene, auf der das Tauschgeschäft auf irgendeine Weise angemessen ist (in einem gewissen ökonomischen Vokabular würde man wohl von der Äquivalentform sprechen); aber im Innern dieser gemessenen Gleichwertigkeit gibt es eine andere, asymmetrische Beziehung zwischen einem Subjekt und dem anderen, der das Subjekt schon angerufen hat und demgegenüber es sich verpflichtet sieht zu antworten: Hier bin ich. Sein Handeln ist schon verwandelt in Passivität, d.h. in die Verpflichtung über jedes Maß hinaus, mit vollen Händen zu geben.

Die finanzielle Transaktion verändert ihren Sinn: Es handelt sich nicht mehr um Aneignung und Besitznahme, sondern um die Verpflichtung, dem Bedürftigen zu geben.

2 Von der Politik: der lange Weg dieser langen Geduld

Im zweiten Abschnitt von *Socialité et argent* beschreibt Levinas unter dem Titel: »L'intéressement« die Homogenität, die das Geld einführt. Er wiederholt hier in gewisser Weise seine Kritik der Totalität aus *Totalité et infini*,[27] seine Kritik der »Bindung an das Existieren, das Ereignis des Seins, an das *esse* selbst«, und seine Kritik des »Interessiertseins als Immanenz«,[28] von der *Jenseits des Seins oder anders als Sein geschieht* seinen Ausgang nimmt. Die Kritik zielt auf den »conatus essendi« von Spinoza, »den Appetit zu existieren oder den Hunger zu sein«[29] als einen Egoismus. Vielleicht ist es hilfreich an die folgenden Sätze aus dem Beginn von *Jenseits*

---

26 Siehe Raschis Kommentar zu Gn 1, 1. Nach der Übersetzung von: *Pentateuch*. 5 Bände. Kommentiert von Raschi. Nach Haphtaroth und mit Targoum Ongelos. Frz. Übers. M. J. Bloch, M. I. Salzer, M. E. Munk, M. E. Gugenheim. Paris.
27 Emmanuel Levinas: *Totalität und Unendlichkeit. Versuch über die Exteriorität*. Übers. v. Wolfgang Nikolaus Krewani. Freiburg, München 1987.
28 Emmanuel Levinas: *Socialité et argent*. A.a.O. 135.
29 Emmanuel Levinas: *Socialité et argent*. A.a.O. 135.

des Seins zu erinnern: »Das Interessiertsein am Sein und das Interessiertsein des Seinsaktes selbst findet seinen dramatischen Ausdruck in den miteinander im Kampf liegenden Egoismen, im Kampf aller gegen alle, in der Vielfalt der gegeneinander allergischen Egoismen, die miteinander Krieg führen und auf diese Weise zusammen sind. Der Krieg ist der Vollzug [frz. *la geste*] oder das Drama des Interessiertseins am Sein.«[30]

Levinas stellte die Frage: »Würde nicht durch den Frieden, in dem die Vernunft herrscht und den unmittelbaren Zusammenstoß der Seienden unterbricht, das *Sein* sich umkehren in das dem *Sein* gegenüber Andere? [...] Doch dieser vernünftige Friede – Geduld und Ausdauer – er ist Berechnung, Vermittlung, Politik. Der Kampf aller gegen alle wird zur Tausch- und Handelsbeziehung.«[31]

Und etwas weiter: »Und doch muß man sich gleich hier schon fragen, ob nicht sogar die Differenz, die das *sein* im Krieg und das *sein* im Frieden scheidet – denn der Handel ist besser als der Krieg, denn das Gute hat im Frieden schon regiert – ob nicht sogar diese Differenz bereits jene *Atemlosigkeit des Geistes* oder den Geist mit angehaltenem Atem voraussetzt, in denen seit Platon das Jenseits-des-sein gedacht und zur Sprache gebracht wird. Und gleich hier muß man sich fragen, ob nicht jene Atemlosigkeit oder jenes Atemanhalten, die äußerste Möglichkeit des *Geistes* ist, der Sinn trägt über das *sein* hinaus, unabhängig vom *sein*.«[32]

Levinas wäre zweifellos der Letzte, die Differenz zwischen dem Sein im Krieg und dem Sein im Frieden nicht zu schätzen. Dennoch handelte es sich um eine Differenz, die nicht so leicht, wie manche glauben, wahrzunehmen wäre. In beiden Fällen spricht Levinas vom »sein« *[essence]*, d.h. es handelt sich in beiden Fällen immer noch um die Bindung an das Existieren, das Interessiertsein, um Egoismus. Dem gegenüber zielt er auf eine andere Differenz jenseits der genannten: Welche Differenz trennt sie beide vom *Schalom*? Oder um genauer zu sein: Welche Beziehung besteht zwischen dem Sein im Krieg und dem Sein im Frieden einerseits und dem *Schalom*, der »Atemlosigkeit des Geistes«, andererseits? Diese Atemlosigkeit des Geistes wird hier als Bedingung der Möglichkeit gedacht, zwischen dem Sein im Krieg und dem Sein im Frieden zu unterscheiden. Einerseits handelt es sich dennoch um den Kampf aller gegen alle, der sich nur verwandelt und zu Tausch und Kommerz wird. Andererseits ist es dennoch das Gute, das im Frieden schon regiert hat.

Diese Frage im Horizont der »Erinnerung oder Verheißung der biblischen Weisheit unseres alten Europa«,[33] von dem wir derzeit so viel hören, zu stellen, scheint

---

30 Emmanuel Levinas: *Jenseits des Seins*. A.a.O. 26.
31 Emmanuel Levinas: *Jenseits des Seins*. A.a.O. 27.
32 Emmanuel Levinas: *Jenseits des Seins*. A.a.O. 28.
33 Emmanuel Levinas: *Socialité et argent*. A.a.O. 136.

möglich, wenn wir eine Auslegung von Levinas von »L'Etat de César et l'Etat de David«[34] (1971) hinzuziehen. Bei der Frage nach dem Staat und seiner Funktion geht es eben um diese Trennung vom Sein im Krieg und dem Sein im Frieden.
Gleich zu Beginn spricht Levinas von der »Evangelien Formel: So gebet dem Kaiser, was des Kaisers ist, und Gott, was Gottes ist!«,[35] d.h. von der so genannten Zwei-Reiche-Lehre, die ein göttliches von einem irdischen Reich unterscheidet. Er nennt sie »cette indifférentisme politique«, politische Indifferenz, Gleichgültigkeit, wie sie für das Christentum charakteristisch sei.[36] Dieser Lehre stellt er eine andersgeartete Beziehung zwischen politischer Gewalt/Macht und göttlicher Ordnung entgegen, so wie er sie im Judentum konzipiert sieht. Sie gestattete es ein »Jenseits des Staats« zu ahnen, »ohne zu denken, dass der Staat ein überflüssiger Weg sei, sondern ein notwendiger, eben um zu einem Jenseits des Staats zu gelangen.«[37]
Eigentlich müssten wir viel ausführlicher als es mir möglich ist über zwei Fragen sprechen: erstens über die Beziehung zwischen dem Gesetz, der Tora und der Welt des Politischen und zweitens über die Rolle des Politischen in der Eschatologie. Ich werde versuchen, nur einige Linien für diese Reflexion zu ziehen ausgehend von den biblischen und rabbinischen Kommentaren im Text von Levinas.
In der Bibel ist das Verhältnis zwischen dem Gesetz/Tora und der Idee des Königtums im Prinzip ein kritisches. Die Ältesten in Israel wenden sich an Samuel: »Wohlan, du selber bist alt geworden, und nicht in deinem Weg gehen deine Söhne, – jetzt setze uns einen König, uns zu richten, gleichwies alle Erdstämme haben.«[38] Samuel versteht sofort, dass die Partikularität Israels zur Disposition gestellt wird, insofern in dieser Forderung das Regiment Gottes in Israel abgelehnt wird. Gott gebietet ihm, diese Forderung des Volks zu hören und zu beantworten mit dem Zeugnis und der Verkündigung des Königrechts (I Sam 8, 9), was Levinas als Ankündigung der Tyrannei unter der Herrschaf begreift: »Dies wird die Gerechtsame des Königs sein, der über euch gekönigt wird: Eure Söhne wird er nehmen, dass er sie für sich zu seinem Gefährt und zu seinen Reisigen versetze, dass sie vor seinem Gefährt herlaufen, und um sich Obre von Tausendschaften und Obre von Fünfzigschaften einsetzen zu können, – und um sein Pflugland zu pflügen, und seine Ernte zu ernten, um sein Kriegszeug und sein Fahrzeug zu machen. Und eure Töchter wird er nehmen zu Salbmischerinnen, zu Schlachtköchinnen, zu Bäckerinnen. Und eure Felder, eure Weingärten, eure Ölhaine, die besten, wird er nehmen und seinen Dienern geben, wird eure Saaten und eure Weingärten bezehnten [...], und eure

---

34 Emmanuel Levinas: »L'Etat de César et l'Etat de David«. In: Emmanuel Levinas: *L'au-delà du verset. Lectures et discours talmudiques.* Paris 1982. 209-220.
35 Mt 22,21.
36 Emmanuel Levinas: »L'Etat de César«. A.a.O. 209.
37 Emmanuel Levinas: »L'Etat de César«. A.a.O. 209.
38 I Sam 8, 5.

Dienstknechte und eure Mägde, eure Rinder, die besten, und eure Esel wird er nehmen [...] ihr selber werdet ihm zu Dienstknechten werden. An jenem Tag werdet ihr euch von eurem König losschreien wollen, den ihr euch erwählt habt, und ER wird euch nicht antworten an jenem Tag.«[39] Levinas kommentiert: »Es ist unmöglich, dem Staat zu entkommen.«[40]

Eine andere Stimme über das Staatswesen, das der König repräsentiert, verschafft sich Gehör im Gesetz für den König, wie es in der Tora geschrieben ist: »Wenn du in das Land kommst, das ER dein Gott dir gibt, es ererbst, darin siedelst, du sprichst: Ich will einen König über mich setzen, wie all die Stämme, die rings um mich sind, setze, einsetze über dich einen König, den ER dein Gott erwählt, aus dem Kreis deiner Brüder sollst du einen König über dich setzen... Nur: er soll sich nicht Rosse mehren, dass er nicht das Volk ägyptenwärts kehre, zum Zweck der Mehrung von Rossmacht... Auch mehre er sich Weiber nicht, dass sein Herz nicht abweiche, und Silber und Gold mehre er sich nicht überviel. Es sei: sowie er sich auf den Thron seines Königtums niederließ, schreibe er sich den Doppel dieser Weisung auf ein Buch..., das sei nun bei ihm, er lese darin alle Tage seines Lebens, damit er lerne, IHN seinen Gott zu fürchten, zu wahren alle Reden dieser Weisung und diese Gesetze, sie zu tun, dass keinesfalls sein Herz sich seinen Brüdern enthebe...«[41]

Levinas interpretiert den rabbinischen Umgang mit diesen beiden so grundverschiedenen Texten: Der Talmud Traktat *Sanhedrin* (20b) »präsentiert als königliches Vorrecht das, was im Text von I Sam 8 Machtmißbrauch ist«.[42] Im selben Traktat (21b) wird »die Entschiedenheit der biblischen Absicht« im Kommentar über Dtn 17, 14 ff. abgeschwächt. Die Rabbinen legen aus: »nicht zu viele Pferde«, das heißt: »nur soviel die Kavallerie braucht«; »nicht zuviel Gold und Silber«, das heißt: »nur so viel nötig ist, um den Truppen Sold zu zahlen«. Nach Levinas bedeutet das: »Ist der exzessive Gebrauch der Macht legitim, wenn es darum geht, die Überlebenspflicht eines Volkes unter den Völkern oder einer Person unter ihresgleichen auf sich zu nehmen?«[43] Für Levinas ist das die Frage nach der Suspension des absoluten Gesetzes[44] im Judentum: »Aber kann ein absolutes Gesetz außer

---

39 I Sam 8, 11-18.
40 Emmanuel Levinas: »L'Etat de César«. A.a.O. 210.
41 Dtn 17, 14-20.
42 A.a.O. 210.
43 A.a.O.
44 Entgegen der Frage von S. Kierkegaard, die ihm die Geschichte von der Bindung des Isaak, Gen 22, gestellt hat, welche die Aussetzung der Ethik betrifft. Siehe Dorothee C. von Tippelskirch: »Jenseits der geraden Linie des Gesetzes das unendliche, unerforschte Land der Güte. Von der Suspension des Gesetzes bei Emmanuel Lévinas«. In: G. Palmer, D. C. v. Tippelskirch (Hrsg.): *Torah, Nomos, Ius. Abendländischer Antinomismus und der Traum vom herrschaftsfreien Raum.* Berlin 1999. 203-217. 206 f.

Kraft gesetzt werden? [...] Könnte eine Option für das Leben gegen das Gesetz, das seinerseits doch Gesetz des Lebens sein will, einer Entscheidung für den Staat gleichkommen?«[45]

Genau hier begegnen wir wieder der Bedingung der Möglichkeit für die Differenz zwischen dem Sein im Krieg und dem Sein im Frieden: dieser Atemlosigkeit des Geistes: »Es sei denn, die Göttlichkeit des Gesetzes bestünde darin, in die Welt anders einzudringen als ›ein Sturmbraus, groß und heftig, Berge spaltend, Felsen malmend‹, anders als ein ›Erdbeben‹, anders als ›ein Feuer‹. Es sei denn, ihre Souveränität oder Spiritualität bestünde in einer äußersten Demut, welche mit einer ›Stimme verschwebenden Schweigens‹ um den Eintritt in die Herzen der Gerechten ersucht. Es sei denn diese Gerechten bildeten eine Minderheit, und die Minderheit drohe jederzeit zu erliegen. Es sei denn, der Geist-in-der-Welt sei die Zerbrechlichkeit selbst, und das Eindringen des Gesetzes in die Welt erfordere eine Erziehung, einen Schutz und folglich eine Geschichte und einen Staat. Es sei denn, die Politik sei der lange Weg dieser langen Geduld und dieser großen Vorsichtsmaßnahmen.«[46]

Wenn Levinas von der Demut spricht, vom Eindringen des Geistes in die Welt als Zerbrechlichkeit, so bezieht er sich auf die Art und Weise, in der Gott am Propheten Elijahu »vorüberfuhr«, als dieser sich auf der Flucht vor der Verfolgung durch die Königin Isabel befand. Elijahu war in die Wüste geflohen, es heißt: »Er wünschte seiner Seele zu sterben, er sprach: Nun ists genug, DU, nimm meine Seele...«[47] Da haben wir sie wieder, diese eigentümliche Schwäche, Zerbrechlichkeit des Geistes und des Menschen, die jene »vorübergehende Abdankung« des absoluten Gesetzes vor dem Politischen und der »irdischen Ordnung« verlangte, unter der Bedingung, dass diese selbst, »irgendeine Rechtfertigung im Absoluten«[48] erlangt.

In diesem Sinn spricht Levinas in seinem Text von der Beziehung zwischen dem davidischen Staat und den messianischen Zeiten, Zeit eines Regiments, dem Regiment des Messias. Es kann hier nicht um eine Debatte des Messianischen gehen. Ich will nur einige Schlüsselgedanken hierzu aus dem Kommentar nennen. Einerseits gibt es die Dynastie, das Haus David, »Träger der Verheißung«, der »Schritt für Schritt bis in die Eschatologie hineinzieht«.[49] Und andererseits gilt: »Der Messias ist König«, er ist Nachkomme Davids. Levinas kommentiert: »Der davidische Staat bleibt in der Finalität der Erlösung. Das messianische Zeitalter kann und muß

---

45 Dorothee C. von Tippelskirch: »Jenseits der geraden Linie des Gesetzes das unendliche, unerforschte Land der Güte«. A.a.O. 203-217; 206 f.
46 Emmanuel Levinas: *L'Etat de César*. A.a.O. 210 f.
47 I Reg 19, 4.
48 Emmanuel Levinas: *Etat de César*. A.a.O. 211.
49 Vgl. Emmanuel Levinas: *Etat de César*. A.a.O. 213.

aus der politischen Ordnung resultieren, die angeblich gegenüber der Eschatologie indifferent und einzig mit den Problemen der Stunde beschäftigt ist. Diese politische Welt muß also dieser idealen Welt verwandt bleiben.«[50] Auf dieser Basis kann Levinas sich zu Recht Maimonides, diesem großen Rationalisten, verwandt fühlen, und zwar in doppelter Hinsicht.

Einerseits ist die messianische Cité in keiner Weise jenseits des Politischen angesiedelt, es ist kein paradiesischer Ort. Levinas zitiert Maimonides. »Meinen Sie nicht, der messianische König vollbringe Wunder, erneuere die Gesetze der Natur oder erwecke Tote [...]. Diese Tora, ihre Weisungen und Gebote sind ewig: Man fügt dem nichts hinzu, man nimmt davon nichts weg [...]. Unsere Weisen haben gesagt: ›Zwischen dieser Welt hier und dem messianischen Zeitalter gibt es keine andere Differenz als das Ende der Unterdrückung, die die großen Staaten ausüben.‹«[51] Die messianischen Zeiten wären »in strikt halachischen Begriffen« zu verstehen.[52] Andererseits zieht dies überraschende Folgen für eine Beurteilung des Cäsarischen Staates nach sich: »Aber, wenn die messianische Cité nicht jenseits des Politischen ist, so ist die Cité niemals diesseits des Religiösen.«[53] Genau wie der unvergessliche Yeschaiahu Leibowitz[54] zitiert Levinas zwei Verse zwei Verse, einen aus dem Traktat *Pirqué Aboth* (3, 2): »Rabbi Chanina, der Vorsteher der Priester, pflegte zu sagen: Bete beständig für das Wohl der Regierung, denn, wenn die Furcht vor ihr nicht wäre, würde einer den andern lebendig verschlingen.« Und er zitiert den Kommentar zu einem biblischen Vers aus der Genesis in *Bereshit Rabah*: »Rabbi Simeon, der Sohn des Laqisch, sagt: ›Gott betrachtete alles, was er gemacht hatte, prüfend, und siehe, es war sehr gut.‹ (Gen 1, 31) ›Siehe, es war gut‹, das ist das Reich Gottes, und ›Siehe, es war sehr gut‹, das ist das Reich der Römer.« – »Was? Das Reich der Römer wäre sehr gut?« – »Ja, denn das Reich der Römer macht das Gesetz *[la Loi]* geltend und das Recht der Menschen *[le droit des êtres]*.«[55] Solange der Staat den notwendigen Schutz für die Zeit, die das Studium erfordert, bietet, und solange er fähig ist, dem Recht und der Gerechtigkeit zur Herrschaft zu verhelfen, kommt ihm das göttliche Urteil »sehr gut« zu.

---

50 Emmanuel Levinas: »L'Etat de César«. A.a.O. 213.
51 Zitiert nach: Emmanuel Levinas: »L'Etat de César«. A.a.O. 214.
52 Vgl. Jacob Taubes: »Nachman Krochmal und der moderne Historismus«. In: J. Taubes: *Vom Kult zur Kultur. Bausteine zu einer Kritik der historischen Vernunft.* Hrsg. von Aleida und Jan Assmann u.a. München 1996. 68-84, 72 f.
53 Emmanuel Levinas: »L'Etat de César«. A.a.O. 215.
54 Siehe den Kommentar der Abhandlung: Pirqué Aboth: *Vorträge über die Sprüche der Väter. Auf den Spuren des Aimonides.* Übers. Grete Leibowitz. Obertshausen 1984. 62 ff.; vor allem 70 ff.
55 Emmanuel Levinas: »L'Etat de César«. A.a.O. 215.

3 Von der unbezahlbaren Würde der menschlichen Arbeit und der Befreiung zum Tausch durch das Maß

Dennoch müsste man der Tatsache Rechnung tragen, dass die Gerechtigkeit nicht reicht, wie wir es schon in der rabbinischen Auslegung der beiden Gottesnamen sahen. Um diesen Aspekt noch in anderer Hinsicht zu beleuchten, nämlich bezüglich der menschlichen Arbeit, wenden wir uns dem Kommentar von Levinas über den Traktat Baba Metsia (83a-83b) zu, dem Levinas den Titel »Judentum und Revolution« (1969) gab. Darin behandelt er die Frage, wie der Lohn eines Arbeiters festzusetzen ist.[56]

Die Mischna beginnt: »Wenn jemand Löhner gemietet hat und zu ihnen sagt, daß sie früh anfangen und spät aufhören sollen, so kann er, wenn es ein Ort ist, da es nicht üblich ist, früh anzufangen und spät aufzuhören, sie dazu nicht zwingen. Wo es üblich ist, sie zu beköstigen, muß er sie beköstigen, ihnen Zukost [Levinas übersetzt ›dessert‹] geben. Alles nach dem Landesbrauche.«[57]

Levinas beginnt seine Auslegung der Mischna mit der Betonung der »Rechte des Anderen, selbst wenn dieser sich in der untergeordneten und für seine Freiheit heiklen Situation des angestellten Arbeiters befindet.«[58] Daraufhin präzisiert er die Folgen für die derart beschränkte Freiheit: »Unser Text lehrt, daß man nicht alles kaufen und nicht alles verkaufen kann. Die Freiheit des Verhandelns hat Grenzen, die ihr im Namen der Freiheit selbst auferlegt werden... Was zählt, ist das Prinzip, daß der Freiheit zum größeren Ruhm der Freiheit Grenzen gesetzt werden: Sie betreffen die materiellen Lebensbedingungen: den Schlaf und das Essen – erhabener Materialismus!«[59]

Was den Materialismus zu einem erhabenen macht ist die Tatsache, dass es sich um die materiellen Lebensbedingungen des anderen Menschen handelt. Das ist die Bedingung der Möglichkeit dessen, was er in *Jenseits des Seins* »den Zwang zum Geben« genannt hat, »mit vollen Händen, und folglich zur Leiblichkeit«. Darum gibt er die Grenze, die ihn von einem gewissen Humanismus trennt, genau an: »Unser alter Text behauptet das Recht der Person, wie es heutzutage der Marxismus behauptet, der humanistische Marxismus, [...] der sich fragt: Wie konnte der Mensch, der des Menschen Freund war, unter bestimmten Bedingungen zum Feind des Menschen werden?«, und für den sich diese Anomalie, die Entfremdung genannt wird, aus der Struktur der ihrem eigenen Determinismus überlassenen Öko-

---

56 Emmanuel Levinas: »Judaïsme et révolution« (1969). In: Emmanuel Levinas: *Du sacré au saint. Cinq nouvelles lectures talmudiques.* Paris 1977. 11-53. Dt. »Judentum und Revolution.« In: Emmanuel Levinas: *Vom Sakralen zum Heiligen.* 11-52.
57 Zitiert nach Emmanuel Levinas: *bT Baba Meçia.* 83a.
58 Emmanuel Levinas: »Judentum und Revolution.« A.a.O. 15.
59 Emmanuel Levinas: »Judentum und Revolution.« A.a.O. 15 f.

nomie ergibt. Auch unsere Mischna will der Willkür der Ökonomie und jener Entfremdung eine Grenze setzen. Heben wir ein weiteres Detail der Situation, in die sich die Mischna versetzt, hervor, das charakteristisch für den jüdischen Humanismus ist: Der Mensch, dessen Rechte es zu verteidigen gilt, ist zuerst der andere Mensch, nicht an erster Stelle ich. Nicht der Begriff »Mensch« liegt diesem Humanismus zugrunde, sondern der Nächste *[autrui]*.[60]

Um diesen jüdischen Humanismus besser zu verstehen, hier die Folge der Mischna: »Einst sprach R. Johanan B. Mathja zu seinem Sohne: Geh, miete für uns Löhner. Da ging er hin und verabredete mit ihnen Beköstigung. Als er zu seinem Vater zurückkam, sprach dieser zu ihm: Mein Sohn, selbst wenn du ihnen eine Mahlzeit gleich der des Selomo zu seiner Zeit bereitetest, hast du deiner Pflicht gegen sie nicht genügt, denn sie sind Kinder von Abraham, Jiçhaq und Jaqob. Bevor sie noch eine Arbeit anfangen, geh hin und sage ihnen: Unter der Bedingung, daß ihr von mir nur Brot und Hülsenfrüchte zu beanspruchen habt.«[61] Das ist die Differenz zwischen einer unbegrenzten Verpflichtung gegenüber dem Anderen und einem Vertrag, der es gestattet, Arbeiter einzustellen.

Levinas präzisiert als erstes: Das Recht des Anderen ist »ein praktisch unbegrenztes Recht«,[62] um dann die in der Mischna genannte Bedingung in Betracht zu ziehen, der zufolge man es mit den Nachkommen Abrahams zu tun hat: »als trage die Vorstellung von Israel, Volk der Tora, Volk, so alt wie Welt und verfolgte Menschheit, eine höhere Universalität in sich als die einer ausgebeuteten und kämpfenden Klasse [...]«.[63]

Andererseits erinnert Levinas an Abraham, der die Fremden unter seinem Zeltdach empfing: »Nachkommen Abrahams – Menschen, denen der Stammvater eine unbequeme Tradition aus Pflichten dem Nächsten gegenüber vermachte, Pflichten, die man nie restlos erfüllen kann, wobei die Pflicht vor allem die Form der Fürsorge für das Leibliche annimmt, die Pflicht zu ernähren und zu beherbergen.«[64] Das ist ein anderer Zugang zur Universalität, der Universalität die ihre Ermöglichung jener Verpflichtung gegenüber dem Körper des Anderen verdankt: »So definiert, kommt die Nachkommenschaft Abrahams aus allen Nationen: jeder wahrhaft menschliche Mensch ist wahrscheinlich ein Nachkomme Abrahams.«[65]

Im Folgenden findet sich eine Definition über die Natur eines Vertrages: »Da, wo der Nächste/Andere im Prinzip für mich unendlich ist, kann man in gewissem

---

60 Emmanuel Levinas: »Judentum und Revolution«. A.a.O. 16 f.
61 bT Baba Meçia. A.a.O.
62 Emmanuel Levinas: »Judentum und Revolution«. A.a.O. 17.
63 Emmanuel Levinas: »Judentum und Revolution«. A.a.O. 18.
64 Emmanuel Levinas: »Judentum und Revolution«. A.a.O. 19. E. Levinas spricht von den »obligations à l'égard du corps.«
65 Emmanuel Levinas: »Judentum und Revolution«. A.a.O. 19.

Maße – aber nur in gewissem Maße – das Ausmaß meiner Pflichten begrenzen. Beim Vertrag geht es mehr darum, meine Pflichten zu begrenzen, als darum, meine Rechte zu verteidigen.«[66]

Das Gewicht dieser Begrenzung in der jüdischen Tradition bemißt sich danach, wie sie von Anfang an von einem Gott spricht, der am siebten Tag »feierte […] von all seiner Arbeit, die machend Gott schuf«,[67] und der diesen Tag segnete mit der Folge für den Menschen: »Ein Tagsechst diene und mache all deine Arbeit, aber der siebente Tag ist Feier IHM deinem Gott: nicht mache allerart Arbeit, du, dein Sohn, deine Tochter, dein Dienstknecht, deine Magd, dein Ochs, dein Esel, all dein Vieh, und dein Gastsasse in deinen Toren, – damit ausruhe dein Knecht und deine Magd, dir gleich. Gedenke, dass du Knecht warst im Land Ägypten, dass ER dein Gott dich von dort mit starker Hand, mit ausgestrecktem Arm ausgeführt hat: deshalb gebot dir ER dein Gott, den Tag der Feier zu machen.[68]

Vielleicht verstehen wir nun einen Satz von Levinas, in dem er von der Festlegung der Arbeitszeit spricht. Die Mischna bezieht sich auf in dieser Diskussion auf Ps 104, und ich denke, Sie werden sofort die Unterschiede zwischen der Jüdischen und der christlichen Tradition empfinden: »Obwohl ich nie recht verstanden habe, was »›Ausschüttung der Seele in ihrer Liebe zu Gott‹« genau sagen will, frage ich mich, ob es nicht einen gewissen Bezug zwischen der Festsetzung der Arbeitszeit des Arbeiters und der Liebe zu Gott gibt – mit oder ohne Ausschüttung. Ich bin sogar geneigt zu glauben, dass es kaum andere Arten, Gott zu lieben, dass es keine dringendere gibt, als diejenige, die darin besteht, diese Arbeitsstunden korrekt festzulegen.«[69]

---

66 Emmanuel Levinas: »Judentum und Revolution«. A.a.O. 20f.
67 Gn 2, 2.
68 Dtn 5, 14 f. Nach der Übersetzung von: *Pentateuch*. 5 Bände. Kommentiert von Raschi. Nach Haphtaroth und mit Targoum Ongelos. Frz. Übers. M. J. Bloch, M. I. Salzer, M. E. Munk, M. E. Gugenheim. Paris.
69 Emmanuel Levinas: »Judentum und Revolution«. A.a.O. 25

Angesichts von Gewalt

Antje Kapust

»Die Auslöschung hat bereits begonnen«
Auschwitz und die Frage der Gerechtigkeit

Das 20. Jahrhundert gilt gemeinhin als das »Jahrhundert der Lager«.[1] Doch wenn es um ein Thema wie die »Auslöschung« von Menschen geht, wird einhellig das Unbehagen bekundet, dass die *historischen*, technischen, politischen, bürokratischen und rechtlichen Umstände für die Auslöschung jüdischer (und anderer) Menschen in der Shoah umfassend aufgearbeitet worden seien, dies aber nicht für die Klärung der *ethischen* und *philosophischen* Fragen der Fall sei.[2] Es ist daher umso befremdlicher, dass dieses Versäumnis bisher kaum mit einem Rekurs auf *philosophische Reflexionen* dieses Problems korrigiert worden ist.
Es ist kein Geheimnis, dass der jüdische Philosoph Emmanuel Levinas seine Angehörigen in der Shoah verloren hat und sein Denken im Zeichen des »Gedenkens der Opfer und der Angehörigen der von den Nationalsozialisten Ermordeten« steht, es aber auch die »Abermillionen von Menschen aller Konfessionen und aller Natio-

---

1 Diese Diagnose von Bauman bringt das von Adorno und Horkheimer zuerst diagnostizierte und dann von Ricœur konstatierte *Übel* der *Rationalität* in eine »pathologische« Metapher, auf die wir mit Thukydides noch zurückkommen werden (Zygmunt Bauman: »Das Jahrhundert der Lager«. In: M. Dabag, K. Platt (Hrsg.): *Genozid und Moderne. Strukturen kollektiver Gewalt im 20. Jahrhundert.* Opladen 1998. 81-99, hier 81).
2 Dieses Defizit wird beispielsweise von so verschiedenen Autoren wie Saul Friedländer, Yehuda Bauer, Omer Bartov usw. moniert. Siehe stellvertretend Giorgio Agamben: *Remnants of Auschwitz. The Witness and the Archive.* New York 1999. 11.

nen« einschließt, die »Opfer desselben Hasses auf den anderen Menschen« sind.[3] Eine explizite Auseinandersetzung mit der Frage, was »Auschwitz« als Zeichen für Ethik, Geschichte, Politik, Anthropologie, Religion und Metaphysik des Menschen bedeutet, präsentiert Levinas in dem Text »Damages due to fire«. Der Gedankengang wird im Ausgang von einer Mischna aus dem Traktat *Baba Kamma* entwickkelt, deren Interpretation Levinas 1975 auf einem internationalen Symposion vorgestellt hat. Dieses Symposion befasste sich mit der Frage des jüdischen Gewissens angesichts von Krieg. Die ausgewählte Mischna fokussiert diese Problematik nicht ohne Grund in der Figur des *Feuers*: »Wenn jemand Feuer anzündet, welches das Holz, Stein der Erde verschlingt, wäre er dafür zur Rechenschaft zu ziehen, denn wie in Exodus 22, 5 geschrieben steht: ›Breitet sich das Feuer aus, erfasst es eine Dornenhecke und vernichtet einen Getreidehaufen, auf dem Halm stehendes Getreide oder ein Feld, dann soll der für den Brand Verantwortliche den Schaden ersetzen‹.«[4] Die Frage nach der »Auslöschung« wird als Frage nach der Gerechtigkeit gestellt. Die Frage nach der Gerechtigkeit wird am Leitfaden der Gewalt des Feuers thematisiert.

Ich möchte aus den schwierigen exegetischen Überlegungen einige Aspekte herausgreifen und in einem größeren kulturgeschichtlichen und ethisch relevanten Zusammenhang befragen. Zur Debatte steht in letzter Instanz die Frage, ob durch ein Ereignis wie das »Feuer von Auschwitz« Gerechtigkeit als *Idee* und als konkretes Werk »abgeschafft« wird, wie einige Autoren der Holocaust-Debatte vermuten, oder was andernfalls Gerechtigkeit im Zeichen von Feuer bedeutet. Zu diesem Zweck gehe ich in drei Etappen vor. Der Grundgedanke für die folgende Explikation besteht in dem Sachverhalt, das mit »Feuer« keine Metapher verwendet wird, sondern ein Bedeutungsträger, der sich durch seine außerordentliche Bedeutungsdichte zur Analyse des Problemzusammenhangs von Vergehen und Gerechtigkeit eignet und gerade durch dieses oblique Verfahren neue Aufschlüsse erlaubt. 1) In einem ersten Schritt wende ich mich daher einer *Hermeneutik des Feuers* zu, die die

---

3 So die Widmung von Emmanuel Levinas in *Jenseits des Seins oder anders als Sein geschieht*. Freiburg, München 1992. Man lese dazu auch den in Ez 3, 20 zitierten Vers, der wie ein Motto für die Erörterungen des vorliegenden Textes aufgefasst werden kann.
4 Emmanuel Levinas: »Damages due to Fire«. In: Emmanuel Levinas: *Nine Talmudic Readings*. Bloomington, Indianapolis 1994. 178-197. Vgl. auch: *Neue Jerusalemer Bibel*. Übers. A. Deissler u.a. Freiburg 1985. 106, Ex 22, 5. Bemerkenswert ist auch, dass dieser Passage Ausführungen zu Körperverletzung und anderen strafrechtlichen Delikten vorausgehen. Im Traktat heißt es: »Wenn jemand einen Brand anstiftet und dieser Holz, Steine oder Erde verzehrt, so ist er ersatzpflichtig, denn es heißt: wenn Feuer ausbricht und Dornen erfaßt, und seine Tenne oder Halmgetreide oder ein Feld verzehrt wird, so muß der, der den Brand angestiftet hat, bezahlen.« (L. Goldschmidt (Hrsg.): *Der Babylonische Talmud*. Berlin 1964. Fol 60, 206 f.) Das Feuer steht hier für eine vierte Art der Schädigung. Auf die sprachliche Verwandtschaft zwischen Knistern und Sprechen wird ausdrücklich hingewiesen, womit die Frage menschlicher Vergehen in einen überdeterminierten Kontext gestellt ist.

wesentlichen Leitdifferenzen auf dem Hintergrund der griechischen, christlichen und römischen Kultur wie auch des mythischen Denkens befragt. 2) In einem zweiten Schritt dient die Analyse der *Semantik des Feuers* der aufgeworfenen Frage nach der Gerechtigkeit. Dabei ist keine *retrograde* Perspektive geltend (was heißt Gerechtigkeit als Wiedergutmachung, *nachdem* ein Schaden zugefügt wurde?). Im Mittelpunkt steht eher die Frage, welche Elemente des Feuers als *Verfehlung von Gerechtigkeit* zum Exzess des Holocaust beigetragen haben. 3) Diese Fragestellung führt in einem dritten Schritt zur Befragung verschiedener Formen von *Rationalität* in ihrem Verhältnis zur Gerechtigkeit. Den Höhepunkt dieser Analyse bildet die bereits angedeutete Frage nach dem Status der Gerechtigkeit.

I Gerechtigkeit in der Hermeneutik des Feuers

Der Vers ist mit äußerster Sorgfalt und extrem viel Hintersinn gewählt: Die jüdische Stimme steht hier transversal zu den *griechischen* Kategorien der Philosophie, sie vermeidet eine bloße Abweichung gegenüber der späteren *christlichen* Tradition und bietet eine Alternative zu den bekannten Kritiken der Aufklärung als Projekt der Moderne.
Wenn wir zunächst den Topos des Feuers untersuchen, wird sofort deutlich, dass wir es hier mit einem zentralen Thema zu tun haben, in dem sämtliche Lineaturen der abendländischen Kultur zusammenlaufen.
1) Das Feuer markiert zunächst die zentrale Differenz zwischen *Natur* und *Kultur*. Platon beschreibt die Stiftung der Kultur im Mythos des Epimetheus.[5] Das Feuer inauguriert mit dieser Kraft die Differenz zwischen *Muskelkraft* und *technisch* konstruierter Kraft. Gerade diese Differenz eröffnet nicht nur das Zeitalter der Pyrotechnik, sondern bildet auch die Grundlage für einen Verfall des Politischen durch eine übernatürliche Vernichtungskraft.[6]
2) Das Zeitalter der Pyrotechnik eröffnet gleichzeitig einen ambivalenten Horizont: Es ermöglicht neue Technologien, die jenseits ihrer sinnvollen *produktiven* Kraft (Industrie) *negative* Dimensionen bergen. So hat die Kultur des Eisens (Herstellung durch Feuer) nicht nur eine neue militärische Ära eingeleitet,[7] sondern auch den Topos der »verbrannten Erde« als Krieg von Verwüstung, Vernichtung und

---

5 So Platon im Mythos von der Entstehung der Kultur im *Protagoras* 320d ff.
6 Hannah Arendt: *Was ist Politik? Fragmente aus dem Nachlaß*. München/Zürich 1993. 85-121; Lewis Mumford zeigt in seiner Kulturgeschichte des Feuers, dass das Feuer drei Grundvoraussetzungen für das Überleben des Menschen bietet: Licht, Energie und Wärme. Diese technologische Leistung, zu der es keine Parallele gibt, verwandelt die Welt der Natur in eine Welt der reinen Nutzanwendung, die sie fortan dem Aspekt der Herrschaft über die Welt unterstellt. Lewis Mumford: *The Myth of the Machine: Technics and Human Development*. New York 1967. 124.

Zerstörung freigesetzt. Durch die Geschichte hinweg wiederholt sich dieses »sinnlose Leiden« durch Verwüstung immer wieder: In der römischen Kultur war die Praxis »verbrannter Erde« insbesondere mit der Imperialpolitik Neros verbunden.[8] Die Kreuzzüge stellen ebenfalls ein dunkles Kapitel in der Geschichte des Christentums dar.[9] Die Luftkriege des 20. Jahrhunderts gelten als »Feuerkrieg«, deren Unmenschlichkeit in einem bewussten »Auslöschen« auch der Zivilbevölkerung bestand.[10] So benutzte Churchill die »Ausrottung« der Menschen im Konzept des »moral bombing«, das Flächenbombardements gegen die Zivilbevölkerung vorsah, in *systematischer* Absicht, obgleich keinerlei *strategischer* Wert für diese Aktionen vorlag. Diese »Feuerstürme« durch Luftkrieg werden daher mittlerweile eher als »Massaker« an der Zivilbevölkerung eingeschätzt. Allerdings verweist Mommsen auch auf die Tatsache, dass dieses englische Konzept als Antwort auf das von Goebbels entworfene Konzept der »Terrorangriffe« auf Großstädte wie Coventry, London, Rotterdam oder Warschau zu betrachten sei.[11]
Ethnische Kriegführung auf dem Balkan benutzte die destruktive Feuerkraft von Bränden systematisch als Kriegswaffe (neben den ebenfalls systematisch eingesetzten Kriegsmitteln der *rape warfare* und der Internierung). Das Ziel bestand hier weniger in der physischen Verletzung von Menschen, sondern in der *moralischen Verwundung* von Menschen. Als Kriegsverbrechen und auch als Verbrechen gegen die Menschlichkeit können diese Handlungen und Akte insofern angesehen werden, als sie gegen die geltenden Gesetze von Völkerrecht und Kriegsrecht verstoßen, die fordern, die Zivilbevölkerung nicht zu Schaden kommen zu lassen.
3) Das Feuer trennt mithin aber auch die für alle Kulturen konstitutiven Räume von *polis* und Öffentlichkeit auf der einen Seite und *oikos* und Raum des Privaten auf der anderen Seite.[12] Der geschlossene Raum des Privaten gilt aber nicht nur als

---

7 John Keegan widmet der Kultur des Eisens, die im Handwerk des Schmiedens bereits auf die elementaren Leistungen des Feuers zurückgreift, ein ganzes Kapitel, spitzt die destruktiven Potentiale des Feuers jedoch in der allgemeinen »Feuerkraft« durch die Erfindung des Schießpulvers zu. John Keegan: *Die Kultur des Krieges*. Reinbek bei Hamburg 1997. 341-4329, 453-554.
8 In der Kunst gilt Anselm Kiefer wohl als der relevanteste Künstler neben anderen Figuren wie Boltanski oder Horn u.a.; siehe zum Motiv der »verbrannten Erde« auch die Ausführungen von Sabine Schütz in: *Anselm Kiefer. Geschichte als Material. Arbeiten 1969-1983*. Köln 1999. 258-267.
9 Siehe hierzu von Peter Milger: *Die Kreuzzüge. Krieg im Namen Gottes*. München ³1988. Levinas bezieht sich auf dieses Thema in: *Schwierige Freiheit. Versuch über das Judentum*. Frankfurt a. M. 1992. 112.
10 Jörg Friedrich: *Der Brand. Deutschland im Bombenkrieg 1940-1945*. München 2002.
11 Siehe Hans Mommsen: »Moralisch, strategisch, zerstörerisch«. In L. Kettenacker (Hrsg.): *Ein Volk von Opfern? Die Debatte um den Bombenkrieg 1940-45*. Berlin 2003. 145-151, hier 146 ff. Siehe dazu auch von Cora Stephan: »Wie man eine Stadt anzündet«. In: L. Kettenacker (Hrsg.): *Ein Volk von Opfern? Die Debatte um den Bombenkrieg 1940-45*. A.a.O. 95-102.
12 Dabei ist auch hier die Differenz zwischen dem griechischen und dem jüdisch – alttestamentarischen Denken wichtig: Während der *Oikos* als Raum der Notdurft und der *Arbeit* gilt, bildet er im

Raum der Simulakren, Spiegelbilder und falschen Meinungen,[13] sondern auch als jener Raum, der durch eine imaginative Vernunft als »Macht der Köpfe« über die höhere Gewalt gegenüber der »bloß« rohen physischen Kraft verfügt.[14]

4) Mithilfe des Elementes des Feuers wird die maßgebliche Differenz zwischen dem *Moralischen* und dem *Natürlichen* gestiftet. Gaston Bachelard zeigt in seiner »Psychoanalyse des Feuers«, wie die moralischen Instanzen von *Gebot* und *Verbot* am Leitfaden einer der elementarsten Erfahrungen mit Feuer gestiftet werden.[15] Problematisch wird dieses Paradigma jedoch nicht nur mit einer zunehmenden Elektrifizierung der Kultur, sondern auch mit dem Übergang von einem jahrtausende alten Zeitalter der Feuertechnik in ein neues Zeitalter der Biotechnik.[16]

5) Das Feuer markiert schließlich auch die Differenz zwischen dem *Religiösen* und dem *Säkularen*. An entscheidenden Punkten religiöser Schlüsselereignisse taucht das Feuer als entscheidendes Zeichen auf: Der brennende Dornbusch verhüllt Gott. Da Feuer mit Blitz und Licht zusammengebracht werden kann, galt Feuer als Ausstrahlung göttlicher Macht, und zwar als Zeichen der Theophanie (Ex 3, 2f, Ps 503). Feuersäulen begleiten den Exodus aus Sklaverei und Knechtschaft als Zeichen göttlicher Gegenwart und Schutzes (Ex 13, 21; 14, 24). Die Zerstörung des alten Jerusalems als Kultur vollzog sich mit dem Niederbrennen des Tempels. Dabei stiftet dieses an Feuer gebundene Motiv gleichzeitig einen anderen Typus politischer *Organisation* (den Bund als Form einer politischen Theologie) und einen anderen *Existenzmodus*: Ein *Sein* im Angesicht von Erinnerung, die als anamnetische Erinnerung im Kontrast zum griechischen Modell der Wiedererinnerung steht. Die Zerstörung von Sodom und Gomorrha bildet das bekannteste Beispiel einer Überdeterminierung religiöser Kategorien durch ethisch-moralische Kategorien der

---

Alten Testament und im Jüdischen den Raum der Gastlichkeit und eröffnet somit eine Ethik der *Hospitalität*.

13 Man erinnere sich an den Umstand, dass der in die Höhle zurückkehrende Mensch von seinen Artgenossen, die in den Spiegelbildern eines verzerrten Logos befangen sind, *ohne Gehör* getötet wird (Platon, *Politeia* VII, 514a-517a; hier insbesondere 517a). Demgegenüber beschreibt Blumenberg in seinen *Höhlenausgängen*, wie Nietzsches Zarathustra in antiplatonischer Wende die Gefangenen aus der Höhle herausführt (Hans Blumenberg: *Höhlenausgänge*. Frankfurt a. M. 1989. 621 ff.).

14 Blumenberg legt dar, wie die »Macht der Sprache« die rohe Kraft der Gewalt durch eine *stärkere Gewalt* übertrifft – die Imagination: »Doch noch der Barde oder Mime, der sich am Ende vor dem von ihm gebannten Publikum verneigt, hat mehr Macht ausgeübt als irgendein Hordenvater, Rottenführer, Generalsekretär oder Funktionär jemals erreichen kann: *Macht über Köpfe* – und nur sie wird schließlich eine Macht sein.« (Hans Blumenberg: *Höhlenausgänge*. A.o.O. 34; meine Hervorhebung).

15 Gaston Bachelard: *Psychoanalyse des Feuers*. Stuttgart 1959. 23-25. Vergleiche auch meine Interpretation in: Antje Kapust: *Berührung ohne Berührung. Ethik und Ontologie bei M. Merleau-Ponty und E. Levinas*. München 1999. 368 f.

16 Diese Transformation analysiert Jeremy Rifkin in: *Das biotechnische Zeitalter*. München 1998. 30 ff.).

Gerechtigkeit.[17] Feuer galt auch als läuterndes Reinigungsmittel, und zwar in Assoziation mit dem Verbrennen verunreinigter Gegenstände. In dieser Nähe steht auch das Feuer als Ausdruck eines vernichtenden göttlichen Zorns (Am 1,4), aus dem sich später die Vorstellung vom Weltenbrand entwickelte, die vom Neuen Testament übernommen wurde (Mk 9, 47f, 2 Petr 3, 7). Das Feuer begleitet zudem die Institution des Opfers. Auf dem Brandopferaltar musste ein ewiges Feuer brennen (Lev 6, 2; 9, 24). Im christlichen Raum symbolisieren Hölle, Fegefeuer oder Purgatorium verschiedene Räume der *Sanktionierung*. Scheiterhaufen und Pogrome bildeten unglaublich tragische Formen der Verfolgung des Anderen. Nicht ohne Grund haben die Religionskriege zur Etablierung des Kontraktmodells geführt, das zwischen einem tödlichen Naturzustand und einem friedlichen bürgerlichen Zustand eine Trennlinie eröffnet und somit die negative Gewalt von Zerstörung in Form des Feuer zu kontrollieren versucht.

6) Das Element »Feuer« hat seinen festen Platz in den *ontologischen* und *metaphysischen* Reflexionen der Vorsokratiker. Das Denken über Welt und Sein erfolgte auch am Leitfaden des Feuers, insbesondere Heraklit und Empedokles räumten diesem Element einen erhöhten Stellenwert ein. Dieser Hinweis ist nicht unbedeutend, wird doch die jüdische Kultur gerade nach dem Ereignis des Holocaust eine entscheidende Umdeutung dieses Elementes präsentieren, wie wir sehen werden.

7) Ein Element wie das Feuer eröffnet einen Raum, der Aufschluss über Identität, das eigene Selbstverständnis und kulturelle Praktiken gibt, wenn das Feuer in *ethnologischer* Hinsicht analysiert wird: In der Differenz zwischen dem *Rohen* und dem *Gekochten* kommen gleichzeitig bestimmte Kultur- und Lebensformen zum Ausdruck.[18]

Welchen Hintergrund von Bedeutungen eröffnet Levinas mit dem Rekurs auf diese Mischna, wenn es um die Frage nach der Gerechtigkeit geht? Im normalsprachlichen Alltagsgebrauch fungiert als erste Frage nach den genannten Ereignissen von Zerstörung durch Feuer die Frage nach Täterschaft, Schuld und Wiedergutmachung. So dient der jüdische Text zunächst dazu, das griechisch-europäische Abendland mithilfe einer »fremden Stimme« zu modifizieren. a) Eine Wiedergutmachung weicht damit in erster Instanz vom vorsokratischen Paradigma von Buße und Schuld ab, das in der griechischen Antike mit Bezug auf die Elemente reflektiert wurde, zu denen auch das Feuer gehörte.[19] b) Aber auch das platonische und

---

17 Genesis 19, 1-19, 29: »Er schaute gegen Sodom und Gomorrha und auf das ganze Gebiet im Umkreis und sah: Qualm stieg von der Erde auf wie der Qualm aus einem Schmelzofen« (19, 27).
18 So Claude Lévi-Strauss in: *Das Rohe und das Gekochte. Mythologica Bd. 1*. Frankfurt a. M. 1998.
19 So in seinem Satz, den Simplikios in seinem Kommentar zur *Physik* des Aristoteles überliefert hat. Dort wird Herkunft und Ende aller Dinge dem Gesetz der Notwendigkeit unterstellt, denn sie »zahlen Strafe und Buße für ihre Ruchlosigkeit«, gemäß der »Ordnung der Zeit.« (»Anaximander«. In: H. Diels, W. Kranz (Hrsg.): *Die Fragmente der Vorsokratiker*. Zürich, Berlin 1964. Bd. 1, 82). Vgl.

das aristotelische Verständnis von Gerechtigkeit greifen hier zu kurz.[20] c) Zudem wird Wiedergutmachung auch nicht wie im römischen Rechtsdenken im Sinne einer *Imputatio* verstanden.[21] d) Schließlich werden auch die alttestamentarischen Varianten eines Talionsprinzips, einer Retribution oder einer Wiedergutmachung durch den strafenden Gott ausgeschlossen.[22] e) Eine Wiedergutmachung kann auch im Sinne der modernen Kompensationslogik als Retribution verstanden werden. Wenn der Anspruch einer »Wiedergutmachung« hier in den Kontext der Gerechtigkeit gerückt wird, so dient dies vielmehr dazu, Ethik in nuce zu veranschaulichen: die Auslöschung durch Feuer konnte nur deshalb diese unvorstellbaren Dimensionen erreichen, weil der *Gerechte nicht gerecht* genug war. Der Vers der Mischna, der eine oblique Auseinandersetzung mit dem Holocaust darstellt, stellt durch dieses Motiv die kürzeste Verbindung zur Kernbotschaft des zweiten großen Hauptwerkes dar. Levinas zitiert zu diesem Zweck aus *Die Brüder Karamasoff* von Dostojewski: »Ein jeder von uns ist vor allen an allem schuldig, ich aber bin es mehr als alle anderen.«[23]

II Die Semantik des Feuers im Zeichen von Auschwitz

Was auf das »Wenn einer ein Feuer anzündet« folgt, ist auch keine Erörterung über verfehlte *Rechtfertigungen* oder mögliche *Gründe* für angerichtete Schäden durch Feuergewalt. Levinas situiert die philosophische Befragung nicht im herkömmli-

---

dazu auch von Werner Hamacher: »Schuldgeschichte – Zu Benjamins Skizze ›Kapitalismus als Religion‹«. In: A. Noor, J. Wohlmuth (Hrsg.): *›Jüdische‹ und ›christliche‹ Sprachfiguration im 20. Jahrhundert*. Paderborn, München 2002. 215-242.
20 Man vergleiche Platons Mythos vom Er in dieser Hinsicht, da auch dieser totgeglaubte Soldat zu den Menschen zurückgeschickt wird, um mitteilen zu können, inwiefern Zerstörungen kantisch gesprochen nicht nur als eine Art des »radikal Bösen« betrachtet werden können, sondern auch in eschatologischer Wendung der Ideenlehre negativ perspektiviert werden, um die Orientierung am Guten zu verstärken, und zwar mit Blick auf den »Lohn der Gerechtigkeit« nach dem Tode (Platon: *Politeia*. X, 614a-616b; Walter Bröcker: *Platos Gespräche*. Frankfurt a. M. ³1985. 325 f).
21 Siehe zur römischen Tradition der Zuschreibung oder Zurechnung die Ausführungen von Bernhard Waldenfels in »Antwort der Verantwortung«. In: Bernhard Waldenfels: *Deutsch-Französische Gedankengänge*. Frankfurt a. M. 1995. 324 f.
22 Die Idee des »Talion« sollte nicht im verkürzten Verständnis einer Vergeltung interpretiert werden, der in Kohlbergs Moralschema lediglich die zweite Stufe zukommt. Gegen die Verzerrung zu einem unbarmherzigen Rachedenken erblickt Simone Weil den Kern des Talionsgedankens vielmehr im Prinzip der *Begrenzung* und der *Grenze*. Simone Weil: »L'Iliade ou le poème de la force«. In: Simone Weil: *Œuvres complètes*. Hg. von A. Devaux und F. de Lussy. Bd. II, 3. Paris 1989. 227-253. Der Talionsgedanke wird als Prinzip einer spiegelbildlichen Strafe in allen drei Rechtsbüchern des Alten Testamentes tradiert (Ex 21, 22-25; Dtn 19, 21; Lev 24, 17-21).
23 Fjodor Dostojewski: *Die Brüder Karamasoff*. München 1955. Kap IIa. 471; Emmanuel Levinas: *Jenseits des Seins oder anders als Sein geschieht*. Freiburg, München 1992. 320.

chen Kontext von *Normativität* und *Faktizität*. Fragen nach einer ethischen Soll-Vorschrift, warum ein Mensch einem anderen Menschen nicht schaden soll, gewinnen eine andere Dimension, wenn man sie mit dem Problem eines *Autismus der Vernunft* konfrontiert: Warum ist gegen diesen Anspruch verstoßen worden? Ein Scheitern eines moralischen Gebotes oder eines ethischen Imperativs bedeutet nicht, dass wir es »nur« mit einem »empirischen« Problem zu tun haben, das als philosophisches Problem nicht weiter relevant wäre, weil es aus den herkömmlichen Begründungs- und Transzendentalverfahren ausscheiden würde. Der Holocaust ist gerade deshalb *kein empirisches*, sondern ein *philosophisches* Problem, weil gefragt werden muss, wie diese Philosophien der Begründung nicht hinreichen konnten. Mit dem Rekurs auf einen Text des Talmud unterläuft Levinas mit einem Schlag zunächst alle herkömmlichen Theorieansätze: 1) die historischen Kausal-, Motiv- oder Täteruntersuchungen.[24] 2) den klassischen Diskurs zur Kriegsursachenforschung, 3) die Theorien zur Normativität des gerechten Krieges und zur Legitimierung von Gewalt, 4) moderne Analysen zur Konfliktforschung, 5) politische Studien zu internationalen Beziehungen und zum internationalem Völkerrecht, 6) außerdem die gewöhnliche Trennung von Holocaust auf der einen Seite und Problematik des Kriegs auf der anderen Seite. Doch was bleibt dann übrig?

Im Hintergrund stehen offensichtlich in Analogie zu Wittgensteins Theorie der Familienähnlichkeiten die verschiedenen Kontexte und Bedeutungen von Feuer. Diese Folie soll einer Näherbestimmung des zunächst relativ *unbestimmten* Begriffs der Gerechtigkeit dienen und ein anderes Tableau für die Frage eröffnen, was die Auslöschung des Menschen bedeutet.

Das Feuer fungiert in diesem Kontext methodologisch und epistemologisch nicht als eine einfache Metapher, die einen anderen Sachverhalt zum Ausdruck bringen will. Es fungiert auch nicht als ein bloßes Symbol, das einen abweichenden Tatbestand anzeigt. Das Signifikat »Feuer« fungiert vielmehr als ein »*Platzhalter*« für fünf verschiedene Dimensionen, die jeweils andere Deutungsschichten involvieren.

1) Feuer jenseits einer Rhetorik

Feuer ist als Platzhalter keine *rhetorische* Figur, denn das Feuer ist keine bloße *Synekdoche* für die Krematorien der Shoa. Auch hier können verschiedene Bedeutungen unterschieden werden.

a) Auschwitz ist keine »negative Philosophie« für eine *besondere* Kategorie von *Opfern*. Levinas betont, dass es ihm nicht um eine *rhetorische* Frage der Gerechtigkeit

---

24 Siehe von Eugen Kogon: *Der SS-Staat. Das System der deutschen Konzentrationslager.* München [10]1999; von Raul Hilberg: *Die Vernichtung der europäischen Juden*, 3 Bde. Frankfurt a. M. [9]1999 und Raul Hilberg: *Täter, Opfer, Zuschauer. Die Vernichtung Juden 1933-1945.* Frankfurt a. M. [2]1997.

geht (z.B. als Frage nach einer Wiedergutmachung oder eines Gedenkens), sondern um eine *homiletische* Frage.[25]

b) Das Feuer fungiert auch nicht als *Vignette* für jedes *malum morale* auf der Welt, selbst wenn Levinas die Singularität von Auschwitz durchbricht und die *anderen* Katastrophen des 20. Jahrhunderts in Erinnerung ruft – so allein in einer kurzen »Zeitspanne von 30 Jahren die Opfer zweier Weltkriege, [den] Rechts- und Linkstotalitarismus, Hitlerismus und Stalinismus, Hiroshima, den Gulag, die Völkermorde von Auschwitz und Kambodscha«.[26]

c) Das Feuer ist nicht Teil einer *Urteilskraft*, die alle Opfer von Ungerechtigkeit unter die Kategorie der *Vernichtung* subsumieren würde, selbst wenn Levinas mit Blanchot daran erinnert, dass »alle Toten des Gulag und aller anderen Orte der Folter [...] mitgemeint sind, wenn von Auschwitz die Rede ist«.[27] Hier liegt keine *Extension* eines *propositionalen* Gehaltes vor und auch keine *metaphorische* Redeweise, die der Vernunft eine Schuld unterstellt.

d) Wir haben es eher mit einer *Verwandlung* der Begriffe und der Realitäten zu tun, die die *Vergehen* der *Gerechten* umkreisen: Das Feuer der Vernichtung betrifft mithin keine *ethnisch-religiöse* Kategorie im Sinne von »Juden waren die primären Opfer der Shoa«. Das Feuer indiziert vielmehr eine *metaphysische* Kategorie: »der Jude« steht *stellvertretend* für alle, die Opfer der »Verfolgung durch den Hass werden«, wie Levinas betont.[28] Die *metaphysische* Kategorie indiziert hier das Rätsel einer »Singularität im Plural«.[29]

2) Das Feuer ist keine *rhetorische* Figur im Sinne eines *pars pro toto*.

Das Feuer ist keine Metapher, die *jede* Form von Gewalt anzeigen würde. Es ist vielmehr der *Un-Ort*, der jenseits der empirischen Phänomene und der transzendentalen Bedingungen den »Nicht-Sinn« von Zerstörung und Vernichtung anzeigt. In diesem Sinne bestünde die zentrale Differenz von Krieg und Shoah nicht in den Kriterien von a) Begrenzung oder Rechtfertigung, b) singulär oder universell, c) militärisch oder total. Die Differenz ließe sich auch nicht auf die verschiedenen Formen von *Kausalität* zurückführen, die alle dem Argumentationsmodell der

---

25 Diese homiletische Sinnrichtung verlagert die Fragestellung von der epistemologischen Ebene auf die ethische Fragestellung nach dem *Tun* und dem *Werk* eines Einstehens. Diese wäre nicht nur in engeren Kontexten der Lüge wichtig, sondern hinsichtlich einer Deckung von Wort und Tat überhaupt relevant.
26 Emmanuel Levinas: *Zwischen uns. Versuche über das Denken an den Anderen*. München, Wien 1991. 134.
27 Emmanuel Levinas, *Zwischen uns*. A.a.O. 130.
28 Diese Widmung bildet den Auftakt von *Jenseits des Seins*. Emmanuel Levinas: *Jenseits des Seins*. A.a.O.
29 Bernhard Waldenfels: »Singularität im Plural«. In: Bernhard Waldenfels: *Deutsch-Französische Gedankengänge*. A.a.O. 302-321). Die »Kategorie« der Singularität bildet ein Gegengewicht gegen Ethiken, die Gerechtigkeit im Vergleich oder Ausgleich ansetzen.

Vorgängigkeit des Krieges und der Nachträglichkeit des Genozids folgen. Gerade dieses Schema wird durch Levinas' radikale These, dass die »Vorgängigkeit« von Auschwitz die Institutionen von Krieg begründen würde, außer Kraft gesetzt. Die *Verfolgung* des Anderen beginnt bereits mit dem *Vergessen* des Anderen. In diesem Sinne beginnt die Zerstörung nicht erst, wenn die Türen zu den Verbrennungsöfen geöffnet werden. Doch diese Perspektive steht wiederum auch quer zu Theorien, die die Industrialisierung und Bürokratisierung von Auschwitz betonen.[30]

Das Vergessen ist hier insofern relevant, als es die *Metonomasie* der Gerechtigkeit konstituiert. Eine *Metonomasie* veranschaulicht hier nicht nur das negative Pendant der zentralen Figur der *Umkehr*. Eine *Metonomasie*, deren dysfunktionale Potentiale bereits Thukydides erörtert hatte, etabliert vielmehr die Figur der *Verkehrung* und gerade im Namen der Verkehrung wird Unrecht »gerechtfertigt«.[31] Sie konstituiert eine Ontologie des Krieges, die alle Ungerechtigkeiten mit einer höheren Gerechtigkeit rechtfertigt und in dieser Figur das Feuer totalisiert. Nicht ohne Grund lokalisiert Levinas das Feuer der Shoah in der Komplexität der Semantik und Ambiguität des Feuers, das hier eine Verfolgung des Anderen meint: Philosophisch gesehen schreibt bereits der Weltgeist seine »blutige Geschichte« mit dem Schießpulver der Kanonen und Gewehre. Auf den Scheiterhaufen der Religionskriege wird der letzte Funken von Toleranz abgeschafft, in den Autodafés und Verfolgungen der Inquisition wird auch die Menschlichkeit verbrannt, in den Pogromen der Reichskristallnacht wird das Tor zum Abgrund geöffnet, im Bombenhagel der Luftkriege ist das Antlitz verschwunden, in der Politik der verbrannten Erde wird die Grausamkeit, die sich auch im Niederbrennen der Häuser im ethnischen Krieg spiegelt, auf die Spitze getrieben, im Feuerpilz von Hiroshima und Nagasaki löst sich jeder Glaube an das Gute auf. Diese Elemente wären jedoch Teil einer Fehleinschätzung, wenn sie auf »faktische« Ereignisse reduziert werden, denen lediglich ein empirischer Stellenwert zukäme. Sie müssten vielmehr als Anzeichen für einen »barbarischen Rest« aufgefasst werden, der in keiner rationalen Anstrengung aufgelöst werden könnte, wie er von Schelling in seiner Freiheitsschrift konzipiert wird.[32]

---

30 Siehe Hannah Arendt: *Elemente und Ursprünge totaler Herrschaft. Antisemitismus, Imperialismus, totale Herrschaft.* München, Zürich [7]2000. 515 – 529; Hannah Arendt: *Eichmann in Jerusalem. Ein Bericht von der Banalität des Bösen.* München, Zürich [9]1995. 178, 184 f., 188. Der Konnex von Befehl und Pflichterfüllung wird als wesentlicher Bestandteil der Bürokratie begriffen. Edith Wyschogrod zeigt in: *Spirit in Ashes: Hegel, Heidegger, and Man-Made Mass Death* (New Haven/London 1985), wie die Technologie und Logik des Massentodes fortan die Bedeutung des Selbst bestimmt und die Begriffe der Zeit und die Sprache hiervon affiziert sind.
31 Thukydides: *Geschichte des Peloponnesischen Krieges.* Griech.-deutsch. München 1993; Walter Müri: »Politische Metonomasie« (zu Thukydides 3, 82, 4-5). In: *Museum Helveticum. Schweizerische Zeitschrift für klassische Altertumswissenschaft* (26). Basel, Stuttgart 1969. 65-79.
32 Status und ethische Relevanz dieses Motives werden deutlich in meinen Ausführungen in: Antje

Der Ort dieser dichten Ambiguität des Ungerechten scheint jedoch der einzige Ort zu sein, an dem die Anteriorität des Guten bezeugt werden kann oder sich jenseits der rhetorischen Vernunft eine homiletische Geste im Zeichen des Gerechten ereignen kann.

3) Das Feuer ist keine *rhetorische* Figur einer *Iteration*, die das »Ungeheure« der Vernunft anzeigt und vor ihren möglichen Wiederholungen warnt.[33] Ein Unrecht wird immer dann erneut praktiziert, wenn die Vernunft nicht durch eine *Exteriorität* durchbrochen wird, die dieses Feuer überlebt. Gerade dieses *Jenseits* hatte Platon im Mythos des *Er* angedeutet und in der Idee des Guten jenseits des Seins festgeschrieben.

4) Aber das Feuer ist auch keine bloße *ontologische* Figur. Es ist zwar ein *Symptom* für einen Grenzbegriff, der sich mit der Vernunft selbst nicht mehr denken lässt, so wenn die Gerechtigkeit im sinnlosen Leiden für nichts untergeht.[34] Aber selbst die reichhaltige Semantik des Feuers zehrt von einem Begriff, der die Gewalt des Feuers unterbricht und ein *Enigma* andeutet. Die *Metonomasie* wird auch am Leitfaden anderer Bedeutungen des Feuers widerrufen, unterbrochen und unterlaufen. Fünf verschiedene Dimensionen des Feuers erlauben eine Dislokation der Negativität des Feuers.

a) Das Feuer steht im Zeichen des *Unendlichen*: Neben der Epiphanie des Göttlichen gilt »Holocaust« ursprünglich als *Brandopfer*, das Gott zum Guten dargereicht wird.

b) Es gibt ein Feuer der Gerechtigkeit nach dem Unrecht: Nach dem Feuer der Zerstörung (Shoah) gibt es ein *zweites* Feuer der *Reinigung*, das die *Tränen* aufnimmt.

c) Das Feuer des Gedenkens erinnert an das Leiden der Zerstörung und widerruft das Vergessen des Anderen. Im jüdischen Raum wird dieses Gedenken im »Licht« des Chanukka-Feuers verdichtet.[35]

Kapust: »Der sogenannte ›barbarische Rest‹ der Natur und sein heimlicher Logos. Zum Projekt einer Psychoanalyse der Natur«. In: R. Giuliani (Hrsg.): *Merleau-Ponty. Beiträge zu seinem Denken.* München 1999. 241-262.

33 Die Gefahr der Wiederholbarkeit von Auschwitz bildet einen weiteren Topos der Diskussion um den Holocaust. Für Zygmunt Bauman ist eine Wiederholung von Auschwitz potenziell und prinzipiell möglich, siehe Zygmunt Bauman: *Dialektik der Ordnung. Die Moderne und der Holocaust.* Hamburg 1992. 25.

34 Fackenheim befasst sich mit der Logik der Vernichtung (und des Widerstandes), deren härteste Folge die »Produktion« eines »neuen Menschen« ist – der Muselmann. Motive wie die Banalisierung der Gewalt durch Sprache, der Schmerz und die Rolle der Geschichte, die Frage nach Gott und Heiligkeit, Mensch und Verlust der Personalität machen ihn auch philosophisch sehr relevant (Emil L. Fackenheim: »The Holocaust and Philosophy«. In: *The Journal of Philosophy 82* (1985). 505 – 515, hier 511). Vergleiche auch von Cathérine Chalier: »Après la catastrophe. La pensée d'Emil Fackenheim«. In: *Revue de métaphysique et de morale 3* (1985). 342- 361.

35 Diese Lichter sind das *Zeichen* eines Wunders, das »reicher ist als alle Energie«. Mit dieser Wendung versucht Levinas, das jüdische Element in die cartesianische Idee des Unendlichen zu

d) Das Leiden unter Zerstörung wird in zwei Topoi memorialisiert und ethisch reflektiert: dem Motiv des *Hiob* auf der einen Seite, dem Motiv des *Feuersalamanders* auf der anderen Seite. Das Hiob-Motiv dient der ethischen Reflexion auf die Sinnlosigkeit des Leidens und der Prüfung aller Begriffe. Das Motiv des Feuersalamanders eröffnet den Gedanken einer Verwandlung und Wiederauferstehung. Hier ist es ein »Feuer der Verwandlung«, das im *dunkelsten* Kern der Zerstörung durchschritten wird und den Überlebenden verwandelt freigibt. Es scheint den christlichen Gedanken des *Fegefeuers* und die griechische Figur des *Phönix*, der aus der Asche wiederaufersteht, wie auch die mythische Idee einer Verwandlung durch Riten der Initiation, die einen neuen Lebensabschnitt mit dem Gang durch das Feuer umschreiben, zu modifizieren. Das Christliche kennt den Gedanken der Läuterung, das Mythische die Idee der Neugeburt durch eine Prüfung. Die Hölle von Auschwitz zu überleben ist jedoch keine »einfache Prüfung«, die eine neue Lebensphase erschließt.[36] Sie ist eine *absolute Grenze*, die nur durch ein *Wunder* als *Bruch der normalen Ordnung* überstanden wird.[37]

e) Erinnerung an die Feuer der negativen Formung: Die Ontologie des Krieges kennt einen Modus der Disziplinierung und Formierung eines Menschentypus, der diesem Feuer standhält und nicht moralisch, seelisch und physisch zusammenbricht.[38] So beschreibt Ernst Jünger in den *Stahlgewittern* den Typus eines Menschengeschlechtes, das durch das Feuer geht und gestählt wieder herauskommt.[39] Das Bild dieses Menschen diente der Ontologie eines Kriegs, die sich auf eine höhere Sache berief – das Sterben für eine höhere Idee. Die grausame Kehrseite extremer *Unmenschlichkeit* verdichtet sich ebenfalls in einem Wort, das um die Bedeutungsaspekte des Feuers kreist: »Der Feind, aber auch alle eigenen Kameraden, die zu schwach waren, um dieser Hölle standzuhalten, schienen nicht wert zu sein, weiter zu leben, und wurden konsequenterweise zerstört. Die Sprache des Ersten Weltkrieges entwickelte eine Metapher zur Bezeichnung von Soldaten, gelegentlich ganzer Regimenter, die dem Tod auf dem Schlachtfeld entkommen, jedoch zur

---

übersetzen, aber gleichzeitig auch dasjenige anzuzeigen, das die Ontologie sprengt: Schöpfung, Freiheit und stetige Erneuerung veranschaulichen einen Geist ununterbrochener *Wachheit*, der sich daher gegen die Mobilisierung in die Ontologie des Krieges sperrt und dem Unheil vorbeugt (siehe Emmanuel Levinas: *Schwierige Freiheit. Versuch über das Judentum*. Übers. E. Moldenhauer. Frankfurt a. M. 1992. 169-172).

36 So Mircea Eliade: *Das Heilige und das Profane*. Frankfurt a. M. 1978. 11 ff. Siehe dazu auch meine Ausführungen in: Antje Kapust: *Berührung*. A.a.O. 394 ff.

37 Das Motiv des Feuersalamanders hat insbesondere der jüdische Schriftsteller Kazetnik verwendet, so in seinem Werk: *Höllenfahrt. Das kurze Leben der Daniela Preleschnik*. Gerlingen 1980.

38 Platon nennt das Zittern jener Soldaten, die die Überwältigungen übermächtiger Erfahrungen nicht verkraftet haben und in ihrem Zusammenbruch »wie kleine Kinder besprochen und besungen« werden müssen (*Phaidon* 77e; *Politeia* 387d ff.; 502d ff.).

39 Siehe zu diesem Problem mit kritischen Augen den Text von Ernst Jünger: *In Stahlgewittern. Aus dem Tagebuch eines Stoßtruppführers*. Berlin [7]1926.

Fortsetzung des Kampfes nicht mehr in der Lage waren: sie waren ›*zu Schlacke verglüht*‹. In diesem Teil des Krieges sah Hitler den wahren Heroismus der deutschen Soldaten triumphieren: ›die eiserne Front des grauen Stahlhelms, nicht wankend und nicht weichend, ein Mahnmal der Unsterblichkeit‹.«[40]
Die Ikone dieses Denkens ist jedoch der *Stahlhelm*, nicht aber der *Andere*, dem Gerechtigkeit widerfahren soll. Ist es diese Verfehlung der Gerechtigkeit gegenüber dem Anderen, die Auschwitz bedeutet?

III Vernunft und Ungerechtigkeit durch Verfehlung

Levinas entwickelt nun eine sehr komplexe Dramaturgie der Exegese. Es ist bezeichnend, dass er die Diskussion nicht am Leitfaden griechischer Kategorien durchführt: so die Transformation von Aktivität und Passivität in der Frage nach Täter und Opfer, von Singular und Plural als Frage nach der Singularität von Auschwitz, die Frage nach den *intentionalen, funktionalen* oder *instrumentalen* Mechanismen von Auschwitz. Er rollt die Debatte auch nicht in christlichen Begriffen von Schuld und Verzeihung auf. Er situiert sie auch weniger in einer problematischen Dialektik von Rationalität und Irrationalität. Levinas scheint vielmehr mithilfe des Signifikats »Feuer« verschiedene Dimensionen der *Verfehlung* von Gerechtigkeit andeuten zu wollen, die nun entwickelt werden.

1) Die Vernunft selbst ist nicht gerecht
Mit dem Satz vom Grund sind wir gewohnt, für jede Folge eine Ursache, für jedes Phänomen einen rationalen Grund und für jede Handlung einen Täter ausfindig zu machen. Doch die Frage, *wer* das Feuer *anzündet*, ist nicht identisch mit der Frage, wer dafür *zuständig* und verantwortlich ist. Feuer gibt es nur dort, wo es auch »Stacheln« gibt, die das Feuer aufnehmen, die also gewaltbereit sind. Wenn Stacheln auf der *sinnlichen* Ebene das Stechende (Verführung, Kontamination) symbolisieren, repräsentieren sie auf der *intelligiblen* Ebene das Verführerische für den Geist. Die Feuer von Krieg und Auslöschung gibt es folglich dort, wo die *Denker* und *Dichter* sich verführen lassen.[41]

---

40 So Bernd Hüppauf in seinen Ausführungen: »Schlachtenmythen und die Konstruktion des ›Neuen Menschen‹«. In: G. Hirschfeld, G. Krummeich, I. Renz (Hrsg.): »*Keiner fühlt sich hier mehr als Mensch…*«. *Erlebnis und Wirkung des Ersten Weltkrieges*. Frankfurt a. M. 1996. 53-104, hier 74. Der Autor bezieht sich auch auf parallele Stellen aus Hitlers *Mein Kampf* und macht die Verschleierung traumatischer Beeinträchtigungen durch »sprachliche Worthülsen« deutlich, so durch Hitlers metonomastische Umdeutung, die das Trauma in einen Totenkult des Heros verwandelt.
41 Kurt Flasch beschreibt in *Die geistige Mobilmachung. Die deutschen Intellektuellen und der Erste Weltkrieg*, wie eine »Ideenmasse zur mobilisierenden Ideologie« funktionalisiert wird. Kurt

Levinas' Verfahren könnte mit Bezug auf Platon verteidigt werden. Wo Platon eine höhere« Wahrheit durch ein Gleichnis zum Ausdruck zu bringen versucht, präsentiert Levinas durch die »fremde Stimme« des Talmud eine These, die zu denken geben soll. Mit dieser Wendung durchkreuzt Levinas ein ganzes Spektrum herkömmlicher Theorien absetzen.

a) Mit Blick auf *anthropologische* und ethologisch relevante Theorien ist das Feuer nicht in den niederen Seelenvermögen des *animal rationale* zu lokalisieren. Mit dieser Absage wären Theorien abgewiesen, die eine Genese von Krieg in einer »Bestialität« des Menschen verorten. Aber auch die These Goldhagens von einem Antisemitismus, der tief in einem deutschen Wesen verwurzelt wäre, würde hier nicht greifen.[42]

b) Gewaltbereitschaft kann auch nicht als Resultat eines Versagens einer instrumentellen oder kommunikativen Vernunft betrachtet werden, die ihre »Rationalisierungschance« verpasst hätte und vom Logos in den Kampf umschlägt (Arendt, Habermas usw.).

c) Sie geht historisch auch nicht auf den Umstand zurück, dass realiter einer der Hauptpfeiler für Hitlers Macht »das Lumpenproletariat« jener Intellektuellen war, die ihm zuarbeiteten.

d) Sie ist aber auch keine bloße Handlungskonsequenz aus einer polemologischen Ontologie, wie Heraklit sie konzipiert. Das gefährliche Feuer lodert dort, wo man es nicht vermutet und es nicht sieht – es ist *verborgen* am »Wegesrand« des Friedens. Es lauert unschuldig in jenen *Kategorien*, die die Denker hätten hinterfragen und unterbrechen müssen, anstatt sich verführen zu lassen: Die Vernunft selbst ist mit diesen Kategorien nicht gerecht. So sagt Levinas: »Auch heute noch sage ich mir, dass Auschwitz durch die Zivilisation des transzendentalen Idealimus verübt worden ist. Hitler selbst würde sich auf diese Weise in Nietzsche wieder finden.«[43] Diese harte Kritik sollte jedoch nicht auf den Ausdruck eines subjektiven Leidens reduziert werden, sondern eine Grundsatzfrage aufwerfen: Inwiefern wird die Vernunft dem *Anderen* gerecht? Man erinnere sich in diesem Kontext nur an die platonische Vision vom Philosophenkönig, der ein geradezu groteskes Regime wie den »Idealstaat« im V. Buch der *Politeia* zulässt. Problematisch sind auch jene

---

Flasch: *Die geistige Mobilmachung. Die deutschen Intellektuellen und der Erste Weltkrieg*. Berlin 2000. 283 und siehe 372-380.

42 So versuchte Daniel Jonah Goldhagen den Nachweis zu führen, wie sich der Wille zum Töten aus der Quelle eines »bösartigen Antisemitismus« speiste und das Weltbild und die politische Kultur prägte (Daniel Jonah Goldhagen: *Hitlers willige Vollstrecker. Ganz gewöhnliche Deutsche und der Holocaust*. Berlin 1998. 8 ff.). Eine abweichende Lesart präsentiert Christopher Browning mit der These, dass keine böswillige »Anlage« handlungsbestimmend war, sondern eine gewöhnliche »Normalität« in Zusammenhang mit bestimmten Bedingungen zur Verfolgung des Anderen »umschlug« (Christopher Browning: *Ganz normale Männer. Das Reserve-Polizeibataillon 101 und die »Endlösung« in Polen*. Reinbek bei Hamburg 1996).

»Friedensgaranten«, die dem »quis iudicabit« nicht standhalten und in den Naturzustand zurückfallen. Die Denker, die öffentlich der Mobilisierung hätten widerstehen müssen, haben sich als Erste anziehen und »stechen« lassen. Für die Postulate eines öffentlichen Vernunftgebrauchs, wie sie im Projekt der Moderne als Ausdruck der Aufklärung konzipiert sind, ist in diesem Punkt mit der Exegese des jüdischen Textes ein Einwand formuliert worden.

2) Es gibt zwar Gerechtigkeit, aber sie ist keine Geste der Vernunft
Die Kraft des Feuers besteht darin, dass die Gerechten die ersten Opfer des Krieges werden, denn die Täter verbrennen sich ja nicht selbst. Das Paradoxe erblickt Levinas mit Ezekiel darin, dass die Gerechten nicht gerecht genug waren, der Ungerechtigkeit des Feuers vorzubeugen.[44] Mit dieser Variante setzte eine Dynamik ein, die die Form eine eskalierenden Chiasmus hat: Mit der genannten Ungerechtigkeit hebt die Irrationalität des Krieges an, die wiederum der Ungerechtigkeit freien Lauf verschafft. Levinas beschreibt diese Konstellation mit einem ontologischen Terminus des Frühwerkes: dem *Element*. Aber – so setzt er hinzu – selbst in dieser Zerstörung gibt es noch einen Funken von Rationalität, der hier in Form der Gerechtigkeit der Geschichte auftaucht: Die Geschichte stellt den Sinn der Ordnung wieder her. Die Tradition der Theodizee hält an dieser Prämisse fest. Das alte Testament markiert diese Form beispielsweise in der Differenz zwischen dem *irdischen* Feuer von Gewalt und Ungerechtigkeit und dem übernatürlichen Feuer der Erneuerung, so wenn die Feuer von Sodom und Gomorrha die Auslöschung des Übels markieren, aber nach dieser »Reinigung« die Wiedereinrichtung einer gerechten Ordnung anvisiert ist. Was aber geschieht, wenn es nach dem »Tode

---

43 So beispielsweise im Interview mit François Poirié. François Poirié: *Emmanuel Lévinas. Essai et entretiens.* Arles 1987. 91 f. Aus anderer Perspektive argumentieren Götz Aly und Susanne Heim in *Vordenker der Vernichtung. Auschwitz und die deutschen Pläne für eine neue europäische Ordnung* (Hamburg 1991), wenn sie nachzuweisen versuchen, dass der Völkermord an den europäischen Juden minutiös geplant und entworfen wurde von einer »deutschen Wissenschaftlerelite«, die konkrete Ideen und Vorstellungen von einer »besseren Zukunft« hatte. Man versteht hier, was Levinas meint, wenn er dieser griechischen Ontologie den Primat des Selben und das Vergessen des Anderen vorwirft. Zuspitzen könnten wir natürlich die Frage nach der Alterität, indem wir sie analog zum Übergang vom Zeitalter der Pyrotechnik in ein Zeitalter der Biotechnik verfremden und fragen, ob nicht gleichfalls untersucht werden müsste, was wir *uns* als Gesellschaft mit bestimmten ethischen Standards leisten, wenn wir das Andere (Embryo) unseren Maßstäben einer Vernunft unterwerfen und ihm Schutz und Würde aberkennen, weil bestimmte Kategorien nicht erfüllt sind (Bewusstsein usw.). Vergleiche in dieser Fragestellung von Peter Singer: *Leben und Tod.* Erlangen 1994.
44 Emmanuel Levinas: *Fire.* A.a.O. 186. Die Hoffnung Ezechiels richtete sich vor allem auf ein neues Israel. Relevant ist in diesem Zusammenhang auch die Konzeption der Gerechtigkeit, denn der Gerechte wird für die Taten des Frevlers zur Rechenschaft gezogen, wenn er diesen nicht gewarnt hat und es versäumt hat, den Frevler von seinen Taten abzuhalten und nicht zur Umkehr bewegen zu können (Ez 33, 1-9).

Gottes« keine solche Instanz mehr gibt und die Vernunft auf sich selbst angewiesen ist?[45]

3) Die Vernunft praktiziert selbst keine Gerechtigkeit
Im dritten Anlauf besteht die Genealogie des zerstörerischen Feuers in der *Bosheit* des Menschen. Das Tragische besteht hier darin, dass die Vernunft sich zwar *in* den Ereignissen des Krieges entwickelt, aber *keinen Gegenbegriff* mehr hat, der diese Geschichte aufhalten oder unterbrechen könnte. Der Krieg, der im Desaster endet, bedeutet nicht nur die Kapitulation der Vernunft. Er bedeutet vielmehr, dass die Vernunft in Irrationalität verschwindet. Vernunft geht in der *Asche* des Feuers unter – und mit ihr das Gedächtnis und die Namen der Opfer.[46] Auch hier wird der Gerechte zuerst erfasst. Doch auch an diesem Punkt gibt es noch eine Steigerungsform. In den bisherigen Versionen stand jeweils Gerechtigkeit noch am transzendentalen oder empirischen Horizont. Nun nimmt Levinas in einem weiteren Schritt offensichtlich den Übergang vom begrenzten Krieg, der unter einem bestimmten Recht steht, zu einem totalen und grundlosen Krieg der Auslöschung ins Auge. Dies ist auch der Un-Ort, an dem ein »bloßer Krieg« in das Problem von Auschwitz übergeht: Levinas operiert hier mit zwei Motiven – der *Andersheit* und der *Leere*.

4) Das Feuer ist der Abgrund der Vernunft jenseits von Gerechtigkeit
a) Gerechtigkeit im Schatten eines Un-Maßes
Beide Lesarten betreffen die Frage der Gerechtigkeit und ließen sich in folgender These darstellen: Kein *Maß* von Gerechtigkeit (platonische Idee) kann das Zerbrechen des Maßes ermessen, das mit dem *Ereignis* von Auschwitz geschieht, denn kein Wort könnte dieses unaufhebbare Ereignis zur Sprache bringen und es einem Maß zugänglich machen. In drei Positionen wird dieser blinde Fleck der Gerechtig-

---

45 Richard Lowell Rubenstein gilt als der extremste Vertreter einer Leugnung Gottes. Sein »Syllogismus« ließe sich in folgende »Argumentation« bringen: 1: Gott kann unmöglich erlaubt haben, dass der Holocaust stattfand. 2. Der Holocaust hat jedoch stattgefunden. 3. Also existiert Gott in der Weise, wie es sich die jüdische Tradition vorstellt, nicht (R. L. Rubenstein, J. K. Roth: *Approaches to Auschwitz. The Holocaust and its Legacy*. Atlanta 1987; auch S. T. Katz: *The Post-Holocaust Dialogues. Critical Studies in Modern Jewish Thought*. New York 1983.
46 Vergleiche hierzu von Dan Diner: »Ereignis und Erinnerung. Über Variationen historischen Gedächtnisses«. In: N. Berg, J. Jochimsen, B. Stiegler (Hrsg.): *Shoah. Formen der Erinnerung. Geschichte – Philosophie – Literatur – Kunst*. München 1996. 13-33. Völlig legitim klagt Diner die skandalöse Fehlleistung an, dass der bekannte Historiker Gordon A. Craig in seiner *Gesamtdarstellung der Geschichte Europas 1815-1980* die »nationalsozialistische ›Endlösung‹ an den europäischen Juden mit keinem Wort erwähnt.« (Dan Diner: »Ereignis und Erinnerung«. A.a.O. 13) Auf die erste Ungerechtigkeit folgt mit diesem Autismus eine weitere Ungerechtigkeit durch Vergessen und Verschweigen.

keit umkreist. So beschreiben einige Überlebende das Ausmaß des Ereignisses in der Trope der *Dislokation*: »Auschwitz ist so ungeheuerlich und unbeschreiblich, dass es nur von einem anderen Planeten sein kann.«[47] »Anders« bedeute, dass die Regeln und Gewohnheiten der menschlichen Zivilisation auf ein »Universum wie Auschwitz« nicht zuträfen. Das Äquivalent für diese Dislokation findet sich in der These von der *Unrepräsentierbarkeit* des Ereignisses, die eine kontroverse Debatte ausgelöst hat: Auschwitz ist so *monströs*, dass es nicht repräsentierbar sei.[48] Zwar ließen sich in den diskursiven Versuchen der Erklärung partielle Grundstrukturen aufweisen, der innerste Kern jedoch sei unerklärbar und man könne diesen *Horror* nicht beschreiben. In allen Fällen wäre aber auch der Begriff der Gerechtigkeit betroffen: Wenn dieses Ereignis sich der Darstellbarkeit entzieht, gäbe es auch keine Wiedergutmachung, wie sie im Text verlangt wird.

b) Gerechtigkeit wird von Ungerechtigkeit aufgezehrt wie das Korn vom Feuer

Hier wird nun die zentrale Prämisse von Levinas auf den Prüfstand gestellt: Bricht nicht selbst eine Metaphysik der Gerechtigkeit, die das Gute transzendierend *jenseits* einer Ontologie des Krieges verortet, in sich zusammen, wenn Gerechtigkeit von Ungerechtigkeit absorbiert wird, so wie das Korn vom Feuer verschlungen wird? Folgt man den Beschreibungen der Überlebenden realer Totalitäten, scheint eine Gerechtigkeit aufgezehrt zu werden wie das Korn vom Feuer. Diese Aushöhlung der Gerechtigkeit zeigt sich auf mindestens vier verschiedenen Ebenen. So beschreibt Primo Levi, dass die Geretteten nur aufgrund von *Privilegien* überleben konnten – ihre Existenz verdanken sie damit einer fundamentalen und originären *Ungerechtigkeit*. Nur wenn sie im Feuer ihren eigenen *Platz* sicherstellen konnten,

---

47 Der Holocaust-Forscher Omer Bartov zitiert verschiedene Stimmen, siehe Omer Bartov: *Mirrors of Destruction: War, Genocide, and Modern Identity*. Oxford 2000. 7 ff., 187. Diese Version stammt von dem überlebenden Kazetnik, dessen Identität durch Zeugenschaft im Eichmann-Prozeß aufgedeckt wurde.

48 Der Topos des Undarstellbaren, der beispielsweise als Figur bei Lyotard auftaucht, wird sogar von Jürgen Habermas in seinem Text ›Jerusalem, Athen und Rom. Ein Gespräch über Gott und die Welt‹ unterstrichen, allerdings mit einem anderen temporalen Index und in Nähe zur Kantischen Idee des Radikal Bösen. In: Jürgen Habermas: *Zeit der Übergänge*. Frankfurt a. M. 2001. 195. Ähnlich beschreibt auch Hannah Arendt, dass sich die Wahrnehmung gegen dieses Ereignis zunächst sperrte, und erst nach Vorlage von Beweisen zum »Glauben« an das Unvorstellbare überging. Diese Umwendung war allerdings mit dem Preis eines tiefen Einschnitts verbunden, der einem absoluten *Vertrauensbruch* gleichkommt, einem zivilisatorischen Bruch, der einen Abgrund öffnete, der sich jeglicher Wiedergutmachung entzog (in: Hannah Arendt: »Was bleibt? Es bleibt die Muttersprache. Ein Gespräch mit Günter Gaus«. In: A. Reif (Hrsg.): *Gespräche mit Hannah Arendt*. München 1976. 24). Vergleiche hierzu auch von Dan Diner: »Zivilisationsbruch«. In: Pax Christi (Hrsg.): *Zivilisationsbruch Auschwitz*. Idstein, Berlin 1999. 13-15, hier 13. Auch Friedländer geht von der Undarstellbarkeit aus, siehe Saul Friedländer: »Die ›Endlösung‹. Über das Unbehagen in der Geschichtsdeutung«. In: W. H. Pehle (Hrsg.): *Der historische Ort des Nationalsozialismus*. Frankfurt a. M. 1990. 81-94, hier 91.

war es ihnen möglich, diesem Feuer zu entkommen.[49] Oft verdichtet sich dieser Kampf um einen Platz auf Leben und Tod im »Symbol« des Brotes: »There was not a Leidensgemeinschaft – [...]. The laws of the jungle prevailed in the daily struggle for survival [...]. Frequently, the only way to survive was at the expense of others: One prisoner's death was another's bread [...]. Solidarity is based on the principle of mutual aid and sharing. But there is nothing to share, except at the cost of common destruction and doom [...]«.[50]

So konnte Primo Levi selbst nur in der *Reduktion* auf eine Rolle überleben, die ihre Funktion in diesem *commercium* erfüllte – nämlich in seiner Funktion als chemische Hilfskraft. Andere Insassen könnten überleben, indem sie das Brot ihres Nachbarn stahlen. Levinas selbst verdankt sein Überleben einem »Symbol«. Dieses Symbol repräsentierte keine Gerechtigkeit und kein Recht, obwohl es im Hintergrund die Genfer Konvention für Kriegsgefangene zitiert, sondern garantierte einen Mechanismus, den Freud als *Tabu* beschreibt: Die Verfolger trauten sich nicht, sich an diesem fremden Symbol zu »vergreifen«. Dieser aus Sicht der Überlebenden »ungerechte« Vorteil einer machiavellistisch gesprochen günstigen Gelegenheit und *fortuna* kam den Muselmännern, den Untergegangenen, nicht zugute.[51] Er beruht auf der Macht des Stärkeren.

c) Das Dilemma der praktischen Gerechtigkeit

Von Husserl kennen wir die Unterscheidung zwischen Kausalität und Intentionalität: Wenn ein Feuer einen Baum erfasst, wird der Baum zerstört, aber der noematische Sinn des Baumes selbst verbrennt nicht.[52] Dieser Gedanke kehrt in der Diskussion um den Zusammenhang von Gerechtigkeit und Shoah wieder: So vertreten einige Theoretiker die These, dass im Feuer der Vernichtung zwar Millionen *realer* Opfer den Tod fanden, aber die *Idee* von Gerechtigkeit selbst sowie die Idee

---

49 Daher unterläuft Levinas das Pascal'sche Motiv des Platzes an der Sonne durch ein Denken des »ethischen Widerstandes«.
50 Omer Bartov: *Mirrors of Destruction*. A.a.O. 175. Robert Antelme beschreibt den Hunger als Obsession am Beispiel des Brotes. (Robert Antelme: *Das Menschengeschlecht*. Frankfurt a. M. 2001. 115). Vergleiche ähnliche Sachverhalte in Giorgio Agamben: *Remnants of Auschwitz*. A.a.O. 57, 90.
51 Daher auch von Primo Levi der Titel *Die Untergegangenen und die Geretteten* (München/Wien 1990). Auch Wolfgang widmet in *Die Ordnung des Terrors: Das Konzentrationslager* (Frankfurt a. M. 1997) dem Muselmann ein ganzes Kapitel. Diese Geste ist umso relevanter, als sie das bereits erwähnte Unrecht durch »Nicht-Wissen-« und »Nicht-Sehen-wollen« widerruft; siehe hierzu Agamben, der darlegt, wie niemand den Muselmann sehen wollte (Giorgio Agamben: *Remnants of Auschwitz*. A.a.O. 52, 63).
52 Zur Klärung dieses Sachverhaltes sind die Ausführungen von Bernhard Waldenfels in »Intentionalität und Kausalität« sinnvoll und hilfreich. In: Bernhard Waldenfels: *Der Spielraum des Verhaltens*. Frankfurt a. M. 1980. 98-125, hier 105. Waldenfels erläutert den Unterschied auch an einem berühmten Beispiel – am Absturz von Plinius in die Feuerlava des Vesuvs.

von Humanität vom diesem Ereignis nicht in Mitleidenschaft gezogen wird.[53] Die Trennung der Welt in eine *transzendentale* und eine *empirische* Ebene oder in einen noematisch-intentionalen Sinn und einem realen Referenten wird von anderen Autoren in dieser Weise nicht geteilt. Alain Finkielkraut kommt beispielsweise zu einer negativen Schlussfolgerung, wenn er der These Ausdruck verleiht, dass mit dem »Abschlachten« von Gerechten (und auch Ungerechten) auch die *Idee* von Gerechtigkeit selbst abgeschafft wird.[54] Die Mischna lässt beide Lesarten zu: Wenn das Feuer auch das potenzielle Korn erfasst (z.B. durch die Gefahr der Iteration »dieses Ereignis kann sich wiederholen«) wird auch *aristotelisch* gesprochen die *Form* selbst, die im Material eingeprägt ist, zerstört. Auch eine *transzendentale* Perspektive scheint diese Variante zu erhärten: Wenn ein Feuer als *Möglichkeit* von Zerstörung derart vernichtend wäre, dass jede denkbare Grenze überschritten wäre und ein Überleben nur von den oben erwähnten Privilegien abhängig wäre, gäbe es keine Moralität mehr. Die Begriffe von Recht und Unrecht, Gerechtigkeit und Ungerechtigkeit, Solidarität und Humanität hätten im wahrsten Sinne des Wortes ihre Bedeutung verloren.[55]

d) Es gibt eine Spur von Gerechtigkeit

In diesem Sinne können wir das Anliegen von Tzvetan Todorov in seinem Buch »Angesichts des Äußersten« verstehen. Todorov zeigt hier, wie selbst noch im tiefsten Abgrund des Äußersten moralische Tugenden bestehen: Hilfe für den Anderen, Mut, Hoffnung, Solidarität usw.[56] Terrence Des Pres geht von der These aus, dass ein Überleben in der Hölle von Auschwitz nur möglich war, wenn im Ange-

---

53 Diese Position vertritt beispielsweise Tzvetan Todorov in *Angesichts des Äußersten* (München 1993). Doch was bedeutet Gerechtigkeit, wenn sie nur noch vereinzelt praktiziert, aber nicht mehr dem »Geist« nach vorhanden ist oder durch einen menschenverachtenden »Geist der Gesetze« verunmöglicht wird, wie Saul Friedländer ihn darlegt? Vgl. Saul Friedländer: *Das Dritte Reich und die Juden. Die Jahre der Verfolgung 1933-1939*. München 1998. 180 ff.

54 Daher ist sein Titel *Verlust der Menschlichkeit. Versuch über das 20. Jahrhundert* (Stuttgart 1998) ganz programmatisch. Die Kontinuität dieses Themas erblickt er in Handlung von Menschen gegen Menschen, die nicht mehr die mindeste Spur von Menschlichkeit aufweisen, so etwa in den Menschenrechtsverletzungen, wie sie im Balkan-Krieg auftraten (Alain Finkielkraut: »La victoire posthume de Hitler«. In: V. Nahoum-Grappe (Hrsg.): *Vukovar, Sarajevo… La guerre en ex-Yougoslavie*. Paris 1993. 203-213).

55 Mit einem Rekurs auf Levinas' Idee einer Metaphysik wäre folgende Deutung möglich: Levinas insistiert auf einem *Außen* der *Totalität*, dieses Außen wäre der Ort, an dem sich Gerechtigkeit ereignen würde. Nun, so könnte man meinen, finden sich tatsächlich einige *Zeichen*, die man in diesem Sinne lesen könnte: Offensichtlich lassen sich einige »Körner« von diesem Feuer nicht anstecken, sie entziehen sich dem *commercium* und setzen das *Außen* in Form von Gerechtigkeit ins Werk.

56 Die Motive sind bei Todorov über das ganze Buch verstreut. Auch der Topos der Rettung bei eigener Lebensgefahr würde in dieser Nähe stehen, siehe hierzu die Ausführungen von Kristen Renwick Monroe in: *The Heart of Altruism. Perceptions of a Common Humanity*. Princeton 1996. 91-118.

sicht des größten Horrors die Idee von Humanität und Gerechtigkeit selbst nicht aufgegeben wurde.[57] Könnten wir also sagen, dass Des Pres den noematischen Sinn von Gerechtigkeit aufzeigt, während Todorov einen *tropischen* Sinn von Gerechtigkeit andeutet – Trope im Sinne einer Wendung zum Anderen, eines *Adressierens* und eines *Einstehens* für ihn/sie? So verführerisch diese Deutung der Problematik von Feuer und Gerechtigkeit ist, so birgt sie doch auch eine fragwürdige Ambiguität. Eine parallel gelagerte Struktur dient nämlich auf anderer Ebene zur Nobilitierung des Krieges. So wird in einigen Diskursen die Negativität und Dysfunktionalität des militärischen Feuers kompensiert mit dem Verweis auf die moralischen Tugenden: In der Not rückt das Volk zusammen und ist voller Hilfsbereitschaft; Freundschaft, Edelmut, Solidarität gewinnen wieder eine tiefere Intensität. Nicht selten genug haben diese Argumentationsmuster, die auf einer Rhetorik der Metonomasie beruhen, gerade einen zerstörerischen Effekt gehabt, indem das Feuer nicht verhindert wurde, sondern im Gegenteil stimuliert und entfacht wurde.[58] In Levinas' Worten könnte der Grund für diese Ungerechtigkeit in einer *falschen* Gerechtigkeit oder hinter einer *scheinbaren* Gerechtigkeit indiziert werden. Die Geste der Hilfsbereitschaft gilt wie die anderen Tugenden gerade nicht *dem Anderen* und zeugt auch nicht *für seine* Leiden, sondern sie bewegt sich nur in den *Grenzen des Eigenen*, die sie nicht transzendiert. Gerechtigkeit wäre auf das Maß eines Nullsummenspiels herabgesunken, aber hätte nichts mit einer Ethik für den Anderen zu tun.

e) Es gibt keine Spur von Gerechtigkeit

Das Feuer erfasst nun *alles*. Es vernichtet und wütet in seiner Totalität und zerstört alles. Was übrig bleibt, ist *Asche*. Wäre diese Asche die letzte Spur von Gerechtigkeit? Würde in diesem Ereignis des Feuers sogar die *Sprache der Zeugenschaft* vom Feuer »verbrannt«? Auch hier zeigt sich ein kruziales Dilemma. Insofern nur der Privilegierte überlebt, ist Gerechtigkeit schon *verraten* und kann nicht *bezeugt* werden. *Nicht* zu bezeugen jedoch würde bedeuten, das Werk des Täters zu vollenden und sich stillschweigend zum Komplizen seiner Ungerechtigkeit zu machen.[59] Dazwischen gibt es keinen Raum für eine *Spur*, denn wie Elie Wiesel betont, ist in der Asche von Auschwitz nicht nur die *Wahrheit* untergegangen, sondern auch der letzte Funken von Gerechtigkeit. Simon Wiesenthal gibt für diesen Modus eine Beschreibung in Form des tragischen Dilemmas, das sich in einer verfehlten Begeg-

---

57 Terrence Des Pres: *The Survivor. An Anatomy of Life in the Death Camps.* New York 1976.
58 Siehe hierzu meine Ausführungen. Antje Kapust: »Zur Philosophie des Krieges. Logos und Polemos«. In: W. Böhm, M. Lindauer (Hrsg.): *Welt ohne Krieg.* Stuttgart 2002. 81–110.
59 Vergleiche zu diesem Dilemma die Ausführungen von Agamben. Giorgio Agamben: *Remnants of Auschwitz.* A.a.O. 35. Ähnlich argumentiert auch James Hatley, wenn er von einem Imperativ des Zeugnisses spricht, vgl. James Hatley: *Suffering Witness. The Quandary of Responsibility after the Irreparable.* New York 2000. 11–37.

nung abspielt. Er wird von einem hinscheidenden SS-Offizier ans Sterbebett gerufen und gebeten, seinem Henker zu verzeihen und zu vergeben. Von Pein ergriffen, ist das einzige »Können«, das ihm verblieben ist, jedoch nur ein *unbegründetes* und *stummes* Versagen und der Entzug, ohne dieser Bitte um Antwort nachkommen zu können.[60] Später leidet er unter qualvollen Gewissensbissen, diesem Henker kein Antlitz »geschenkt« zu haben und ihm keine Vergebung zukommen gelassen zu haben.[61] Bezeugt dieses *Gewissen* aber gegen die Zerstörung des Feuers nicht die vorgängige *Anteriorität des Guten*? Performativ konnte das Versprechen der Vergebung nicht eingelöst werden, aber es hat der Kompetenz nach im »inneren Hof« des Gewissen gerungen.

Levinas kennt dieses Problem und benennt es. Es betrifft die *Forderung* nach Gerechtigkeit. Gerechtigkeit gegen Ungerechtigkeit zu fordern, hieße, in eine *Gewalt der Ethik* zurückzufallen. Eine Theodizee des sinnlosen Leidens jedoch *ohne* eine Forderung nach Gerechtigkeit zu entwerfen, käme einem Rekurs auf Unmoral gleich. Was aber heißt dann die in der Mischna angedeutet Wiedergutmachung? Auch sie ist für Levinas nicht das *Maß* der Gerechtigkeit. Wo wir uns moralisch entrüsten, indem wir betonen, wie unvorstellbar diese Dimensionen des Feuers seien, verhüllen wir uns in der Selbstgerechtigkeit des Intellektuellen, der aus seinem »Elfenbeinturm« heraus den ersten Schritt für eine Ungerechtigkeit legt: »Für jede ethische Sensibilität – die sich inmitten der Unmenschlichkeit unserer Zeit gegen diese Unmenschlichkeit behauptet – ist die Rechtfertigung des Schmerzes des Anderen mit Bestimmtheit der Ursprung aller Unmoral. Sich im Leiden anklagen ist ohne Zweifel die Rückkehr des Ichs zu sich selbst.«[62]

Daher verlagert Levinas die Frage auf einen anderen »Schauplatz«. Zunächst zerbricht er ganz im Sinne von *Jenseits des Seins* die eigene Sprache, indem er sich zur weiteren Analyse eine *fremde* Stimme leiht, und zwar Benjamins Bild vom Engel der Vernichtung. Dieser Engel hat nun eine *totale* Gewalt der Vernichtung: Nichts kann mehr gerettet werden und nichts ist mehr sicher vor dem Feuer der Zerstörung. Die Ungerechtigkeit dieses Feuers umfasst drei Gewalten:

Sie hat erstens die Form eines Genozids und meint die *totale Auslöschung*. An diesem Punkt spalten sich auch die Grundlinien von Krieg und Auschwitz. Diese erste Form der Zerstörung wird durch eine zweite Ungerechtigkeit noch gesteigert, denn das Feuer beinhaltet auch die *Auslöschung des Gedächtnisses* – selbst der Name der

---

60 Simon Wiesenthal in: Nel Noddings: *Woman and Evil*. Berkeley, Los Angeles, London 1989. 210 ff.
61 Die Dimensionen einer Ethik der Vergebung und des Verzeihens werden in diesem Ringen sichtbar. Siehe zu diesem Problem auch das sehr interessante Buch von Solomon Schimmel: *Wounds not healed by time. The power of repentance and forgiveness*. Oxford 2002, darin insbesondere zu Rache und Gerechtigkeit 11-39.
62 Emmanuel Levinas: *Zwischen uns*. A.a.O. 126.

Opfer wird noch ausgelöscht. Im Hintergrund steht eine dritte Form der Ungerechtigkeit: Auch der Täter zerstört sich, indem er sich der Möglichkeit eines Antlitzes beraubt.

Auch in diesem Feuer ist es Levinas zufolge zuerst der Gerechte, der leidet. Sein Leiden ist jedoch maßloser also zuvor, denn es ist völlig sinnlos. In Anlehnung an Emil Fackenheim zeigt Levinas, dass dieses sinnlose Leiden nicht nur »Folge« einer sinnlosen Gewalt ist, sondern dass es auch *für nichts* steht: Im Gegensatz zum Märtyrer, der im Feuer der Zerstörung für seinen Glauben stirbt, ist das Sterben in Auschwitz »grundlos« und sinnlos. Es kann keine Theodizee davon geben.

Genau dieser Punkt berührt jedoch eine Frage, die für die Frage nach Gerechtigkeit zentral ist: Wo war Gott, als die Feuer von Auschwitz brannten? Fehlte Gott in den Lagern, »so war doch der Teufel dort umso anwesender«. Wenn die Menschen schon nicht gerecht genug waren, konnte nicht wenigstens Gott Gerechtigkeit walten lassen? Eine weitere Differenz zwischen Krieg und Auschwitz bricht hier auf. Im Krieg ist, wie die zahlreichen Diskurse belegen, Gott selbstgerechterweise immer auf der Seite des Gewinners. Auschwitz jedoch war für einige Autoren das Fanal, das es keinen Gott gibt. Für Levinas signalisiert dieses Fazit das Dilemma einer Philosophie, die eine Gerechtigkeit nach Auschwitz nicht nur mit der Trope der Substitution beschreibt, sondern diese, wie er im *Humanismus des anderen Menschen* zeigt, noch an einem einzigen Angelpunkt aufhängt: der Idee von Gott. Levinas konzediert dieses Problem. Ein Gott kann nicht *hypostasiert* werden, so wie Philosophie nicht auf Glauben begründet werden kann. Wenn aber die Frage nach der Gerechtigkeit die Frage nach dem Sinn des Ethischen bedeutet, so kann gezeigt werden, dass Gott dort *ist* und *solange* ist, solange er von den gerechten Taten des Menschen *genährt* und *getragen* wird. Dies ist die Wendung, die Levinas mit seiner Interpretation des berühmten Rabbi Chajim Woloszyner vorstellt.[63] Aber auch mit dieser Wendung bleibt das Problem einer Gerechtigkeit nach Auschwitz bestehen: Wo fänden sich die Spuren dieses gerechten Einstehens als Bezeugen von Gott, wenn selbst Überlebende sagen: Wenn die Rollen getauscht wären, hätte ich es auch getan, d.h. ich hätte die Stelle des Verfolgers eingenommen?

Levinas scheint dieses Problem anzuzeigen, wenn er die Allgewalt des Engels der Vernichtung beschreibt: Selbst die Flucht in die Innerlichkeit des eigenen Gewissens bewahrt nicht davor, von diesem Feuer erfasst zu werden. Wütet außen »das Massaker, ist innen der Terror«. Die *Logik des Tausches*, die der Überlebende in Form der Vertauschung der Rollen angedeutet hatte, wiederholt sich hier in der

---

63 Dieser Rabbi präsentierte eine bemerkenswerte jüdische *Kosmologie* und *Ontologie* mit *ethischen* Implikationen, die nach einem Ereignis wie Auschwitz umso relevanter ist, da sie nicht von der Negation Gottes ausgeht. Emmanuel Levinas: *Schwierige Freiheit.* A.a.O. 54 f. Levinas knüpft hier an, auch mit der Absicht einer Modifikation eines einseitigen griechischen Erbes.

Totalität der Gewalt, die jede Gerechtigkeit verunmöglicht. Levinas bezeichnet sie als die *absolute Nacht*. Doch anders als Todorov, der in diesem Feuerkessel noch eine Spur gerechten Handels verortet, geht Levinas einen anderen Weg. Der Weg *ähnelt* der griechischen Figur des Umschlags, aber er *bedeutet* eine jüdische Figur: Levinas bezeichnet das Auftauchen von Gerechtigkeit an diesem tiefsten Punkt des Feuers als Ort, an dem die Kategorie Israel auftaucht.

IV Die Wende: Aus dem Feuer heraus

Philosophisch ähnelt diese Wende der Idee des Mehrwertes. In der jüdischen Tonart wird dieser Mehrwert in Anlehnung an ein *anderes* Zeichen von Feuer beschrieben: So bedeuten die Chanukka-Lichter im jüdischen Kalender das Wunder, dass sich ein »Mehr im Weniger« ereignete, das als formale Figur dem eminente Transzendenz im cartesianischen Gottesbeweis aus den *Meditationen* von Descartes übersetzt. Dieses Wunder schenkte das Überleben im Krieg. Levinas greift auf diese Figur eines *Mehrwertes* zurück und rekurriert nicht auf die bereits genannte alternative Figur eines Mehrwertes, die sich in der jüdischen Holocaust-Literatur findet – dem Feuersalamander, der das Feuer durchquert und überlebt und der als das jüdisches Äquivalent zur griechischen Figur des Phönix gedeutet werden kann, der sich aus der Asche erhebt.

Wenn der Engel der Vernichtung wütet, hilft auch das Schließen der Fenster nicht, um eine unhintergehbare Kontamination zu vermeiden. In den beiden Anschauungsformen von Raum und Zeit wütet das Böse des Feuers überall und Tag und Nacht. Das Gerechte jedoch taucht als *Wunder* in dieser Totalität auf: Wenn der Engel der Vernichtung tagsüber in der Mitte des Weges geht, soll man zur Seite gehen, lagert er am Wegesrand, soll man in der Mitte des Weges gehen, um sich nicht in den Abgrund ziehen lassen. Nun bildet aber eine interessante Wendung von Gerechtigkeit hier die Pointe. Das Gerechte wird hier weniger in Form eines *Einstehens* beschrieben, sondern in Form eines *dritten* Geschlechtes, das die ontologischen Kategorien sprengt. So wie die Mitte die Vernunft symbolisiert und der Wegesrand hier für die Nacht des Schlafes steht, so besteht der Ausweg aus diesem Dilemma in der *dritten* Kategorie einer *Wachheit*, die bedeutet, den *Kontakt* mit dem Feuer, der unvermeidlich ist, zu überstehen, ohne davon verschlungen zu sein. Es ist jedoch diese Wachheit, die die griechisch-europäische Vernunft menschlicher macht.

Katharina Schmidt

»Unterweisung ins Eingedenken«
und das Antworten im Raum der Vielen

In diesem Beitrag soll in Verbindung mit einem Unterrichtsbeispiel auf die Frage eingegangen werden, was es für die Verantwortung eines Lehrers bedeuten kann, dass das Antworten sich in einem »sozialen Raum« ereignet, »der aus Vielen gebildet ist«, wie der Pädagoge Jan Masschelein in Anlehnung an Hannah Arendt formuliert.[1] Wichtig wird dabei zunächst besonders die Auseinandersetzung mit einer These sein, die Micha Brumlik in seinem Aufsatz *Erziehung nach »Auschwitz« und Pädagogik der Menschenrechte* äußert. Diese These lautet: »Wer nicht willens und bereit ist, auch jene Massaker und Genozide, die vom eigenen zugeschriebenen Herkunftskollektiv begangen wurden, anzuerkennen, wird schließlich auch nicht dazu in der Lage sein, den von uns mit dem Ortsnamen ›Auschwitz‹ umschriebenen Holocaust wirklich ermessen zu können.«[2] Für Brumlik heißt das z.B., dass Schüler türkischer Herkunft die Radikalität des ethischen Appells, der sich mit dem Namen »Auschwitz« verbindet, nur ermessen lernen können, wenn sie bereit

---

1 Jan Masschelein: »Die Frage nach einem pädagogischen Grundgedankengang. Bemerkungen über Handeln und Pluralität«. In: Jan Masschelein, Michael Wimmer: *Alterität, Pluralität, Gerechtigkeit. Randgänge der Pädagogik*. Sankt Augustin, Leuven 1996. 107-125, hier: 119.
2 Micha Brumlik: »Erziehung nach ›Auschwitz‹ und Pädagogik der Menschenrechte. Eine Problemanzeige«. In: B. Fechler, G. Kößler, T. Lieberz-Groß (Hrsg.): *»Erziehung nach Auschwitz« in der multikulturellen Gesellschaft. Pädagogische und soziologische Annäherungen*. Weinheim, München ²2001. 47-58, hier: 54.

sind bzw. die Bereitschaft erlangen, auch jenen Genozid anzuerkennen und zu verurteilen, der während des Ersten Weltkrieges im damaligen Osmanischen Reich an den Armeniern begangen wurde. Diese These Brumliks kann durch den Hinweis auf Anspruchskonstellationen bekräftigt werden, in denen die Verantwortung für die einen Opfer eine *Mitverantwortung* für andere Opfer einschließt und das Verletzen der Ansprüche der einen ein *Mitverletzen* der Ansprüche der anderen bedeutet. In solchen Anspruchskonstellationen bezeugt sich, was Liebsch in einem im Folgenden noch genauer zu erläuternden Sinne als außerethnische »*ethische* Verwandtschaft der Toten« bezeichnet.

Das Antworten des Lehrers, von dem in Verbindung mit einem Unterricht zu sprechen wäre, in dem die Schüler aufgefordert würden, sich mit verschiedenen Genoziden zu beschäftigen und sie zueinander in Beziehung zu setzen, vollzöge sich in vielen »Räumen der Vielen«. So wäre auf Anspruchskonstellationen hinzuweisen, in denen in den Ansprüchen der einen Opfer zugleich die Ansprüche anderer Opfer laut werden. Während er sich innerhalb dieser Anspruchskonstellation in einem »Raum der Vielen« bewegte, würde der Lehrer sich im Unterrichtsraum in einem weiteren »Raum der Vielen«, im Raum der »vielgesichtigen Anderheit«[3] (Buber) seiner Schüler aufhalten, von denen ein jeder seinerseits wiederum in verschiedenen »Räumen der Vielen« lebte. Zugleich ist darauf hinzuweisen, dass die Ander(s)heit eines jeden Anderen eine in sich plurale, »vielgesichtige« ist. Denn der Andere ist anders im Sinne der von Levinas erwähnten Fremdheit, die nicht mit der Verschiedenheit von Eigenschaften und Zugehörigkeiten zusammenfällt, und er kann zugleich auch anders sein im Sinne seiner Zugehörigkeit zu einer anderen Generation, einem anderen Geschlecht, einer anderen Kultur, seiner anderen Verhaltensweisen, Überzeugungen usw. Hervorzuheben ist weiterhin, dass die Zugehörigkeit Zugehöriger in sich wiederum vielfältig ausgeprägt sein kann, da Menschen ihrer Generation, ihrem Geschlecht, ihrer Nationalität, Religion etc. auf sehr unterschiedliche Weise zuzugehören vermögen.

Kennzeichnend für das gewählte Unterrichtsbeispiel ist, dass einige Aspekte, die im Reden *über* Genozide als charakteristisch für die darin sich verkörpernde Gewalt herausgestellt werden können, zugleich auch im Zusammenhang mit der In-

---

3   Den Ausdruck »vielgesichtige Anderheit« übernehme ich von Buber, der ihn an einer Stelle verwendet, an der er sich – indirekt auch mit Seitenblick auf Heideggers Begriff des »Man« – kritisch mit der Weise auseinandersetzt, wie Kierkegaard in seiner Schrift *Die Krankheit zum Tode* den »Einzelnen« der »Menge« und der »Politik« kontrastiert. Buber bemerkt, dass in der abschätzigen Rede von der »Menge« die Bedeutsamkeit des »öffentlichen Wesens«, der »res publica« verkannt werde. Dem Begriff der »Menge« bzw. der »Masse« stellt er den Hinweis auf die Möglichkeit entgegen, im Zusammenhang mit dem »öffentlichen Wesen« von einer »vielgesichtigen Anderheit«, einer »Vielheits-Anderheit« zu reden, die in ihrer Vielgesichtigkeit anerkannt zu werden verlangt. Vgl. Martin Buber: »Die Frage an den Einzelnen« (1936). In: Martin Buber: *Schriften zur Philosophie*. Werke Bd. 1. Heidelberg, München 1962. 215-265, hier 240 ff.

teraktion *zwischen* dem Lehrer und den Schülern sowie *zwischen* den Schülern untereinander besondere Aufmerksamkeit verdienen. Dieses sei insbesondere in Verbindung mit der Weise aufgezeigt, wie der 1944 von Raphael Lemkin[4] eingeführte Begriff Genozid, der sich aus dem griechischen Substantiv »Genos« und dem lateinischen Verb »caedere« (»töten«) zusammensetzt, auf dem Hintergrund der Überlegungen von Levinas zu kommentieren wäre. Im Anschluss an Levinas müsste hervorgehoben werden, dass genozidale Gewalt, während sie sich gegen den Anderen als den Angehörigen einer spezifischen Gruppe wendet, stets auch Gewalt gegenüber dem Anderen als dem ist, der nicht in seiner Gruppenzugehörigkeit aufgeht. Das Spezifikum genozidaler Gewalt wäre mit Levinas darin zu erblicken, dass diese grundsätzlich auch Gewalt gegenüber dem Anderen in seiner keinem Genus (oder Genos) subsumierbaren Anderheit ist.[5]

Jene Gewalt, die in dem Versuch der Reduktion des Anderen auf seine Kollektivzugehörigkeit liegt, kann *in* den zwischenmenschlichen Beziehungen in einem Unterricht fortleben, in dem *über* Genozide gesprochen wird. Ein Fortleben dieser Gewalt im Unterricht würde z.B. begünstigt, wenn Brumliks eben erwähnte Überlegungen in der Schule in der Annahme aufgegriffen würden, sie besagten, dass jugendliche Migranten ausschließlich in ihrer Eigenschaft als Angehörige von Kollektiven, deren Mitglieder in Massenmorde und Genozide involviert waren, auf »Auschwitz« anzusprechen seien.

---

4 Vgl. Raphael Lemkin: *Axis rule in occupied Europe*. Washington D. C. 1944. Zu seiner Genoziddefinition vgl. z.B. ebd. 79 f. In der eng an Lemkins Ausführungen sich anlehnenden Genoziddefinition der Vereinten Nationen vom 9.12.1948 heißt es in Artikel II, der Begriff Genozid bezeichne »eine der folgenden Handlungen, die in der Absicht begangen wird, eine nationale, ethnische, rassische oder religiöse Gruppe als solche ganz oder teilweise zu zerstören: a. Tötung von Mitgliedern der Gruppe; b. Verursachung von schwerem körperlichen oder seelischen Schaden an Mitgliedern der Gruppe; c. vorsätzliche Auferlegung von Lebensbedingungen für die Gruppe, die geeignet sind, ihre körperliche Zerstörung ganz oder teilweise herbeizuführen; d. Verhängung von Maßnahmen, die auf die Geburtenverhinderung innerhalb der Gruppe gerichtet sind; e. gewaltsame Überführung von Kindern der Gruppe in eine andere Gruppe.« (Zitiert nach Frank Chalk, Kurt Jonassohn: »Genozid – Ein historischer Überblick«. In: M. Dabag, K. Platt (Hrsg.): *Genozid und Moderne, Bd. 1. Strukturen kollektiver Gewalt im 20. Jahrhundert*. Opladen 1998. 294-308, hier 295.) Die Genoziddefinition der UNO ist u.a. deshalb umstritten, weil sie es nicht erlaubt, von einem Genozid auch dort zu sprechen, wo Menschen als Angehörige eines Kollektivs, das keine »nationale, ethnische, rassische oder religiöse«, sondern eine andere (z.B. politisch definierte) Gruppe bildet, verfolgt und ermordet wurden.

5 Liebsch macht im Anschluss an die Überlegungen von Levinas gleichfalls darauf aufmerksam, dass genozidale Gewalt sich grundsätzlich auch gegen den Anderen als den richtet, der keinem Genus restlos unterworfen werden kann. Zu Recht bemerkt er in diesem Sinne, das »ethische Kernproblem der Genozidalität« werde verfehlt, »wenn man im ›Objekt‹ des Massenmordes lediglich etwas sieht, was dem Genus ähnlich sieht, das ähnliche Individuen zusammennimmt.« Vgl. Burkhard Liebsch: »Das Spiel des Lebens und der Tod des Anderen«. In: Burkhard Liebsch: *Vom Anderen her: Erinnern und Überleben*. Freiburg, München 1997. 92-119, hier 103, Anmerkung 16.

An einer der Stellen, an denen er sich mit der Frage auseinandersetzt, wie in der bundesrepublikanischen Einwanderungsgesellschaft über den Nationalsozialismus unterrichtet werden sollte, bemerkt Brumlik: »Bezüglich jugendlicher Immigranten ist es der Nähe der Erfahrungsbasis und des Aufsprengens partikularistischer Perspektiven wegen unerlässlich, auch und gerade die genozidalen Erfahrungen der jeweils eigenen Herkunftsnation zu behandeln.«[6] Hier ist ergänzend hervorzuheben, dass sich ein »Aufsprengen partikularistischer Perspektiven« auch dann vollzieht, wenn Schüler in der Konfrontation mit jener Katastrophe, für die der Name »Auschwitz« steht, als nicht auf ihre »partikularen« Gruppenzugehörigkeiten reduzierbare Einzelne von dem Entsetzen darüber ergriffen werden, was Menschen durch Menschen widerfahren kann, ohne dass der Verweis auf die tatsächliche oder bloß vermeintliche Unschuld ihrer Herkunftsgemeinschaften an den NS-Verbrechen sie vor diesem Entsetzen bewahren könnte.

Brumliks Vorschlag, neben den nationalsozialistischen Menschheitsverbrechen im Unterricht verstärkt auch Genozide und andere massive Menschenrechtsverletzungen anzusprechen, die nicht unter nationalsozialistischer Regie begangen wurden, soll mit diesen Bemerkungen jedoch keineswegs zurückgewiesen werden. Sein Vorschlag sei im Folgenden in Verbindung mit der Weise diskutiert, wie Burkhard Liebsch auf eine »*ethische* Verwandtschaft der Toten«[7] aufmerksam zu machen

---

6 Micha Brumlik: *Erziehung nach »Auschwitz« und Pädagogik der Menschenrechte*. A.a.O. 56.
7 Während er von der »ethischen Verwandtschaft der Toten« spricht, bezieht Liebsch sich insbesondere auch kritisch auf Jan Assmann. Letzterer bemerkt: »Ein Gedächtnis braucht der Mensch, um dazuzugehören. Das Gedächtnis macht ihn zum Mitmenschen, befähigt ihn zu einem Leben in Gemeinschaft. [...] Erinnerung vermittelt Zugehörigkeit, man erinnert sich, um dazugehören zu können, und diese Erinnerung hat verpflichtenden Charakter. Wir können sie daher die normative Erinnerung nennen.« (Jan Assmann: »Erinnern, um dazuzugehören. Kulturelles Gedächtnis, Zugehörigkeitsstruktur und normative Vergangenheit«. In: K. Platt, M. Dabag (Hrsg.): *Generation und Gedächtnis. Erinnerungen und kollektive Identitäten*. Opladen 1995. 51-75, hier 51 f.) An wen oder was wir uns erinnerten und an wen oder was nicht, hinge aus dieser Sicht davon ab, an wen oder was wir uns zwecks der Gewinnung oder Erhaltung einer Identität erinnern müssten, in der sich unsere Zugehörigkeit zu einer bestimmten Gemeinschaft bekundete. Erinnerten wir uns, »um dazugehören zu können«, und wäre das »retrospektive Totengedenken«, wie Assmann unter Berufung auf O. G. Oexle schreibt, »die Form, in der eine Gruppe mit ihren Toten lebt, die Toten in der fortschreitenden Gegenwart gegenwärtig hält und auf diese Weise ein Bild ihrer Einheit und Ganzheit aufbaut, das die Toten wie selbstverständlich mit einbegreift« (Jan Assmann: *Das kulturelle Gedächtnis. Schrift, Erinnerung und politische Identität in frühen Hochkulturen*. München 1992. 61), so hätten wir uns nur als Angehörige einer spezifischen Gedächtnisgemeinschaft jeweils nur »unserer« Toten anzunehmen, während uns das Schicksal der anderen Toten nicht zu kümmern brauchte. Liebsch wendet sich gegen eben diese Vorstellung, wenn er von einer »ethische[n] Verwandtschaft der Toten« spricht, »in deren toten Augen auch die anderen Toten, selbst die Toten der Fremden, mitgegenwärtig« seien. (Burkhard Liebsch: *Geschichte als Antwort und Versprechen*. Freiburg, München 1999. 301.)
Assmanns Überlegungen sind in pädagogischem Zusammenhang unter anderem von Viola Georgi aufgegriffen worden. Mit Blick auf Assmanns These, durch Teilhabe am »Kollektivgedächtnis«, das

versucht, während er an Levinas' Überlegungen zu einem außer-biologischen und außer-ethnischen ethischen »Verwandtschaftsverhältnis«[8] der Menschen anknüpft, das sich nicht aus ihrer vorgängigen Zugehörigkeit zu einem gemeinsamen Genus herleitet. Bei Levinas heißt es: »Nicht deshalb betrifft mich der Nächste, weil er als einer erkannt wäre, der zur selben Gattung gehörte wie ich. Er ist gerade ein Anderer. Die Gemeinschaft mit ihm beginnt in meiner Verpflichtung ihm gegenüber. Der Nächste ist Bruder.«[9] An einer verwandten Stelle schreibt er: »Zwischen dem Einen, der ich bin, und dem Anderen, für den ich verantwortlich bin, klafft eine Differenz ohne den Hintergrund einer Gemeinschaft. Die Einheit der Gattung Mensch nämlich gibt es erst später als die Brüderlichkeit.«[10] Die »Einheit der Gattung Mensch« gibt es Levinas zufolge deshalb »erst später als die Brüderlichkeit«, weil dasjenige, was die Gattung in seinen Augen in einem nicht bloß biologischen Sinne zu einer menschlichen macht, die »Brüderlichkeit« ist, die er von der Verantwortung des »Einen für den Anderen«, für den Nächsten als den »ersten Besten« her versteht. Während Liebsch an diese Überlegungen von Levinas anzuknüpfen versucht, wendet er sich ihnen zugleich auch kritisch zu. So betont er, dass Levinas »das soziale Phänomen abgegrenzter Verwandtschaften und lokaler Genealogien«

---

an seinen Trägern hafte und nicht beliebig übertragbar sei, werde »Gruppenzugehörigkeit« bezeugt (Jan Assmann: *Das kulturelle Gedächtnis*. A.a.O. 39), bemerkt Georgi, in Bezug auf den Nationalsozialismus stelle sich die Frage, »ob und in welchem Maße das Sich-Beziehen auf die NS-Zeit – besonders für junge Migranten – als zugehörigkeitsstiftend angenommen werden kann.« (Viola Georgi: »Wem gehört die deutsche Geschichte? Bikulturelle Jugendliche und die Geschichte des Nationalsozialismus«. In: B. Fechler, G. Kößler, T. Lieberz-Groß (Hrsg.): *»Erziehung nach Auschwitz« in der multikulturellen Gesellschaft*. A.a.O. 141-162, hier 147 f.) In Verbindung mit dieser Frage betont sie, es scheine zuweilen, »als ob die jungen Migranten sich durch ihre intensive Beschäftigung mit dem Nationalsozialismus als ›Deutsche‹ beweisen müßten.« Die Auseinandersetzung mit der NS-Zeit werde dabei »quasi zum Eintrittsbillet in die deutsche Gesellschaft«, so als gelte die Losung: »Wer ›richtiger‹ Deutscher sein will, der muss sich auch auf irgendeine Weise mit dem Nationalsozialismus und dem Holocaust befassen.« (Viola Georgi: »Wem gehört die deutsche Geschichte? Bikulturelle Jugendliche und die Geschichte des Nationalsozialismus«. A.a.O. 161.) So aufschlussreich Georgis Untersuchungen in vielerlei Hinsicht sind, so problematisch ist dabei, dass die Beschäftigung mit dem Nationalsozialismus in den zitierten Formulierungen nur als Mittel zu dem Zweck erscheint, »dazuzugehören«. Geht man davon aus, dass es nur von den Identitäts- und Zugehörigkeitsbedürfnissen der jetzt Lebenden abhängt, ob und wie sie sich dem Vergangenen zuwenden, spricht man diesem jegliches ethische Eigengewicht ab. Verneint oder ignoriert man jenes Eigengewicht des Vergangenen, wird man keine Antwort auf die Frage geben können, was z.B. deutsche, kurdische oder türkische Schüler dazu bewegen kann, dem Völkermord an den Armeniern besondere Aufmerksamkeit entgegenzubringen, wenn sie sich dieses Völkermordes nicht zu erinnern haben, um an den kollektiven Gedächtnissen der Gemeinschaften zu partizipieren, denen sie zugehören oder zugehören möchten.

8 Emmanuel Levinas: *Jenseits des Seins oder anders als Sein geschieht*. Übers. T. Wiemer. Freiburg, München 1992 [Den Haag 1974]. 194.
9 Emmanuel Levinas: *Jenseits des Seins*. A.a.O. 194 f.
10 Emmanuel Levinas: *Jenseits des Seins*. A.a.O. 360 f.

»überspringt«,[11] wenn er von der ethischen Verwandtschaft der Menschen spricht. »Zwischen der ethischen Anderheit des Anderen und dem menschheitlichen Horizont aller Anderen«, bemerkt Liebsch mit Blick auf Levinas, »fallen die realen Vermittlungen stets begrenzter, selektiver und exklusiver Zugehörigkeiten und Unzugehörigkeiten hindurch«.[12] Auf diesen Gedanken wird im Folgenden auch im Zusammenhang mit Liebschs eigenen Ausführungen zur »ethischen Verwandtschaft der Toten« einzugehen sein.

Anspielend auf Levinas' ethischen Verwandtschaftsbegriff und seine Bemerkung, dass im Gesicht des Anderen »die Menschheit« gegenwärtig ist,[13] schreibt Liebsch: »Im Gesicht des Anderen als des Opfers, das mir die Verantwortung dafür gibt, an seinem Tod nicht noch nachträglich schuldig zu werden, schauen mich auch all die anderen Opfer an, deren Schutzlosigkeit mir gleichfalls meine – nachträgliche, geschichtliche – Verantwortung bedeutet.«[14] Obwohl er betont, dass »in den geschlossenen Augen eines Toten [...] der erloschene Blick aller anderen mitgegenwärtig ist«,[15] würde Liebsch nicht bestreiten, dass die »ethische Verwandtschaft der Toten«, von der er spricht, sich nur in Anspruchskonstellationen geltend machen kann, in denen mir in diesem Toten jene Toten, in diesen Opfern jene Opfer in besonderer Weise mitbegegnen, ohne dass mir in diesem Toten alle Toten, in diesem Opfer alle Opfer zugleich in demselben Maße mitgegenwärtig sein könnten. Im Zusammenhang mit seiner gerade zitierten Formulierung und seiner Bemerkung, dass bei Levinas zwischen »der ethischen Anderheit des Anderen und dem menschheitlichen Horizont aller Anderen [...] die realen Vermittlungen stets begrenzter, selektiver und exklusiver Zugehörigkeiten und Unzugehörigkeiten hindurch[fallen]«, ist hervorzuheben, dass diese Vermittlungen auch von besonderer Bedeutung für die Frage sind, welche Toten wen in welchen Toten wie mit in Anspruch nehmen und auf welche Weise die Einzelnen sich zu den sie fordernden Ansprüchen und Mitansprüchen zu verhalten vermögen.

Die Opfer des Genozids an den Armeniern werden türkische Schüler in den Gesichtern von Opfern der Shoah auf andere Weise mit ansehen als z.B. ihre deutschen oder griechischen Mitschüler. Zugleich sind die Bedingungen, unter denen türkische Schüler bzw. Schüler türkischer Herkunft sich zu ihrem Mitangeblicktwerden durch die armenischen Opfer verhalten können, andere als jene, unter denen sich ihre übrigen Mitschüler zu ihrer eigenen Mitinanspruchnahme verhalten können. Selbstverständlich ist aber auch darauf zu achten, dass die Schüler, die in der Tür-

---

11 Burkhard Liebsch: *Geschichte als Antwort und Versprechen*. A.a.O. 324.
12 Burkhard Liebsch: *Geschichte als Antwort und Versprechen*. A.a.O. 324.
13 Vgl. Emmanuel Levinas: *Totalität und Unendlichkeit. Versuch über die Exteriorität*. Übers. W. N. Krewani. Freiburg, München 1987 [Den Haag 1961]. 301 und 308.
14 Burkhard Liebsch: *Geschichte als Antwort und Versprechen*. A.a.O. 271 f.
15 Burkhard Liebsch: *Geschichte als Antwort und Versprechen*. A.a.O. 302.

kei geboren wurden oder deren Eltern oder Großeltern von dorther kamen, kein homogenes Kollektiv bilden, in dem es nur eine Weise des Mitangeblicktwerdens gäbe und nur eine Weise, darauf einzugehen. Viele dieser Schüler werden jedoch mit ähnlichen Schwierigkeiten konfrontiert sein, wenn sie sich auf eine Beschäftigung mit dem Völkermord an den Armeniern einlassen. Was die angesprochenen Schwierigkeiten angeht, sei zunächst darauf hingewiesen, dass die Feststellung, es sei 1915/16 im damaligen Osmanischen Reich ein Genozid an den Armeniern begangen worden, nach § 312 des türkischen Strafgesetzbuches Strafverfolgung wegen »Volksverhetzung und Landesverrat« nach sich ziehen kann.[16] Die Möglichkeit, im Falle einer Rückkehr in die Türkei strafrechtlich belangt zu werden, bildete jedoch nicht das einzige Problem, mit dem Schüler türkischer Herkunft konfrontiert wären, wenn sie sich gegen die Verleugnung des Genozids wenden würden. Ein Lehrer, der im Unterricht auf den Genozid an den Armeniern eingehen möchte, hätte auch mit zu bedenken, welchen Schwierigkeiten in Deutschland lebende Schüler türkischer Herkunft ausgesetzt sein könnten, wenn sie diesen Genozid in ihren Familien und gegenüber türkischen Freunden und Freundinnen als Genozid ansprächen und sich eventuell auch kritisch mit Weisen der Verleugnung des Völkermords auseinandersetzten, die sie in ihrem eigenen privaten Umfeld anträfen. Ein solcher Lehrer hätte sich also – um es in der Terminologie von Levinas zu sagen – auch mit dem Umstand zu beschäftigen, dass sein Handeln womöglich einen folgenreichen Eingriff in die Beziehung zwischen dem Anderen und Dritten darstellt, z.B. in die Beziehung eines türkischen Schülers zu seinen Eltern und seiner Eltern zu ihm.

In Verbindung mit einem Unterricht, in dem die Schüler aufgefordert würden, sich mit verschiedenen Genoziden zu beschäftigen, und in dem ein Ziel darin bestünde, den Schülern auf diesem Wege auch die Möglichkeit zu eröffnen, »im Eingedenken unterwiesen« zu werden, ist auf eine Vielzahl von Konstellationen zwischen dem Ich (sei es des Lehrers, sei es des Schülers), dem/den Anderen und dem/den Dritten zu achten. Zunächst sei die Rede von der »Unterweisung ins Eingedenken« erläutert. Walter Benjamin bemerkt in seinen Thesen zum Begriff der Geschichte, dass »Thora und Gebet die Juden im Eingedenken unterweisen«.[17] Thomas Wiemer schreibt, »[d]ie Verknüpfung des Eingedenkens mit der Unterweisung durch Gebet und Thora« verdiene auch deshalb Beachtung, »weil sie den Vorgang des Einge-

---

16 Laut Gesetz kann für diese Feststellung eine Strafe von bis zu fünf Jahren Haft verhängt werden. Vgl. Annette Schaefgen: »Der Völkermord an den Armeniern als Thema in der deutschen Politik nach 1949«. In: H.-L. Kieser, D. J. Schaller (Hrsg.): *Der Völkermord an den Armeniern und die Shoah. The Armenian Genocide and the Shoah.* Zürich 2002. 557-575, hier 574, Anmerkung 45.
17 Walter Benjamin: »Über den Begriff der Geschichte«. In: Walter Benjamin: *Gesammelte Schriften* I, 2. Unter Mitwirkung von Theodor W. Adorno und Gershom Scholem herausgegeben von R. Tiedemann und H. Schweppenhäuser. Frankfurt a. M. 1980. 693-704, hier 704 (Anhang B).

denkens mit dem des Lesens und Kommentierens« zusammenbringe. Das »Eingedenken«, so Wiemer, entspreche dem, »was man ein exegetisches Verhältnis zur Geschichte nennen könne, indem es versucht, Vergangenes zu lesen als ein Geschehen, das Anspruch auf Antwort in Gegenwart und Zukunft hat«.[18] Ein Lehrer, der seinen Schülern Gelegenheit geben möchte, »im Eingedenken unterwiesen« zu werden, müsste versuchen, ihnen zu der Möglichkeit zu verhelfen, in ein solches »exegetisches Verhältnis zur Geschichte« zu treten, das zugleich als ein ethisches Verhältnis zu beschreiben wäre.[19] In dem Unterrichtsbeispiel, das im Anschluss an Brumliks und Liebschs Überlegungen entworfen wurde, müsste es ein besonderes Anliegen des Lehrers sein, die Schüler in ein »exegetisches Verhältnis zur Geschichte« treten zu lassen, in dem sie in den Ansprüchen, die in dem Leiden der einen Anderen laut werden, zugleich Mitansprüche zu hören vermögen, die von dem Leiden anderer Anderer ausgehen. Im Zusammenhang mit dem Handeln eines Lehrers, der dazu beitragen möchte, dass seine Schüler sich in solchen Anspruchskonstellationen bewegen können, stellt sich die Frage nach dem Anderen und dem Dritten unter anderem als die Frage danach, wessen Leiden im Unterricht ausführlich in Verbindung mit dem Leiden welcher anderen Anderen als Dritter Beachtung finden soll und aus welchem Grunde das Schicksal welcher anderen Dritten weniger ausführlich oder auch gar nicht zur Sprache kommen soll.

Im Hinblick auf die Rede von der »Unterweisung ins Eingedenken« ist weiterhin auch auf eine Dreierkonstellation hinzuweisen, der Levinas sich an einer Stelle in *Totalität und Unendlichkeit* zuwendet. Levinas schreibt an dieser Stelle, dass der Andere sich »als Gleicher« präsentiert, wenn er sich mit mir »im Dienst« des Dritten verbindet, indem er mir gebietet, dem Dritten zu »dienen«, dem er seinerseits »dient«. »Gleiche« sind wir in dieser Verbindung, wenn wir dem Dritten jeweils auch als einander unterweisende »Meister« verpflichtet sind, d.h. wenn jeder von uns »Meister« ist, der einem »Befehl« untersteht, welcher seinem jeweiligen Gegenüber »zu befehlen befiehlt«, mit ihm dem Dritten zu »dienen«.[20] Für das eben im Anschluss an Brumlik erwähnte Unterrichtsbeispiel ist insbesondere die Rede von

---

18 Thomas Wiemer: *Die Passion des Sagens. Zur Deutung der Sprache bei Emmanuel Lévinas und ihrer Realisierung im philosophischen Diskurs.* Freiburg, München 1988. 150.
19 Benjamin spricht in seinen Thesen zum Begriff der Geschichte von einer Beziehung zwischen Vergangenheit und Gegenwart, in der die »Gegenwart« sich in der »Vergangenheit« als »gemeint« erkennen kann und jetzt Lebende sich von früher Lebenden als »erwartet« erfahren, ohne dass sie den »Anspruch«, den diese an ihre »*schwache* messianische Kraft« richten, »billig« »abzufertigen« vermöchten (vgl. Walter Benjamin, *Über den Begriff der Geschichte.* A.a.O. 694 f.; Thesen II und V). Der an die »schwache messianische Kraft« der jetzt Lebenden appellierende »Anspruch« geht im Sinne Benjamins auch und gerade von der Verletzlichkeit der Toten aus, die »nicht sicher« sind, wie er hervorhebt (vgl. Walter Benjamin: *Über den Begriff der Geschichte.* A.a.O. 695; These VI).
20 Vgl. Emmanuel Levinas: *Totalität und Unendlichkeit.* A.a.O. 308.

einem »Befehl, der zu befehlen befiehlt«,[21] interessant. Aus der Sicht der Schüler ist der Lehrer, der sie so zu unterrichten versucht, dass es ihnen möglich wird, »im Eingedenken unterwiesen« zu werden, ein Anderer, der sie auffordert, sich mit ihm »im Dienst« Dritter zu verbinden, während er an sie appelliert, sich mit ihm den Ansprüchen zu stellen, die in dem Leben und Leiden der Angehörigen früherer Generationen laut werden. Einem »Befehl, der zu befehlen befiehlt«, ist dieser Lehrer insofern verpflichtet, als seine Verantwortung für die früher Lebenden ihm auch »befiehlt«, den Angehörigen jüngerer Generationen zu »befehlen«, verantwortlich mit der Verantwortung umzugehen, die sie selbst für diese Anderen tragen. Seine Verantwortung für die Anderen, die in der Vergangenheit lebten, und seine Verantwortung für jene Anderen, die seine Schüler sind, greifen ineinander, weil seine Verantwortung für seine Schüler unter anderem seine Verantwortung dafür ist, dass diese sich ihrerseits ihrer Verantwortung für Andere zu stellen lernen. Dennoch können diese unterschiedlichen Verantwortungen in Konflikt geraten, wie in der Diskussion der Forderung angedeutet wurde, den Genozid an den Armeniern zum Unterrichtsthema zu machen. Der Konflikt erwächst in diesem Falle daraus, dass es neben dem Lehrer, den Anderen, die seine Schüler sind, und den Opfern des jungtürkischen Genozids als Dritten, als anderen Anderen, auch Vierte, Fünfte usw. gibt, die andere Dritte sind, Dritte, deren Reaktionen dafür sorgen könnten, dass einige Schüler Probleme haben werden, sollten sie verlangen, den Genozid als Genozid zur Sprache zu bringen und zu verurteilen.

Im Hinblick auf den geschilderten Konflikt könnte die Auffassung vertreten werden, man trage politische Probleme auf dem Rücken der Schwächsten aus, konfrontiere man ausgerechnet Schüler – speziell auch Schüler türkischer Herkunft – mit der Forderung, den Genozid an den Armeniern als Genozid anzuerkennen, obwohl bisher nicht nur jede türkische Regierung, sondern ebenso auch jede deutsche Bundesregierung sich geweigert hat, den Genozid offiziell als solchen beim Namen zu nennen. Ohne dieser These jede Berechtigung absprechen zu können, ließe sich dagegen jedoch geltend machen, dass junge Menschen auch dann in der Schule von den Problemen tangiert werden, die aus der Nicht-Anerkennung des Genozids erwachsen, wenn z.B. Schüler armenischer Herkunft darunter leiden müssen, dass der jungtürkische Genozid im Unterricht normalerweise keine Erwähnung findet, oder wenn die Kinder türkischer Migranten nicht die Chance erhalten, in der Auseinandersetzung mit dem Genozid einen kritischen Umgang mit der türkischen Geschichte zu erlernen. Außerdem wäre hervorzuheben, dass die Qualität des gesamten Geschichtsunterrichts eine Beeinträchtigung erfährt, wenn der Völkermord an den Armeniern auch dort nicht zum Thema wird, wo eine Beschäftigung mit ihm grundsätzlich geboten wäre, nämlich im Zusammenhang mit

---

21 Emmanuel Levinas: *Totalität und Unendlichkeit*. A.a.O. 308.

dem Zerfall des Osmanischen Vielvölkerreiches und dem Entstehen eines türkischen Nationalstaates.
Ehe eine deutsche Regierung den Genozid an den Armeniern anerkennt und an den türkischen Staat appelliert, ihn seinerseits anzuerkennen, statt jenen, die ihn als Genozid bezeichnen, Strafverfolgung anzudrohen, wird in den Lehrplänen der einzelnen Bundesländer vermutlich höchstens in Ausnahmefällen[22] die Empfehlung auftauchen, im Unterricht auf diesen Völkermord einzugehen. Unter den gegebenen Bedingungen könnten Brumliks eingangs erwähnte Überlegungen am ehesten in einem fächerübergreifenden und -verbindenden Unterrichtsprojekt zum Thema »Genozid« oder »Menschheitsverbrechen und Menschenrechte« Aufnahme finden. Zugleich lassen sich Brumliks Ausführungen aber z.B. auch in der Forderung aufgreifen, Lehrpläne und Lehrbücher für das Fach Geschichte herauszugeben, die es erlauben, dass Menschheitsverbrechen wie etwa der Genozid an den Armeniern, dessen Höhepunkt die Jahre 1915/16 bilden, oder die Völkermorde an den Herero und den Nama (1904-1907) in der einstigen Kolonie »Deutsch-Südwestafrika« grundsätzlich – also nicht nur in Unterrichtsprojekten mit Ausnahmecharakter – ausführlich in Verbindung mit den Ereignissen und Epochen angesprochen werden können, in deren Kontext sie sich zutrugen.
Brumlik bezieht sich insbesondere auch auf die genozidalen Praktiken in »Deutsch-Südwestafrika«, wenn er im Hinblick auf den Schulunterricht die These vertritt, dass eine eingehende Beschäftigung mit der Kolonialpolitik auch »zu einem intensiveren Verständnis jener Deutungsmuster, Ideologien und Praktiken« beitragen könne, »die zum Vorfeld und zu den notwendigen Bedingungen der industriellen Massenvernichtung an den europäischen Juden gehört haben«.[23] In dem Versuch, diese These auf Liebschs Ausführungen zu beziehen, ist auf Konstellationen hinzuweisen, in denen in die »ethische Verwandtschaft der Toten« verschiedene andere Verwandtschaften vermittelnd hineinspielen, z.B. teilweise Verwandtschaften in den Sterbensumständen derer, die Opfer von Genoziden wur-

---

22 Bislang bildete nur das Land Brandenburg eine solche Ausnahme. Aufgrund energischen Drucks von türkischer Regierungsseite wurde der Genozid an den Armeniern im Januar 2005 auch dort als Unterrichtsthema aus dem Lehrplan gestrichen. Nach Protesten gegenüber diesem Verhalten erfolgte die Zusage, die Streichung wieder rückgängig zu machen.
23 Micha Brumlik: »Der transatlantische Sklavenhandel, das Entstehen des modernen Rassismus und der Antisemitismus«. In: I. Wojak, S. Meinl (Hrsg. i. A. d. Fritz Bauer Instituts): *Grenzenlose Vorurteile. Antisemitismus, Nationalismus und ethnische Konflikte in verschiedenen Kulturen. Jahrbuch 2002 zur Geschichte und Wirkung des Holocaust.* Frankfurt a. M. 2002. 69-86, hier 84. Brumlik plädiert in diesem Aufsatz für eine Adaption des von der UNESCO 1998 ins Leben gerufenen »Slave Route Project« auch an deutschen Schulen. Das Projekt soll jungen Menschen aus Afrika, Europa und den beiden Amerikas Gelegenheit geben, sich mit den Folgen des Kolonialismus und des Sklavenhandels für ihre eigenen Gesellschaften und die Gesellschaften der jeweils anderen auseinanderzusetzen. Vgl. UNESCO, Division of Intercultural Projects (Hrsg.): *The Slave Route.* Paris 1998.

den, oder gewisse Verwandtschaften zwischen den Ideologien der Täter und ihren Praktiken. Es sind auch solche Verwandtschaften, die es ermöglichen, dass die Erinnerung an das Leiden der Herero, die nach der »Schlacht am Waterberg« (11. August 1904) in die extrem wasserarme Omaheke-Wüste getrieben wurden und dort starben oder als Überlebende des erklärten Vernichtungskrieges ab 1905 unter oftmals todbringenden Bedingungen in Konzentrationslagern inhaftiert wurden und Zwangsarbeit leisten mussten,[24] sowohl die Erinnerung an das Leiden von Opfern der nationalsozialistischen Vernichtungspolitik wachrufen kann als auch die Erinnerung an das Leiden armenischer Genozidopfer.

Würde im Oberstufenunterricht in einer Kooperation zwischen den Kursen für Philosophie und Geschichte versucht, verschiedene Genozide zueinander in Beziehung zu setzen, könnte es sich im Fach Philosophie z.B. anbieten, auch auf Foucaults Überlegungen zu der etwa ab der zweiten Hälfte des 18. Jahrhunderts sich herausbildenden »Bio-Macht« einzugehen, deren Augenmerk »der Bevölkerung« als einem »multiple[n] Körper mit zahlreichen Köpfen«[25] gilt. Foucaults Ausführungen zu der Frage, wie die Bio-Macht, deren Gegenstand das Leben ist, sich mit der Macht, »sterben zu machen«, verbinden kann, sind in besonderer Weise dazu geeignet, die Diskriminierung, Verfolgung und Ermordung derer, die vom NS-Regime aus verschiedenen Gründen zu biologischen Gefahren für den »Volkskörper« erklärt wurden, in Beziehung zu setzen zu der Gewalt, die den Opfern anderer Regime durch einen mit der »Verstaatlichung des Biologischen«[26] möglich werdenden Staatsrassismus widerfuhr, in dem die Bio-Macht und die Macht, »sterben zu machen«, ineinander griffen und der Staat als das erscheinen konnte, »was den Zusammenhalt und die Reinheit der Rasse garantiert« gegenüber jenen, die zu entfernende »schädliche Elemente in seinen Körper einführen«.[27] Neben Gedanken

---

24 Vgl. J. Zimmerer, J. Zeller (Hrsg.): *Völkermord in Deutsch-Südwestafrika. Der Kolonialkrieg (1904-1908) in Namibia und seine Folgen*. Berlin 2003.
25 Michel Foucault: »Vorlesung vom 17. März 1976«. In: Michel Foucault: *In Verteidigung der Gesellschaft. Vorlesungen am Collège de France (1975-76)*. Übers. M. Ott. Frankfurt a. M. 2001. 282-311, hier 289.
26 Michel Foucault: *Vorlesung vom 17. März 1976*. A.a.O. 282.
27 Michel Foucault: *Vorlesung vom 4. Februar 1976*. A.a.O. 105-138, hier 107. Foucault betont, der Rassismus mache das Töten des Anderen mit der Ausübung der Bio-Macht gemäß dem Grundsatz kompatibel, »da der Tod des Anderen die biologische Selbst-Stärkung bedeutet, insofern man Mitglied einer Rasse oder Bevölkerung ist, insofern man Element einer einheitlichen und lebendigen Pluralität ist.« (Michel Foucault: *Vorlesung vom 17. März 1976*. A.a.O. 305) Die Vorstellung, dass der Tod des Anderen nicht nur der Preis ist, den das eigene Überleben fordert, sondern er das Leben darüber hinaus auch gesünder macht, indem er eine »biologische Selbst-Stärkung« bedeutet, findet sich in der folgenden, aus dem Jahre 1915 stammenden Äußerung von Mehmed Reshid, eines gelernten Mediziners, der zu diesem Zeitpunkt Gouverneur in Diyarbakir war, in der Formulierung ausgesprochen, dass die »armenischen Banditen« »ein Haufen schädlicher Mikroben« seien, die »den Körper des Vaterlandes befallen« hätten, und dass »die Pflicht des Doktors« darin bestehe,

Foucaults könnten im Philosophieunterricht unter anderem auch Überlegungen Arendts diskutiert werden, z.b. ihre Auseinandersetzung mit dem Ausdruck »Verbrechen gegen die Menschheit«, ihre Verwendung des Totalitarismusbegriffs und ihre These, dass in der Kolonialpolitik in Afrika erste »Elemente und Ursprünge totaler Herrschaft« hervorträten.[28] Dabei wäre auch auf ihre Ausführungen zu der Entwicklung einer Rassenideologie einzugehen, die sich von »früheren Rassenvorstellungen« durch die Annahme unterscheidet, »daß im Begriff der Rasse bereits eine Bewegung – der Prozeß der Rassenkämpfe, der Sieg und Untergang bestimmter Rassen usw. – enthalten ist, daß mit anderen Worten der Geschichtsprozeß der Menschheit sich aus der Rassenideologie logisch entwickeln läßt«.[29] In *Elemente und Ursprünge totaler Herrschaft* untersucht Arendt, wie der Glaube an ein Geschichte und Gesellschaft unabänderlich durchherrschendes Bewegungsgesetz sich mit einer Form des Terrors verbinden kann, der vermeintlich ohnehin »notwendig ablaufende[] Prozesse« zu beschleunigen versucht, indem er »die Todesurteile, welche die Natur angeblich über ›minderwertige‹ und ›lebensunfähige Individuen‹ oder die Geschichte über ›absterbende Klassen‹ und ›dekadente Völker‹ gesprochen hat, auf der Stelle vollstreckt, ohne den langsameren und unsichereren Vernichtungsprozeß von Natur und Geschichte selbst abzuwarten«.[30] Arendt betont, dass solcher Terror totalitär sei, indem er darauf abziele, »Menschen so zu organisieren, als gäbe es sie gar nicht im Plural, sondern nur im Singular, als gäbe es nur einen gigantischen Menschen auf der Erde, dessen Bewegungen in den Marsch eines automatisch notwendigen Natur- oder Geschichtsprozesses mit absoluter Sicherheit und Berechenbarkeit einfallen«.[31] Die »Verbrechen gegen die Menschheit«, derer dieser Terror gemäß der Argumentation Arendts in ihrem Buch *Eich-*

»die Mikroben zu töten«, damit das Vaterland gesunden könne: »There are two alternatives: Either the Armenians will liquidate the Turks *[temizliyecekler]* or the Turks will liquidate them! [...] Before they do away with us, we will get rid of them, I said to myself. [...] The Armenian bandits were a load of harmful microbes *[mikroplar]* that had afflicted the body *[bünye]* of the fatherland *[vatan]*. Was it not the duty of the doctor to kill the microbes?« Zitiert nach Hans-Lukas Kieser: »Dr Mehmed Reshid (1873-1919): A Political Doctor«. In: H.-L. Kieser, D. J. Schaller (Hrsg.): *Der Völkermord an den Armeniern und die Shoah*. A.a.O. 245-280, hier 262.
28 Vgl. zu dieser These insbesondere das Kapitel »Rasse und Bürokratie« in: Hannah Arendt: *Elemente und Ursprünge totaler Herrschaft. Antisemitismus, Imperialismus, Totalitarismus*. München, Zürich [8]2001 [New York 1951]. 405-471.
29 Hannah Arendt: *Elemente und Ursprünge totaler Herrschaft*. A.a.O. 963.
30 Hannah Arendt: *Elemente und Ursprünge totaler Herrschaft*. A.a.O. 958 f.
31 Hannah Arendt: *Elemente und Ursprünge totaler Herrschaft*. A.a.O. 958. Arendts Ausführungen wären m. E. durch den Hinweis darauf zu korrigieren, dass die Protagonisten der nationalsozialistischen Bevölkerungspolitik nicht lediglich evolutionäre Prozesse zu beschleunigen gedachten, von denen sie annahmen, sie würden sich ohne ihr Zutun höchstwahrscheinlich gleichfalls, wenn auch langsamer und vielleicht nicht ganz störungsfrei vollziehen. Statt nur bestrebt zu sein, das Tempo dieser Prozesse zu erhöhen, war es vielmehr auch ihr Anliegen, sie zu steuern und den Prozess der Selektion in die nach ihren Vorstellungen richtige Richtung zu lenken.

mann in Jerusalem deshalb zu bezichtigen wäre, weil seine Gewalt, während sie sich gegen einzelne Menschen und Gruppen richtet, zugleich »einen Angriff auf die menschliche Mannigfaltigkeit als solche«[32] beinhaltet, können ihrerseits wiederum

---

32 Vgl. Hannah Arendt: *Eichmann in Jerusalem. Ein Bericht von der Banalität des Bösen.* Übers. Brigitte Granzow. Mit einem einleitenden Essay von H. Mommsen. München, Zürich ¹¹2001 [New York 1965]. 391. In ihrer Auseinandersetzung mit der Ermordung der europäischen Juden schreibt Arendt, »daß der Völkermord einen Angriff auf die menschliche Mannigfaltigkeit als solche darstellt, also auf ein Wesensmerkmal des Menschseins, ohne das wir uns Dinge wie Menschheit oder Menschengeschlecht nicht einmal vorstellen können.« (Hannah Arendt: *Eichmann in Jerusalem.* A.a.O. 391.) Wenn man die Mannigfaltigkeit, von der hier die Rede ist, nicht durch das Einebnen von Differenzen sogleich wieder nivellieren will, muss man im Zusammenhang mit Arendts Formulierung, dass der Völkermord an den Juden »ein Verbrechen gegen die Menschheit war, verübt am jüdischen Volk« (391), allerdings hervorheben, dass Juden von diesem Verbrechen auf andere Weise betroffen waren und sind als andere Menschen und das an den Juden begangene Verbrechen zwar auch ein »Verbrechen gegen die Menschheit« war, es gleichwohl aber nicht nur »die Menschheit« verletzte.
Der Ausdruck »Verbrechen gegen die Menschheit« (»crimes against humanity«, oft falsch mit »Verbrechen gegen die Menschlichkeit« übersetzt), der erstmals im Londoner Statut zur Verurteilung von NS-Verbrechern (1945) verwendet wird, das dem Internationalen Militärtribunal bei den Nürnberger Prozessen als juristische Grundlage diente, kann auch in Verbindung mit den Überlegungen von Levinas reflektiert werden. Auf welche Weise das geschehen könnte, sei in Verbindung mit Liebschs Bemerkung skizziert, »Auschwitz« sei der Versuch gewesen, »eine unhintergehbare Nicht-Indifferenz der Verantwortung für den Tod und für die Sterblichkeit des Anderen aus der Welt zu schaffen, d.h. zu beweisen, daß absolute Indifferenz möglich ist und daß die Sterblichkeit des Anderen die Täter ethisch absolut ›nichts angeht‹.« (Burkhard Liebsch: *Geschichte als Antwort und Versprechen.* A.a.O. 211) Mit Blick auf Levinas' Bemerkungen über die »moralische Unmöglichkeit«, zu töten, wäre in diesem Sinne zu betonen, dass »Auschwitz« der Versuch war, gerade jene Unmöglichkeit zu bestreiten.
Das Gesicht des Anderen, schreibt Levinas, »drückt meine moralische Unmöglichkeit aus, ihn zu vernichten. Dieses Verbot bedeutet natürlich nicht dasselbe wie die schlichte und einfache Unmöglichkeit, es setzt sogar die Möglichkeit voraus, die es untersagt; aber in Wirklichkeit wohnt das Verbot schon der Möglichkeit selbst inne, statt sie vorauszusetzen; das Verbot kommt nicht nachträglich hinzu, sondern sieht mich gerade aus dem Grund der Augen an, die ich auslöschen will [...].« (Emmanuel Levinas: *Totalität und Unendlichkeit.* A.a.O. 340.) Wäre ein absolut indifferentes Töten des Anderen faktisch möglich, das das Verbot, zu töten, selbst töten könnte, so wäre der Mord auch moralisch nicht unmöglich, wie im Anschluss an Liebsch betont sei. Der Versuch, die »moralische Unmöglichkeit« des Mordes zu bestreiten, ist als ein Angriff auf die ethische Bedeutung der Anderheit des Anderen überhaupt zu beschreiben, als ein Angriff, der in diesem *einen* Anderen zugleich die ethische Bedeutung der Anderheit *aller* Anderen in Frage stellt und in diesem Sinne ein »Verbrechen gegen die Menschheit« einschließt.
Es lässt sich nicht beweisen, dass weder »Auschwitz« noch ein anderes Verbrechen den Beleg für die Möglichkeit absoluter Indifferenz gegenüber dem Anderen zu erbringen vermochte. Die Unmöglichkeit eines vollkommen indifferenten Tötens kann, wie Liebsch schreibt, »nicht bewiesen, sondern nur bezeugt werden« (Burkhard Liebsch: *Geschichte als Antwort und Versprechen.* A.a.O. 217). Bezeugen lässt sich diese Unmöglichkeit nur, wenn man gegen den radikalen Versuch der Vernichtung Anderer als Anderer nachträglich im eigenen Antworten auf diesen Versuch Einspruch zu erheben vermag, d.h. dem »ethischen Widerstand« (Emmanuel Levinas: *Totalität und Unendlichkeit.* A.a.O. 286) der ermordeten Anderen gegen den Mord nachträglich Resonanz zu ge-

im Namen der Menschheit begangen werden, einer Menschheit, in der die vielen Menschen zu *einem* Menschen verschmolzen sind. Der totalitäre Terror, schreibt Arendt in diesem Sinne, »scheidet die Individuen aus um der Gattung willen, opfert Menschen um der Menschheit willen, und zwar nicht nur jene, die schließlich wirklich seine Opfer werden, sondern grundsätzlich alle, insofern der Geschichts- oder Naturprozeß von dem neuen Beginnen und dem individuellen Ende, welches das Leben jedes Menschen ist, nur gehindert werden kann«.[33]

Die Rede von der »menschlichen Mannigfaltigkeit« und dem »Angriff« auf diese bildet einen der Punkte, an denen sich zeigt, dass manche Aspekte, die im Reden *über* Genozide diskutiert werden können, zugleich auch in Verbindung mit der Interaktion *zwischen* dem Lehrer und den Schülern sowie der Schüler untereinander zu beachten sind. Das gilt gerade dann, wenn vom pädagogischen Handeln als einem Handeln im »Raum der Vielen« gesprochen wird, das nicht in dem aufgeht, was Arendt als »Herstellen« bezeichnet. Arendt unterscheidet Handeln und Herstellen u.a. durch den Hinweis darauf, dass beim Herstellen die »Isoliertheit gegen die Mitwelt, das ungestörte Alleinsein mit einer ›Idee‹, d.h. mit dem inneren Bild des herzustellenden Gegenstandes, [...] die unerlässliche Lebensbedingung der Meisterschaft« sei.[34] Das Handeln hingegen, so Arendt, sei »in Isolierung niemals möglich«,[35] sondern vollziehe sich stets im Raum der Vielen, in dem das Handeln der einen in dem Handeln der anderen unvorhersehbare Antworten, unerwartete Fortsetzungen finde. Auch ein Lehrer, der auf Ansprüche des Vergangenen und der Vergangenen antwortet, während er die Intention verfolgt, den Unterricht so zu gestalten, dass seine Schüler »im Eingedenken unterwiesen« werden können, wird sich mit dem Umstand auseinandersetzen müssen, dass er »nicht die ganze Bedeutung seines Wollens in der Hand hat«, sondern sein Tun eine »unberechenbare Bedeutung« mit sich trägt, »die ihm die Anderen verleihen«.[36] Im Falle des skizzierten Unterrichtsbeispiels ist u.a. von einer »unberechenbaren Bedeutung« des Lehrerhandelns zu sprechen, die sich aus den unvorhersehbaren Antworten ergibt, die sein Handeln bei den Schülern hervorruft, während sie sich dem Vergangenen zuwenden und während sie miteinander kommunizieren. Ebenso ist auf eine »unbe-

---

ben vermag. Unter Aufnahme einer Formulierung Rosenzweigs kann in diesem Sinne auch bemerkt werden, dass die »moralische Unmöglichkeit«, den Anderen zu vernichten, eine Wahrheit bildet, die nicht unabhängig von uns »wahr ›ist‹«, sondern von uns »als wahr – bewährt werden will« (vgl. Franz Rosenzweig: »Das neue Denken«. In: Franz Rosenzweig: *Kleinere Schriften*. Berlin 1936. 395).

33 Hannah Arendt: *Elemente und Ursprünge totaler Herrschaft*. A.a.O. 955 f.
34 Hannah Arendt: *Vita activa oder Vom tätigen Leben*. München, Zürich 1981 [Chicago 1958]. 147.
35 Hannah Arendt: *Vita activa*. A.a.O. 180.
36 Vgl. Emmanuel Levinas: *Ich und Totalität*. In: Emmanuel Levinas: *Zwischen uns. Versuche über das Denken an den Anderen*. Übers. Frank Miething. München, Wien 1995 [Paris 1991]. 24-55, hier 43.

rechenbare Bedeutung« des Lehrerhandelns hinzuweisen, die aus der Art und Weise erwächst, wie sein Handeln die Beziehung zwischen jenen Anderen, die seine Schüler sind, und Dritten wie ihren Eltern oder solchen anderen Anderen zu tangieren vermag, die er niemals zu Gesicht bekommt.

Klaus-M. Kodalle

Levinas' Beitrag zu einer philosophischen Theorie der Verzeihung

1. Einleitende Bemerkungen: Das Thema »Verzeihung« im jüdischen Diskurs

Anregungen zu einem außergewöhnlich intensiven Nachdenken über »Verzeihung« sind im 20. Jahrhundert von jüdischen Denkern ausgegangen. Vielen an der Thematik Interessierten ist bekannt, dass Hannah Arendt immer wieder und mit Nachdruck betont hat (u. a. in *Vita activa*), dass es darauf ankomme, »Verzeihung« als eine Kategorie des Politischen zu begreifen. Ihr Vorwurf an das Christentum lautete: *Privatisierung* der Verzeihungsidee. So wie in der politischen Philosophie der Neuzeit das *Versprechen* als Fundamentalkategorie der Gerechtigkeitstheorie und Vertragslehre erfasst worden ist, so hätte man *die* Kategorie des Neuanfangs, das Verzeihen, parallel zum Versprechen, als Basiskategorie begreifen müssen. Freilich bestand Hannah Arendt darauf, dass nur für verzeihbar erklärt werden kann, was auch zu bestrafen ist. Verbrechen eines so ungeheuerlichen Ausmaßes, dass jede Art von Strafe demgegenüber als unpassend erscheint, sind auch für Hannah Arendt unverzeihlich.
Ähnlich dachte ein anderer großer jüdischer Philosoph: der Franzose Vladimir Jankélévitch. Er hat tief schürfende Analysen zum Akt des Verzeihens vorgelegt (»Le Pardon«, 1967). In kantianischer Terminologie formulierte er: Der einzige Akt, in dem das Intelligible im Empirischen aufscheint, sei der Akt des Verzeihens! Der gleiche Denker, der die Komplexität des Verzeihungsvorganges so nachdrücklich herausgearbeitet hatte, äußerte sich in der konkreten Frage, wie mit Deutsch-

land und den Deutschen nach 1945 umzugehen sei, ganz entschieden verzeihungsresistent.[1] Im übrigen teilte er die Auffassung Hannah Arendts: Was so ungeheuerlich-abgründig böse ist, dass jeder Versuch einer Bestrafung völlig unangemessen erscheint, das ist auch nicht verzeihbar.

Jacques Derrida ist da ganz anderer Auffassung. Wo es darum geht, das für verzeihbar Erachtete zu verzeihen, sei Großherzigkeit gefragt oder Kleinmütigkeit anzutreffen, aber ein philosophisches Problem stelle sich da nicht. Gerade das von allen für unverzeihlich Gehaltene provoziere das philosophische Nachdenken über die »Verzeihbarkeit des Unverzeihlichen«![2]

Ein philosophischer Schriftsteller vom Range Walter Benjamins mochte das Problem der Verzeihung ebenfalls nicht umgehen. Er, der als Philosoph des Eingedenkens, der Erinnerung gerade des nie abgegoltenen Leidens der längst Verstorbenen, die Opfer der Ungerechtigkeit wurden, in die Philosophiegeschichte eingegangen ist, hat sich in einem poetischen Fragment um ein Bild bemüht, welches verständlich machen soll, daß die Geschichte eigentlich nur im Geiste der Verzeihung auszuhalten ist: wenn wir uns öffnen für die Vision, daß geradezu ein *Sturm der Vergebung* durch sie braust – verbunden und verbündet mit jener Zeitlichkeit, die uns hilft, auch das Allerschlimmste schließlich einem gnädigen Vergessen überlassen zu dürfen.[3]

Eindrücklich ist auch die Geschichte Simon Wiesenthals. Einer breiten Öffentlichkeit ist er als – erfolgreicher – Nazi-Jäger bekannt geworden. Vergessen ist weithin seine Geschichte »Die Sonnenblume«,[4] die davon handelt, dass der ständig vom Tode bedrohte KZ-Häftling Wiesenthal plötzlich dazu genötigt wird, sich einem sterbenden SS-Mann (katholischer Herkunft) auszusetzen, der ihm die Beichte seiner Verbrechen schier aufnötigt. Kurz vor seinem Tode will er einem aus dem Volk der von ihm Gemordeten (und eben nicht einem Priester) seine Schuld eingestehen – in der Hoffnung auf eine Geste oder ein Wort, das ihm Verzeihung zumindest als möglich erscheinen lassen könnte. Der Häftling Wiesenthal kann sich dazu nicht durchringen. Der SS-Mann stirbt. Jenes Buch zeigt, dass Wiesenthal nie mit der

---

1 Vgl. V. Jankélévitch: *Das Verzeihen. Essays zur Moral und Kulturphilosophie*. Hrsg. R. Konersmann. Frankfurt a. M. 2003.
2 Vgl. J. Derrida: »Jahrhundert der Vergebung. Verzeihen ohne Macht – unbedingt und jenseits der Souveränität.« In: *Lettre International* Nr. 10/Frühjahr 2000. 10–18. Siehe auch: K.-M. Kodalle: »Verzeihung des Unverzeihlichen. Mut zur Paradoxie bei Ricœur, Derrida und Lögstrup.« In: *Die Normativität des Wirklichen. Festschrift für Robert Spaemann*. Stuttgart 2002. 414-438.
3 Vgl. W. Benjamin: »Die Bedeutung der Zeit in der moralischen Welt« (Fragment 71). In: Walter Benjamin: *Gesammelte Werke* Bd. VI. Hrsg. R. Tiedemann, H. Schweppenhäuser. Frankfurt a. M. 1985 (Fragmente vermischten Inhalts = Zur Geschichtsphilosophie, Historik und Politik). 98.
4 Simon Wiesenthal: *Die Sonnenblume. Eine Erzählung von Schuld und Vergebung*. Berlin [6]1998.

Frage fertig geworden ist, ob er, fixiert auf den Hass gegen die Verbrecher, in jener Situation nicht doch versagt hat. Später hat Wiesenthal seine Geschichte der westdeutschen und österreichischen Elite aus Literatur, Wissenschaft und Politik vorgelegt mit der Bitte um Beantwortung der Frage, ob sein damaliges Verhalten verwerflich, verzeihlich oder doch angemessen gewesen sei. Selbstverständlich fielen die Antworten sehr unterschiedlich aus, und sie können hier weder referiert noch kommentiert werden. Aber angebracht ist es doch, auf diese eindringlichen, sehr differenzierten Stellungnahmen vieler herausragender Persönlichkeiten hinzuweisen.

Selbstverständlich gibt es im Judentum auch ganz andere Stimmen (von Jankélévitch war schon die Rede). Einer der prominentesten jüdischen Philosophen deutscher Zunge ist Franz Rosenzweig. Im »Stern der Erlösung« setzt er sich von Martin Buber ab, indem er interpretiert, nicht die Ich-Du-Beziehung sei die eigentlich zentrale und fundamentale, sondern die Wir-Ihr-Konfrontation. Rosenzweig nimmt die Vision vom Jüngsten Gericht ernst und sucht die jüdische Gemeinschaft – »Wir« – dazu zu bewegen, das göttliche jüngste Gericht vorwegzunehmen und es an den Nichtjuden, den Feinden also (»Ihr«), wenn möglich zu vollziehen.[5] Diese im »Stern« enthaltene Apologie des Freund-Feind-Denkens lässt, soweit ich sehe, den Gedanken einer eigenen theoretischen Bemühung um Verzeihung/Vergebung nicht aufkommen.

Die Auffassung, die Anerkennung von Schuld besitze *Priorität* vor den nachgeordneten Ansprüchen auf Versöhnung, ist bisweilen auch unter zeitgenössischen philosophischen Autoren anzutreffen. Als Beispiel möchte ich den renommierten US-amerikanischen Philosophen Robert Nozick anführen. Nozick zufolge hat die Menschheit »ihren Anspruch auf Fortbestehen verloren«.[6] Sie »verdient es einfach nicht mehr, *nicht* vernichtet zu werden. Die Menschheit hat sich entweiht«. Die Aussicht auf Entschuldung ist grundsätzlich verstellt. Daraus kann man nur eine Konsequenz ziehen: Gäbe es nicht einen – dann ja eher fragwürdigen – Vitalismus in der menschlichen Gattung, müsste diese geradezu strategisch die Selbstauslöschung des misslungenen Schöpfungsexperiments betreiben. Da indessen das unheilvolle Leben weitergeht, wagt es Nozick, uns die philosophische Paradoxie anzusinnen, die Menschheit müsse eben die Arbeit an der Selbsterlösung auf sich nehmen – ohne Aussicht natürlich, auf diese Weise je zu einer Entschuldung zu kommen. Wer dieses entsetzliche Gedankengebilde des Hypermoralismus akzep-

---

5   Vgl. F. Rosenzweig: *Der Stern der Erlösung*. Frankfurt 1988. 263–265.
6   Robert Nozick: »Der Holocaust.« In: R. Nozick: *Vom richtigen, guten und glücklichen Leben*. München 1991. 262–269. Hier auch die weiteren Zitate dieses Abschnitts.

tiert, muss im Grunde auf eine Veränderung der menschlichen Natur setzen. Genau das hält dieser Philosoph für erforderlich: »vielleicht müssen wir [...] unsere eigene Natur ändern und uns in Wesen verwandeln, die unglücklich sind und die leiden, wenn andere es tun.« – Ich stimme einem kritischen Kommentator zu, der bezüglich dieser Vision der »Erlösung« unserer Spezies von Kryptotheologie des Holocaust, von einer Art negativer Offenbarung (»Bundeslade des Bösen«) redet, die auf eine *Besiegelung* der Unheilsgeschichte hinauslaufe.[7]

Ein jüdischer Autor wie Amos Oz sucht sich dieser Fatalität zu entziehen und äußert sich wie folgt über die Unerlässlichkeit des Vergessens: »Müssen wir [...] für immer unsere Toten betrauern? Hinter verriegelten Türen und zerbrochenen Fensterscheiben, ausgestöpselten Telefonen sitzen, unsere Rücken der bösen Welt und unsere Gesichter der schrecklichen Vergangenheit, unsere Rücken den Lebenden und unsere Gesichter den Toten zugekehrt, Tag und Nacht dasitzen und uns daran erinnern, was uns Amalek angetan hat, bis zur Ankunft des Messias – oder bis zur zweiten Ankunft Amaleks?«[8] Der Philosoph Yehuda Elkana, der als Kind in Auschwitz war, hat ebenfalls ein Plädoyer für das Vergessen verfasst, denn: sich auf den Opferstatus auf ewig zu versteifen, das gerade sei der »tragische und widersinnige Sieg Hitlers«. Ohne diese Fixierungen wäre es vielleicht – so wird erwogen – zu den israelischen Brutalitäten in der West Bank nicht gekommen. Elkana stellt nicht in Abrede, dass es auch das Erinnern geben müsse. Aber er fährt fort: »Wir müssen für unseren Teil vergessen! Ich sehe heute keine wichtigere politische und erzieherische Aufgabe für die Spitzen dieser Nation, als sich auf die Seite des Lebens zu stellen, sich der Gestaltung unserer Zukunft zu widmen und sich nicht von morgens bis abends mit Symbolen, Zeremonien und Lehren des Holocaust zu beschäftigen. Wir müssen die Herrschaft dieses historischen ›Erinnere Dich!‹ über unser Leben tilgen.«[9]

Einer der bedeutendsten Denker Israels war Jeshajahu Leibowitz. Er hat 1987 »Gespräche über Gott und die Welt« mit Michael Shashar geführt.[10] Das Gespräch über »Nazismus« ist für unsere Thematik besonders aufschlussreich (vgl. L 98–104). Dieser alte Mann, selbst leidgeprüft durch die Geschichte, von der er redet, trägt – ohne eine Spur von Barmherzigkeitssentimentalität und Verzeihungsattitüden – ständig Argumente vor, die *indirekt* die einzelnen Handelnden von der *Totalitätsbürde* der Schuld entlasten. Leibowitz ordnet die Exzesse der Deutschen einer

---

7 Eckhard Nordhofen: »Vor der Bundeslade des Bösen«. In: *Die Zeit Nr.15* (vom 9. 4. 1993). 61 f.
8 Amos Oz: »Amalek Week.« In: *Davar, 13. April 1987;* zitiert bei P. Novick: *Nach dem Holocaust. Der Umgang mit dem Massenmord.* Stuttgart 2001. 218.
9 Publiziert in: *Ha'aretz, 2. März 1988;* zitiert bei P. Novick: *Nach dem Holocaust. Der Umgang mit dem Massenmord.* A.a.O. 219.
10 Jeshajahu Leibowitz: *Gespräche über Gott und die Welt.* Frankfurt a. M. 1990. Alle weiteren Zitate und Verweise mit der Sigle L direkt im Text.

»Barbarisierung des Bewusstseins« zu, die »Zeichen der allgemeinen Mentalität ist, die unsere Welt beherrscht, und von der auch wir [sc. die Juden] nicht ganz frei sind«. Leibowitz zögert nicht, in *diesem* Gesprächszusammenhang auf die Defizite in den öffentlichen Reaktionen Israels angesichts israelischer Verbrechen an arabischen Kindern hinzuweisen: »Wir haben keine Vernichtungslager errichtet [...], aber die Mentalität, die die Vernichtungslager ermöglichte, gibt es auch bei uns.« (L 100) Einer, der selbst Opfer der Geschichtsbarbarei geworden ist, bringt das über die Lippen – zur Wut derer, die den Holocaust zum identitätsbestimmenden Inhalt ihres Judentums machen. Ich als Deutscher verstehe diese Argumentationsstrategie als ein indirektes Zeugnis für einen Geist der Verzeihung, der allerdings furchtbar missverständlich und missbrauchbar würde, wenn er sich direkt artikulierte. Leibowitz wählt, so scheint es mir, deshalb einen Diskurs, der die *allgemein* menschliche Niedertracht betont und pseudo-moralische Überheblichkeiten nicht zulässt: »Was die Nazis auch immer gemacht haben, sie waren Menschen, und auch die Juden sind Menschen.« (L 101)[11]

Wie ist in dieser Konstellation der Stimmen nun das Denken von Levinas zu verorten? Ich meine: In einer gewissen Nähe zu jener Ambiguität, die auch bei Jankélévitch zu registrieren war. Auf einer theoretischen Ebene, auf der der Philosoph sich prinzipiellen Aspekten des Verhältnisses von Ich und Anderem widmet, ist für ihn das Thema »Verzeihung« nicht zu umgehen, ja wird es geradezu *zentral* für sein (übrigens anti-heideggerisches) Verständnis von Sein und Zeit! Je näher der Philosoph aber mit seinen Gedanken an die konkreten geschichtlichen Ereignisse rückt, desto vieldeutiger erscheint seine Position. Biografisch ist das alles natürlich nicht verwunderlich und nur allzu verständlich.

2. Das Dasein als Schuldverfallenheit. Vergebung als
»das eigentliche Werk der Zeit«

Die Konzeption der Erbsünde hat in der Philosophie so manches Äquivalent. Man denke nur an Kants Theorie des »*Hanges* zum Bösen« und an seine skeptische Feststellung, der Mensch sei aus so krummem Holz geschnitzt, dass aus ihm nie etwas Gerades werden könne. Oder an die antagonistische Willenstheorie Schopenhauers. In diese Reihe der Philosophen, die die Schuldverhaftetheit des Menschen nicht auf bestimmte intentionale Akte zurückführen, sondern mit seinem Dasein

---

11 Ergänzend zu diesen einleitenden Bemerkungen vgl. K.-M. Kodalle: »Schuld in der Geschichte. Der Kampf gegen das Vergessen und die Grenzen des Erinnerns.« In: *Grenzen und Grenzüberschreitungen. XIX. Deutscher Kongress für Philosophie. Vorträge und Kolloquien.* Hrsg. W. Hogrebe in Zusammenarbeit mit J. Bromand. Berlin 2004. 619-641.

als solchem verbunden sehen, gehört auch Levinas, der das bloße ›In-der-Welt-Sein‹ als Usurpation von Lebensraum auslegt, der angeblich anderen gehört, die ich schon durch mein Lebensraum beanspruchendes Dasein unterdrücke und ausschließe.

Das so beschriebene Schuldigwerden ist durchaus vor-moralisch zu nennen. Wir könnten es als »ontologisch« bezeichnen, um zum Ausdruck zu bringen, dass es mit dem puren *Sein* des Menschen gegeben ist und sich nicht irgendeiner »bösen« Intention oder Motivation verdankt. In der Schuld-Abhandlung von Karl Jaspers,[12] in der die moralische, juristische, politische und metaphysische Dimension der Schuld unterschieden werden, kommt der Begriff der *metaphysischen* Schuld dem nahe, was Levinas zentral im Blick hat und vor unseren Blick bringt.

Ich werde mit der Zeit des Anderen konfrontiert und es entsteht, – so könnte man es formulieren – zwischen den Personen eine »Zwischenzeit«.[13] Es stellt sich ein Gefühl dafür ein, dass ich in den Akten meines bewussten Lebens – Fragen, Urteilen, intentional Erstreben, Handeln, – ständig Distanzierungen vornehme und vornehmen muss, die mich von der eigen-sinnigen unverfügbaren Existenz des Anderen entfernen. Er wird tendenziell gleichgültig, ein Fall von X. »In diesem Sinn ist die Geburt meines Bewusstseins auch die Geburt meiner Schuld.«[14] Aus dieser Levinas-Perspektive ist das Bewusstsein als solches mithin per se »schlechtes Bewusstsein«. Es muss nicht eigens betont werden, dass es für diese Art der Schuldverstrickung keine immanente Lösung – etwa über die Reue – geben kann. Denn selbst um Einsicht in diese Bedeutung von Bewusstsein zu gewinnen und so etwas wie ein schlechtes Gewissen zu entwickeln, benötige ich ja den Anstoß des Anderen. Mithin liegt es nahe, dass das Ich dazu tendieren wird, solche Einsicht in eine schuldhafte Verstrickung (wenn sie denn überhaupt ermöglicht wird!) schnell wieder zu vergessen.[15]

---

12 K. Jaspers: *Die Schuldfrage*. Heidelberg 1946.
13 Vgl. P. Delhom: *Der Dritte. Lévinas' Philosophie zwischen Verantwortung und Gerechtigkeit*. München 2000. 62.
14 P. Delhom: *Der Dritte*. A.a.O. 62. – Weiter mit Delhoms Worten (62): »[a]lles, was das Bewusstsein erfasst, wird aus der Distanz betrachtet. Die Intentionalität des Bewusstseins setzt diese Distanz voraus.« »Die Distanznahme oder die Trennung des Fühlens und des Gefühlten ist in der Anwesenheit des Dritten notwendig. […] sie bedeutet […] das Verlassen des Anderen selbst […]«. – Ich danke Pascal Delhom für aufschlussreiche Hinweise, die mir die Abfassung dieser Untersuchung sehr erleichterten.
15 Vgl. zu diesem ganzen Abschnitt: P. Delhom: *Der Dritte*. A.a.O. 62 f. – Dass Levinas in seiner ganzen Darstellungsdramaturgie zu Überzeichnungen neigt, mag man dem originellen Denker nachsehen. Aber als Interpret möchte ich mich davor hüten, in diese Tonlage einzustimmen. So weigere ich mich beispielsweise, »Alleinlassen des Anderen« und »den Anderen töten« gleichzusetzen. [Vgl. dagegen Delhom (63): »Und das Ich hört im Gebot seine Schuld, da es den anderen Menschen schon getötet hat oder zumindest allein gelassen hat«.]

Unsere Unterscheidung von »moralisch« und »ontologisch« entspricht nicht dem Sprachgebrauch von Levinas. Ihm zufolge macht es geradezu die »eigentliche Moralität« aus, »dass ich in der Existenz für den Anderen anders existiere als in der Existenz für mich« (TU 382).[16] Dieses Für-den-Anderen-sein wird gleichgesetzt mit »gut sein«. Im »Antlitz« bin ich dem Anderen so konfrontiert, dass es nichts mehr gibt, was hinter diesem Antlitz (als das Wesentliche, z.B.) zu vermuten wäre (vgl. TU 382). Konfrontiert mit dem Antlitz des Anderen, das seine Schutzlosigkeit spiegelt, springt gleichsam dem Ich ins Bewusstsein, dass es *einen* Imperativ gibt, der nicht zur Disputation steht: »Widerstehe der Versuchung, den Anderen zu beseitigen«, oder in Levinas' Worten: »Du wirst keinen Mord begehen [...]« (TU 383). Levinas zögert nicht, die Konfrontation mit dem Antlitz des Anderen in hohen Tönen zu umschreiben: »Im Antlitz drückt der Andere seine Hoheit aus, die Dimension der Erhabenheit und der Göttlichkeit, aus der er herabsteigt. In seiner Milde zeigt sich seine Kraft und sein Recht.« (TU 383)

»Das Antlitz gebietet meiner Gewalt Einhalt und lähmt sie durch seinen Anruf; der Anruf tut keine Gewalt und kommt von oben.« (TU 420) Dieses »von oben« soll Autorität, Überlegenheit, Befehl suggerieren. Es befremdet nicht wenig zu hören, der Andere komme von außen auf mich zu – »als Getrennter *oder Heiliger*« (TU 421, Hervorhebung von mir). Levinas will zum Ausdruck bringen – was sich wirklich nicht von selbst versteht –, dass in jenem Anruf und meiner Antwort »Gegenwart Gottes« zum Ereignis wird (TU 421).

Indem hier Beziehung so gedacht wird, dass kein Begriff ihr »angemessen« sein kann, wird überhaupt erst *Pluralismus* in einem tieferen Sinne denkbar. Die soziale Mannigfaltigkeit setzt sich sozusagen zur Wehr gegen jeden totalisierenden Begriff des *Einen* und der *Einheit*, wie er für die Metaphysik in ihrer inneren Dynamik typisch ist – mit ihrem Versprechen eines »Ganzen«, in dem alle Subjekte sich »versöhnt« wissen dürfen – freilich um den Preis der Ablehnung ihrer »Nicht-Identität«. Das, was in *Gegenseitigkeit* nicht aufgeht, macht gerade die *Einzigkeit* der Person aus.

Das Gute, wie es Levinas bedenkt, ist das Überfließende, ist Überfluss im Verhältnis zum Sein, geradezu *erzeugt* erst in der sozialen Beziehung (TU 422). Dieses Gute – »jenseits des Seins und jenseits der Seligkeit des Einen« – bringt Levinas mit dem Begriff der *Schöpfung* in Verbindung. Für unseren Zweck, den Beitrag von Levinas zur Theorie der Verzeihung herauszuarbeiten, können wir an dieser Stelle darauf verzichten, näher zu ergründen, wie der Philosoph den Begriff der Schöpfung profiliert. Allemal ist ja erkennbar, dass es wie bei Adorno um das Nicht-Identische

---

16 Emmanuel Levinas: *Totalität und Unendlichkeit. Versuch über die Exteriorität*. Freiburg, München 1987. Zitiert: *TU*.

geht – Levinas nennt es das Transzendente, »was nicht umgriffen werden kann« (TU 423).

Der Andere ist *gottähnlich*, weil er meiner eigenen Intention, mir und meiner Welt »Sinn zu verleihen«, vorausgeht. Er *setzt* Bedeutung, indem er meine Initiative in Frage stellt. Der Andere wird zur Rechtfertigungsinstanz meiner Freiheit. Und meine Freiheit bewährt sich nach Levinas in dem Akt der *Unterordnung*. Nur so, scheint Levinas zu suggerieren, kann das Ich hoffen, von der *Fatalität* seines Schicksals und damit auch vom Gewicht seines Egoismus befreit zu werden (vgl. TU 437). Denn Freiheit als solche ist eben für Levinas *rechtfertigungsbedürftig* und die Gegenwart des Anderen stellt dann das *naive* Recht der Freiheit in Frage (TU 440). Freiheit, konfrontiert mit der unendlichen Forderung, büßt ihr gutes Gewissen ein, denn angesichts der Not des Anderen gerate ich in eine abgründige Verlegenheit (TU 442). Das *Urteil*, dem ich ausgesetzt bin, fällt hart aus.[17]

»Der Abstand zum Sein, durch den das Seiende in Wahrheit (oder ins Unendliche) existiert, ereignet sich als Zeit und als Bewusstsein oder auch als Vorwegnahme des Möglichen.« (TU 410) Es kommt darauf an, dass das Seiende in der Schwebe bleibt und nicht definitiv in der ›Totalität des Seins‹ festgelegt ist. Entscheidend ist, dass es in jedem Augenblick neu beginnen kann. Die elementare Geste, in der sich seine Zeitlichkeit und seine Wahrheitsfähigkeit manifestieren, ist die Abwehr jeglicher Totalisierung und definitiver Vereinnahmung.

Ursprüngliches, anfängliches Existieren heißt: Abstand wahren zum Sein und den in ihm lauernden Verstrickungen. Durch diesen Abstand, so Levinas, existiere das Seiende qua Ich ins Unendliche. Diese Struktur wird als Zeit-Erfahrung versprachlicht. Die Konfrontation mit dem Antlitz des Anderen inspiriert das Ich, die mit der Einfügung ins Sein versprochene *Totalisierung* abzuwehren. Vermittelt doch die Andersheit die Erfahrung des *Nicht-zu-Vereinnahmenden*. Nur über diese Situation des *Empfangens* wird dem Ich Zeit gewährt (TU 410).

Mit dieser Art der *Vorwegnahme des Möglichen* ist aber noch nicht alles gesagt. Indem das Ich Definitives schafft, *altert* es – während es doch weiß, dass die Zeit über das je und je Mögliche hinausgeht: »die Gegenwart wählt ihre Möglichkeiten, aber sie hat sich verwirklicht und ist in gewisser Weise gealtert, sie ist zu Wirklichem geronnen und hat folglich schon Möglichkeiten geopfert. Die Erinnerungen auf der Suche nach der verlorenen Zeit verschaffen Träume, aber bringen die verlorenen Gelegenheiten nicht zurück. Die wahre Zeitlichkeit, diejenige, in der das Definitive nicht definitiv ist, verlangt daher die Möglichkeit, zwar nicht alles, was man hätte sein können, zu wiederholen, aber doch angesichts der unbegrenzten Unendlich-

---

17 An dieser Stelle möchte Levinas noch nicht von einer Priorität der Liebe, »die mich entschuldigt«, sprechen (*TU* 442). Man fragt sich: warum eigentlich nicht?

keit der Zukunft die verlorenen Gelegenheiten nicht mehr zu bedauern« (TU 411). Hier stoßen wir also auf Erinnerungsstrukturen, die mit *Reue* und *Selbstmitleid* verwoben zu sein scheinen. Immer noch droht – auch im Modus der Erinnerungsarbeit und der Reue – das Ich durch seine eigene Umsetzung von Möglichkeiten in der Bindung ans Schicksal erdrückt zu werden. Es geht also darum, »sich in dem Abenteuer der Existenz wieder aufzunehmen, um ins unendliche zu sein« (TU 411). Ein sich womöglich gerade in der *Permanenz* seines Lebenslaufs gefallendes Ich möchte Levinas radikal in Frage stellen. Eine echte Bezugnahme auf die eigene Vergangenheit, welche ja die Gegenwart determiniert, findet sich, wie schon angedeutet, in der *Reue*, in der dem Ich das *Nichtwiedergutzumachende* seiner Vergangenheit zu Bewusstsein kommt. Levinas beschreibt, dass es im Modus einer Selbst-Bezüglichkeit als *Erinnerung* an das Geschehene, als Rückkehr zu sich aus der Immanenz der Selbsthaftigkeit, möglich ist, dem Vergangenen einen neuen Sinn zu geben (TU 412). Da geschieht ja tatsächlich etwas Neues, eine Unterbrechung der Permanenz aufgrund eines Schlüssel-Augenblicks. Doch dieser Vorgang ist höchst ambivalent. Wird das Vergangene auch mit einem neuen Sinn versehen, so infiziert es eben doch weiterhin den Augenblick der Erinnerung mit dem Last-Charakter der Vergangenheit. Diese Art der Erinnerungsarbeit, die moralisch integer ist, aber zum Beispiel die Gegenwart ständig mit der latenten Möglichkeit der Wiederholung des fürchterlichen Vergangenen bedroht, ist uns Deutschen aus der Befassung mit dem Holocaust nur allzu geläufig. Gegenüber dieser Infektion des gegenwärtigen Augenblicks durch die total verfehlte Vergangenheit macht Levinas eine ganz andere Qualität von Befreiungserfahrung geltend –: diejenige, die aus dem *Verzeihen* resultiert. Erst in dieser Erfahrung wird deutlich, dass die radikal empfangene Freiheit in dem Augenblick der Vergebung wurzelt. Erst in diesem »Horizont« wird eine *freie* Rückkehr zur Vergangenheit ermöglicht – »in einer freien Deutung und einer freien Wahl, in einer Existenz, die vollständig vergeben ist, ... Dieser Neubeginn des Augenblicks, dieser Triumph der Zeit, der Fruchtbarkeit über das Werden des sterblichen und alternden Seienden, ist die Vergebung, das eigentliche Werk der Zeit.« (TU 413)

Die Verzeihung taucht, wie sich hier abzeichnet, im Kern des Levinas'schen Gedankens auf. Der abenteuerliche Aufbruch – als Antwort des Ich auf den Anruf des Anderen – zeugt von einer Güte, die verzeiht, ohne *vorweg* dessen *sicher* sein zu können, ob der Empfänger dieser Güte sich ihrer würdig erweist. Das *distanzierte* Denken wird hier natürlich den Vorwurf der »Unklugheit« erheben (vgl. TU 444). Levinas spricht kierkegaardianisch vom *Paradox* der Vergebung, das in der Umkehrbarkeit der Zeit besteht. Die Vergebung gestattet nämlich »dem Subjekt, das in einem verflossenen Augenblick gefehlt hatte, so zu sein, als ob der Augenblick nicht verflossen wäre, so zu sein, als ob das Subjekt nicht gefehlt hätte. Die Vergebung ist aktiv in einem stärkeren Sinne als das Vergessen; das Vergessen betrifft nicht die Wirklichkeit des vergessenen Ereignisses; die Vergebung wirkt auf die Vergangenheit, sie wiederholt in gewisser Weise das Ereignis, indem sie es reinigt. Aber im übrigen vernichtet das Vergessen die Beziehungen mit der Vergangenheit, wohingegen die Vergebung die vergebene Vergangenheit in der gereinigten Gegenwart bewahrt.« (TU 413) Im Mittelpunkt des personalen Verzeihungsvorgangs steht im übrigen vorrangig nicht die Handlung, die entschuldigt werden soll, sondern die aus dem Geist der Verzeihung gegebene Antwort auf die Bitte des Schuldigen![18]

Erst Vergebung erschließt dem Ich die Gewissheit, keine »endgültige« Existenz zu sein (VS 104).[19] Im Anstoß der Alterität wird die Endgültigkeit des Ich, das definiert und geprägt ist durch die »an sich« unveränderlichen Entscheidungen seines Lebens, aufgebrochen. Aus sich heraus kann das Ich die Fesseln seiner geschichtlichen selbstbezüglichen Identität nicht aufsprengen – mag es auch jeweils die *Sehnsucht* nach dem Ausbrechen empfinden (vgl. VS 108 f.). Aber es gibt da zumindest die *Ahnung* von einer Seinsweise, »in der nichts endgültig ist und die sich von der endgültigen Subjektivität des ›Ich‹ unterscheidet« (VS 110). Ahnung paart sich mit Hoffnung. Doch was eben eine Erschwernis sondergleichen darstellt, ist das nicht-wieder-gut-zu-machende (VS 110). Selbstverständlich gibt es auch hier einen Ausweg – einen immanenten: das schließliche Vergessen, ausgedrückt in dem Satz »die Zeit heilt alle Tränen«. Die Qual, die vergessen wird, bleibt indes allemal *unverziehen* (VS 111). Levinas redet ganz bewusst paradoxal von dem Augenblick der »Wiedergutmachung des Nicht-Wiedergutzumachenden« (VS 113), der wiederum selbst nichts Endgültiges sein kann. Dies wird nur zum Ereignis, wenn der Andere unberechenbar auf mich zukommt und sich in dieser spannungsvollen Beziehung Zeit konstituiert. Denn man kann sich eben nicht, etwa im Modus der Reue, selbst negieren, obwohl doch solche reuevollen Rückbeziehungen aller Ehren wert sind. Man bleibt gefangen im Gehäuse des eigenen Ich und seines geschichtlichen Schicksals.

Das Leben eines Menschen in seiner Verfallenheit steht einer dezisionistischen Selbstsanierung (Heidegger) nicht offen. Die Perspektive, im Vorlaufen zum dichtesten Punkt der Eigentlichkeit: zum eigenen Tod, die Sedimente der Entfremdung hin auf Authentizität zu durchstoßen, erscheint Levinas nicht überzeugungskräftig. Allein in der *Intervention eines Anderen* wird die Situation der Vergangenheit, in welcher Schuldhaftes sich ereignete, wieder in die Gegenwart geholt und einer *Relativierung* zugänglich. Die Freiheit des Neuanfangs gewinne ich nur, wenn ich mir mein Sein *verzeihen lasse* von der Andersheit selbst des Anderen (VS 116).

---

18 Vgl. Delhom: *Der Dritte*. A.a.O. 272.
19 Emmanuel Levinas: *Vom Sein zum Seienden*. Freiburg, München 1997. Zitiert: VS.

Der Erwählung durch den Anderen verdankt das Ich die *Erfahrung* seiner Einzigartigkeit bzw. Unvertretbarkeit. Verpflichtung – das ist das *Erleiden* einer In-die-Pflicht-Nahme, eines In-die-Pflicht-genommen-Werdens. Diese Selbst-Verpflichtung wird also keineswegs von dem in Beschlag genommenen Ich beabsichtigt oder erstrebt! Thomas Wiemer richtet – anmerkungsweise! – den Blick auf Ort und inneren Sinn der Vergebung:

»Auch in der Vergebung, die ich einem Anderen gewähren kann, bin ich unvertretbar. Niemand kann sie an meiner Stelle gewähren. Wie die Verantwortung eine Steigerung der Passivität bedeutet, so die Vergebung eine Steigerung des Gebens, und wie jene so lässt sich diese nach dem ›Modell‹ der creatio ex nihilo auffassen. Was durch die Vergebung vergeben wird, entsteht zwar nicht einfach aus dem Nichts, aber doch aus dem, was bereits vertan und verloren schien, was *nicht mehr ist*. Die Vergebung zeigt sich als eine Steigerung des Gebens, weil sie nicht nur etwas gibt, sondern die unerträgliche Gabe einer Erneuerung und ›Verbesserung‹ dessen, was schon vorüber ist; und in dieser Rückwirkung auf schon Vergangenes verändert sie Gegenwart und Zukunft. In der Vergebung gibt der Vergebende *mehr* als er zu geben vermag, *mehr* als er hat: dass unableitbar Neues durch sein Geben sich gibt.«

Bedacht wird somit die Gabe einer Zeit der Erneuerung, einer (wie es einmal in »Totalität und Unendlichkeit« heißt) »sich verjüngenden Zeit«.[20]

Levinas, so möchte ich zuspitzen, schätzt (jedenfalls stellenweise) »das befremdliche Glück der Versöhnung« – als Resultat von Vergebungserfahrungen – *höher* ein als die *Unschuld* des Daseins (TU 413). Die Vergebung konstituiert die Zeit. Im Zentrum steht die Kategorie des *Augenblicks*. Die Vergebung ist die Manifestation eines Diskontinuierlichen, welches das Ich, dem vergeben wird, neu in die Diskontinuität zum Abgelaufenen versetzt. Dieser Augenblick ist der »absolute Intervall«, in dem das Band des Ich zu seiner eigenen Vergangenheit neu geknüpft wird (TU 414). Das geschehene Vergangene aber wird gerade nicht vergessen oder simpel überholt, sondern es wird *aufgehoben* – in einer viel tieferen komplexeren Präsenz. Vergebung ist mithin ein Akt, in dem sich die Gabe-Struktur des Daseins manifestiert. Was hier unberechenbar gegeben wird, ist Zukunft als eine Zeit-Dimension, die daraus resultiert, dass der Vergebende die *Kontinuität* des Lastcharakters der Schuld, also die Vergangenheit, bricht. Die »gewöhnliche« Zeit wird im Akt der Vergebung *unterbrochen*. Die Möglichkeit des Anderssseinkönnens wird ganz neu eröffnet und zugesprochen. Es versteht sich, dass nicht nur der Akt der Unterbrechung schlechthin unberechenbar ist, sondern auch diese Zukunftsdimension

---

20 Thomas Wiemer: *Die Passion des Sagens. Zur Deutung der Sprache bei Emmanuel Lévinas und ihrer Realisierung im philosophischen Diskurs.* Freiburg, München 1988. 454, Fußnote 30.

selbst. Denn die Vergangenheitsdisposition kann ein Ich so in Bann schlagen, dass es die Chance der eröffneten neuen Möglichkeit nicht zu ergreifen vermag und damit den Geber enttäuscht. Der Geber begibt sich also auch im Akt der Vergebung auf ein völlig ungesichertes Terrain. Vergebung kann sich als vergeblich erweisen. Gerade diese Offenheit ist es, die in der Philosophie viele voreingenommen macht gegen die Behandlung dieses Themas, denn das Außerordentliche, mithin Unberechenbare, entzieht sich ja dem strengen rationalen Zugriff. Und doch lässt es sich nicht marginalisieren. Freilich lässt es sich überbieten: Bei Levinas geschieht das in der Vision einer *Vollendung* der Zeit.

Levinas bezeichnet die Zeit als das Nichtdefinitive des Definitiven (TU 414). Der Sohn, beispielsweise, der mit dem Vater bricht, befreit sich nicht von einer Vergangenheitserfahrung, sondern – im Sprachspiel von Levinas – es ist »das tiefe Werk der Zeit« selbst, das von der Vergangenheit befreit! Strukturell geht es um die Unerlässlichkeit des Bruches und die Fortsetzung durch den Bruch hindurch. Die Wirklichkeit, wie sie geworden ist, kann nur *frei* wieder aufgenommen werden, wenn Vergebung zum Ereignis wird (TU 415). »Das zentrale Geschehen der Zeit ist die Wiederauferstehung.« (Ebd.) Das steckt hinter der These, die Zeit sei diskontinuierlich. Die *Fruchtbarkeit der Zeit* bewahrheitet sich in der Vergebung als Bedingung der Möglichkeit der Auferstehung. Die unendliche Zeit steht in einem Verhältnis zur *messianischen* Zeit. In der unendlichen Zeit nämlich ist die *Bewahrung* der Güte als Resultat der Verzeihung niemals gesichert vor der »Rache des Bösen«. Es ist dieses Sicherungsbedürfnis, welches Levinas dazu anhält, die Kontingenz jener Akte der »Wiederauferstehung« zu überbieten in einer Vision der *Vollendung* der Zeit, die er die messianische nennt (TU 416).

Levinas beschwört die alte Metapher der »felix culpa«, um zum Ausdruck zu bringen, dass das Geheimnis der Zeit in nichts anderem besteht als darin, die Brüche, die das Dasein markieren und ihm eine gewisse Identität verleihen, zu heilen. Nicht wird eine alte Unschuld restituiert, sondern in der durch Vergebung erreichbaren Versöhnung wird ein »Mehr« an Daseinsqualität erlangt (vgl. TU 415). Ein Mensch, der wiederauferstehen darf, erhält gleichsam jene »Kom-Possibilitäten« zurück, die er in seiner »damaligen« Entscheidung zu Gunsten einer bestimmten Möglichkeit verworfen hatte.

Geneigt, Metaphern des Generationenverhältnisses zu verwenden, interpretiert Levinas den Neuanfang in der diskontinuierlichen Zeit als eine Art Wiederkehr der Jugend (TU 416; vgl. auch die ständig wiederkehrende Metapher der Fruchtbarkeit).

Zunächst vielleicht durchaus befremdlich kristallisiert Levinas das Problem des Verzeihens im spannungsvollen Vater-Sohn-Verhältnis heraus. Zugleich spiegelt sich in der Beschreibung dieser Konstellation das *Geschichtsverständnis* Levinas'.[21] Vater-Sohn: Gewiss werden hier auch Abstraktionen der theologischen Dogmatik existenziell in die Deutung der konkreten Erfahrungswelt zurückgeholt. Der *Sohn*, der verzeihend den Vater ›annimmt‹, ist für den Vater der transzendente Andere. »Im Augenblick der Verzeihung geschieht eine quasi Wiedergeburt des Vaters aus der Vereinnahmung in die Totalität und damit aus der Unwahrheit zur Wahrheit im Sohn. Das Verzeihen steht in der Freiheit des Sohnes, um das Leben des Vaters aus der Wirklichkeit in die Möglichkeit hinüberzuretten.«[22] »Da die Zeit des Sohnes durch ein Intervall von der des Vaters getrennt ist (Moment der Diskontinuität), der Sohn aber gleichwohl auf die vergangenen Entscheidungen einwirken kann (Moment der Kontinuität), hat der Augenblick selbst eine gedoppelte Struktur: er ist Tod und Auferstehung und ermöglicht die Arbeit des Vergebens.«[23] Diese Erwägungen finden ihren Anhalt in folgendem Zitat: »Ein Seiendes, das fähig ist, ein anderes Schicksal zu haben, als sein eigenes, ist ein fruchtbares Seiendes. In der Vaterschaft, in der sich das Ich – durch das Definitive eines unvermeidlichen Todes hindurch – in den Anderen verlängert, siegt die Zeit kraft ihrer Diskontinuität über das Alter und das Schicksal.« (TU 411 f.)

Die Diskontinuität zwischen Vater und Sohn wird übertragen auf die Rede vom Sein: »in der Gestalt des Sohnes ist das Sein unendlich und diskontinuierlich, geschichtlich ohne Schicksal« (TU 406): »Als Bruch, als Verleugnung des Vaters, als Anfang, vollzieht und wiederholt die Kindschaft in jedem Augenblick das Paradox einer geschaffenen Freiheit.« (TU 406)

Kontinuität, die man väterlicherseits vielleicht ersehnt, wäre mithin geradezu mit *Gefährdung* der Freiheit gleichzusetzen. Aber in der permanenten Revolte der Selbstheit eröffnet sich auch die Möglichkeit des Rückhalts – als ein Wiederanknüpfen, konkretisiert in der Selbst-Bindung an Familie und Nation (TU 407). Und so kristallisiert sich eine neue Konstellation heraus: »Die Liebe des Vaters zum Sohn realisiert die einzige mögliche Beziehung gerade mit der Einzigkeit eines Anderen« (TU 407). »Er ist einzig für sich selbst, weil er einzig ist für seinen Vater.« (TU 408) Diese Struktur muss sich schließlich transformieren in die *Brüderlichkeit*, die die »eigentliche Beziehung mit dem Anderen« artikuliert (TU 408). In ihr manifestiert sich, dass das Ich »für die Güte ausersehen und zur Güte berufen ist« (TU 409).

In der Vaterschaft »siegt die Zeit Kraft ihrer Diskontinuität über das Alter und das Schicksal« (TU 411 f.).

---

21 Vgl. Burkhard Liebsch: »Geschichte und Überleben angesichts des Anderen. Lévinas' Kritik der Geschichte.« In: *Deutsche Zeitschrift für Philosophie* 3/1996.
22 B. Liebsch: »Geschichte und Überleben«. A.a.O. 117.
23 B. Liebsch: »Geschichte und Überleben«. A.a.O. 116

Exkurs zu Hegel

In der *Phänomenologie des Geistes* hat Hegel in dem Abschnitt *Das Gewissen. Die schöne Seele, das Böse und seine Verzeihung* die Trennungserfahrungen sehr genau beschrieben, die sich aus der moralischen Überheblichkeit des jeweils urteilenden oder handelnden Bewusstseins ergeben. Hegel spricht geradezu von der »absoluten Diskretion«. Jeder schließlich hat seine eigenen moralischen Vorstellungen, mit denen er seine jeweilige Handlungsperspektive jedenfalls immer auch gegenüber den Anderen immunisiert und verabsolutiert. Daraus ergeben sich die abgründigen Gegensätze, die schließlich nur im Modus der Verzeihung, die für Hegel so etwas wie der *anwesende Gott* ist, geheilt werden können.[24] Gegenüber dieser Dialektik der Trennung und Vereinigung erhebt Levinas Einspruch. Er sieht letztlich eine Vereinnahmung im Rahmen der Totalität des Geistprozesses, die sich letztlich darin äußert, dass die von Hegel so subtil herausgearbeitete Anerkennungsstruktur eine solche der *Gegenseitigkeit* des Anerkennens ist. Levinas, der die konstitutive Asymmetrie der *moralischen* Beziehungen herausarbeitet, setzt wahrlich andere Akzente, fasst er doch das Ethische auf als einen Vorgang, der »außerhalb jeglicher Vermittlung, jeglicher Motivation aus einer gattungsmäßigen Gemeinschaft, außerhalb jeder vorgängigen Verwandtschaft und a priori gebildeten Synthese« sich vollzieht.[25] Denn dass »Trennung« für Levinas ein durchaus positiv besetzter Begriff ist (wie Stegmaier hervorhebt[26]), springt in die Augen. Aber muss deswegen die Gegenseitigkeit verteufelt werden? Ist Gegenseitigkeit *per se* zu identifizieren mit Tausch, Ökonomisierung der Beziehungen, Nutzenkalkül und ähnlichem? Ich neige zu einer Differenzierung und sage, dass eine Gegenseitigkeit, die erwartet und erstrebt wird, in der Tat Gefahr läuft, den Gabe-Charakter des Daseins zu verkennen und sogar zu pervertieren. Aber es gibt auch eine Gegenseitigkeit, in der man *sich findet*, die *sich einstellt*, und die selbst Resultat eines gemeinsamen Verständnisses von Gabe sein kann. Für diese Dimension des Lebens hat Levinas, fixiert auf seinen Asymmetrie-Ansatz, soweit ich sehe kein Sensorium. Hegel hatte in der *Phänomenologie des Geistes* den Geist gegenseitiger Anerkennung schließlich als den absoluten Geist identifiziert, der sich als Geist der Verzeihung artikuliert. Weil es bei Hegel die strenge Alterität nicht gibt, die bei Levinas die entscheidende Rolle spielt, muss letzterer ihm vorhalten, er habe den Sinn des »Pardon« keineswegs angemessen geklärt. Levinas äußert den Verdacht, dass in der These Hegels, die Macht des Verzeihens *vernichte* schließlich auch die Spuren

---

24 Vgl. K.-M. Kodalle: »Verzeihung. Hegels Denkanstoß. Wider die Verdrängung eines zentralen philosophischen Themas.« In: *Hegel-Jahrbuch 2002*. »Phänomenologie des Geistes«, 2. Teil. Berlin 2002. 88-99.
25 Vgl.Emmanuel Levinas: *Totalität und Unendlichkeit*. A.a.O. Vorwort.
26 Vgl. W. Stegmaier: *Lévinas*. Freiburg, Basel, Wien 2002. 112 f.

des Faktischen, eine Eliminierung der Zeit zu sehen ist. Robert Bernasconi, der die Einwände von Levinas gegen Hegel würdigt, stellt sich die Frage, ob das Verzeihen nicht gegenüber System oder Totalität ein Surplus respräsentiert, dass man begreifbar zu machen hat.

Die *Gegenseitigkeit* der Anerkennung bei Hegel ist für die Denker der Alterität der eigentliche Stein des Anstoßes. *Anerkennung* mag ja eine gegenseitige sein, aber für das *Verzeihen* kann Reziprozität nicht zutreffen. Dasjenige, was das große Unbehagen auslöst und Levinas von einer »unpersönlichen« Vernunft sprechen lässt, ist die Tatsache, dass es einen personalen *Akt* des Verzeihens in der Philosophie der Versöhnung bei Hegel gerade nicht gibt.– Letztendlich, so könnte man sagen, sind es kierkegaardianische Argumente, die Levinas gegen Hegel geltend macht: der Gedanke einer radikalen Unterbrechung der Zeitkontinuität, anders gesagt, die Würdigung der Erfahrungen von *Diskontinuität*.

Da Levinas die Zeit aufs engste mit der Verzeihung vernetzt sieht, könnte man ja sagen, dass Levinas nichts anderes denkt als eine Inversion Hegels, bei dem – so die Sicht von Levinas – die Verzeihung wie eine *Eliminierung* der Zeit auftaucht. Dem gegenüber ist bei Levinas »Pardon« das erste Wort für die *Unterbrechung*, wobei für Levinas die Verzeihung nicht blind ist und eben keineswegs die Bedeutung von »Vergessen« hat; im Gegenteil: Sie manifestiert sich nur dort, wo es auch Erinnerung und Verurteilung gibt.

3. Übergang: Spiegelungen geschichtlicher Erfahrung in biblischen Reflexionen

Levinas selbst hatte darauf gesetzt, dass »der Partikularismus der Apologie sich in wirksame Güte wandelt« (TU 416). Im Blick auf das Schlimmste, was zwischen Deutschen und Juden geschehen ist und in welchem Geschehen Levinas das Drama als Opfer und auf der Seite der Opfer erlebte, stellt sich die Frage, wie die »Übersetzungen« der Theorie der Verzeihung aussehen, die Levinas vor allem in TU *grundlegend* theoretisch entwickelt hat.

Levinas erläutert,[27] dass jemand, der einen anderen schwer beleidigt oder verletzt hat, womöglich »sich im Wesen seiner Tat nicht bewußt« ist. »Die Aggressivität des Beleidigers ist vielleicht wesensgleich mit seiner Nichtbewusstheit. Aggressivität ist Unachtsamkeit par excellence.« Und nun fährt Levinas fort: »Im Wesen wäre demnach Vergebung unmöglich.«[28] – Mir scheint, hier fällt Levinas hinter das Niveau seiner eigenen prinzipientheoretischen Erwägungen zum Fundamentalvorgang

---

27 Vgl. zu diesem Punkt die Darstellung bei P. Delhom: *Der Dritte*. A.a.O. 64 f.
28 Emmanuel Levinas: *Vier Talmud-Lesungen*. Frankfurt a. M. 1993. Zitiert: VTL.

der Vergebung zurück! Der Beleidiger – curvatus in se! – kann aus sich heraus ja womöglich gar nicht zu einer *qualitativ*-neuen Bewertung seiner begangenen Taten kommen! Erst wenn und wo er auf einen Anderen so stößt, dass – gleichsam im Rückstoß – er die Schwere seiner Taten neu sehen lernt, wird er – vielleicht! – als neuer Mensch geboren und dem Humanum zurückgegeben. Der Andere, in seiner Ohnmacht und Bedürftigkeit, repräsentiert die *Möglichkeit* der Verzeihung. Wenn sie den Verhärteten in seiner falschen Identität anrührt und dieser, mit den eigenen Abgründen konfrontiert, sie ungeschehen glauben möchte, kann *zwischen* ihnen, eben kontingent und unberechenbar und nicht einforderbar, jenes »Mehr«, jener Überschuss entspringen, von dem Levinas soviel redet und der nach meiner Auffassung als »Geist der Verzeihung« zu bestimmen ist.

In dem Anruf des Anderen, der mich bedrängt – vielleicht mit einer Verzeihungsbitte, vielleicht mit seinem Willen zur Versöhnung und also: Vergebungsbereitschaft – und mich so meinen weltimmanenten Weg nicht in Ruhe fortsetzen lässt, steckt auch etwas subtil Gewaltsames. Allerdings befürwortet Levinas diese Art des bedrängenden Anrufens als *gute* Gewalt.[29] Alles hängt daran, *wie* man auf einander hört und zugeht – wie man einander *empfängt*. Die neue Kommunikation ist genau dadurch charakterisiert, dass dem *Empfangen* Vorrang vor dem *Setzen* gebührt. Antwort auf den Ruf des Anderen, als Verantwortung *vor jeder Freiheit* – das bedeutet: *die Deliberation über Bereitschaften, über Ernsthaftigkeit der Motive des Anderen u.ä. ist bereits eine Form der Distanzierung*, in der ein Ich sich aus der unmittelbaren Betroffenheit durch den stummen Anruf des Anderen herauszulösen trachtet. Die Inanspruchnahme dieser Freiheit restituiert gerade die Trennung von Ich und Anderem.

Ich gehe nun zunächst ein auf einen Text aus den *Vier Talmud-Lesungen* (Die französische Originalausgabe erschien 1968). Der Text »Dem Anderen gegenüber« (VTL 27 – 55) wurde anlässlich eines Kolloquiums zum Thema »Vergebung« vorgetragen, an dem auch Jankélévitch teilnahm. Levinas geht auf die *theologische* Sprache der Texte ein und hebt ausdrücklich hervor, seine Anstrengung bestehe darin, aus dieser theologischen Sprache Bedeutungen herauszulesen, die die Vernunft ansprechen. (VTL 28) Allemal sei seit Maimonides für das Judentum klar, »daß alles, was [...] über Gott ausgesagt wird, durch die menschliche *Praxis* Bedeutung hat«. (VTL 29)

Mit Blick auf das Versöhnungsfest Jom Kippur macht sich Levinas die Auffassung zu eigen, dass die Verinnerlichung im Vorgang der Reue und der ›Besänftigung‹ eines Beleidigten des äußeren Anhalts im Ritus des religiösen Festes bedarf. Wenn die Mishna lehre, »daß die Verfehlungen des Menschen gegen Gott vom Versöh-

---

29 So zitiert bei P. Delhom: *Der Dritte*. A.a.O. 293.

nungstag getilgt werden, will sie sagen, daß die Feier des Versöhnungstages und der Seelenzustand, den sie bei uns bewirkt oder ausdrückt, uns zu dem Zustand der Vergebung führen«. (VTL 31) – Levinas selbst bezeichnet den Gedanken, die *Verfehlungen gegen Gott* würden verziehen, indem sich das Ich ganz tief verinnerlicht, also ohne dass dies noch einmal vom Willen Gottes selbst abhinge, als eine Ungeheuerlichkeit. Das Übereinkommen mit Gott hängt dann ganz und gar von mir ab. »Ich habe das Instrument der Versöhnung in der Hand.« (VTL 31) Dagegen stellt die Aufhellung des gestörten Verhältnisses zum anderen Menschen ein viel komplexeres Problem dar. Der andere Mensch, unendlich geringer als der *absolut* Andere, »ist in gewissem Sinne mir mehr Anderer als Gott«! (VTL 32) Dieser Andere kann in der Tat die Versöhnung verweigern, obwohl ich alles unternehme, um ihn zu besänftigen; er kann auf der Unversöhnlichkeit bestehen. – Natürlich ist diese Unterscheidung zwischen dem absolut Anderen und dem anderen nächsten Menschen insofern nur relativ, als Verfehlungen gegenüber den Nächsten *ipso facto*, wie sich Levinas ausdrückt, Affronts gegen Gott sind. (VTL 32) Mithin sind die Verfehlungen gegen einen nächsten Menschen von dem Problem der Verfehlungen gegen Gott nicht strikt zu trennen. Man könnte diesen Gedanken auch so übersetzen: Insofern die Kränkung des Nächsten immer auch die Kränkung Gottes einschließt, wird die Schuld, die ich mir aufgeladen habe, unendlich vertieft. Und mithin wird auch das Erfordernis der *Umkehr* viel komplexer und problematischer. Geradezu kierkegaardianisch formuliert Levinas »In äußerster Isolierung erlange ich Vergebung.« (VTL 33) Indessen, da das Gewissen bis ins Mark korrumpiert ist (ein vertrauter protestantischer Gedanke übrigens!), ist es nach Levinas, auf sich gestellt, mithin: trotz der Vertiefung des Gottesverhältnisses nicht der Selbstsanierung fähig; damit das Gewissen gleichsam nicht ausgleitet in seiner unendlichen Verinnerlichung, »muß die objektive Ordnung der Gemeinschaft als Stütze hinzutreten« (VTL 34) – ein gänzlich unprotestantischer Gedanke also. Damit soll die Rolle eines festen Kalendertages für das feierliche Ritual einer Heilung des beschädigten Gewissens gerechtfertigt werden. Allerdings möchte Levinas diese Korrelation so verstanden wissen, daß das Ritual sich keineswegs *außerhalb* des Gewissens situiere: Aber dann heißt es doch unmissverständlich, das Ritual *erhalte* das Gewissen und bereite seine Erneuerung vor. (VTL 34)
Beiläufig sei erwähnt, dass Levinas auch den Gedanken diskutiert, die Verfehlung gegen den anderen Menschen werde von Gott aus reiner Gnade vergeben, ohne abhängig zu sein von der vorherigen Versöhnung mit dem/den gekränkten Menschen. Diese Auffassung wird zurückgewiesen. »Kein Verzeihen, das nicht vom Schuldigen erbeten worden wäre! Der Schuldige muß seine Verfehlung eingestehen; der Beleidigte muß bereit sein, die Bitte des Beleidigers wohlgefällig aufzunehmen.«

In Reflexionen an anderem Ort habe ich – nicht zuletzt unter Inanspruchnahme von Erwägungen Kierkegaards – herausgearbeitet,[30] dass gegenüber dem zuletzt Ausgeführten noch eine Steigerung möglich und sinnvoll ist, die allerdings außerhalb jeder Regel, jeder Pflichtforderung liegt und allein aus einem *act gratuit* hervorgeht: Womöglich werde das verhärtete, zur Rechthaberei und zur Selbstverteidigung Zuflucht nehmende Bewusstsein eines Beleidigers oder Menschenschänders erst dann in eine abgründige Selbstkonfrontation geführt werden, wenn ihm das Ungeheuerlichste widerfährt: dass ihm Verzeihung zugesagt wird, noch ehe er bereut hat, dass, anders gesagt, die Verzeihung geradezu die Voraussetzung der Reue sein kann. Dieser in der Tat für das Alltagsbewusstsein und seine Ressentiments ver-rückte Gedanke wird von Levinas apodiktisch zurückgewiesen: »Niemand kann verzeihen, wenn ihn der Beleidiger nicht darum gebeten hat, wenn der Schuldige nicht versucht hat, den Gekränkten zu besänftigen.« (VTL 37)

In diesen Talmud-Lesungen erwähnt Levinas einen gewissen Rabbi Joseff bar Habu. Diesem zufolge ist es so, dass, wenn ein Mensch einen anderen beleidigt, Eloim verzeiht oder einrenkt oder versöhnt... Levinas schreibt bezüglich dieser Position rhetorisch (natürlich in der Absicht, bloßzustellen), ob man das nicht auch so verstehen könne, als seien Querelen unter Einzelnen im Hinblick auf die Integrität der Schöpfung eigentlich ziemlich unwichtig. Was zählen sie angesichts der Ewigkeit? Auf der Höhe des Absoluten, auf der Ebene der Universalgeschichte, wird sich – so lässt sich dann zynisch formulieren – »alles einrenken. In hundert Jahren wird niemand mehr an unsere Wehwehchen denken, an unsere Problemchen und lächerlichen Gekränktheiten!« (VTL 37) – In dieser Sichtweise wird also der vorrangige Wert des Universalen gepriesen, das Weinen und Lachen der Sterblichen wiegt wenig gegenüber dem letztendlichen Ausgleich im Absoluten. Der Streit unter Individuen ist da doch von geringer Bedeutung. – Es ist offenkundig so, dass sich Levinas mit der Zurückweisung der Auffassungen des Rabbi Joseff bar Habu zugleich gegen Hegel wendet, der nach Levinas ja auch die universale Ordnung der interindividuellen überordnet. Ganz entschieden spricht sich Levinas für die Respektierung des Einzelnen aus.[31]

Gelegentlich greift Levinas dann doch jenen Vorgang auf, den er »Umkehrung der Pflicht« nennt. »Der Beleidigte ist es, der sich um Vergebung für den Beleidiger be-

---

30 Vgl. K.-M. Kodalle: »Gabe und Vergebung. Kierkegaards Theorie des verzeihenden Blicks.« In: K.-M. Kodalle, A. M. Steinmeier (Hrsg.): *Subjektiver Geist. Reflexion und Erfahrung im Glauben. Festschrift für Traugott Koch*. Würzburg 2002. 71–86.
31 Zu beachten ist ganz gewiss der Hinweis von Levinas, dass der Schädiger/Beleidiger auch zu materiellen Opfern bereit sein sollte, denn eine bloße Bitte um Vergebung, mag sie auch mit einer gewissen Selbsterniedrigung einhergehen, lässt sich immer noch leicht mit »Oberflächlichkeit, mit Lauheit und Trägheit«, vereinbaren. (*T* 40)

müht, während dieser sich dafür herzlich wenig interessiert.« (VTL 43) Der Beleidigte treibt hier einigen kommunikativen Aufwand, um das schlechte Gewissen des Beleidigers überhaupt erst zu wecken bzw. dessen Verhärtung aufzubrechen. Mit warnender Stimme beschwört Levinas die enorme Verantwortung, die auf sich lädt, wer auf die Menschlichkeit des anderen gleichsam zur Unzeit, nämlich vorzeitig, vertraut. Gegenüber einer zu vollmundigen Beschwörung großzügig und souverän ausgeteilter Verzeihung und »gegen die allzu einfachen Versprechungen der Erlösung durch Gnade« unterstreicht Levinas, es sei allemal »besser nicht zu sündigen, als Verzeihung zu erlangen«. (VTL 45) Dabei scheint Levinas zu ignorieren, dass wir eher selten *intentional*, also in voller böser Absicht, Schuld auf uns laden; sind wir doch so schuldanfällig, dass wir uns eher immer wieder in der Schuldverflochtenheit *vorfinden*, die wir uns dann bewusst machen.[32] Darin aber wiederum hat Levinas Recht: »Die Suche um Vergebung ist nie zu Ende. Nichts ist je vollendet.« (VTL 45)

Im unmittelbaren Zusammenhang der Bezugnahme auf die Beziehungen der Juden zu den Deutschen und zu Deutschland geht Levinas (VTL 48 – 54) auf das 21. Kapitel des 2. Buches Samuel ein. Dort ist von den Gibonitern die Rede, einem kanaanitischen Volksstamm, die vor David Klage erheben, König Saul habe sie verfolgt und zu vernichten gesucht. Sie verlangen keine Reparationen, sondern die Auslieferung von sieben Nachkommen Sauls. David liefert sie ihnen aus und sie werden von den Gibonitern im Gebirge an einen Felsen geschlagen. – Levinas geht der Geschichte subtil nach, gelangt dabei aber zu der erschreckenden Feststellung, die Kinder für die Fehler der Eltern zu strafen sei »weniger schrecklich, als zuzulassen, dass die Strafe ausbleibt, wenn ein Fremder Unrecht erleidet«. (VTL 52) Immerhin seien es ja Königssöhne, die da ausgeliefert werden und eines schrecklichen Todes sterben müssen, weil Fremde durch den Herrscher Unrecht erlitten. Was der Talmud lehrt, dem scheint Levinas beizupflichten: »[…] daß man Menschen, die das Recht der Vergeltung einfordern, nicht zum Verzeihen verpflichten kann.« (VTL 54) Freilich sei es gerade die Größe Israels, welches dieses Recht anerkennt, es für sich *nicht* in Anspruch zu nehmen. Zu Israel gehören, das heiße gerade, dieses Recht nicht zu fordern. (VTL 54)[33]

---

32 Pascal Delhom, der sehr eindringlich die zentrale Bedeutung der Vergebung im Denken Levinas' beschrieben hat (vgl. Delhom: *Der Dritte*. A.a.O. 62-65) und dem ich für aufschlussreiche Hinweise danke, findet nicht meine Zustimmung zu seiner Behauptung, es sei gegenüber der Überwindung eines Bruches im Geiste der Verzeihung und der damit gegebenen Vertiefung der Zeit-Erfahrung besser, *unschuldig* zu bleiben. Ich denke, das wird der Komplexität der Vergebungsrelation nicht gerecht, zumal keiner, gebannt in das Schicksal seiner Identität, Unschuld zu bewahren vermag (vgl. Delhom: *Der Dritte*. A.a.O. 65, Fußnote 150).
33 Wer die entsetzliche Gewaltspirale im Nahen Osten beobachtet, wird nicht umhin kommen, diese Rede über Israel als pure Idealisierung bzw. als Wunschdenken zu qualifizieren. Auch eine andere Erwägung von Levinas trifft auf die Skepsis des zeitgeschichtlichen Beobachters: Levinas

In grundsätzlicher Hinsicht erkennt Levinas auch in der gerechten Tat » eine Gewalt [...], die leiden macht«; schließlich gehe es ja sogar im entscheidenden messianischen Augenblick darum, dass die Bösen den Guten geopfert werden. Und das stelle selbst für Gott eine Anfechtung dar. (SF 83)[34] Levinas interpretiert einen Text, dem zufolge die reinen Geister, die Engel, das Zögern Gottes, die Gerechtigkeit hart und unbeirrt zu vollziehen, geradezu fürchten. Die Engel, als Verkörperung des reinen Geistes, sind prinzipienfixiert und bestehen darauf, dass die Ungerechtigkeiten bestraft werden. Und die Opfer des Bösen auf der Erde fürchten, Gott könne auf seine gerechte Gerechtigkeit verzichten. Sie spüren – formuliert Levinas – »in ihrem Fleisch den furchtbaren Preis der verziehenen Ungerechtigkeit« und empfinden die gnädige Vergebung des Verbrechens als Gefahr für sich selbst. (SF 83)

4. Schlussbemerkung

Dort, wo es nicht mehr um fundamentalphilosophische Erwägungen zur Gabe der Vergebung in der Diskontinuität der Zeit geht, sondern wo die handfesten geschichtlichen Erfahrungen ins Spiel kommen, die Levinas selbst zum Gewaltopfer des Staatsterrors der Nazis werden ließen, da stoßen wir, menschlich nur allzu verständlich, auf gravierende Vorbehalte und Hemmnisse, die Radikalität des Geistes der Verzeihung auch in diesen empirisch-geschichtlichen Bezugsfeldern voll zur Geltung zu bringen. (Das intellektuelle Verhältnis von Levinas zu Heidegger ist dadurch qualifiziert, dass Levinas Heideggers Haltung als »unverzeihlich« festschreibt (vgl. VTL 48).

Spätestens seit Beginn der achtziger Jahre ist Levinas auf sehr viele deutsche Intellektuelle – Philosophen und Theologen – gestoßen, die auf ihn in großer Vorbehaltlosigkeit zugingen, seine denkerischen Anregungen aufnahmen und sich von seiner Persönlichkeit beeindrucken ließen. Es kam zu regelmäßigen Treffen, in denen die philosophischen Anregungen Levinas' vertieft wurden. Diese Zuwendung der vielen einzelnen »Anderen« konnte Levinas nicht bewegen, sein »Gelübde« aufzugeben, niemals wieder deutschen Boden zu betreten. (Die Treffen fanden deshalb zumeist im Grenzland außerhalb Deutschlands statt.) – Selbstverständlich hat ein Opfer alles Recht, aus den Erfahrungen des Grauens Schlüsse zu ziehen, die sel-

---

meint, überzeugend dargelegt zu haben, »warum das notwendige Engagement für den Juden so schwierig ist. [...] warum er stets diesen Nachgeschmack von Gewalt verspürt, selbst wenn er sich für eine gerechte Sache einsetzt; [...]« Und er fährt fort: »niemals kann der Jude mit wehenden Fahnen in den Krieg ziehen, zu den triumphierenden Klängen der Militärkapellen und mit dem Segen einer Kirche.« (Emmanuel Levinas: *Schwierige Freiheit. Versuch über das Judentum.* Frankfurt a. M. 1996. 83 f. Zitiert: *SF*)

34 Emmanuel Levinas: *Schwierige Freiheit.* A.a.O.

ber totalisierend sind (wie: »das Land der Mörder« nicht mehr zu betreten). Aber ich erwähne dieses Verhalten auch als ein Beispiel dafür, wie die Projektionen des Feindes aus der Permanenz einer Ich-Identität als Opfer dazu führen, sich gegen die ganz offene Konfrontation mit dem Antlitz des Anderen aus dem sog. Volk der Mörder abzuschirmen.[35]

---

35 Ich führe das hier an, obwohl es vielleicht in der Levinas-Gemeinde in Deutschland als peinlich oder gar unanständig empfunden wird, diesen Sachverhalt in dieser Weise anzusprechen und dabei auch eine leise Kritik anklingen zu lassen.

Humanität und Frieden

Catherine Chalier

Irreduzible Brüderlichkeit

Das Wort Brüderlichkeit erscheint häufig in Levinas' Büchern. Dies erweist sich, zumindest auf den ersten Blick, als paradox, da es scheint, eine Gemeinsamkeit zwischen anderswem *[autrui]*[1] und sich – etwa die Brüderlichkeit – aufkommen lassen zu müssen, von der man denken könnte, sie erwiese sich als unvereinbar mit dem allgemeinen Ton eines Werkes, das ganz und gar dazu gewidmet ist, anderswen als anderen oder auch als Fremden zu denken, und zwar in einer asymmetrischen Beziehung, die gegenüber der Sorge nach Reziprozität oder nach Anerkennung gleichgültig ist. Wenn nämlich anderswer mein Bruder oder meine Schwester ist, büßt er nicht an seiner Andersheit oder an seiner Fremdheit mir gegenüber ein? Was bedeutet das Zugehen auf anderswen als Bruder oder als Schwester, wenn es gleichzeitig stimmt, dass diese/dieser »unendlich transzendent, unendlich fremd«[2] bleibt? Da das Wort Brüderlichkeit in dieser Philosophie offensichtlich keine ausschließlich private Bedeutung hat, trotz der ironielosen Rede über das »Wunder der Familie«,[3] stellt sich also die Frage, warum Levinas soviel Gewicht auf dieses Wort legt.

---

1 Über diese Übersetzung des französischen »autrui« vgl. die Anmerkung des Übersetzers im Text von Fabio Ciaramelli, Fußnote 6 in diesem Band.
2 Emmanuel Levinas: *Totalität und Unendlichkeit. Versuch über die Exteriorität*. Übers. W. N. Krewani, Freiburg, München 1993. 278.
3 Emmanuel Levinas: *Totalität und Unendlichkeit*. A.a.O. 446.

Die Idee der Brüderlichkeit führt häufig zu Diskursen über Großzügigkeit und Teilung, zu Appellen an edle und selbstlose Gefühle gegenüber anderswem, sogar zu leidenschaftlichen und feurigen Äußerungen über die menschliche Solidarität. In der Art bestimmter Moralisten oder bestimmter Revolutionäre appelliert man dann an die Brüderlichkeit wie an den Gegenstand einer moralischen und politischen Errungenschaft. Doch setzt sich Levinas nicht aus spirituellem, moralischem oder politischem Grund für die Brüderlichkeit ein – auch wenn, wie wir werden zeigen müssen, seine Analysen ihren ganzen Sinn aus der spirituellen, moralischen und politischen Perspektive erhalten, die durch die Qualität der brüderlich benannten menschlichen Bindung gezeichnet ist. Denn er versichert in einer radikaleren Weise, dass die Brüderlichkeit für die Ipseität jedes Menschen konstitutiv ist, ohne dass dies von einer Wahl seinerseits abhängig sei. Meine »Stellung als Ich [entfaltet] schon in der Brüderlichkeit [ihre Kraft]«,[4] schreibt er, und er lässt diesem »Ich« keineswegs die Möglichkeit, sich nach einem anderen Muster zu denken, zum Beispiel als egoistisch und gleichgültig gegen das Los seiner Brüder. Mehr noch: Wenn man berücksichtigt, dass für Levinas »die Menschlichkeit des Menschen mit der Schöpfung brüderlich solidarisch«[5] ist, müssen wir in Erwägung ziehen, dass sich diese Brüderlichkeit nicht darauf begrenzt, eine bestimmte Qualität von Beziehungen zwischen den Menschen zu enthüllen oder zu verflechten: Ihre Bedeutung würde jenseits der menschlichen Bindung selbst reichen, sie würde die Schöpfung in ihrer Gesamtheit betreffen.

In den Grenzen dieser Abhandlung werde ich also die drei folgenden Punkte darstellen:

1. Warum muss die Brüderlichkeit jenseits der Idee der menschlichen Gattung gedacht werden?
2. Welche Politik lässt sich aus dieser Brüderlichkeit herleiten?
3. Zuletzt werde ich mich fragen, welchen Frieden diese Brüderlichkeit in sich trägt.

1 Brüderlichkeit und Menschengattung

Levinas bekräftigt, dass das »Wesen der Gesellschaft« in keiner Weise auf das Genus reduzierbar ist, »das ähnliche Individuen zur Einheit zusammennimmt«.[6] Er räumt zwar ein, dass es »eine menschliche Gattung als biologische Gattung« gibt, und er gibt zu, dass »die gemeinsame Funktion, die die Menschen in der Welt als

---

4 Emmanuel Levinas: *Totalität und Unendlichkeit*. A.a.O. 409.
5 Emmanuel Levinas: *Wenn Gott ins Denken einfällt. Diskurse über die Betroffenheit von Transzendenz*. Übers. T. Wiemer, Freiburg; München 1985. 191 f.
6 Emmanuel Levinas: *Totalität und Unendlichkeit*. A.a.O. 309.

Totalität ausüben können, [es erlaubt], auf sie einen gemeinsamen Begriff anzuwenden«. Aber, so bekräftigt er, »die menschliche Gemeinschaft, die durch die Sprache gestiftet wird – in der die Gesprächspartner absolut getrennt bleiben – macht nicht die Einheit der Gattung aus. Sie spricht sich als die Verwandtschaft der Menschen aus. Dass alle Menschen Brüder sind, erklärt sich nicht durch ihre Ähnlichkeit – und auch nicht durch eine gemeinsame Ursache, deren Wirkung sie wären wie die Medaillen, die auf denselben Stock verweisen, der sie geprägt hat«.[7] Dass die menschliche Gattung hier als biologische Gattung definiert wird, ist nicht ohne politischen Belang. Denn nach dem Versuch der Nazis, bestimmte menschliche Gruppen aus der Menschheit weg zu streichen, an erster Stelle die Juden und die Sinti und Roma, muss diese Behauptung wiederholt bekräftigt werden. Sie ist frei von aller Ambiguität, sie verträgt keine kompromittierende Verwicklung mit dem Rassismus oder mit der Idee einer natürlichen Überlegenheit bestimmter Menschen über andere, von denen man annimmt, sie seien schlechter gestellt und folglich dazu bestimmt, in der Rangstufe von Untermenschen zu leben oder, noch entsetzender, von Parasiten, die eliminiert werden sollen. In seinem bewundernswerten Buch *Das Menschengeschlecht* zeigt Robert Antelme, wie die Unternehmung, Menschen zu entwürdigen und zu knechten, ihnen eine solche Intensität an Leiden zuzufügen, dass sie so weit kommen zu wünschen, ein Tier oder ein Baum zu werden, zum Scheitern verurteilt ist. Sie kann töten, aber sie kann den Menschen nicht in etwas anderes verwandeln, in ein Tier zum Beispiel, das angeblich wesensmäßig verschieden wäre von seinem Verfolger, der die menschlichen Züge im Alleinbesitz hätte. Man kann zwar Menschen zwingen, sagt er, sich gegenseitig zu bekämpfen, um Obst- und Gemüseschalen zu essen mit dem Zweck, einige zusätzliche Stunden zu überleben, man kann sie dazu zwingen mit der Absicht, sie wie Tiere aussehen zu lassen, sie lächerlich zu machen und das schreckliche Leid zu rechtfertigen, das man ihnen antut, aber »es gibt keine Zweideutigkeit, wir bleiben Menschen, wir werden nur als Menschen enden. Die Entfernung, die uns von einer anderen Gattung trennt, bleibt erhalten, sie ist nicht historisch. [...] Die Vielfalt der Beziehungen zwischen den Menschen, ihre Hautfarbe, ihre Sitten und Gebräuche, ihre Aufteilung in Klassen [verdecken] eine Wahrheit [...], die hier, am Rande der Natur, wo wir an unsere Grenzen gekommen sind, ganz deutlich zutage tritt: es gibt nicht mehrere menschliche Gattungen, es gibt nur eine Gattung Mensch«.[8]
Wenn Yossel Rakover in der Nacht von Warschau und nachdem er alle seine Verwandten hat sterben sehen, schreibt, dass er gerade einen kranken Hund getroffen hat, der verhungert und vielleicht, auch er, wahnsinnig vor Schmerz ist, dass sie beide sofort die Ähnlichkeit ihrer Kondition erkannt haben, weigert er sich ge-

---

7 Emmanuel Levinas: *Totalität und Unendlichkeit*. A.a.O. 308 f.
8 Robert Antelme: *Das Menschengeschlecht*. Übers. E. Helmlé. München 1990. 307 f.

nauso streng wie Antelme, diese Kondition mit einer gemeinsamen Gattung gleichzusetzen. Er sagt nämlich, dass er diesen Hund in seine Arme genommen hat und dass er ihn sogar beneidet hat, aber er fügt auch hinzu, dass er dabei ein Gefühl der Scham empfunden hat – er, der Paria der Menschheit, der bestimmt war, wie ein schädliches Tier zu sterben – er hat sich »vor diesem Hund geschämt, kein Hund, sondern ein Mensch zu sein«.[9] Das heißt, er hat sich geschämt, derselben menschlichen Gattung anzugehören wie seine Verfolger.

Dass allerdings die Bezeichnung »menschlich« nur einer einzigen Gattung oder einer einzigen biologischen Art zugesprochen werden kann, den Opfern des Rassenhasses wie ihren Henkern, bedeutet offensichtlich nicht, dass diese Gattung oder diese Art, nämlich biologische, die Bedeutung einer solchen Bezeichnung erschöpft. Infolgedessen versucht Levinas, das Menschliche noch anders zu denken, und er führt also den Begriff der Brüderlichkeit ein. Eine Brüderlichkeit allerdings, die ihm zufolge nicht ohne Entwürdigung oder Verfall mit den Tieren geteilt werden kann, das heißt mit denjenigen unter den Lebewesen, die einer anderen Gattung als die Menschen gehören, auch wenn es vorkommt, wie die angeführten Beispiele zeigen, dass diese sonderbare Brüderlichkeit das einzige Gut ist, das in der Nacht der von den Menschen erlittenen Desaster übrig bleibt. Levinas selber erwähnt im Übrigen mit Dankbarkeit den »geliebten Hund«, der Bobby genannt wurde und der im Lager der jüdischen Gefangenen, in dem er sich während des Krieges befand, das einzige Lebewesen war, das in diesen Gefangenen Menschen erkannte.[10] Aber trotz der Rührung, die diese Anerkennung bei den Gefangenen hervorrief, und bei Levinas selbst, der ihm ja einen Aufsatz widmet, würde diese Anerkennung nur in einem erniedrigenden Modus Bobby in einen Bruder der Gefangenen verwandeln. In der Tat schreibt Levinas in einem anderen Text, diesmal in Bezug auf eine Naturkatastrophe, genauer gesagt auf ein Erdbeben: »Einige Augenblicke lang – in denen eine *demütigende Brüderlichkeit* die Menschen mit den Tieren verband, die schreien und um einige Augenblicke die Katastrophe vorausahnen – gab es keine Politik.«[11]

In ihrer Würde wäre also die Brüderlichkeit ausschließlich ein menschliches Phänomen, von dem die Politik, ich komme später darauf zurück, ein nötiges Korollarium oder einen der sichersten Garanten bilden würde. Diese menschliche Brüderlichkeit würde keine Ähnlichkeit bezeichnen, und sei sie nur biologischer Art, sie würde im Gegenteil jeden in eine irreduzible Differenz gegenüber seinem Bruder setzen. Überdies würde sie sich nicht in Bezug auf eine gemeinsame Ursache erklären, deren Wirkung jeder Mensch in seiner Art wäre, sie würde aus dem

---

9 Zvi Kolitz: *Yossel Rakover s'adresse à Dieu*. Übersetzt L. Marcou. Paris 1998. 15.
10 Vgl. Emmanuel Levinas: *Difficile Liberté*. Paris 1976. 202.
11 Emmanuel Levinas: *Les imprévus de l'histoire*. Montpellier 1994. 164 (Hervorhebung C.C.).

unerhörtem Charakter eines schöpferischen Aktes hervorgehen, des einzigen, der imstande wäre, einander nicht substituierbaren Kreaturen das Sein zu verleihen. Es scheint nämlich in diesem Punkt, dass Levinas' Anspielung auf die Idee von »Medaillen, die auf denselben Stock verweisen, der sie geprägt hat«,[12] eine Passage des Talmuds sehr genau wiedergibt, in der ein fast identisches Bild benutzt wird. Im Traktat Sanhedrin (38a) fragen sich nämlich die Weisen, warum der Mensch einzig erschaffen wurde, und sie schlagen verschiedene Antworten vor: »Um die Größe des Königs der Könige, des Heiligen, gepriesen sei er, zu verkünden; wenn ein Mensch mehrere Münzen mit einem Stempel prägt, so gleichen sie alle einander, aber der Heilige, gepriesen sei er, prägt jeden Menschen mit dem Stempel des Urmenschen, und doch gleicht nicht einer dem anderen«.[13]

Dem biblischen Mythos zufolge ist nämlich der Mensch, *adam*, die einzige Kreatur, die im Gegensatz zu den Tieren und Pflanzen nicht kollektiv der Gattung oder der Art nach *(leminehem)* erschaffen wird. Adam stammt nicht aus einer gemeinsamen Gattung, von der er ein Exemplar unter anderen wäre, er ist die einzige Kreatur, deren Einzigkeit und Individualität nicht durch eine Differenzierung innerhalb einer ihr schon logisch und chronologisch prä-existierenden Gattung entsteht. Er ist auch die erste und einzige Kreatur, *zu der* Gott spricht. Nun bezieht sich Levinas, diesmal explizit, auf die Idee der Kreation und auf die Idee der göttlichen Vaterschaft, wenn er die Brüderlichkeit denkt. Erschaffen bedeutet für ihn soviel wie menschlichen Personen das Leben geben, die aufeinander absolut irreduzibel sind; aber die grundlegende Nicht-Koinzidenz dieser Personen miteinander verhindert mitnichten die Brüderlichkeit, sondern zeugt von ihrer höchsten Bedeutung. Sie bezeugt die Größe eines Gottes, der fähig ist, aufgrund seiner oft in den Zügen einer Vaterschaft gedachten Liebe, Singularitäten zu erschaffen, die miteinander durch das Begehren und die Affekten gebunden sind, aber auch durch die Freiheit und die Verantwortung. Zuletzt würde diese Nicht-Koinzidenz zu denken verleiten, dass »die Gemeinschaft des Vaters« notwendig für die Idee der Brüderlichkeit ist, »so als ob die Gemeinschaft der Gattung keine genügende Nähe verschaffte.« »Der Monotheismus bedeutet diese Verwandtschaft der Menschen«,[14] beteuert also Levinas, er »besteht konkret in meiner Stellung als Bruder« und er »impliziert andere Einzigkeiten neben mir«.[15] Auch aus diesem Grund, weil zumindest nach dem biblischen Mythos die Tiere und die Pflanzen »der Gattung nach« und nicht »der Einzigkeit nach« geschöpft werden, würde sich die Brüderlichkeit mit ihnen als

---

12 Emmanuel Levinas: *Totalität und Unendlichkeit.* A.a.O. 309.
13 *Der Babylonische Talmud.* Nach der ersten zensurfreien Ausgabe unter Berücksichtigung der neueren Ausgaben und handschriftlichen Materials neu übertragen durch L. Goldschmidt. Achter Band. Königstein/Ts. 1981. 607.
14 Emmanuel Levinas: *Totalität und Unendlichkeit.* A.a.O. 310 f.
15 Emmanuel Levinas: *Totalität und Unendlichkeit.* A.a.O. 309 f.

problematisch erweisen. Was offensichtlich nicht bedeutet, dass man sie misshandeln sollte; es ist übrigens bekannt, dass es in der Bibel zahlreiche Vorschriften gibt, die darauf abzielen, sie zu schützen.[16] Aber diese biblischen Hinweise würden dazu verleiten, auf eine Unterscheidung zu achten, die die Moderne oft zu vergessen geneigt ist, in ihrem Bestreben, die Brüderlichkeit ihren jüdischen und christlichen Quellen zu entziehen: die Unterscheidung zwischen Solidarität und Brüderlichkeit. Nun, dass die Menschen dazu berufen sind, auf das Leben aller Kreaturen – also animalische und pflanzliche inbegriffen – zu achten, dass sie derart mit diesen zusammenhängen, dass, wie R. Haïm de Volozin behauptet, jeder ihrer Handlungen, ihrer Worte oder ihrer Gedanken für sie Konsequenzen haben, bedeutet aus dem Blickwinkel der Levinas'schen Leseweise nicht, dass sie deswegen schon deren Brüder sind. Die Brüderlichkeit wäre nur unter menschlichen Personen möglich, nicht, weil sie des Logos begabt und den Tieren höhergestellt wären – der Talmud behauptet, dass der Mensch deshalb als letzter erschaffen wurde, um ihn daran zu erinnern, dass die Fliege in der Ordnung der Schöpfung vor ihm steht – , sondern weil allein sie einzigartig sind, *bevor* sie zu einer Gattung gehören, einzigartige Personen, *die* Gott anspricht, um ihnen die Schöpfung anzuvertrauen. Die liebevolle Fürsorge, die das Bestiarium eines heiligen Franz von Assisi[17] offenbart, wenn er seine unteren Brüder und Schwestern erwähnt, »unsere Brüder die Rinder und die Esel« oder auch »unsere Schwestern die Lerchen«, wäre zweifellos wertvoll in der durch sie manifestierten Sorge um die gleiche Würde aller Kreaturen, aber sie würde nach Levinas einen unrechtmäßigen Namen tragen. Solidarität und liebevolle Fürsorge sollten zwar hinsichtlich aller Kreaturen gelten, aber sie könnten nicht ohne Sprach- und Denkfehler »Brüderlichkeit« genannt werden.

Der Menschenstatus würde also die Brüderlichkeit und die Idee der Menschengattung implizieren, mit einem Vorrang der ersten vor der zweiten. Ein Individuum, das nur eine gemeinsame Gattung mit einem anderen teilen würde, könnte mit ihm keine brüderliche Bindung eingehen, denn er würde sich nicht genug von ihm unterscheiden, er wäre ihm zu ähnlich, um sein Bruder zu sein. Auf den ersten Blick ist diese Idee verwirrend, denn sie steht offensichtlich im Gegensatz zu vielen alten und modernen Reden über Brüderlichkeit, über die Suche nach Einigkeit oder sogar nach einem Traum der Verschmelzung, die sie angeblich mit sich führen

---

16 Ich erlaube mir, in diesem Punkt auf das Kapitel meines Buches über die Animalität in Catherine Chalier: *L'Alliance avec la nature.* Paris 1989, zu verweisen.
17 Vgl. H. und J. Bastaire: *Le chant des créatures.* Paris 1996. 53. Nach Thomas von Celano würde nach Franz von Assisi »jedes Seiende den Namen ›Bruder‹ bekommen; es gelang der einfühlsamen Intuition seines Herzens, das Rätsel der Kreaturen in einer außerordentlichen und von anderen unbekannten Art zu entdecken.« Hier wird die fast vollkommene Synonymie zwischen Kreatur und Geschwister sichtbar, was Levinas zu unterscheiden zwingt.

würde. Es ist also eine überraschende Idee, die zwingt, sich zu fragen, was genau dieser Vorrang der Brüderlichkeit vor der Menschengattung bedeutet.

Mindestens zweimal stellt Levinas die Bibel dem griechischen Mythos des Deukalion gegenüber, um zu bekräftigen, dass die brüderliche Bindung irreduzibel ist auf eine Bindung zwischen ähnlichen Personen. Die Brüderlichkeit würde einer Konzeption der durch Ähnlichkeit vereinten Menschheit radikal widersprechen, »einer Menge verschiedener Familien, die aus Steinen, die Deukalion hinter sich geworfen hätte, hervorgegangen wären und die kraft des Kampfes der Egoismen zu einer civitas humana gelangten«. Sie würde im Gegenteil fordern, Individualitäten zu denken, »deren logischer Status nicht zusammenfällt mit dem Status letzter Differenzen in einer Gattung«, Individualitäten, deren Singularität darin besteht, »dass jede sich auf sich selbst bezieht«.[18] Es gäbe allerdings eine Gemeinsamkeit zwischen diesen Singularitäten, eine Gemeinsamkeit, die aus ihnen unvordenklich Geschwister machen würde. Eine Gemeinsamkeit, die der Versuchung zuvorkommen würde, die Brüderlichkeit als das bloße Ergebnis eines Vertrags oder eines Schwurs zwischen den Menschen zu denken, bei dem jede Transzendenz in der Art und Weise getilgt wäre, wie Sartre behauptet, dass wir Brüder sind, »insofern nach dem schöpferischen Akt des Eides wir *unsere eigenen Söhne* sind, unsere gemeinsame Erfindung«.[19] Die von Levinas gedachte unvordenkliche Gemeinsamkeit ließe sich jedoch nie in einem Diskurs beschreiben, der versuchen würde, Eigenschaften zu finden, die all diesen Individualitäten gemeinsam wären – dass sie zum Beispiel alle des Logos fähig sind oder dass Leid und der Tod sie alle erwartet, da sie alle zu einer nicht behebbaren Endlichkeit verurteilt sind. Diese Gemeinsamkeit, die aus diesen einander *wesentlich* unterschiedlichen Singularitäten Geschwister machen würde, würde nicht dem Bereich einer ontologischen Thematik unterliegen, sie würde auf eine Exteriorität verweisen, die der Philosoph »Vater« nennt. Die »Gemeinschaft des Vaters« würde aus der Menge dieser einzigartigen und nicht substituierbaren Singularitäten eine Brüderlichkeit ausmachen.

Dieser doppelte Aspekt der Brüderlichkeit – radikale Differenz jedes gegenüber jedem, also ihre Andersheit, und der gemeinsame Vater – hätte Konsequenzen in ethischer und politischer Hinsicht. Sie wäre offensichtlich mit dem Rassismus oder auch mit dem Nationalismus unvereinbar und würde, indem sie die Ordnung des republikanischen Leitspruchs umkehrt, zur Folge haben, dass die Brüderlichkeit als Quelle der Gleichheit und der Freiheit gestellt wird.

---

18 Emmanuel Levinas: *Totalität und Unendlichkeit*. A.a.O. 310. Vgl. auch Emmanuel Levinas: *Les imprévus de l'histoire*. A.a.O. 185. Über diesen Mythos vgl. N. Loraux: *Né de la terre*. Paris 1996. 13.
19 Jean-Paul Sartre: *Kritik der dialektischen Vernunft*. Bd. 1: Theorie der gesellschaftlichen Praxis. Übers. T. König. Reinbek bei Hamburg 1967. 465.

2 Eine brüderliche Politik

Levinas bemerkt, dass in der Bibel die Vorschriften bezüglich der Sorge um den Fremden äußerst zahlreich sind (nach dem Traktat Baba Metsia 59b aus dem Babylonischen Talmud zählt man 36 Okkurenzen), sie werden darüber hinaus von der Idee verstärkt, dass ein gemeinsames Gesetz den Fremden und den Einheimischen regieren soll: »Einerlei Gesetz *(torah arat)* soll den Bürger *(ezrah)* und den Fremden *(ger)* regieren, der unter euch bleibt« (Ex 12, 49). Der Philosoph erklärt dann, dass dies »zugleich durch die menschliche Brüderlichkeit und durch die Gemeinschaft des menschlichen Elends« gerechtfertigt ist, und er schlussfolgert daraus, dass »der jüdische Monotheismus das Naturrecht ankündigt«.[20]
Zwei Gründe bilden also nach Levinas die Grundlage dafür, dass einerlei Gesetz für den Fremden und den Einheimischen gilt, ein Gesetz, das dem einen und dem anderen eine bestimmte Anzahl Aufgaben vorschreibt, aber auch legitime Erwartungen gegenüber dem Anderen. Ich möchte mit der zweiten von ihm angegebenen Rechtfertigung anfangen: mit der Gemeinschaft des menschlichen Elends. Sie erweist sich nämlich als einfacher auszuarbeiten, da sie in der Thora explizit erwähnt wird. Die Sorge um den Fremden, ob sie positiv durch den Ruf gegeben wird, ihn zu respektieren und sogar zu lieben (Lv 19, 34), oder negativ durch den Befehl, ihn nicht zu betrüben (Ex 22, 20) und nicht zu quälen (Ex 23, 9), sieht sich nämlich dauernd durch die Tatsache gerechtfertigt, dass die Hebräer, die im Lande Ägypten Fremde gewesen sind, das Leid des Fremden von innen her kennen und dass sie es also nicht ihrerseits denen zufügen können, die sich in der Situation von Fremden im Lande Kanaan befinden. Es gäbe keinen Unterschied zwischen der Not des einen und des anderen, zwischen der Entfremdung vor der Macht des Pharaos und derjenigen, die aus einem Willen seitens der Hebräer hervorginge, die unter ihnen lebenden Fremden zu knechten, wenn sie einmal im Land angekommen sind, das ihren Ahnen verheißen wurde. Levinas schreibt: »Echo des ständigen *Sagens* der Bibel: die Bedingung – oder die Un-bedingung – von Fremdlingen und Sklaven im Lande Ägypten bringt den Menschen den Nächsten nahe. Die Menschen suchen sich [gegenseitig] in ihrer Un-bedingung als Fremde. Niemand ist bei sich zu Hause. Die Erinnerung an diese Knechtschaft führt die Menschheit zusammen.«[21]
Freilich muss man die Hebräern deshalb so oft an ihre Pflicht gegenüber dem Fremden erinnern, weil diese mitnichten selbstverständlich ist, denn dass man unter einem fürchterlichen Joch gelitten hat, genügt nicht, um frei von der Versu-

---

20 Emmanuel Levinas: *Les imprévus de l'histoire*. A.a.O. 186. Ich übersetze *ezrah* durch »Bürger«, wie dies im modernen Hebräischen üblich ist, wohl wissend, dass die Idee des »Bürgertums« im modernen Sinne nicht biblisch ist (C.C.).
21 Emmanuel Levinas: *Humanismus des anderen Menschen*. Übers. L. Wenzler. Hamburg 1989. 99.

chung zu sein, seinerseits zu unterdrücken, wenn sich die Gelegenheit anbietet. Der Imperativ der Sorge um den Fremden – und um diese anderen biblischen Gestalten der menschlichen Schwäche: die Witwe und die Waise – ist also in keiner Weise spontan oder natürlich, er untersteht auch nicht einer Regel, die man sich selbst mit der ganzen Autonomie eines vernünftigen Menschen zum Beispiel in Kant'scher Weise geben würde. Er wird von dem Gott verlangt, der die Hebräer aus ihrer Knechtschaft in Ägypten befreit hat. Dieser Ruf schreibt also die Heteronomie an der Quelle der Verantwortung für anderswen ein, aber diese Heteronomie kann nicht mit derjenigen gleichgestellt werden, die entwürdigend weil entfremdend ist und die darin besteht, sich aus Angst oder gar Entsetzen für sich selbst Pharao zu unterwerfen. Eine solche »freiwillige Knechtschaft« entstammt einer Furcht, die, oft sogar, im Menschen das Bewusstsein verschwinden lässt, dass er sich dem Tyrann unterwirft, denn er kommt dazu, »aus Neigung« zu gehorchen,[22] und sie steht in diametralem Gegensatz zur Heteronomie, die in der Bibel erwähnt wird. Nicht nur, weil diese von dem Gott herkommt, der vom Joch des Tyrannen befreit, sondern auch, weil sie es einem ermöglicht, zur eigenen Einzigkeit als menschlicher Person zu kommen. In welcher Weise?

Um darauf zu antworten, muss man über die zweite von Levinas angegebene Rechtfertigung der Sorge um den Fremden nachdenken: die Brüderlichkeit. Er behauptet nämlich, dass der Imperativ, den Fremden zu lieben, daher kommt. Der Fremde verpflichtet mich deswegen zur Verantwortung, weil er unvordenklich mein Bruder ist. Diese nicht familienbezogene Brüderlichkeit geht aus keinem in aller Autonomie beschlossenen Vertrag hervor, sie geht sogar jeder Möglichkeit eines Vertrags mit anderswem voraus. Sie besteht darin, Einzigartige in Beziehung zu setzen, ohne dass sie entschieden hätten, füreinander Einzige zu sein. Wie wir bereits erklärt haben, gewinnt nun die Einzigkeit jedes Menschen ihren Sinn im Hinblick auf eine göttliche Vaterschaft, von der Levinas meint, dass sie eine konstitutive Kategorie des Sinnes und keine Entfremdung ausmacht, wie eine gewisse weit verbreitete, von Levinas als grundsätzlich heidnisch und kurzsichtig beschriebene Ansicht in Bezug auf den Ödipus-Komplex meint. Die auf die Logik der Gattung irreduzible Andersheit des Einzigen bedeutet kein »Recht auf Differenz«, wie die Moderne in ihrem Eifer behauptet, eine solche Vaterschaft zu vergessen oder zu verspotten, sondern ein »Recht des Geliebten«, seine »Würde« als Einziger oder auch sein »unter den Identitäten der Staatsbürger verborgene menschliche Antlitz«.[23] Denn dies wäre das Charakteristikum des nach Levinas in der Bibel ange-

---

22 Emmanuel Levinas: *Liberté et commandement*. Montpellier 1994. 32.
23 Emmanuel Levinas: *Zwischen uns*. Übers. F. Miething. München, Wien 1995. 235, 237. Zur Kritik des Ödipus-Komplexes vgl. Emmanuel Levinas: »De la lecture juive des écritures«. In: Emmanuel Levinas: *L'au-delà du verset. Lectures et discours talmudiques*. Paris 1982. 129, Fußnote 2.

kündigten Naturrechts. »Von Einzigkeit zu Einzigkeit«, schreibt er auch, »außerhalb jeder vorgängigen Verwandtschaft und *a priori* gebildeten Synthese – Liebe von fremd zu fremd in der Brüderlichkeit selbst, besser als die Brüderlichkeit«.[24] Das Naturrecht wäre insofern untrennbar von der Verantwortung jeder Einzigkeit für jede andere Einzigkeit, wie wenn die Existenz der einen von derjenigen der anderen abhängen würde. In der Michna (37a), die der schon erwähnten Passage des Traktats Sanhedrin über die Gründe, warum Adam einzig geschöpft wurde, vorankommt, und die die Aufmerksamkeit der Zeugen auf die Schwere ihrer Verantwortung bei einem Prozess lenkt, in dem das Schicksal von Personen auf dem Spiel steht *(dine nefachot)*, liest man folgendes: »Der Mensch wurde deshalb einzig erschaffen, um dich zu lehren, dass, wenn jemand eine jisraelitische Seele vernichtet, es ihm die Schrift anrechnet, als hätte er eine ganze Welt *(olam male)* vernichtet, und wenn jemand eine jisraelitische Seele erhält, es ihm die Schrift anrechnet, als hätte er eine ganze Welt *(olam male)* erhalten.«[25] Vor dem Gericht, das eine menschliche Person richtet, muss also der Zeuge seine Worte abwägen, sich vor jeder Falschaussage hüten und wissen, dass jeder Mensch in seiner auf jede andere irreduzible Einzigkeit »eine ganze Welt« darstellt. Die menschliche Brüderlichkeit, die unvordenklich und heteronom die Richter, die Zeugen und den Angeklagten verbindet, ist also eine Brüderlichkeit, die die Einen verpflichtet – hier den Richter und die Zeugen – und die dem Anderen Rechte gewährt – hier dem Angeklagten. »Die Heteronomie als eine der Bedingungen der Autonomie in der menschlichen Brüderlichkeit wird im Judaismus mit Schärfe ausgehend von der Kategorie der göttlichen Vaterschaft gedacht, die göttliche Gerechtigkeit bekleidet sich mit Brüderlichkeit, indem sie sich in einem menschlichen Gericht manifestiert.«[26]
Wenn Levinas vom Naturrecht spricht, verbindet er dieses in klassischer Weise mit der Idee von Rechten, die *gleichermaßen* allen Menschen – den Bürgern und den Fremden – gehören, jenseits ihrer physischen oder geistigen, persönlichen oder sozialen Unterschiede. Diese Rechte implizieren aber, um ohne Gewalt koexistieren zu können, eine Begrenzung, deren Quelle, nach der politischen Philosophie, die aus der Aufklärung hervorgegangen ist, die Vernunft und die *freie* Ausübung des Willens wäre, was Levinas für ungenügend oder gar für tragisch illusorisch hält. Er schlägt demnach vor, die Brüderlichkeit – und nicht die Gleichheit oder die Freiheit – als die Quelle des Naturrechts zu denken, und indem er die menschliche Bindung nach dem Maß einer Asymmetrie analysiert, von der die eben zitierte Passage des Talmuds eine sehr genaue Idee gibt, behauptet er, dass diese Brüderlichkeit dem Menschen Verpflichtungen auferlegt, bevor sie ihm Rechte verleiht, wie wenn

---

24 Emmanuel Levinas: *Totalität und Unendlichkeit.* A.a.O. Vorwort zur dt. Übersetzung. 10.
25 *Der Babylonische Talmud.* A.a.O. Achter Band. 603.
26 Emmanuel Levinas: *L'au-delà du verset.* A.a.O. 129.

er immer in der Position eines Zeuges vor dem Gericht wäre, eines Zeuges, von dem das Schicksal von anderswem abhängen würde. »Ursprünglich«, sagt er nämlich, sind die Menschenrechte diejenigen »des anderen Menschen und [...] sie drücken, jenseits der Entfaltung der Identitäten in ihrer Identität selbst und in ihrem Instinkt der freien Erhaltung, das *Für den Anderen* des Sozialen, des Für-den-Fremden aus«.[27]

Dem Philosophen zufolge kommt also die Brüderlichkeit vor der Gleichheit und der Freiheit, sie gibt ihnen darüber hinaus ihre rechte Bedeutung: Die Ordnung des republikanischen Leitspruchs wäre von daher wahrscheinlich nicht die richtige. Übrigens hatten vor Levinas bestimmte Revolutionäre, wie der Abbé Grégoire 1791, diese These vertreten. Für diese Revolutionäre soll nämlich die Brüderlichkeit »in ihrer Quelle wiedergefunden und nicht erfunden werden. Sie ist mitnichten freiwillig und wird nicht in der gemeinsamen Erbauung der Nation empfunden, sondern sie ist eine Gabe, die unmittelbar von Gott empfangen wird. Als solche ist sie für den Menschen weder der Gegenstand eines Vertrages noch einer Eroberung, sondern einer Einwilligung. Offensichtlich kommt sie der Freiheit voraus«.[28] Während allerdings diese Revolutionäre die Brüderlichkeit als eine unmittelbare Gabe Gottes denken, eine Gabe, die in sich empfunden, mit anderswem geteilt und gefeiert werden soll, spricht Levinas von ihr als einer Verpflichtung »für die Welt«, das heißt für jeden menschlichen Bruder, ohne dass man sich nach einer eventuellen Gegenleistung erkundigt. Darüber hinaus beschreibt er nicht ihren Vorrang vor der Gleichheit und der Freiheit als ein ontologisches, faktisches oder chronologisches Vorangehen, er hält ihn für die Spur eines irreduziblen und unvordenklichen Rufes, der die Einzigkeit eines jeden anspricht, gerade um seine Einzigkeit als verantwortliche Person hervorzurufen.

In der Bibel wird dieser Ruf allen auferlegt, einschließlich des Königs, der für seinen eigenen Gebrauch eine Kopie des Gesetzes schreiben und sein Leben lang lesen soll, so »dass keinesfalls sein Herz sich seinen Brüdern *(ehav)* enthebe« (Dt 17, 20). Levinas, diesmal in der Nähe einer gewissen sozialistischen Kritik des republikanischen Leitspruchs,[29] schließt aus, dass die Brüderlichkeit aus dem Postulat *hervorgehen* kann, dass die Menschen *zuerst* Individuen sind, die frei und gleich in Rechten sind und die sich *dann* verbrüdern müssten. Eine solche ursprüngliche Ablösung scheint ihm unvereinbar mit einer Brüderlichkeit, von der er behauptet, dass sie den Psychismus in der Form des folgenden Rufes bewohnt: »was hast Du

---

27 Emmanuel Levinas: *Altérité et transcendance.* Montpellier 1995. 155.
28 Mona Ozouf: »Liberté, égalité, fraternité.« In: P. Nora (Hrsg.): *Les lieux de mémoire III. Les France.* Paris 1992. 4363. Grégoire schreibt: »Die Religion bringt uns die Brüderlichkeit, die Gleichheit, die Freiheit«.
29 Vgl. E. Cabet: *Le voyage en Icarie* (1842). Zitiert nach Mona Ozouf: »Liberté, égalité, fraternité.« A.a.O. 4366.

aus Deinem Bruder gemacht?«, eines Rufes, der jeden anspricht, den König wie das Volk, die gewählten Vertreter einer Demokratie wie jeden Bürger. »Seines Bruders Hüter zu sein, entgegen der Kainschen Sicht der Welt, definiert die Brüderlichkeit«,[30] sagt er nämlich. Dies bedeutet allerdings nicht, dass sie ein empirisches Faktum ist: Der König kann vergessen, über das Gesetz nachzusinnen, der Bürger sich damit begnügen, seine Rechte zu beanspruchen und die Versuchung des Mordes und des Krieges sich in die Psychen einschleichen und die Völker zerreißen. Wie kann folglich diese Brüderlichkeit innerhalb eines demokratischen Staates gehört werden, im Hinblick auf welchen Frieden?

3 Der unruhige Frieden der Brüderlichkeit

Diejenigen, die sich in Bezug auf seine angebliche »Naivität« gegenüber der Macht des Hasses über die Psychen herablassend zeigen, erinnert Levinas häufig daran, dass er nie vorgegeben hat, die menschliche Realität in ihrem unmittelbaren Erscheinen beschrieben zu haben, »sondern das, was die menschliche Verdorbenheit selbst nicht zu tilgen vermöchte: die menschliche Berufung zur Heiligkeit«.[31] Nun wäre diese Berufung, die darin besteht, der Sorge um anderswen den Vorrang vor den eigenen Interessen zu gewähren, untrennbar von dieser »irreduziblen Brüderlichkeit«, die die Ruhe der Personen oder gar der Institutionen zerreißt. Denn die Brüderlichkeit kommt nicht aus einer freiwilligen Entscheidung, sie bewohnt die Psyche in der Form einer nicht zu unterdrückenden Unruhe angesichts der Zerbrechlichkeit von anderswem, der immer von Gewalt und Tod bedroht ist: Genau darin ist aber anderswer mein Bruder oder meine Schwester und verbindet mich mit den anderen. Levinas spricht nämlich von der »Beziehung mit dem Antlitz in der Brüderlichkeit, in der anderswer seinerseits als solidarisch mit allen anderen erscheint«. Diese Beziehung, sagt er, »konstituiert die soziale Ordnung«.[32]

Die Brüderlichkeit wäre also tatsächlich an der Quelle der Gesellschaft selbst, vor der Gleichheit und der Freiheit. Diese Brüderlichkeit bestände mitnichten darin, die menschliche Bindung in der Form eines Mitleids zu feiern, das versucht, »die Unglücklichen glücklicher zu machen, anstatt für alle Gerechtigkeit zu etablieren«,[33] wie Hannah Arendt Rousseau vorwirft, sie würde dem *Politischen* die Sorge um Gerechtigkeit oder ein »*Mehr* an Sozialität und Liebe«[34] auferlegen, wie Levinas

---

30 Emmanuel Levinas: *L'au-delà du verset.* A.a.O. 128.
31 Emmanuel Levinas: *Altérité et transcendance.* A.a.O. 181.
32 Emmanuel Levinas: *Totalität und Unendlichkeit.* A.a.O. 409.
33 Hannah Arendt: »Gedanken zu Lessing: Von der Menschlichkeit in finsteren Zeiten.« In: Hannah Arendt: *Menschen in finsteren Zeiten.* Hrsg. von U. Ludz. München, Zürich 1989. 30.
34 Emmanuel Levinas: *Altérité et transcendance.* A.a.O. 144.

in Bezug auf die Brüderlichkeit auch sagt. Indessen ist diese mitnichten sentimental, sie besteht keineswegs darin, »eng aneinander« zu rücken, um »die unheimliche Realitätslosigkeit [zu] entschädigen, die menschliche Beziehungen« in Situationen der Unterdrückung oder der Demütigung annehmen,[35] wie Arendt noch behauptet, um die Brüderlichkeit zu denunzieren und an ihrer Stelle die Freundschaft zu setzen, die ihr zufolge allein fähig ist, auf die gemeinsame, das heißt auf die politische Welt zu öffnen. Levinas erhebt Einspruch gegen diese Anschuldigung, die auf einer bestreitbaren Idee der Brüderlichkeit basiert: Sie besteht nämlich bei ihm keineswegs darin, die Welt zugunsten eines mitfühlenden Sentimentalismus zu verlassen und sie hat tatsächlich eine politische Dimension. Sie wird wie eine Unruhe gelebt, wie eine Gewalt sogar, das heißt wie ein nicht zu unterdrückender Ruf, die egoistische Lebendigkeit oder Gleichgültigkeit der Rücksicht auf anderswen unterzuordnen. Sie erinnert das Politische daran, dass weder die in Institutionen, die das menschliche Antlitz vergessen, vorhandene Gewalt, noch diejenige, die in der Verherrlichung der – gerechten oder barbarischen – Kriege wächst, noch diejenige, die einen Alltag animiert, der aus dem Wettbewerb seinen Leitsatz zu machen neigt, ein Verhängnis ausmacht, das zu »managen« wäre, wie man heutzutage sagt, wobei man dadurch zu verstehen gibt, wie sehr das Politische auf seinen eigenen Beruf verzichtet hat und sich angesichts eines angeblichen ökonomischen Verhängnisses geschlagen gibt. Das Verlangen nach Brüderlichkeit oder Verantwortung für anderswen lässt sich also keineswegs auf einen sentimentalen Zusatz reduzieren: Es handelt sich um ein entscheidendes Gegengewicht zu dieser Gewalt, um eine Erinnerung des Politischen an seinen Beruf der Gerechtigkeit, die nicht möglich ist, ohne das menschliche Gesicht zu berücksichtigen.

Die Brüderlichkeit verlangt zu denken, wie sich die menschliche Psyche immer schon, unvordenklich, ohne freie Entscheidung ihrerseits, durch die »Spur der Unendlichkeit« bewohnt oder auch durch den Ruf verpflichtet erweist, seinen Bruder zu hüten. Diese Spur beunruhigt diejenigen, die dazu neigen würden, sich mit einer einfachen menschlichen Koexistenz zufrieden zu geben, sie setzt die Subjektivität der Nähe des Einen-für-den-Anderen aus. Levinas schreibt nämlich: »Die Nähe oder die Brüderlichkeit ist weder die gestörte Ruhe in einem Subjekt, das absolut und allein sein will, noch der schlechte Ersatz für eine unmögliche Vereinigung«,[36] sie setzt einen anderswem aus, indem sie über das Leben den Hauch des selbstlosen Sich-vom-Sein-Lösens *[désintéressement]* wehen lässt. Selbstverständlich verwandelt dieser Hauch die Menschen nicht in Heilige und er darf nicht sentimental interpretiert werden, aber er ist ein Hauch, der, manchmal, ein Funkeln Heiligkeit in

---

35 Hannah Arendt. *Menschen in finsteren Zeiten.* A.a.O. 31.
36 Emmanuel Levinas: *Jenseits des Seins oder anders als Sein geschieht.* Übers. T. Wiemer. Freiburg, München 1992. 208.

die Menschheit einführt und der denjenigen, den er beseelt, nicht im geringsten entfremdet, sondern zu seiner am wenigsten zurückzudrängenden Einzigkeit kommen lässt. Trotz aller Desaster, in denen sie sich verlieren, hätten die Menschen diesen Hauch noch nicht ganz ausschalten können und das wenige Gute, das in dieser Welt existiert, würde daraus herkommen. Die Verantwortung *für* anderswen wäre seine Bedeutung oder auch das »*Für* die menschliche Brüderlichkeit außerhalb jedes im vorhinein begründeten Systems«.[37] Was selbstverständlich nicht bedeutet, dass dieses »Für anderswen« die politischen Systeme und das Bestreben nicht betrifft, den Frieden durch das Recht und die Institutionen entstehen zu lassen, aber es bedeutet, dass diese in erster und letzter Instanz von der Existenz dieser Psychen abhängen, die im tiefsten ihrer Selbst für anderswen aufgeschlossen sind.

Man sieht also, dass die ursprüngliche Fragestellung dieser Abhandlung über die Notwendigkeit, eine Gemeinsamkeit zwischen anderswem und sich zu denken, um der Idee der Brüderlichkeit einen Sinn zu geben, eine paradoxe Antwort erhält. Denn gemeinsam ist nur die Fähigkeit von anderswem, sich von diesem Hauch des »Für anderswen« heimsuchen zu lassen. Aber für Lèvinas ist dies in keiner Weise eine wichtige Frage für sich, denn die Brüderlichkeit übersteigt alle Erwartung der Reziprozität oder der Gleichheit. Dieses bildet übrigens das Zeichen schlechthin ihrer höheren Stellung *[éminence]* und der Unmöglichkeit, sie auf die Beharrlichkeit der Seienden in ihrem Sein zu reduzieren. Die Brüderlichkeit als Art, in der Spur des Unendlichen zu stehen, erlegt eine Verantwortung für anderswen auf, die dem Wesen und den Verpflichtungen der Freiheit vorausgeht. Sie zeugt von der Güte des Guten jenseits des Seins, indem sie unter dem Ich eines jeden keine Gemeinsamkeit »entblößt«, sondern einen Punkt der äußerlichen Verletzlichkeit durch das Leiden von anderswem, des Bruders also, einen Punkt, von dem aus, ohne zu versiegen, das Verlangen der Verantwortung *für* anderswen hervorquillt.

(Aus dem Französischen übersetzt von Pascal Delhom)

---

37 Emmanuel Levinas: *Jenseits des Seins*. A.a.O. 217.

Alfred Hirsch

Vom Menschenrecht zum ewigen Frieden
Grenzgänge zwischen Kant und Levinas[1]

Es mag als Banalität betrachtet werden, darauf hinzuweisen dass Menschenrechte und Frieden untrennbar miteinander verwoben sind. Und es mag als vernachlässigbar erachtet werden, darauf zu insistieren, dass nur von einem reflektierten Menschenrechtsbegriff aus Wege zu jenem Zustand führen können, den wir ›Frieden‹ nennen. Die politischen Erfahrungen und die Diskurse der praktischen Philosophie der letzten Dekade des zwanzigsten Jahrhunderts weisen allerdings auf ein ganz anderes Geschehen und eine andere Tendenz hin. Sie zeigen allzu deutlich, dass das Zusammenwirken eines traditionell gefassten Menschenrechtsbegriffs und einer dauerhaften Abwesenheit zwischenstaatlicher Gewalt qua Frieden konfliktreich und widersprüchlich sein kann. Die politischen Realien der jüngsten Vergangenheit zeigen, dass Wahrung oder Wiederherstellung von Menschenrechten als ausdrücklicher Grund von kriegerischen Interventionen erklärt werden. In den Diskursen der politischen Theorie und der praktischen Philosophie werden die für dieses politische Handeln wichtigen Legitimierungsgrundlagen geschaffen: Die Literatur zum Thema ›humanitäre Intervention‹ ist schon kaum mehr zu überschauen und der Blick auf sie trifft in den meisten Fällen ohnehin nur auf makro-

---

1 Der vorliegende Text erschien in einer leicht veränderten Form mit dem Titel »Menschenrechte und *foedus pacis.*« In: *Internationale Zeitschrift für Philosophie.* 1/2004. Stuttgart, Bad Cannstatt 2004.

politische Rationalisierungsversuche und diskursive Orientierungen im Raum militärischen Gewalthandelns. In einer bemerkenswerten argumentationslogischen Umkehrung wird in einem solchem Denken der Menschenrechtsdiskurs unbemerkt und schleichend zu einem Gewaltrechtfertigungsdiskurs. Zwar wird ein möglicher Frieden als letzter Zweck noch immer mitgedacht, aber längst hat sich das Paar Menschenrechte/Krieg vor die Korrelation Menschenrechte/Frieden geschoben. Die Frage nach der Durchsetzung der Menschenrechte in anderen Staaten und staatsähnlichen Ordnungen hat für die westlichen Theoretiker und Intellektuellen Priorität. Sie stiften einen polemogenen Zusammenhang zwischen Menschenrechten und ihrer Durchsetzung – und decken damit scheinbar zufällig eine Seite des traditionellen Menschenrechtsbegriffes auf, der diesen im Verbund mit einem Wissen um moralische, zivilisatorische und rationale Superiorität zeigt. Nahezu en passant zeigt sich auf diese Weise, dass der auf ein autonomes Subjekt und ein Denken der Universalität gegründete Menschenrechtsbegriff des Okzidents sich keineswegs harmonisch in das Paradigma des Friedens verschränkt. Vielmehr zeigt sich, dass Menschenrechte und Frieden in einer gegensätzlichen und konfliktreichen Weise aufeinander bezogen sind. Vor allem Menschenrechtsanspruch und Menschenrechtsrealisierung stehen nahezu diametral dem Anspruch gewaltfreier zwischenstaatlicher Beziehungen entgegen.

Möglicherweise haben die Mütter und Väter des Völkerrechts, der Charta der Vereinten Nationen, neben anderen auch diesen Normenkonflikt im Verhältnis zwischen den Staaten vorausgeahnt und ihm durch die im Codex exponierte Stelle des zwingenden Gewaltverbotes in Artikel 2 Ziffer 4 der UN-Charta entgegenwirken wollen. Dieses Gewaltverbot ist nach UN-Recht nur durch zweierlei Gründe aussetzbar: 1. durch die Berufung auf die Notwehr eines Staates, der angegriffen worden ist und 2. durch eine vetofreie Entscheidung des Sicherheitsrates, der über ein militärisches Eingreifen auf der Basis des Nothilferechts oder einer Intervention zur Vermeidung gröbster Menschenrechtsverletzungen entscheidet. Nun mag man über die gleiche und gerechte Verteilung von Partizipationschancen in den entscheidenden Gremien der UNO geteilter Meinung sein, aber die seit einigen Jahren zu beobachtende Erosion des zwischenstaatlichen Gewaltverbots zeigt doch sehr nachdrücklich, dass insbesondere die Berufung auf die Wahrung von Menschenrechten zu einem Geltungsschwund des Gewaltverbots geführt hat. Welches mit Sicherheit das grundlegende Prinzip eines Staatenbundes als Friedensbund ist – und nicht irgendein Recht des Völkerrechts, sondern dessen »Quelle, die Bedingung seiner Möglichkeit als Recht«.[2]

In der philosophischen Debatte ist das Gewaltverbot der UN-Charta mit seinen institutionellen und rechtlichen Ausnahmeregelungen bereits von Michael Walzer in

---

2   Reinhard Merkel: »Was Amerika aufs Spiel setzt.« In: *Die Zeit*. Nr. 12, 13. März 2003.

den siebziger Jahren in *Just and Unjust Wars* in Frage gestellt worden. Hatte man sich diesbezüglich in der deutschen politischen Philosophie in jenen Jahren noch Zurückhaltung auferlegt, fiel dieses Tabu anlässlich des Kosovo-Krieges im Jahr 1999. Noch während des Krieges schrieb Jürgen Habermas in der »Zeit« vom 29. April 1999, dass sich das Völkerrecht auch so lesen lasse, dass sich aus seinen »*erga omnes* verpflichtenden Grundsätzen«[3] ebenfalls eine Legitimität gewaltsamer Intervention ableiten lasse. Auch die alliierten Kriegsparteien des Kosovo-Krieges hatten kein Mandat der UNO erhalten. Deren Vorgehen galt Habermas als prägnantes Beispiel eines Normenkonfliktes zwischen legaler Völkerrechtsexekution und moralisch, d.h. *erga omnes* zu rechtfertigender Überschreitung des völkerrechtlichen Rahmens. Sicherlich wäre ein solcher Widerstreit zwischen dem kodifizierten Gewaltverbot und der ebenfalls kodifizierten Verpflichtung der Einzelstaaten zur Einhaltung der Menschenrechte aufzulösen, wenn erst einmal ein Zustand hergestellt wäre, in dem eine weitgehende Verrechtlichung des Verhältnisses der Staaten zueinander eingetreten wäre. In einem solchen Zustand käme das etablierte Weltbürgerrecht den Menschenrechten gleich. Deren Einhaltung könnte von einem Weltstrafgerichtshof bei Zuwiderhandlung sanktioniert werden. Der staatliche Grenzen überschreitende Einsatz zur Wahrung der Menschenrechte gelte nicht mehr als Einmischung in die ›inneren Angelegenheiten‹ eines souveränen Staates, sondern würde als Rechtsexekution, eines von allen Staaten getragenen Völkerrechts aufgefasst. Angesichts der gegenwärtigen Situation des Verhältnisses der Staaten zueinander wäre ein solcher Zustand sicher sehr vorteilhaft – wenngleich über seine konkrete Ausgestaltung noch zu streiten wäre. In seiner – zugegeben – vorsichtigen Rechtfertigung des Kosovo-Krieges beruft sich Habermas auf einen solchen zukünftigen Zustand eines institutionell verankerten Weltbürgerrechts: »Denn die angestrebte Etablierung eines weltbürgerlichen Zustandes würde bedeuten, dass Verstöße gegen die Menschenrechte nicht unmittelbar unter moralischen Gesichtspunkten beurteilt und bekämpft, sondern wie kriminelle Handlungen innerhalb einer staatlichen Rechtsordnung verfolgt werden.«[4] Die bloße Antizipation eines solchen zweifelsfrei wünschenswerten ›kosmopolitischen Zustandes‹ vermag allerdings nicht schon in der gegenwärtigen Völkerrechtslage einen Krieg wie den im Kosovo zu legalisieren oder auch nur zu legitimieren. Es handelt sich um einen moralischen Geltungsanspruch, der sich zwar nicht auf translegale Werte beruft, der aber doch zugleich deutlich macht, dass das

---

3 Jürgen Habermas: »Bestialität und Humanität. Ein Krieg an der Grenze zwischen Recht und Moral«. In: *Die Zeit*. Nr. 18, 29. April 1999.
4 Jürgen Habermas: »Bestialität und Humanität. Ein Krieg an der Grenze zwischen Recht und Moral.« A.a.O.

Paradigma der Menschenrechte sich selbst konstitutiv in einem Zwiespalt hält, nämlich zwischen Recht und Moral. Doch hierzu ausführlicher später!
Eine Habermas nahe stehende Position vertritt im selben Debattenkontext Ottfried Höffe, der mit einer anderen Argumentation ebenfalls zu einer Rechtfertigung des damaligen Waffengangs gelangt. Höffe stellt mit Bodin die Verbindlichkeit einer staatlichen Souveränität in Frage unter Berufung auf Naturrechtsnormen, die transstaatliche und mithin translegale Geltung beanspruchen können. Den ›universell‹ geltenden Naturrechtsnormen haben sich auch die Souveräne der jeweiligen Staaten zu unterwerfen. Höffe folgert daher, dass es schon immer eine Beschränkung der Souveränität der Staaten und der von ihnen ausgeübten Gewalt gab. Zumal Staaten, die sich einer Selbstverpflichtung in Hinsicht auf die Menschenrechte innerhalb der internationalen Staatengemeinschaft unterzogen haben, immer mit einem Bein außerhalb der »domaine réservée à la souveraineté« stehen.[5] Genau hier ist die Schnittstelle, an der das Interventionsverbot, verstanden als militärische Zwangsmaßnahme gegen den jeweiligen Staat, zu lockern sei. Unter Berufung auf universelle Naturrechtsnormen und mit dem Verweis auf eine völkerrechtliche Forcierung des Menschenrechtsprozesses gilt Höffe ein »Krieg für Menschenrechte« als legitim. Evident ist hier, dass die Berufung auf die Menschenrechte eine nicht mehr zu transzendierende Universalität evoziert, die als letzte Instanz auch einen »kategorischen Friedensimperativ« übertrifft. Dieser entspricht nach Höffe ohnehin eher einer Art ethischem ›surplus‹ und gründet sich im Gegensatz zur »harten Rechtsmoral« nicht auf Gegenseitigkeit. In einer erstaunlichen Verkehrung des geltenden Völkerrechts wird hier das zwischenstaatliche Gewaltverbot einer »Rechtsmoral« – auch hier jenes Zwitterwesen – geopfert, deren »Härte« vor allem in einem Kalkül des Aufrechnens von Rechten und Pflichten besteht. In hohem Maße interessant ist, dass die in ihren theoretischen Voraussetzungen und ihren argumentativen Entwicklungen so unterschiedlichen Ansätze von Höffe und Habermas in ihrer Behauptung der Priorität translegaler Menschenrechte zusammentreffen. Vor allem den als universell präsumierten Menschenrechten – die »universeller« als das geltende Völkerrecht zu sein scheinen – ist die neue Philosophie der Notwendigkeit von kriegerischen Interventionen geschuldet. Nun liest sich dies bei dem für beide Autoren gleichermaßen wichtigen Denker Immanuel Kant noch ganz anders. Der fünfte »Präliminarartikel« seiner Schrift »Zum ewigen Frieden« lautet: »Kein Staat soll sich in die Verfassung und Regierung eines anderen Staates gewalttätig einmischen.«[6] Und Kant fragt in der Erläuterung die-

---

5 Vgl. Ottfried Höffe: »Humanitäre Intervention? Rechtsethische Überlegungen.« In: R. Merkel (Hrsg.): *Der Kosovo-Krieg und das Völkerrecht*. Frankfurt a. M. 2000. 174 f.
6 Immanuel Kant: *Zum ewigen Frieden*. In: Immanuel Kant: *Werke in zehn Bänden*. Hrsg. von W. Weischedel. Darmstadt 1983. Bd.9, 199.

ses fünften Präliminarartikels eher rhetorisch nach einem möglichen Berechtigungsgrund für eine Intervention. Und er stellt fest, dass das schlechte Beispiel eines gesetzlosen Zustandes und eines mit einer »inneren Krankheit« belasteten Staates nicht als Interventionsgrund ausreicht, da sie keine ›Läsion‹ der anderen Staaten und seiner Bürger darstelle. Wie bei Personen sei ein solch »böses Beispiel« für den Beobachtenden überdies eine »Warnung«, sich selbst vor einem solchen Zustand zu bewahren. Als besonders schwerwiegend gilt aber Kants Argument im Schlusssatz seiner Erläuterungen zum fünften Präliminarartikel. Er weist darauf hin, dass die »Einmischung äußerer Mächte Verletzung der Rechte« zwar nur eines Staates seien, dass aber hierdurch »die Autonomie aller Staaten unsicher« gemacht würde. Scheinbar im Gegensatz zu seinen Adepten ist Kant stets der prinzipiellen Verallgemeinerungsnotwendigkeit von Rechtsgrundsätzen gewahr. Denn für jede Interventionsbefürwortung gilt, dass sie nicht nur in einem einzelnen Falle die Souveränität eines sich selbst verwaltenden Staates in Frage stellt, sondern dass eine solche Infragestellung einen Rechtsgrundsatz aushöhlt und zermürbt, der zunächst formale Bedingung der Möglichkeit der friedlichen Koexistenz der Staaten ist.

Nach Kant entspricht das Verhältnis der Staaten zueinander ohne jegliche rechtliche Absicherung und Verbindung ohnehin einem »Kriegszustand«, der auch nicht dadurch überwunden werden kann, dass einzelne Staaten einen »Friedensvertrag« schließen – welcher nichts als ein bloßer »Waffenstillstand« wäre. Im ersten Präliminarartikel hält er daher fest: »Es soll kein Friedensschluss für einen solchen gelten, der mit dem geheimen Vorbehalt des Stoffs zu einem künftigen Kriege gemacht worden.«[7] Diese als Minimalbedingung für einen dauerhaften Frieden benannte Voraussetzung will den Zustand eines bloßen Interimsfrieden überwinden, indem zunächst von einer den Friedensvertrag bloß instrumentalisierenden bellizistischen Absicht abgesehen wird. Nicht mehr und nicht weniger gilt Kant hier zunächst als Voraussetzung der gewaltfreien Koexistenz der Staaten, die er Frieden nennt. (Auch ich möchte im Folgenden an diesen weiten politischen Friedensbegriff anknüpfen.)

Im »Zweiten Definitivartikel« erst erklärt Kant dann, wie eine solche, zu kodifizierende Regulierung der zwischenstaatlichen Beziehungen auszusehen hat. Von der Vernunft als höchster »moralisch gesetzgebender Gewalt« wird der »Friedenszustand« zur »unmittelbaren Pflicht« gemacht. Dieser lässt sich nur aufgrund vertraglicher Bindungen zwischen den Völkern herstellen, muss aber über die Form des Einzelvertrages hinausgehen und eine Verallgemeinerung erlangen, der zu einem Bund »besonderer Art« führt, den Kant »Friedensbund« oder *foedus pacificum* nennt. Ein solcher Friedensbund erst wäre in der Lage, das Führen von

---

7 Immanuel Kant: *Zum ewigen Frieden.* A.a.O. 196.

Kriegen für immer in die Annalen der Geschichte zu verbannen. Schon in dieser weit vorgreifenden Konzeption einer dauerhaften internationalen Friedensarchitektur deutet sich an, dass Kant hier die Idee eines föderalen Staatenbundes vorschwebt. »Dieser Bund geht auf keinen Erwerb irgendeiner Macht des Staates, sondern lediglich auf die Erhaltung und Sicherung der Freiheit eines Staates, für sich selbst und zugleich anderer verbündeter Staaten, ohne dass diese doch sich deshalb (wie Menschen im Naturzustande) öffentlichen Gesetzen, und einem Zwang unter denselben, unterwerfen würden.«[8] In einer beharrlichen Ausdehnung vermöchte dieser sich realisierende Staatenbund zum »ewigen Frieden« hinzuführen. Rekapitulieren wir noch einmal das Kant'sche Vorgehen: Die Vernunft als praktische Vernunft, die mit dem Prinzip der Moralität zusammenfällt, gebietet einen friedlichen Umgang nicht nur der Einzelnen sondern auch der Staaten miteinander.[9] Das der praktischen Vernunft und der Moralität in uns inhärente Gesetz tritt an jeden einzelnen Menschen heran und fordert ihn zur Übertragung dieser noch subjektiven Maxime auf ein positives Rechtsverhältnis zwischen gleichberechtigten Vertragspartnern auf. Notwendige Voraussetzung eines solchen Vertragsbundes qua Friedensbund sind freie und souveräne Staaten, die sich gerade mittels dieser Verbündung ihre Freiheit sichern und erhalten wollen. Dies ist wohl auch der Grund dafür, dass sich die Staaten nicht ein gemeinsames Gesetz und eine einzige staatliche Struktur geben. Insofern kann es sich bei einem solchen Friedensbund nicht um ein staatsähnliches Konstrukt handeln, das über ein Gewaltmonopol und über ein gemeinsames die einzelnen Mitglieder zwingen dürfendes Recht verfügte. Nach den Prinzipien der praktischen Vernunft müssten sich die Staaten eigentlich einem solchen »öffentlichen Zwangsgesetze« unterwerfen und auf diese Weise endgültig den Zustand einer »wilden (gesetzlosen) Freiheit« auf immer verlassen zugunsten einer gesetzlichen Freiheit, die sich in voller Übereinstimmung mit dem subjektiven moralischen Willen befindet. Da die Staaten gemäß Kants Einschätzung »dieses aber nach ihrer Idee vom Völkerrecht durchaus nicht wollen, mithin, was in thesi richtig ist, in hypothesi verwerfen, so kann an die Stelle der positiven Idee einer Weltrepublik (wenn nicht alles verloren werden soll) nur das negative Surrogat eines den Krieg abwehrenden, bestehenden, und sich immer ausbreitenden Bundes den Strom der rechtscheuenden, feindseligen Neigungen aufhalten, doch mit beständiger Gefahr eines Ausbruchs [...]«.[10] Die Behinderung und der Widerstand, auf die in der Verwirklichung die »Idee einer Weltrepublik« stößt, gehen von den einzelnen Staaten aus und stellen gerade jenen Bruch in der

---

8 Immanuel Kant: *Zum ewigen Frieden.* A.a.O. 211.
9 Vgl. Immanuel Kant: *Grundlegung zur Metaphysik der Sitten.* In: Immanuel Kant: *Werke in zehn Bänden.* A.a.O. Bd.6, 36 f.
10 Immanuel Kant: *Zum ewigen Frieden.* A.a.O. 212, 213.

Übertragung dar, an dem auch personale Subjekte ihre Autonomie nicht im angemessenen Umfang wahrnehmen und die von der praktischen Vernunft ausgehende Selbstgesetzgebung zugunsten von Einflüssen reduzieren, die von außerhalb der Vernunft kommen und mithin »heteronomen« Ursprungs sind. Mag sein, dass hier die Staaten der »Heteronomie eines Wollens«[11] unterliegen, das sein Gesetz im kurzfristigen Machterhalt, im gerechten Zorn oder der Neigung des Hasses sucht. Festzuhalten ist, dass nach Kant die autonome praktische Vernunft im Kern auf eine weitgehende oder sogar vollständige Verrechtlichung der zwischenstaatlichen Beziehungen zielt. Auf dem Weg zu dieser gilt es einen Staatenbund zu instituieren, in dem bereits reduzierte Prinzipien der rechtlichen Gegen- und Wechselseitigkeit wirksam werden. Bemerkenswert ist nun, dass Kant in die Reziprozitätsverhältnisse der wachsenden Verrechtlichung zwischen den Staaten zur Erlangung des »Ewigen Friedens« auch und notwendig die einzelnen Menschen als Träger von Rechten einzubinden versucht. Die Gewichtung in der Struktur des Kant'schen Textes zeigt, wie bedeutsam das »Weltbürgerrecht« als Teil einer Institutionalisierung im zwischenstaatlichen Recht ist. Denn der dritte »Definitivartikel« – als einer von drei »Definitivartikeln«, die sich im »Zweiten Abschnitt« an sechs »Präliminarartikel« des »Ersten Abschnitts« anschließen – ist einer besonderen normativen Ausgestaltung gewidmet: »Das Weltbürgerrecht«, schreibt Kant, »soll auf Bedingungen der allgemeinen Hospitalität eingeschränkt werden«.[12] Warum wählt Kant das »Hospitalitätsrecht« als Weltbürgerrecht, d.h. das Recht des Fremden als Gast, als der Befriedung des Verhältnisses der Staaten zuträglich, und warum schränkt er zugleich das Weltbürgerrecht auf ein solches Gastrecht des Fremden ein? Ausgangspunkt ist die naturrechtliche Überzeugung, dass der Besitz der Oberfläche der Erde allen Menschen gleichermaßen zusteht und es kein Vorrecht für einzelne Menschen oder Völker gibt, an einem Ort der Erde zu sein. Darüber hinaus ist das »Hospitalitätsrecht« die Bedingung, dass Menschen eines Volkes und eines Staates mit denen anderer Völker und anderer Staaten überhaupt erst in Kontakt treten können, einander begegnen können. Erst auf diesem Wege wird auch der wirtschaftliche Verkehrs und der Warenhandel möglich. Vermittels des Gastrechtes für den Fremden eröffnet sich nach Kant erst die Chance der Entwicklung einer »weltbürgerlichen Verfassung«. Aus diesem Grunde auch insistiert Kant darauf, dass das Hospitalitätsrecht keineswegs »Philanthropie« sei, sondern als gewissermaßen hartes »Recht« zu instituieren ist, und »da bedeutet Hospitalität (Wirtbarkeit) das Recht eines Fremdlings, seiner Ankunft auf dem Boden eines andern wegen, von diesem nicht feindselig behandelt zu werden.«[13] Zwar weisen die offiziellen und ex-

---

11 Immanuel Kant: *Grundlegung zur Metaphysik der Sitten*. A.a.O. 75.
12 Immanuel Kant: *Zum ewigen Frieden*. A.a.O. 213.
13 Immanuel Kant: *Zum ewigen Frieden*. A.a.O. 213.

pliziten Verlautbarungen der Kant'schen Schriften, die sich dem Problemzusammenhang der praktischen Vernunft widmen, darauf hin, dass die andere Person nicht als Person geachtet wird, sondern »alle Achtung für eine Person eigentlich nur Achtung fürs Gesetz«[14] ist, wie Kant in jener berühmten Fußnote in *Grundlegung zur Metaphysik der Sitten* schreibt. Aber es gibt eine Art koordiniertes Überborden und Überschreiten des Kant'schen Textes durch diesen selbst. Denn indem er den anderen Menschen und das Zulassen seiner Begegnung zur Voraussetzung eines Verrechtlichungsprozesses erklärt, tritt er gewissermaßen en passant für jedes Vertragsverhältnis zu schaffende konstitutive Strukturen an interpersonale Beziehungen ab, deren Dynamik und Eigenbewegung schnell dem Kalkül subjektiver Vernunftgesetzlichkeit entwachsen können. Gleiches gilt im Übrigen für den Begriff der Achtung, welcher in dem soeben zitierten Satz zwar an das Gesetz geknüpft wird, aber dieses als ein ambivalent nistendes Konstrukt beunruhigt, da es zwischen Vernunft und Gefühl, als von der »Vernunft selbstgewirktes Gefühl«[15] den Rahmen seiner Einsetzung zu zersetzen droht. Zudem handelt es sich bei der »Achtung« in kantischer Bestimmung um eine reine Passivität, um ein Erleiden und Erfahren des Subjekts durch das praktische Gesetz im Anderen. Die Achtung des Anderen als Fremder übersteigt mithin unsere Vorstellung von ihm, da die Achtung als »Wirkung des Gesetzes aufs Subjekt« zu begreifen ist. Das Vernunftgefühl der Achtung des Fremden führt Kant schließlich dazu, in ihm eine Voraussetzung für die »Idee vom Ewigen Frieden« zu sehen. Ein Gefühl, diesseits der Vernunft, das die Vernunft selbst nicht mehr voll zu erfassen und zu kontrollieren vermag und sich gerade deswegen in ein Denken des Universellen zu verschlingen vermag, das immer noch weiter geht und vorandrängt. Hierher rührt der Ruf nach mehr als dem bloßen in der Vernunft vorliegenden Gesetzesfrieden.

Levinas streift in einem jener kleinen Texte – zu deren Kommentierung kaum ein Buch zu verfassen ausreichen würde – aus *Entre nous* ebenfalls diesen illuminierten Bezirk des Kant'schen Denkens. Mit auffälliger Sympathie und neugieriger Skepsis nähert er sich dem kantischen Konzept eines aus Vernunft freien Willens, der, da er mit dem Prinzip einer allgemeinen Gesetzgebung übereinstimmt, von allen anderen freien Willen geachtet würde. Ein solcher freier und ›guter Wille‹ wäre, so Levinas, »le principe ultime du droit de l'homme«[16] (»das tiefste Prinzip der Menschenrechte«). Aber schon in diesem Konditionalis deutet sich an, dass Levi-

---

14 Immanuel Kant: *Grundlegung zur Metaphysik der Sitten*. A.a.O. 28.
15 Immanuel Kant: *Grundlegung zur Metaphysik der Sitten*. A.a.O. 28.
16 Emmanuel Levinas: »Droits de l'homme et bonne volonté.« In: Emmanuel Levinas: *Entre nous. Essais sur le penser-à-l'Autre*. Paris 1991. 217. – Dt.: Emmanuel Levinas: »Zwischen uns. Menschenrechte und guter Wille.« In: Emmanuel Levinas: *Versuche über das Denken an den Anderen*. Übers. F. Miething. München 1995. 254. (Sofern die deutsche Übersetzung zitiert wird, wurde diese zum Teil erheblich verändert.)

nas im ›Willen‹ mehr als ein gesetzestreues und -gehorsames Bewusstsein vermutet. Die Achtung gegenüber der formalen Universalität des Gesetzes vermag im ›Willen‹ nicht den ununterdrückbaren Gehalt an Spontaneität zu desavouieren. Und mit »spontanéité« will Levinas keineswegs eine vorrangig im Sinnlichen und Leidenschaftlichen hausende Heteronomie einführen. Sondern er zielt auf ein Sich-Zu-Wenden des guten Willens, die ethische Bewegung eines Sich-Hinwendens, das die Kälte eines rationalen Kalküls gerade überschreitet und mit dem Risiko eines fundamentalen Scheiterns sogar jedes vernünftige Prinzip aufs Spiel setzt. Und er fragt, ob »diese nicht zu unterdrückende Spontaneität des Wollens nicht die Güte selbst« sei, »die als Sensibilität par excellence, auch der vom kategorischen Imperativ geforderten unendlichen Universalität der Vernunft als ursprüngliches und großmütiges Modell gilt« (»Mais cette incoercible spontanéité du vouloir ne serait-elle pas la bonté elle-même qui, sensibilité par excellence, serait aussi, de l'infinie universalité de la raison que requiert l'impératif catégorique, l'originel et généreux projet?«).[17] Levinas liest den Text Kants wie einen, der sich seiner eigenen Großmütigkeit und seiner eigenen ethischen Bewegung nicht bewusst ist, der nicht ahnt, woher das Begehren einer unendlichen Universalität kommt. Denn warum sollte ich überhaupt wollen können, dass meine Maxime ein allgemeines Gesetz werden solle? Dieses ›Wollen Können‹ lässt sich nur erklären anhand eines unstillbaren und nicht-sinnlichen Verlangens, das sich dem Gesetz der Vernunft selbst entzieht, und sich vor allem der Kontrolle durch das Subjekt entwindet. Und in jener schon genannten Fußnote in *Grundlegung zur Metaphysik der Sitten* scheint Kant hierauf selbst die Antwort zu geben, wenn er schreibt: »Eigentlich ist Achtung die Vorstellung von einem Wert, der meiner Selbstliebe Abbruch tut.«[18] Die Überschreitung des Selbst durch einen Wert, der zwar Teil der Autonomie des Subjekts ist, weist auf eine Beunruhigung und Verunsicherung im Denken Kants hin, die der Beziehung zu einem Fremden, das Einfluss auf das Selbst und seinen moralischen Schwung nimmt, gewahr wird. Es steckt hierin ein implizit gedachtes ›Über-sich-hinausgehen‹, das als Bewegung des Sollens am Anfang jeder Forderung für das Recht eines Menschen überhaupt steht. Zweifelsohne geht aber die Selbst-Aufgabe in den Überlegungen Kants nicht so weit, dass sie von einer Moral vor dem Gesetz der Vernunft ausginge. Erst mit diesem und seinem »guten Willen« kann es zu einem Frieden kommen, der durch das allgemeingültige positive Gesetz eines Staates, den bürgerlich-gesetzlichen Zustand, gesichert wird. Die Sicherungsvorgaben der praktischen Vernunft Kants wollen dabei Rücksicht nehmen auf die Vermeidung einer Situation, die Kant – deutlich im intellektuellen

---

17 Emmanuel Levinas: »Droits de l'homme et bonne volonté.« A.a.O. 217. – Dt.: Emmanuel Levinas: »Zwischen uns. Menschenrechte und guter Wille.« A.a.O. 255.
18 Immanuel Kant: *Grundlegung zur Metaphysik der Sitten.* A.a.O. 28.

Gefolge Hobbes' – als Naturzustand bezeichnet. Denn Sicherheit durch die Gesetze und die Gewalt des Staates ist notwendig, weil die Menschen einander im Naturzustand beständig bedrohen und ›lädieren‹, dieser mithin ein »Zustand des Krieges«[19] ist. Nach Kant ist die Verrechtlichung der menschlichen Beziehungen, wie sie sich im Staatsbürgerrecht, im Völkerrecht und im Weltbürgerrecht zu vollziehen hat, notwendig, um der kontingenten Drohung des Anderen entgegenzuwirken. Der kriegerischen Begegnung mit dem Anderen ist allein dadurch zu entkommen, dass der Vernunft entsprechende Zwangsgesetze neben der ›Abhängigkeit‹ von eben solchen, die ›Freiheit‹ der Glieder einer Gesellschaft und der ›Gleichheit‹ der Bürger stiften. Das Streben des »guten Willens« nach ewigem Frieden ist eine stetige Flucht vor dem ursprünglichen und ewigen Krieg. Oder anders formuliert, der Krieg ist immer schon da, es gilt ihn immer gewissermaßen a posteriori einzudämmen – da die Vernunft den Frieden zur Pflicht macht. Frieden ist in diesem Sinne immer nur eine nachträgliche Zurückdrängung und Begrenzung der Gewalt, er ist daher vom Krieg abzuleiten und nur als dessen Negation zu denken.

Bekanntlich hat Levinas dieser Überzeugung die Perspektive entgegengestellt, dass der Frieden primär ist: »Der Krieg setzt den Frieden voraus, die vorgängige und nicht-allergische Gegenwart des Anderen; der Krieg bezeichnet nicht das primäre Geschehen der Begegnung« [»La guerre suppose la paix, la présence préalable et non-allergique d'Autrui; elle ne marque pas le premier événement de la rencontre«].[20] Das Angesicht des Anderen ist bereits vorauszusetzen, wenn ein Krieg beginnt. Der frühestmögliche Empfang des Anderen und die Verantwortung ihm gegenüber verhindern, dass der Andere in erster Linie als Beschränkung wahrgenommen wird, eine Beschränkung, die auch und zugleich Gewalt wäre, weil sie mir eine Welt streitig macht, von der ich lebe. Die Pluralität der Seienden stets in in eins zu setzen mit einem notwendig kriegerischen Zustand, bedeutet daher auch, dass jeder Staat und jede Rechtsordnung weder Verantwortung noch Güte vor dem Gesetz voraussetzen können, da sie immer erst von dem Gesetz gestiftet werden. Für die Frage nach den Menschenrechten als Rechte, die im Sinne Kants als ›Weltbürgerrechte‹ zur Voraussetzung des »ewigen Friedens« erklärt werden, ergibt sich so allerdings eine eigentümliche Verdrehung. Denn seit ihrem Auftauchen und ihrer prozesshaften Codifizierung in der Neuzeit – ob in der »*Habeas corpus*-Akte«, in der *Virginia bill of rights* oder der *Déclaration des droits de l'homme et des citoyens* – sind diese als Rechte vorrangig und primär an den einzelnen Menschen gebun-

---

19 Immanuel Kant: *Zum ewigen Frieden*. A.a.O. 203.
20 Emmanuel Levinas: *Totalité et infini. Essai sur l'extériorité*. Paris 1992. 218. – Dt.: Emmanuel Levinas: *Totalität und Unendlichkeit. Versuch über die Exteriorität*. Übers. W. N. Krewani. Freiburg, München. 286.

den, auch um ihn gegenüber dem potenziell ungerechten und totalitären Staat zu schützen. Der gesamte Menschenrechtsdiskurs hat nie die Vor- oder Überstaatlichkeit der Menschenrechte in Frage gestellt. Sie gehen damit aus einer naturrechtlichen Tradition hervor, die dem Menschen Rechte vor jedem positiven Recht verleiht. Denn der Mensch hat, wie Fichte in den nur ein Jahr nach dem Kantischen »Friedenstext« erschienenen »Grundlagen des Naturrechts nach Prinzipien der Wissenschaftslehre« schreibt, »das ursprüngliche Menschenrecht, das allen Rechtsverträgen vorausgeht, und allein sie möglich macht: das Recht, auf die Voraussetzung aller Menschen, daß sie mit ihm durch Verträge in ein rechtliches Verhältnis kommen können«.[21] Fichte nimmt hier lange vor Hannah Arendt den Gedanken voraus, dass das primäre Menschenrecht eine Art Ur-Recht, überhaupt Rechte zu haben, ist. Denn tatsächlich kommen jene Theoretiker des Auftauchens eines Rechtszustandes *ex bello* in Bedrängnis, wenn es darum geht zu erklären, wie es zu einem positiven Recht ohne vorheriges Rechtsempfinden und Gerechtigkeitsbewusstsein kommen kann. Kant löst – wie hinlänglich bekannt ist – dieses Problem, indem er die Grundlagen des Rechts *in foro interno* des Subjekts in Form eines moralischen Gesetzes der Vernunft so anlegt, dass dessen Verallgemeinerungsvollzug über den Vertrag auch *in foro externo* zum universellen Recht führen muss. Ohne dass der Mensch vor jedem positiven Recht mit Rechten von Natur aus begabt ist, gelangt Kant so über die Autonomie zum Menschenrecht, das die bereits geschaffene Rechtsordnung des Staates und der Völker voraussetzt. Die Menschenrechte des autonomen Subjekts sind daher Rechte, die dieses vor allem für sich erkämpft und errrungen hat. An ihnen klebt noch das Blut des vorrechtlichen Kriegszustandes, in dem die Vernunft noch nicht bis zum Vertragsschluss vordrang. Ein solches Menschenrecht, der autonomen Vernunft entstammend, hat sich gegen eine unermessliche Menge von Unvernunft und Heteronomie durchsetzen müssen, um anerkanntes Recht zu werden. Es liegt daher nahe, dass verallgemeinerbare Rechte, die der Gesetzgebung eines Selbst entstammen, nur dann mit denen eines Anderen koinzidieren, wenn dieser vollständig in ihnen aufgeht. Levinas bringt die alles assimilierende Konsequenz dieses Rechtsdenkens auf den Punkt, wenn er schreibt: »Der Idealismus, wird er zu Ende gedacht, reduziert alle Ethik auf Politik. Der Andere und ich funktionieren wie Elemente eines idealen Kalküls, wir empfangen von diesem Kalkül unser wirkliches Sein, und unser gegenseitiges Verhältnis steht unter dem Zwang idealer Notwendigkeiten, die sich allseits in uns durchsetzen [...] Die politische Gesellschaft erscheint als eine Pluralität, die die Mannigfaltigkeit der Artikulation eines Systems ausdrückt«

---

21 Johann Gottlieb Fichte: »Grundlagen des Naturrechts nach Prinzipien der Wissenschaftslehre« (1796). In: Johann Gottlieb Fichte: *Gesamtausgabe*. Hrsg. R. Lauth u.a. Stuttgart, Bad Cannstatt. Bd. I. 4, 163.

[»L'idéalisme poussé jusque'au bout ramène tout éthique à la politique. Autrui et moi fonctionnent comme éléments d'un calcul idéal, reçoivent de ce calcul leur être réel et s'abordent mutuellement sous l'emprise des nécessités idéales qui les traversent de toutes parts. [...] La societé politique apparaît comme une pluralité qui exprime la multiplicité des articulations d'un système«].²² Eine solche Pluralität ist keine Mannigfaltigkeit der Einzelnen und Besonderen, sondern der einander Angeglichenen und miteinander Übereinstimmenden. Dies scheint aber nicht wenigen auch der zeitgenössischen Menschenrechtsdenker Voraussetzung für eine volle Universalisierbarkeit des Menschenrechtsprozesses zu sein. Zweifelsfrei steht dabei noch immer der Entwurf der Gleichheit aller Menschen unabhängig von Hautfarbe, Geschlecht, Religion oder Nation im Vordergrund. Gleiches Recht für alle setzt scheinbar voraus, dass alle auch im Kern in ihren geistigen und körperlichen Gaben gleich sind. Norbert Brieskorn beharrt beispielsweise darauf, dass das Anliegen der Menschenrechte dann hinfällig ist, wenn eine »einheitliche, sich durchhaltende Menschennatur oder ihre Erkennbarkeit« geleugnet wird oder eine »vertiefende sprachliche Verständigung« hierüber als unmöglich bezeichnet wird.²³ Auch wenn im Rechtstext, wie etwa der Erklärung von 1789, individuelle Eigenschaften aufgezählt und dann zu konkreten Besonderheiten erklärt werden, dann zielt dies auf eine für die Rechtsgeltung notwendige Abstraktion.

Aber kein Recht, das auf einem solchen abstrakten Prinzip der Vergleichung aufbaut, kann und darf die Partikularität des einzelnen Menschen außer Acht lassen, der mit dem Text und der Geltung des Rechts in Berührung kommt. Und wenn die Sprache und die Auslegung des Rechts auf die Einzigkeit und Besonderheit des konkreten Menschen antwortet, dann kann dies nicht im Ausgang einer sich selbst setzenden Vernunft erfolgen, die sich in Selbstverallgemeinerung vor den Anderen stellte. Erst in solcher Perspektive wird deutlich, dass die Verallgemeinerung vor dem und durch das Recht einem interpersonalen und sozialen Prozess entspricht, der ehemals Fremde und Unbeachtete mit in die Vergleichung des Rechts aufnimmt. Die gesamte Geschichte der Menschenrechte vermag diesen Prozess der interpersonalen Verpflichtung zur Rechtegewährung zu veranschaulichen. Nicht durch die erkenntnistheoretische Annahme einer einheitlichen Vernunft oder ›Menschennatur‹ sind ehemals aus dem Universalitätsdiskurs Ausgeschlossene in diesen aufgenommen worden. Sondern allein durch die Forderung, ihre Partikularität und Andersheit vor den abstrakten Normen des Rechts vergleichbar, d.h. gleich zu machen, entsteht auch eine rechtliche Verpflichtung ihnen gegenüber. Es

---

22 Emmanuel Levinas: *Totalité et infini*. A.a.O. 239. – Dt.: Emmanuel Levinas: *Totalität und Unendlichkeit*. A.a.O. 314
23 Norbert Brieskorn: *Menschenrechte. Eine historisch-philosophische Grundlegung*. Stuttgart, Berlin, Köln 1997. 123.

gilt daher, die Entstehung des Rechts nicht aus der monologischen Perspektive einer subjektiven Vernunft und der ihr entsprechenden Kultur zu denken, sondern aus der sich konfrontierenden und zugleich verpflichtenden Beachtung des anderen Menschen.

Die Großzügigkeit des ›guten Willens‹, die Kant in ihrem Entstehen nur aus dem Egoismus des autonomen Subjekts erklären kann, die zum ersten Menschenrecht das Hospitalitätsrecht, die Aufnahme und Achtung des Fremden erklärt und die die Anerkennung desselben zur Voraussetzung eines möglichen Friedens erklärt, diese Großzügigkeit des ›guten Willens‹ entspricht vielmehr einer ethischen Bewegung, die ihren Anfang nicht im sich selbst genügenden *ego* haben kann, sondern diesen außerhalb suchen muss. Oder wie Levinas schreibt: »Des-inter-essiertheit der Güte: Der Andere mit seiner Bitte, die ein Befehl ist, der Andere als Antlitz, der Andere, der mich angeht *[me regarde]*, auch wenn er mich nicht ansieht, der Andere als Nächster und immer Fremder – Güte als Über-sich-hinausgehen, als Transzendenz; und ich, der gehalten ist für ihn geradezustehen, der Unersetzliche und somit Erwählte und somit im wahrsten Sinne Einzige. Güte für den erstbesten, Menschenrecht. Recht vor allem des anderen Menschen« [»Dés-intér-essement de la bonté: autrui dans sa demande qui est un ordre, autrui comme visage, autrui qui ›me regarde‹, même quand il ne me regarde pas, autrui comme prochain et toujours étrange – bonté comme transcendance; et moi, le tenu à répondre, l'irremplaçable et, ainsi, l'élu et ainsi véritablement unique. Bonté pour le premier venu, droit de l'homme. Droit de l'autre homme avant tout«].[24] Die Menschenrechte sind in ihrer ethischen Genese vom Anderen her zu denken und verlieren gerade auf dem Wege einer solchen perspektivischen Verschiebung auch ihre Gewaltsamkeit, da sie nicht mehr aus der Verletzung der Alterität des Anderen hervorgehen, sondern gerade aus seiner Achtung. Dem polemogenen Begriff der Menschenrechte, der den Anderen immer schon vergessen und verleugnet hat, stellt sich auf diesem Wege ein Menschenrechtsdenken entgegen, das seine Universalität stets neu zu ertasten und zu erproben hätte und sich daher kaum als Rechtfertigung und Anlass eines Behauptungs- und Durchsetzungskrieges anböte. Ein Menschenrechtsdenken, das in Gestalt des autonomen Subjekts den anderen vom frühesten Anfang an ausschließt, bestreitet ihm auch vom frühesten Anfang an die Zugehörigkeit zu einer Gemeinschaft und damit – wie Hannah Arendt sagt – das erste Recht des Menschen, nämlich das »Recht auf Zugehörigkeit«.[25] Es ist dies ein ethisches Recht, ein Recht vor dem Recht, das unmittelbar auf den Empfang des Anderen in dieser Welt zurückgeht. Den Anderen empfangen heißt, verantwortlich sein für die Abwesen-

---

24 Emmanuel Levinas: »Droits de l'Homme et Bonne Volonté.« A.a.O. 218. – Dt.: Emmanuel Levinas: »Menschenrechte und guter Wille.« A.a.O. 255.
25 Hannah Arendt: *Elemente und Ursprünge totaler Herrschaft*. München, Zürich 1986. 601.

heit des Anderen »aus dieser Welt«, für die »Heimatlosigkeit« eines Seienden, der, so Levinas, den Status des »Fremden«, »Entblößten« und »Proletariers« hat. Das frühanfängliche Empfangen des Anderen in dieser Welt weist noch einmal hin auf jenes zentrale Menschenrecht der »Hospitalität« in der »Friedensschrift« Kants. Und es legt die Spur einer Bedeutung, die der kantische Text eröffnet, aber nicht mehr in seinen Grenzen zu halten vermag. Der Gedanke des ›Gastrechtes‹ als notwendiges Recht des Menschen auf dem Weg zum »ewigen Frieden« geht über den von Kant zunächst gesteckten Rahmen hinaus. Denn das kodifizierte Gastrecht kann nur an einen ursprünglicheren Empfang und eine ebenso ursprüngliche Offenheit einer Welt, meiner Welt, für den Fremden anknüpfen. Eine vor jedem Recht dem Anderen und Fremden gewährte Gastlichkeit und Nähe vollzieht sich als Verantwortung. Es geht dabei um eine Nähe, die mit der Gewährung von Gastlichkeit unmittelbar zusammenfällt, und um eine Verantwortung, die zugleich Begehren des Anderen ist.

Hierin eröffnet sich eine Idee des Frieden, die weit über die Kant'sche Intention hinausgeht, denn sie wird zur Bedingung der Möglichkeit menschlicher Beziehung, der Begegnung zwischen Selbst und Anderem. Nicht ein Weltbürgerrecht und Menschenrecht schafft auf diese Weise die Voraussetzung für einen zukünftigen Frieden, sondern ein positiver ›Friedensbegriff‹ der interpersonalen Beziehung – der nicht der Begrenzungsfrieden eines ursprünglicheren Krieges ist – stiftet ein Recht des Menschen, das ursprünglich Verantwortung für den Anderen als Gast ist: kein Menschenrecht, das aus einem apriorischen Vergessen des Anderen hervorgeht, sondern ein Menschenrecht, das erst mit der ausdrücklichen Verantwortung ihm gegenüber – in einer Situation des Friedens anhebt. Insofern gehen der Empfang des Anderen und die Gewährung der Gastlichkeit der Gerechtigkeit als Vergleich der unvergleichbar Seienden noch voraus. Für die kodifizierten Menschenrechte und ihre institutionelle Entfaltung bedeutet dies, dass es eine stete Beunruhigung und Infragestellung ihres Rechts durch eine Menschrechtsdimension gibt, die zu jeder Zeit und an jedem Ort über die niedergeschriebenen Rechte hinausgeht. Nach Levinas sind sie daher auch »legitimer als jede Gesetzgebung und gerechter als jede Rechtfertigung« [»de droits plus légitimes que toute législation, plus justes que toute justification«] und insofern sind sie das »Maß jeden Rechts« [»la mesure de tout droit«].[26] Jener oben bereits erwähnte Zwiespalt, in dem sich die Menschenrechte aufspreizen, ist daher der zwischen Ethik und Recht, zwischen sozialer Begegnung und politischer Institution. Die Menschenrechte sind als Ethik des Rechts die Norm des Rechts. Sie stellen das instituierte Recht in Frage und fordern die diese gewährenden Institutionen heraus, ihr Maß an dem Recht des Fremden zu nehmen.

---

26 Emmanuel Levinas: »Les droits de l'homme et les droits d'autrui.« A.a.O. 175.

Nur ein liberaler Staat, der die Menschenrechte auch faktisch zur Grundlage seiner Normen macht, vermag einer solchen unablässigen Infragestellung seines Rechts und seiner Institutionen durch die Menschenrechte gerecht zu werden. Andererseits gibt es Freiheit – und damit die Grundlage der Menschenrechtsgewährung – in der Realität nur dank der politischen Institutionen – auch hier gibt es eine bemerkenswerte Beziehung zwischen der Theorie des republikanischen Friedens im Sinne Kants und den Überlegungen Levinas'. Eine bloße innere Freiheit wäre kaum in der Lage einen solchen Status in den sozialen Beziehungen zu gewähren, erst außerhalb des einzelnen Menschen vermag die Freiheit bewahrt zu werden. Oder wie Levinas in *Totalité et infini* schreibt: »Die Freiheit findet keine Wirklichkeit außerhalb der sozialen und der politischen Institutionen; die sozialen und politischen Institutionen öffnen der Freiheit den Zugang zur frischen Luft, die notwendig ist für ihre Entfaltung, für ihren Atem und vielleicht sogar für ihr spontanes Entstehen« [»La liberté ne se réalise pas en dehors des institutions sociales et politiques qui lui ouvrent l'accès de l'air frais nécessaire à son épanouissement, à sa respiration et même, peut-être, à sa génération spontanée«].[27] Eine Freiheit, die ganz und gar unpolitisch wäre, lässt sich nur als Illusion bezeichnen, die von jenen gehegt wird, die bereits Nutznießer gewisser Freiheiten im Zustand ihrer fortgeschrittenen Etablierung sind. Aber die vom liberalen Staat gewährte Freiheit gilt es zugleich auch zu nutzen. Denn nicht allein der Staat, der als Rechtegewährer die erste Instanz für die Einklagbarkeit der Menschenrechte durch die Rechtssubjekte darstellt, ist für die Einhaltung der Menschenrechte verantwortlich. Gemeinschaft und Einzelne tragen trotz oder gerade wegen der politischen und sozialen Verhältnisse Verantwortung für die Vernachlässigten und Ausgegrenzten, für die extreme Ungerechtigkeit in der Verteilung materieller Güter, für den ungerechten Verbrauch von Umwelt und Ressourcen durch die reichen Staaten und für die Kriege, die für Menschenrechte und Freiheit geführt werden. Gerade bezogen auf den doppelt gebundenen Status der Menschenrechte fragt sich, ob es eine subjektive Unschuld gibt, die sich hinter den Mauern der politischen Möglichkeiten verstecken darf. Und in noch unmittelbarerer Weise stellt sich die Frage nach der Einforderung der Menschenrechte für den Anderen, die sich nicht an den Staat wendet, sondern an den nächsten Anderen des Anderen, d.h. an den gewissermaßen vorstaatlichen Dritten. Denn insbesondere der Menschenrechtsprozess lebt von einer vor- und transinstitutionellen Pluralität der Einzelnen, der Ethnien und der Kulturen; sie sind sogar Bedingung der Möglichkeit der Menschenrechte und ihrer fortschreitenden Universalisierung.[28] Dieser Prozess gleicht ein wenig dem Werden der Viel-

---

27 Emmanuel Levinas: *Totalité et infini*. A.a.O. 269. – Dt.: Emmanuel Levinas: *Totalität und Unendlichkeit*. A.a.O. 354.
28 Vgl. Johann Galtung: *Menschenrechte anders gesehen*. Übers. G. Günther. Frankfurt a. M. 42.

heit der Sprachen und deren einander befruchtender Reichtümer, die aus ihnen hervor- und in die anderen eingehen durch ein stetes Fortsetzen des Übertragungsprozesses. Die Vielzahl und Vielgestaltigkeit, und nicht der monologische und autonome Ursprung, ermöglichen hier ein Fortschreiten zur Verwirklichung der Menschenrechte. In der sich vereinheitlichenden Pluralität findet sich der Frieden, ein Frieden der in der Beziehung zum Anderen beruht und der mein Frieden sein muss. Oder – und damit gebe ich Levinas das letzte Wort – : »Friede im Begehren und in der Güte, in denen das Ich sich erhält und gleichzeitig ohne Egoismus existiert.«[29]

---

29 Emmanuel Levinas: *Totalité et infini*. A.a.O. 342. – Dt.: Emmanuel Levinas: *Totalität und Unendlichkeit*. A.a.O. 445.

Die Autoren

Miguel Abensour, Université Paris VII-Jussieu. Professor für Philosophie.

Robert Bernasconi, University of Memphis. Professor für Philosophie.

Catherine Chalier, Université Paris X-Nanterre. Professorin für Philosophie.

Fabio Ciaramelli, Università di Napoli Federico II. Professor für Philosophie

Simon Critchley, New School for Social Research, New York. Professor für Philosophie.

Pascal Delhom, Universität Flensburg. Wissenschaftlicher Mitarbeiter am Institut für Philosophie.

Alfred Hirsch, Universität Hildesheim. Privatdozent für Philosophie.

Antje Kapust, Ruhr-Universität Bochum. Privatdozentin für Philosopie.

Klaus-M. Kodalle, Universität Jena. Professor für Philosophie.

Burkhard Liebsch, Ruhr-Universität Bochum. Professor für Philosophie.

Werner Stegmeier, Ernst-Moritz-Arndt-Universität Greifswald. Professor für Philosophie.

Katharina Schmidt, Ruhr-Universität Bochum. Wissenschaftliche Mitarbeiterin am Institut für Pädagogik.

Dorothee C. von Tippelskirch, Freie Universität Berlin. Theologin und Psychoanalytikerin.

Jean-Luc Nancy
singulär plural sein

176 Seiten, Franz. Broschur, Fadenheftung
ISBN 3-935300-22-0
Euro 22,90 / CHF 40,00

Ko-Existenz und Mit-Sein sind die fundamentalen Kategorien eines Denkens, das sich – angesichts der schrecklichen Realität der Kriege und Bürgerkriege – der dringlichen Notwendigkeit eines Seins-in-der-Gemeinschaft zu stellen vermag.

»Meiner Ansicht nach ist das erste Erfordernis, das überkommene Verständnis des ›Gemeinsamen‹ und der ›Gemeinschaft‹ unter Vorbehalt zu stellen. Auf dieser Grundlage können wir beginnen zu verstehen, daß das ›Sein-in-der-Gemeinschaft‹ kein gemeinsames Sein ist und daß es anders zu analysieren ist, zum Beispiel als ›Zusammen-Sein‹ oder ›Mit-Sein‹. Die Hauptfrage ist, wie die Politik als eine Nicht-Totalität zu denken ist, und das heißt anders denn als Unterordnung der gesamten Existenz. Zwischen der Ontologie des Mit-Seins und der Politik darf es keinen begründenden Zusammenhang geben und auch keinen solchen des Ausdrucks. Die Politik darf also nicht die Totalität des Mit-Seins zum Ausdruck bringen. Wenn im Gegensatz dazu das Sein des Mit-Seins wesentlich ein plurales ist (singuläre Existenzen und singuläre Ordnungen, Künste, Körper, Gedanken...), dann muß die Politik das sein, was die Gerechtigkeit in der Vielheit und Vielfältigkeit garantiert, aber sie darf keine Aufhebung des Mit-Seins sein.«

Mit »singulär plural sein« liegt Nancys vielleicht einflußreichstes Werk nun endlich auch in deutscher Übersetzung vor.

Roberto Esposito
Immunitas
Schutz und Negation des Lebens

288 Seiten, Franz. Broschur, Fadenheftung
ISBN 3-935300-28-x
Euro 24,90 / CHF 43,-

Was haben Warnungen vor Computerviren, die Ängste vor einem weltumspannenden Terrorismus oder Meldungen vor einer neuen hochansteckenden Krankheit miteinander gemeinsam?

Profund und konzis entwickelt der italienische Philosoph Roberto Esposito den Begriff ›Immunität‹ als ein Grundparadigma an den Schnittstellen von Medizin, Politik und Recht, das heute mehr denn je an Gültigkeit gewinnt. Denn: Je stärker das Gefühl des Ausgesetztseins gegenüber dem Risiko von Infiltration und Ansteckung durch von außen kommende Elemente wird, desto mehr zieht sich das Leben des Einzelnen wie der Gesellschaft in das Innere der eigenen, schützenden Grenzen zurück.

Die Option einer solchen Immunisierung hat freilich einen hohen Preis: ebenso wie der Körper des Einzelnen kennt auch der Kollektivkörper die »Impfung« durch das von außen kommende Übel selbst, was bedeutet, es in einer kontrollierten Präventivmaßnahme selbst eindringen zu lassen. Somit kann das Leben dem Zugriff des Todes nur entgehen, wenn es dessen eigenes Prinzip inkorporiert – und dadurch die »Form« des Lebendigen seinem reinen biologischen Überleben opfert.

Roberto Esposito
Communitas
Ursprung und Wege der Gemeinschaft

224 Seiten, Franz. Broschur, Fadenheftung
ISBN 3-935300-29-8
Euro 22,90 / CHF 40,-

Vom amerikanischen Kommunitarismus bis zur Philosophie und Ethik der Kommunikation basiert das Denken der Gemeinschaft auf der unreflektierten Annahme, daß die Gemeinschaft eine »Eigenschaft« bzw. »Eigentum« der Subjekte sei, die sie vereint – Gemeinschaft wird begriffen als ein Ganzes, als Gesamtheit des sozialen Körpers, und das Gemeinsame bzw. Gemeinschaftliche als ein Wert, eine Essenz, eine Errungenschaft, derer man sich rühmt, oder als ein Verlorengegangenes, das beklagt wird.

Esposito distanziert sich von diesen Mustern des modernen politischen Denkens, um zum Ursprung der Sache selbst zurückzugehen – zur etymologischen Herkunft des Wortes »communitas/ communis« als »cum munus«. Aus »munus« – im Sinne von Bürde, Verpflichtung, Gabe, Amt – geht die Gemeinschaft hervor: an ihrem Grund erweist sich, daß sie durchaus kein Besitz, kein Territorium ist, das es zu verteidigen gilt. Ihr dunkler Kern ist vielmehr ein Mangel: etwas Auszufüllendes, eine geteilte Verpflichtung, ein von allen zu Erbringendes – etwas, das stets noch aussteht. »Im-munitas« (als Schutzmechanismus) und »Com-munitas« erscheinen als die Leitbegriffe dieser grundlegenden Ambivalenz zwischen Gabe und Schuld, Geteiltem und Bedrohlichem, die die Gemeinschaft seit Anbeginn prägt.

Jean-Luc Nancy
Die Erschaffung der Welt oder die Globalisierung

152 Seiten, Franz. Broschur, Fadenheftung
ISBN 3-935300-21-2
Euro 19,90 / CHF 33,90

Die in diesem Band versammelten Texte kreisen aus unterschiedlichen Perspektiven um die philosophische Dimension der Globalisierung, der dominierenden geopolitischen Entwicklung unserer Zeit.

Im Rückgriff auf so unterschiedlichen Denker wie Marx, Lyotard, Foucault und Heidegger werden deren Gefahren und Möglichkeiten ausgelotet, darüber hinaus bildet die »Globalisierung« oder »Die Erschaffung der Welt« den Hintergrund für Nancys Auseinandersetzung mit zentralen Begriffen des politisch-philosophischen Denkens, wie etwa Souveränität, Wert und Gerechtigkeit. Gegen die aktuellen Entwicklungen des globalen Kapitalismus setzt Nancy eine Reflexion über unsere Vorstellungen von Welt, Gemeinschaft und Produktion, die er jenseits einer endgültigen Bestimmbarkeit und einer ökonomischen Logik der allgemeinen Verfüg- und Austauschbarkeit zu denken versucht.

Als einer seiner anspruchvollsten Vertreter setzt Jean-Luc Nancy das Projekt eines ›political turn‹ der Dekonstruktion fort und liefert dem Verständnis einer zukünftigen Gesellschaft und Politik entscheidende Anstöße.

Anne von der Heiden
Der Jude als Medium
»Jud Süß«

336 Seiten, Broschur, 12 Abbildungen
ISBN 3-935300-72-7
Euro 34,90 / CHF 60,00

Die unbegriffenen Widersprüche der Gesellschaft scheinen notwendig die Figur des Juden hervorzubringen, auf den sich die Widersprüche so zurückführen lassen, als hätte er selbst sie verursacht. Über Jahrhunderte zeichnete dieser Komplex »den Juden« aus. Das Bild des Juden als politischem Vampir, der das Land aussaugt, prägt das 18. Jahrhundert – korrespondierend zur neuen Staatsallegorie des Körpers sowie zur Analogie von Blutkreislauf und Ökonomie. Als »Nosferatu des Vorkapitalismus« wird »Jud Süß« zum Übertragungsobjekt für die Ängste gegen die Modernisierung. Das »Ahasverische« und »Wesenlose« macht ihn in der Moderne zum gefährlichen Zauberer, der die Verwandtschaft aller Dinge initiiert und kontrolliert.

Die medienwissenschaftlich orientierte Studie beginnt mit der Historie des »Jud Süß«, einer der bekanntesten Figuren der europäischen Kulturgeschichte. Von der Hetzkampagne gegen den erfolgreichen Hofjuden und Finanzexperten Josef Süß Oppenheimer über die literarischen Werke Hauffs und Feuchtwangers bis hin zu Veit Harlans Film analysiert die Autorin fundamentale kulturelle Strukturen, die die westliche Welt zur symbolischen Administration des »Jüdischen« bereithält.

Serge Latouche
Die Unvernunft der ökonomischen Vernunft

230 Seiten, Gebunden mit Schutzumschlag
ISBN 3-935300-49-2
Euro 24,90 / CHF 42,30

Die Allmacht des Ökonomischen geht einher mit einer Vernunft, die im Streben nach möglichst unbegrenztem Wachstum und maximaler Effizienz auf reine Rationalisierung, Vereinheitlichung und Organisation ausgerichtet ist. Deren negative Aspekte wachsen sich zu chaotischen Exzessen aus, die Alltag geworden sind: BSE und andere Tierseuchen, Brandrodung, riesige vom Erdöl zerstörte Gebiete, monströse Verkehrsszenarien: Manifestationen einer Vernunft, die zum Wahn geworden ist.

Wie angesichts dessen nicht irrationalen Reflexen und endzeitlichen Ängsten verfallen, sondern zu einer anderen Vernunft, einer Weisheit ökonomischen Handelns finden, aus der ein Gegenmodell erwachsen könnte?

Der französische Sozial- und Wirtschaftswissenschaftler Serge Latouche findet die Strategien einer anderen ökonomischen Vernunft in einer informellen Ökonomie, deren Basis nicht Markt und Gewinn sind, sondern vielmehr der Tausch und die Gabe, wo der Akt des Aushandelns, das Gespräch, das Palaver im Mittelpunkt stehen. Zentral ist dabei immer wieder die Begegnung mit dem Anderen der Globalisierung: den lokalen Ökonomien in Afrika, China und Indien. Im Rückgriff auf eine Ethik der Gabe in der Nachfolge von Marcel Mauss und auf eine »mediterrane« Klugheit und Vorsicht im Zeichen des Sozialen hält Latouche ein wortgewaltiges und überzeugendes Plädoyer für das ökonomisch »Irrationale«.

Sarah Kofman
Die Verachtung der Juden.
Nietzsche, die Juden, der Antisemitismus

102 Seiten, Franz. Broschur, Fadenheftung
ISBN 3-935300-11-5
Euro 13,90 / CHF 23,40

Auf der Basis präziser Lektüren erarbeitet Sarah Kofman eine differenzierte und sehr persönliche Sicht auf Nietzsches Verhältnis zum Judentum.

Wie Kofman zeigt, entwickelt Nietzsche mit Blick auf die jüdische Konzeption der Gottheit und den historischen Bezug zum Christentum sowie in Hinsicht auf die Ambivalenz zwischen Selbsthaß und Glauben an die eigene Auserwähltheit ein überaus komplexes Bild des Juden. Begriffe des »genealogischen Historikers« Nietzsche wie ›Rasse‹, ›Übermensch‹ und ›Wille zur Macht‹ erscheinen so in einem neuen Licht.

Darüber hinaus bietet diese späte Schrift einen Zugang zu wichtigen, bislang noch wenig beachteten Aspekten im Werk Sarah Kofmans.

Olivier Razac
Politische Geschichte des Stacheldrahts

104 Seiten, Broschur
ISBN 3-935300-31-x
Euro 12,90 / CHF 22,70

Um drei historische Zeitabschnitte – die Ausrottung der nordamerikanischen Indianer, den ersten Weltkrieg, das Konzentrationslager der Nazis – gruppiert der junge Philosoph Olivier Razac seine ebenso faszinierende wie beklemmende Studie über den Stacheldraht.

Im 19. Jahrhundert gebrauchten die Kolonisatoren des nordamerikanischen Westens den Stacheldraht als zivilisatorische Waffe zum Schutz der Rinderherden vor wilden Tieren und Indianern und um Besitzansprüche zu markieren und durchzusetzen. Stacheldrahtverhaue markierten das unzugängliche Niemandsland zwischen den Schützengräben des Ersten Weltkrieges. Die Verwaltung des Raumes durch den Stacheldraht erreicht schließlich mit dem Konzentrationslager ihre grauenvollste Gestalt. Als Instrument totalitärer Macht dient er der absoluten Beherrschung menschlicher Existenz und zieht die Linie zwischen Leben und Tod.

In Anlehnung an Foucault und Agamben legt Razac prägnant und einleuchtend die Mechanismen von Einschluß und Ausschluß, Schutz und Gewaltanwendung bloß, in deren Rahmen der Stacheldraht die politische Beherrschung des Raums und der Menschen ermöglicht. Eine gerade Linie zeichnet sich ab, die bruchlos von der amerikanischen Prärie über die Mandschurei, Verdun, Dachau bis nach Guantanamo und vor die Schutzwälle der heutigen Ersten Welt führt.

Joseph Vogl
Kalkül und Leidenschaft
Poetik des ökonomischen Menschen

390 Seiten, Broschur
ISBN 3-935300-46-8
Euro 25,00 / CHF 42,50

Unter der Vielzahl ›neuer Menschen‹, die das anthropologische Experimentierfeld der Moderne hervorgebracht hat, hat einzig der ökonomische Mensch überlebt ... Grund genug, diesen Typus, seine Herkunft und seine Konjunktur zum Gegenstand einer historischen Analyse zu machen.

Joseph Vogls Studie untersucht die weitläufigen Austauschverhältnisse zwischen Ökonomie, politischer Theorie, Anthropologie und Literatur bzw. Ästhetik und schlägt einen Bogen vom Barock über die Aufklärung und Romantik bis in die ersten Jahrzehnte des 19. Jahrhunderts.

Es geht dabei um eine Poetologie des Wissens, die die diskursiven Strategien einer ökonomischen Wissenschaft ebenso verfolgt wie die ökonomische Durchdringung literarischer Formen, ein Wechselverhältnis von ökonomischem Text und textueller Ökonomie. Gemeinsam ergeben sie jene Szene, die der ›homo oeconomicus‹ bis auf weiteres beherrscht: als jenes Exemplar, das sich angeschickt hat, nichts Geringeres als der Mensch schlechthin zu werden.

»Ein Buch, das seine Leser dazu verführt, gleich nach der Lektüre noch einmal von vorn zu beginnen.« (Frankfurter Rundschau); »Eine brillante Studie« (Die ZEIT); »Selten ist die Diskursgeschichte so auf Augenhöhe mit den literarischen Kronzeugen wie hier« (Süddeutsche Zeitung).

Emmanuel Lévinas
Verletzlichkeit und Frieden.
Schriften über die Politik und das Politische

Hrsg. von Pascal Delhom und Alfred Hirsch
224 Seiten, Franz. Broschur, Fadenheftung
ISBN 3-935300-59-x
Euro 24,90 / CHF 43,00

Lévinas' Schriften über das Politische bringen eine doppelte Dringlichkeit zum Ausdruck: Die erste betrifft die Frage der Gewalt und des Krieges, die die Politik zu beherrschen scheinen. Die zweite, die philosophisch nicht weniger dringlich ist, ist diejenige der Legitimität des Politischen, die nicht allein aus der Gewalt oder aus der Verschiebung dieser Gewalt hervorgehen kann.

In den hier versamelten Texten aus über 40 Jahren spricht Emmanuel Lévinas die Themen des Totalitarismus, des Krieges und der Verletzlichkeit der Menschen, aber auch der Gerechtigkeit, der Menschenrechte und der Legitimität der politischen Institutionen an. Er schreibt über die Hoffnungen und die Gefahren, die er mit dem Staat Israel verbindet, und im allgemeinen über die schwierige Zusammenkunft des jüdischen Anspruchs nach Gerechtigkeit und der griechischen Kategorien des Politischen.

Aus einer neuen Perspektive und mit einem kompromißlosen Anspruch stellt Emmanuel Lévinas die alte, doch stets neu zu stellende Frage nach der Beziehung zwischen Ethik und Politik. »Es ist nicht unwichtig zu wissen – und dies ist vielleicht die europäische Erfahrung des zwanzigsten Jahrhunderts – ob der egalitäre und gerechte Staat, in dem sich der Europäer vollendet – und den es einzurichten und vor allem zu bewahren gilt – aus einem Krieg aller gegen alle hervorgeht oder aus der irreduziblen Verantwortung des einen für den anderen und ob er die Einzigartigkeit des Antlitzes und der Liebe ignorieren kann. Es ist nicht unwichtig, dies zu wissen, damit der Krieg nicht zur Einrichtung eines Krieges mit gutem Gewissen im Namen der historischen Notwendigkeiten wird.«